本丛书得到国家"211"工程经费及厦门大学国学研究院的资助

陈支平 主编

中国社会经济史研究丛书

# 福建历史经济地理论考

林汀水 著

天津出版传媒集团

天津古籍出版社

## 图书在版编目（CIP）数据

福建历史经济地理论考 / 林汀水著. — 天津：天津古籍出版社，2015.12
（中国社会经济史研究丛书 / 陈支平主编）
ISBN 978-7-5528-0376-1

Ⅰ.①福… Ⅱ.①林… Ⅲ.①历史地理－福建省－文集②经济地理－福建省－文集 Ⅳ.①K925.7-53②F129.957-53

中国版本图书馆CIP数据核字(2016)第004882号

## 福建历史经济地理论考

林汀水/著

出版人/张玮

天津古籍出版社出版
（天津市西康路35号 邮编300051）
http://www.tjabc.net

唐山新苑印务有限公司印刷
全国新华书店发行
开本 880×1230 毫米 1/32 印张 15.25 字数 396 千字
2015 年 12 月 第 1 版 2015 年 12 月 第 1 次印刷
ISBN 978-7-5528-0376-1 定价：45.00元

# 《中国社会经济史研究丛书》总序

陈支平

中国经济史学,又称中国社会经济史学,是中国历史科学的基础领域,它伴随着中国近现代学术的探索之路,走过了百年历程。在这百年沧桑的历程中,中国社会经济史学既迎来了马克思主义唯物论史观的光辉洗礼,也经受了时代政治变迁的无端磨炼。随着新时期市场经济的蓬勃发展,又不经意地给甘为基石的中国社会经济史学界蒙上了一层"低处不胜寒"的失落景象。

站立在21世纪的今天,我们回顾中国社会经济史学所走过的艰辛而曲折的道路,不能不对我们的前辈们及同仁们的不懈探索与努力坚持致以崇高的敬意。正是有了这么一代又一代人的薪火相传,中国的社会经济史学才能冲破艰难困境,逐渐步入了一个比较繁荣的时期。时至今日,中国的社会经济史学已经形成了两大居于主流地位的学术流派,这就是以严中平、李文治、吴承明教授等为代表人物的"国民经济史学派"和"新经济史学派",以及以傅衣凌教授为奠基人的中国社会经济史学派,也称为"新社会史学派"。前者注重于经济学理论的探索,并且将其运用于中国经济历史发展规律的考察,通过宏观、中观、微观多层面及其相互结合转变的研究,从中寻求中国传统社会自身蕴藏着众多的向近代化转型的能动的积极因素;而后者则特别注重从社会史的角度研究经济史,在复杂的历史网络中研究二者的互动关系,注重深化地域性的细部考察和比较研究,从特殊的社会经济生活现象中寻找经济发展的共同规律。

为了继承和发扬前辈们的探索精神,促进中国社会经济史学的进一步繁荣发展,2005年,我受中国经济史学会的委托,组织出版了

《中国经济史研究丛书》，共20种。丛书出版后，得到学界同仁的好评和鼓励，同时也提出了不少宝贵的意见与建议。学界同仁们的鼓励和建议，增强了我继续组织出版丛书的意愿和信心。恰逢此时，天津古籍出版社愿意为丛书的继续出版挑起重任，于是地利人和，这套崭新的《中国社会经济史研究丛书》就这样与读者见面了。

我们希望通过组织出版这套丛书，更广泛地开拓中国社会经济史的研究领域，更紧密地团结中国社会经济史学界不同流派的学人，更加多样性地凝练中国社会经济史研究的最新成果，从而打破以往中国社会经济史学界那种较为封闭的格局，使之逐步成为带有世界性意义的中国社会经济史学。半个世纪前，我们的前辈们就开始了跨越社会学、历史学、经济学、民俗学等多学科的学术研究，这一探索几乎是与法国年鉴学派的第一代学者同时进行的。在中国社会经济史领域进行的注重基层社会的细部考察与宏观审视相结合，以及跨学科的学术探索，与同时代的法国年鉴学派的学人们所秉持的将传统的历史学与地理学、经济学、语言学、心理学、人类学等多种社会科学相结合，把治史领域扩展到广阔的人类活动领域，特别是社会生活史层面，使得历史学研究与其他社会科学联系更加紧密，其学术意趣实有许多相通之处。然而由于20世纪下半叶中国社会的封闭状态和国外学界缺少应有的交流，因此与年鉴学派在欧洲史学取得主导地位的发展相比，这一时期的中国社会经济史研究显得沉寂。如今，在国际学术界，"科际整合"已成为不可阻挡的潮流，历史学与其他人文科学的边界更加模糊，在互相渗透和融合中产生了许多新兴学科的生长点。可以预见，中国社会经济史学将随着我国改革开放的不断深化而在国际的学术交流中显露出应有的互动与影响力。

这就是《中国社会经济史研究丛书》的责任与光荣，让我们热切地期盼着它的成长和壮大吧！

# 目录

前言　1

历史时期"福州古湾"的变迁　1
长乐县海岸线的变迁与围垦　14
从地学观点看莆田平原的围垦　22
泉州古湾的围垦与水利建设　38
晋东平原水利考　44
九龙江下游的围垦与影响　53
闽东北区海岸线的变迁与围垦　69
连江古湾的变迁与东湖垦区水利的破坏　76
福清迳港的变迁与海田围垦　80
安海古湾的变迁与围垦　85
略论福建海田围垦的特点与问题　89
唐以来福建水利建设概况　106
明清福建的自然灾害及对农业生产的影响　118
明清福建的严霜大雪及对农林果畜业的危害　137
福建植被的破坏与教训　155

福建亚洲象的灭绝与华南虎的迅速消失　166
明清福建的疫疠　177
康熙元年福建沿海的迁界及其带来的灾难　195
福建古代陆路交通干线的开辟与变化　213
对福建古代交通道路变迁的几点看法　234
两宋期间福建的矿冶业　244
明清福建经济作物的扩种问题　259
明清晋江流域山海经济的特点　271
《福建古市镇》序　284
略谈泉州港兴衰的主要原因　286
海澄之月港港考　298
也谈福建人口变迁的问题　302
宋代福建"生子多不举"原因何在　314
福建人口迁徙论考　319
闽人主体当由闽越土著与江淮两浙赣人所构成　353
也谈闽方言的形成与发展变化　362
对闽南文化的形成与发展变化的几点不同看法　371
福建地区开发及对政区设置的影响　381
再谈两汉未置冶与东冶二县　399
福建县名取名的特点与更定名称必须注意的问题　405
福建政区沿革治所考　415
与《福建省行政区划地图集》作者共商几个问题　428
关于福建史的探讨
　　——与《福建通史》作者商榷　442
对涂晓望先生有关《福建通史》(第一卷)
　　几个问题的处理与思考的答疑　455
再与《福建通史》作者商榷几个问题　459
忆恩师谭其骧二三事　473

# 前　言

  我年近八十,欲在有生之年再出个文集,甚得陈支平教授的支持。他建议我从历史地理的角度写本有关福建历史经济地理的书,最初我感为难。因为我一生的主要精力都花在教学与几项集体科研的项目上,是服从项目需要进行研究的,谈不上有个人专长,特别是对福建历史经济地理所知有限。后陈先生提醒:"您以前所发表的文章,与福建经济史有关的还算不少,可加整理和补充,就出个论考吧。"在他鼓励下,我才拿出勇气决定出本《福建历史经济地理论考》。

  本论考除收入过去发表或未发表的几篇与经济史直接有关的文章外(如海田围垦、水利建设、自然灾害、战乱、疾疫等),还根据福建自身的一些特点,收入一些与此相关的论文,并对一些文章略作文字的修改,以供研究经济史的专家作为参考。

  福建本为闽越地,是古越族人聚居的地方,自闽越国反汉,闽越人被徙江淮,即成地旷人稀之地,后经北方历代大规模的移民入闽,至宋反成人稠地狭,步入全国最先进的地区之一。这些移民来自何方?目前学术界尚存争议,多数人认为,今闽人主体应属中原人遗留下来的后裔。有人比较慎重,也都认为今天的福建人其主体应由古代中原移民与古代当地土著的后裔所构成。我不同意这些观点和看法,即写一篇《福建人口迁徙论考》的文章,主张福建的移民当是来自江淮两浙赣,后义为此再写《闽人主体当由闽越土著与江淮两浙赣人所构成》及《对闽南方言的形成与发展变化的几点不同看法》、《也谈闽方言的形成与发展变化》三篇文章以作佐证。究竟应以何说为是?因为福建是个移民社会,且具有集中性的大规模移民特点,而集中性的移民对福建地区社会经济文化的发展,必会带来极大的影响和产生许多新的特点,不搞清楚这些问题,对深入研究福建经济史,必会产生诸多障碍,故将移民之事列入文集中,期望人们多加注意。

另是福建地区经济开发,各地很不平衡,相差极大,其中先由闽北地区得到开拓,至三国吴开始发展到泉州一带,而闽西、闽东北和闽中的古田、尤溪及漳州以西的广大山区却开发极迟极慢。为何会这样?这固然与其自然条件有关,也当与福建的历史及政区设置有着密切的关系。盖自闽越国灭后,汉廷派兵入闽,在今福州市设立东部候官,继续镇压未被迁走的闽北山地山越人的反抗,对福建进行长期军管,逼使各地的闽越遗民四出逃入深山避难,他们就在这些山区固守自卫,既不反汉,也不归顺朝廷。由于与世隔绝,长期处于封闭状态,跟不上时代发展的步伐,遂日益落伍下来。到了唐高宗时代,唐王朝虽将策略略作改变,推行"土人任官"制的政策,诱使各地闽越遗民的首领率众回归版图,他们才纷纷"开山洞",让朝廷在他们的聚居区内设立州县。但朝廷接收管理后,地方政府最关心的事却是社会治安和赋税征收,很少关注社会经济建设。由于建树不多,所以就使这些地方继续落伍。有关此,我曾发表一组政区设置的文章,今收入论考中,以供专门研究经济史的人作为参考。

再是福建素称"八山一水一分田",地形复杂而多样,可用来播种水稻的耕地至宋已感欠缺,不易养活众多的人口,福建又是如何变通自身的自然优势去克服这一难点,并使社会经济得到更好的发展,在这方面自宋以来福建人也已开始发挥聪明才智加以应对,更值得我们认真总结,所以又将此类少量文章收入进去。但我探讨不多,且显粗糙,还寄望专家好好用心研究。

总之,我的论考很不全面,也极肤浅,只企望抛砖引玉,希望其他同仁能尽快出本真正的福建历史经济地理的好书,以满足读者的需求!

最后附带说明一点,此书能够出成,全靠陈支平教授的支持。另是过去我所发表的文章都无附图,读者反映阅读较难,这次特请我的长孙林宏(复旦大学历史地理研究所博士生)抽空为我编绘18幅插图(其中"福州古湾"变迁图由福建地图出版社张在普先生请人代我编绘),在此也表感谢。历史时期台湾在行政区划上隶属福建,直到1885年单独建省,但本书主要讨论福建省大陆部分的经济地理问题,因此书中多张附图并未将台湾岛绘出,特此说明。

# 历史时期"福州古湾"的变迁

有关"福州古湾"的变迁,地质、地理工作者多从地下钻探和地貌考察去作研究。本文拟从史书记载和考古发掘所得的资料,着重对海退后的历史时期中古湾的成陆过程作一较详的补充论述。

历经钻探和地貌考察,学者认为自冰后期以来,海面不断上升,至中全新世后半叶,海面上升到最高的位置,海水西达甘蔗,闽江古河口退到福州以西的白沙附近,福州盆地曾被海水淹没,沉积着15—20米的海相淤泥层,形成一个较大的海湾——"福州古湾"。而自晚全新世以来,海面下降,海水退出福州盆地,并接受闽江携带的冲积物的继续沉积,才使古湾慢慢地变成今天的福州平原[①]。此由史书记载和考古发掘,也可见其端倪。

《山海经·海内南经》云:"闽在海中,西北有山,一曰闽中,山在海中";郭璞注:"闽(指今福州)在歧海中"。按照郭璞的加注"闽在歧海中",早期的福州应是深入海中的一个半岛地形。这与屏、泉二山

---

① 详见福建省地方志编纂委员会编《福建省自然地图集》中《闽江河口动力地貌》图及《闽江河口动力地貌》一节的文字说明,福建科学技术出版社1998年。

的东西两侧沉积着海积—冲积物、浮村留有海生贝壳的堆积[1]，且至三国吴尚在澳桥以北的开元寺东设置造船机构，"谪徒造船于此"[2]的史实可相印证。

另据考古发掘，今昙石山与庄边山新石器遗址有蛤蜊层的堆积[3]，《太平寰宇记》卷一〇〇福州侯官县也载："县南百余里海边有月屿，出海蛤。"这些物证和史料也都说明海侵时期内，福州盆地受到海水的漫淹，北边应达今天的新店，南及尚干、南通、南屿的周围，西至昙石山、庄边山与上街各地，即早期的海湾是直逼着盆地四周的山地和丘陵，古湾应该十分宽广。

福州盆地受到海水漫淹后，使盆地内的一些低山和丘陵全都变成海中的岛屿。这些岛屿大多屹立在盆地内的中间，且自西向东略成"一"字形的分布，又使早期的古湾被分隔，而呈南北两个海湾的形状。下面分别谈谈北湾和南湾的成陆过程。

## 一、北湾的演变

据研究，福州海侵至2000多年前海面逐渐下降。而随海面的下降，《汉书·朱买臣传》遂有这样的记载："故东越王居保泉山，一人守险，千人不得上。今闻东越王更徙处南行，去泉山五百里，居大泽中。今发兵浮海，直指泉山，陈舟列兵，席卷南行，可破灭也。"兹依前人考辨，《朱买臣传》的泉山，应有"居保泉山"和"直指泉山"的分别，前者指今浦城东北的泉山，后为福州城北的冶山[4]。倘若此说不误，则至西汉福州北湾已当有了大片沼泽地的产生，这些沼泽地应该大部分分布在深入屏、泉二山两侧的两个浅海的小湾上（见图1）。

---

[1] 福建省文管会《福州浮村遗址发掘报告》，《考古学报》1958年第2期。
[2] 王应山《闽都记》卷一四。
[3] 钟礼强《昙石山文化研究》，岳麓书社2005年。
[4] 民国《福建通志·山经》卷二引《陈左海文集》。

此后,气候转冷,海面继续下降,至1800年前海面退到接近现代的海面①,福州北湾的一些浅海地带因受泥沙淤积和海面下降的影响,壅出的沙洲和沼泽地自当更多。于是到了西晋,严高便用这一有利的地形,将福州城区两侧的沙洲沼泽地加以人工的堵截,筑成东湖和西湖,湖周各达二十三与二十里②。严高不但筑了东、西两个大湖,还在筑湖之际利用洲土的南伸,在屏山的南麓重建新城,谓之"子城",且在子城的南门外(今虎节路口)开了一条大河,名叫"大航桥河",以作郡城的护城河③。此河可通舟楫。清郭柏苍《葭柎草堂集》云,汉代的海船开到福州,都在还珠门外(今贤南路口)寄碇④;《三山志》也称,今福州市内的澳桥,无诸时"四面皆江水,此如屋奥",是个"舟楫所赴"的地方,福州最早的商港就都设在大航桥河两端的澳桥和还珠门外⑤。可见经过严高的干预,福州古湾北部的浅海已先成陆。

到了唐代,王翃复在西湖的南边开了洪塘浦(也叫南湖),引西湖水灌溉,是今州城西南边的内、外福屿一带已当连陆,已有一片洲田急需引水灌溉⑥。《新唐书·地理志》又载,闽县东的农田本受卤潮之害,六月间潮水上涨,禾苗多被卤死,直到大和三年(829)李茸筑了海堤,潴溪水植稻,才变良田;又谓,泉山去海十余里。另据唐代诗人的描绘,此时福州的城南已有沙洲,但沙洲尚是极目"沙墟","只堪图画不堪行"⑦;梁克家追述福州历史时也曾说过,福州"州南七里并城以西,地污湿"。为便人们的祭祀,唐大中十年(856)观察使杨发

---

① 王靖泰、王品先《中国东部晚更新世以来海面升降与气候变化的关系》,《地理学报》1980年4期。
② 《三山志》卷三、卷四,《闽都记》卷一、卷一五、卷一六等。
③ 《三山志》卷四引旧记。
④ 引自1979年《福州地方志》城池条。
⑤ 《三山志》卷四。
⑥ 《新唐书·地理志》。
⑦ 1976年《福州地方志》引陈翊《登郡城楼》诗,《榕城景物录》卷一引杜荀鹤诗。

乃将设在城南的古社稷坛移迁他处①。盖因这一缘故,即城南的沙洲沼泽地尚处初生的阶段,"地污湿",州城还难向南拓展,故至唐代仍将西晋所筑的子城作为州城,直到唐末五代王氏扩建罗城与夹城,南边的城门才被延伸到今夹城的宁越门。以是而观,是至唐末五代福州北湾的岸线,又当南伸到西禅山、乌石山、于山和距泉山以东十余里的竹屿一带。

福州北湾再次迅速淤积成陆,是从宋代开始的。此时,福建历经移民,人口迅速增加,耕地欠缺,闽北各地已"垦山垄为田,层起如阶级",矿冶业发达,又开山种茶,植被颇受破坏,水土流失严重,闽江的含沙量开始增加。于是,见于当时的《三山志》,便有"泉、漳、福州、兴化军各有海退淤田、江涨沙田,豪势之家诡名请射,岁有增广","兴修田土,惟福州为多"的记载②。故随沙洲快速的形成与扩大,西晋严高所开的大航桥河,早已通潮受阻,河道淤塞,变成小河③。而随此河的淤塞和城南沙洲的发展,沙洲逐渐分隔着海域,遂在这一古湾上形成几支新的港汊,出现一种分汊分流的状态。其间先有一支港汊流经利涉门外,俗号新河,王审知环筑罗城,曾将这一港汊作为南门的濠沟。那时为作濠沟之用,当有疏理,所以志书乃曰:"盖伪闽筑罗城时所凿也。"④此河至宋咸平中(998—1003),曾经陈象舆重浚过。因为港面宽广,"通大船往来",所以商港就由位于大航桥河两端的澳桥和还珠门外移迁到新河两端的水部门与安泰桥⑤。此时,在新河南面应该另有一支港汊,这支港汊流经宁越门外,王审知后扩夹城,也被作为濠沟⑥。由于以上两支港汊环绕在于山与乌石山的南北麓,二山四面环水,故宋程师孟遂称:道山亭(在乌石山上)"前际海门,

---

① 《三山志》卷八。
② 《三山志》卷一二。
③ 《三山志》卷四。
④ 《三山志》卷四引旧记。
⑤ 《三山志》卷四、卷七,《榕城景物录》卷一等。
⑥ 《三山志》卷四。

回览城市,宜比道家蓬莱山"①。

除上所说外,在今合沙门外还有一支港汊,宋初扩建外城,也被作为外城南门的濠沟。而在这一濠沟之外,更有一支大的港汊,这支港汊由钓台(今大庙山)分支而入,东经上、下杭一带,至通仙门外再汇南台大江,时称北港②。那时钓台紧临江边,去江百余步,王审知曾在这里设立迎宾馆。另据传说,南唐之际现在的上、下杭街道尚属"闽江洋洋",只有几家客店,时人谓之"留饭铺",是让一般渡江外出的人在这投宿的③。

因此,倘若联系《太平寰宇记》《三山志》和马祖常《万寿桥记》的记载,即"南台江,在州南九里,阔九里"④。宋开宝七年(974)钱昱再次扩建外城,城"三面距江"及宋潮上大江,尚自钓台东北流入河口津,经过通仙门、美化门东进入临河务的南鏶港,许多船舶仍由钓台山下驶入这一内港⑤,时为迎宾送客和观赏闽江的风光,还在福州北湾的钓台山上筑建临津馆⑥,是至宋初北湾的岸线仍当停留在今西禅寺、宋外城和今前屿一带⑦。而在此线以南,湾面尚当宽广,故宋程师孟作诗才会有道山亭"前际海门,回览城市,宜比道家蓬莱山"之言,曾巩谈到乌石山也道:"福州治侯官,于闽为土中,地最平广,四面之山皆远,而长江在其南,大海在其中,其城之内外皆涂,旁有沟,沟通潮汐,舟载者昼夜属门庭……程公谓:'在江海之上,为登览之观,可比于道家蓬莱、方丈、瀛洲之山',故名曰道山之亭。"⑧

---

① 《三山志》卷三二。
② 《三山志》卷四、卷五。
③ 《三山志》卷五、《读史方舆纪要》卷九六、《榕城名胜辑要》中卷、《闽县乡土志·地形略》。
④ 《太平寰宇记》卷　○○福州闽县。
⑤ 《三山志》卷四。
⑥ 《三山志》卷五。
⑦ 《三山志》卷二、卷一六载,此时已有前、后屿等村落,卤潮退出闽县东二十里,对今福州城郊的农田危害已经不大。
⑧ 《闽书》卷二《方域志》侯官县。

继后，沙洲浮现更多，扩展更速。诚如史书所云，宋皇祐间（1049—1054），南台江东西始有洲（系指楞严洲，在今中亭街一带，及楞严洲西北的另一沙洲），元祐时（1086—1094），二洲江沙颇合，港疏为二，郡人王祖道相其南北造舟为梁，北港五百尺，用舟二十，号合沙北桥，南港二千五百尺，用舟百，号南桥；崇宁二年（1103），江中又浮中洲，港分为三，北港为桥用舟十六，中港七十三，南港十三，凡一百有二①。按皇祐至崇宁二年，相去大约五十年，江中就有三洲浮现，而元祐至崇宁二年相差十数年，北港缩窄四舟，若以每舟二十五尺计，即仅十数年北港的缩窄几达百尺，可见在这期间北湾地带内沙洲浮现和扩大的速度之快。

而至明代，史书又载："南台万寿桥东，旧有洲田数十顷，成化初（1465），溪流海潮日汐冲决，悉陷于江，可通舟楫。台下旧港流沙渐拥，潮小则舟胶，不可行矣。"②兹观乾隆《福州府志》图，志书所说的万寿桥东有一沙洲，此洲自是鸭姆洲。鸭姆洲最初出露于何时，不见志书明确记载，但从马祖常谈到宋代的外城"三面距江"和梁克家称东、南夹城（即宋的外城）"东南皆遇水而止"、"东临大江"的言词判断③，是至宋代仍当有一宽广的港汊深入于今水部门，即志书所说的南镇港。志书称，美化门内为南镇港，"凡百货舟载此入焉"，宋代的临河务就设在这里④。若按这一记载，即宋的福州商港设在水部门，到了明代商港移迁太保境⑤，则商港的南迁，自当与鸭姆洲的形成和扩大，而致南镇港的淤塞有关。另是南台之下的旧港"流沙渐拥"，这也当由钓台周围的义洲、邦洲和苍霞洲至明已经迅速形成与扩大所引起。而邦洲以南的三县洲，相传也是因明代成化间（1465—

---

① 《三山志》卷五。
② 《八闽通志》卷四福州府闽县地理山川、《闽都记》卷一四。
③ 马祖常《万寿桥记》、梁克家《三山志》卷四。
④ 《三山志》卷七。
⑤ 乾隆《福州府志》卷一八、《闽县乡土志·地形略》、1979年《福州地方志》。

1487)山洪暴发,才被冲积成的①。

至是,福州北湾历经海积—冲积的演变,到了明清始成接近于今闽江北港(南台江)的河道,其余地方则都淤积成为平原了。

## 二、南湾沙洲的壅现与连陆

据地质钻探,今上街、南通、尚干的周围系属海积—冲积平原,是在海侵时期内海水曾经入侵其地。而从庄边山(在今榕岸东南)新石器晚期的遗址中发现有蛤蜊层的堆积与《太平寰宇记》今南屿东南有月屿,居海边,"出海蛤"的记载分析,则《福建省自然地图集》之《闽江河口动力地貌》图中所指的北起竹岐,南至石门街、南屿的那片宽窄不一的冲积平原,在海侵时期内也当同样受到海水的漫淹,是属湾边的浅海地带。那么,这些海域此后又经如何演变,才成今天的闽江南港(乌龙江)呢?

众所周知,福建至唐仍旧地旷人稀,福州古湾的变窄是从北湾开始的。盖北湾有福州,自汉已成福建的政治中心地,周围的人口自古都较稠密,周边的丘陵山地较早得到开发,水土流失较为严重,又遭人为干扰较多(如筑海堤和东、西二湖及占沙洲的围垦),复因海湾的基底面较浅,部分海湾的成陆过程也就较快。反观南湾,这里设县相对较晚,人口长期稀疏,丘陵山地少受破坏,植被好,河流输沙量不大,故至宋代时人志书记载南湾湾中的沙洲就只有月屿和螺洲②。

福州南湾较快变窄,应从唐宋开始。盖自此时南湾的周边始有较多人口,山地丘陵才被广泛开垦,水土流失才较严重,湾中的浅海(即人们所指的那片冲积平原)经过长期淤积,已有较多的地方浮出

---

① 1982年《福州市地名录》。
② 《太平寰宇记》卷一〇〇,《三山志》卷六。

海面;到了明清,随着人口的激增,耕地欠缺,历经筑堤围垦,才使这片浅海全都变成平原。而在对面的海积平原,由于海底基面较深,淤积成陆慢,则至晚清许多地方仍处沙洲沼泽地的发育阶段。兹分两个地段再予简述。

**1. 竹岐沿石门、上街南下至南屿、南通沙洲的形成与筑堤围垦**

从志书记载和现代地图可见,这一地带洲屿、港浦、岐、湾的地名分布特多。

先从竹岐至白龙洲的地段说。这里有庄边山新石器贝丘遗址。在遗址的内侧有石岐、湾中等地名,是早期的海湾应该深入其地,并早在新石器时代已成一片滩涂性的浅海湾。这个海湾随着海退,至晋已当成陆。而白龙洲本为陆地,是受洪水的冲击,闽江在这冲出一支汊道,才成白龙洲。至于汶洲及其十九股洲,未见明清志书记载,则当属近期才被冲积的沙洲。白龙洲以下又有大湾里和苏湾等地名,是此地段早期也当是为海湾。这两个小湾的成陆,估计也当较早。

再是侯官市南及南屿、南通的一片海积—冲积或冲积平原,海退后有些地方虽已成陆,且在唐代已设侯官县治于今侯官市,但就广大地面说,由于地势低洼,积水难泄,到处仍多洲屿港浦岐湾的地形,只能说是属泛滥平原,有些地方则晚至明清及其之后才有沙洲的浮现。此如民国《福建通志·水利志》卷一所言:

> 石门峡,在十三都石门,万历十年(1582),知县董子行筑,未几,旋坏。万历二十年(1592),知县周兆圣重筑,亘三十里。明徐𤊹《修筑石门峡记》云,石门峡者,在大江之浒,当上游诸溪所汇,每岁巨浸横流,率由石门峡入,泛滥衍溢,室庐阡陌淹没殆尽,居民苦之。往岁当事者捐官缗筑堤,以障其冲,然率狃于因循苟且,高水湍悍,崖岸尽圮,官缗皆委于水,久已不复事塞也。壬辰年(1592),耆老陈某趋阙下,稽颡上书曰:"闽中土地硗确,石门峡亦侯官一奥区也,其田万畂,其人千余家,其产桑麻竹

木。然地卑下,无隄防,溪水冲吃,岁因以不登,厥赋下下,臣愚以为塞之便。"天子可其奏,下所司杂议之。于是闽中大吏属其事于邑侯周侯兆圣,单车至其地,咨诹量度,用父老言,白于大吏,具题获允,民之系产于兹地者,遂欢然相率捐缗钱鸠工筑堤,隄横亘三十余里,不盈期而功告成,其沃壤可田,其溪下者潴为湖,其弃地令人茭牧其中,无不人人称便。

依此记载,是在筑堤以前,这片平原受到闽江及周边山水的顶托漫淹和灌浸,至明代都还很难开发利用。正因如是,故唐置侯官县于此,至贞元五年(789)仅因县城受到洪水的漂没而移入州郭后,就再也不将县治复迁这一地区。

另是见于明代志书,这片土地明时尚有环屿、董屿、南屿、月屿与芹洲等洲屿①。其中月屿早见于《太平寰宇记》,谓在海边,"出海蛤";芹洲(今青洲)则至明代开始浮现。《八闽通志》谈到芹洲,有曰:"府城南十二都泽苗江之西,当永福溪之急流,推沙走石,岁久壅而成洲,周围二十余里……又名瀛洲,以其四面有水,如瀛洲然也。"

按以上各洲各屿至明既称洲屿,有些还是在明代新涌的沙洲,是以上各地至明尚未连陆,仍在海湾之中。然从有清一代志书未再言及上面洲屿分析,是上述洲屿的连陆,又当在明末清初。而今见之于图,在环屿、董屿、南屿、芹洲与月屿一线的内部,尚有中洲、德洲、沙垱、青洲、蔗洲、国屿、鲤鱼洲与玉屿等洲屿未见明清志书记载,这些洲屿应是形成于唐宋,并在明代以前已经连陆,是旧的洲屿遗留下的地名称谓;而在此线以东,沙洲更多,这些沙洲也不见明清志书提及,则当是在此后才得陆续浮现的沙洲。

**2 新岐至枕峰沿岸洲岛的连陆与乌龙江中沙洲的变化**

这一地带岸线平直,紧逼着南部的丘陵山地,仅在尚干与枕峰的周围出现密集的水网化。

---

① 《八闽通志》卷四福州府闽县地理山川,《闽书》卷一《方域志》。

兹据《福建省自然地图集》称，这些地方乃属海积—冲积平原。而见明清时人的志书，也有扈屿、横屿(今宏屿)和枕屿①。现在这些深入内陆地区的沙洲岛屿已都连陆，这一海湾已被填塞。另是在这地区之内即在扈屿和横屿以西，尚有若干以"洋"为名的地名称谓（如牛当洋、洋下和洋里），这些"洋"当指"洋田"之意，水网较稀疏，垦殖年代应该较早，成陆时间应该早于明代。

至于江中的沙洲，虽早在宋代已有螺洲记载②，但直到明清才有更多的沙洲再次涌现。这些沙洲大多集中在螺洲附近。《螺洲志》云："江面浮洲，为洲之所能见者八：曰福禾洲，在洲西南，明广文陈朝倚环洲居此，今多坍塌；曰新草洲，在福禾洲东，道光时新涨；曰桔洲，在新草洲南；曰新涨洲，在洲之南，咸丰时新涨；曰芳洲，在新涨洲东；曰南洲，在洲之东南；曰外洲，在东际境后江；曰里洲，在东际境西北"；又有蚬埕三："曰外港蚬埕，在东际境后江；曰帝君湖蚬埕，在外港东；曰里港蚬埕，在八门桥东"，"八门木桥，在洲后，自沂山至洲尾者，多经此"③。而《闽都记》卷一四也曰："福禾洲，在义屿(今义序)东。"此外，尚有木屿，在永庆里，"连于塔峰，周遭有江，三江、陶江潮汐通焉"④。

以上这些洲屿除了南洲可见于图和木屿当在塔礁外，其他各洲都因形成不久，游移不定，只能知其大势，今已难于细考。

## 三、海中孤岛淤涨连片的过程

上面说了，海侵时期内"福州古湾"的湾中布有一列近似东西排

---

① 《八闽通志》卷四福州府闽县地理山川、《闽书》卷一《方域志》闽县、《嘉庆重修一统志》福州府山川。
② 《三山志》卷六。
③ 刘云峤《螺洲志·疆域山川》，手抄本。
④ 《八闽通志》卷四福州府闽县地理山川、《闽书》卷一《方域志》。

列走向的山岛,使"福州古湾"略成南北两个海湾的形状。这些山岛最初都为海中孤岛,是经海退和闽江长期输沙沉积及其围垦,才逐步连片的。

按今淮安周围有片较大的丘陵山地,又首受闽江泥沙的沉积,这片洲土的连片应该较早,所以自宋即设怀安县治于此。而当闽江分汊(南北二港)自此流入后,又受一列西南走向的仓前山、虾蟆山、鸡笼山(斗门山)和凤冠山(飞凤山)等山体的阻挡,闽江泥沙也当较多较早地大量在这系列山体的周围停积,诚如志书云:"凤冠山,在阳岐山西,群山之间,沃野千余顷,有三小阜鼎立田中者,为柯屿,一名台屿,一名瓜屿","台屿,四面皆平田,中建三阜",早在宋代高士陈允元已经筑室读书于是处①;而在斗门山与凤冈的周围,宋也已有村阜三十六,"宋刘彝诸贤所居,曰刘宅"②。盖因此地的平田已多连片,故至宋代人们由今泉州北上福州,才由以前的延建路(或取仙游、永福的山路)改走方山北铺的阴岐,再从阴岐渡江至阳岐,然后一路北上仓前山而入府城③。

此后,复因考虑到阳岐、阴岐间江面弥漫,无风二十里,有风七十里,要花很长时间过渡,既有倾覆之患,又有候次之劳,所以到了宣和六年(1124),又从福清的常思岭改走枕峰至今仓前而入府城④。至于此路选择在后,又当系因枕峰至今仓前一带成陆较晚,沿途低洼泥泞的路段较多,尚是较难通行的缘故。

另是高盖山周围有盘屿、吴屿、盐屿(亦名义屿)和芦洲(一名芦下),这些洲屿到了明清仍在湾中,盖至清后期以来才得连陆⑤。

再是高盖山西南的六凤洲、鸡姆屿与城门西南的城门洲、方岐

---

① 《闽书》卷二《方域志》、《闽都记》卷一四。
② 《嘉庆重修一统志》福州府山川鸡笼山条引旧志、通志。
③ 《三山志》卷五。
④ 《三山志》卷五。
⑤ 《八闽通志》卷四闽县、怀安县地理山川,民国《福建通志·河渠书》卷一引《闽都记》。

洲、天福洲与沙门等洲,皆未见明清著作的载述,成洲自当更晚。正因如是,即沙洲未经长期沉淤,故高盖山迄至城门间的广大平原至今地势最低,平均海拔只有四米左右,才成今天最需防洪堤保护,方能防御洪水泛滥的地方。

(原载《历史地理》第二十三辑)

历史时期"福州古湾"的变迁 | 13

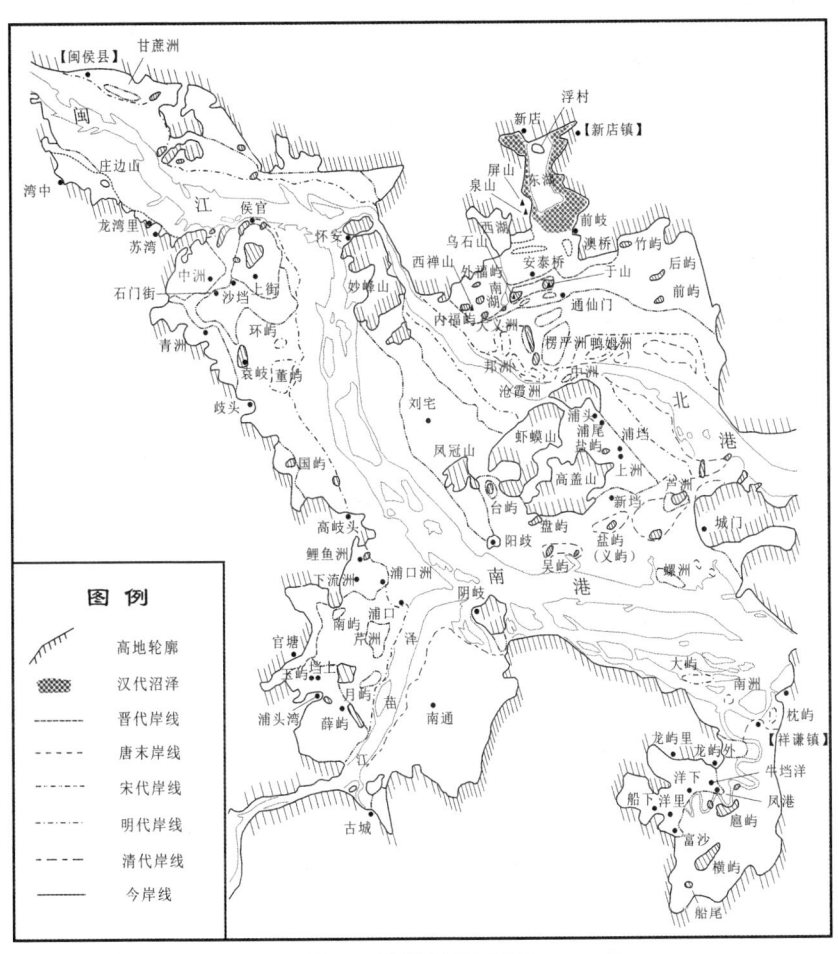

图1 福州古湾变迁图

审图号:GS(2015)3159号

# 长乐县海岸线的变迁与围垦

长乐县位居闽江出海口南岸,东临东海,海岸线的变迁深受闽江输沙入海的影响。本文拟就史书记载和当地人的传说作些论证,以供人们参考。

## 一、太平港的淤塞

太平港在长乐县城西、营前镇东和闽江口南。这个港区到处都有以"洲"以"屿"命名的村落,河流歧汊繁多。这些现象说明,早时的太平港应是开阔的,港内的沙洲岛屿星罗棋布。正因早时的港面开阔,海水能够进入,所以直到宋代,可在今天的龙门(洋门)、岱边(大边)和坑田(白田)煎盐[①]。元代未设盐场,盖因港内开始淤塞,海水难于进入。而今,海水又再外退,咸淡水分界已移至金刚腿地方。

长乐县城有这样的传说:郑和下西洋,船队停泊在太平港内,他进出长乐城,都从现在的下橹桥上下船。甚至到了民国时代,船舶尚

---

① 《三山志》卷二、贺世骏《长乐县志》卷一、洪亮吉《乾隆府厅州县图志》卷三九。

可由今太平桥开入成化阁。依照这些情况分析,到了明初,今天的下橹桥和成化阁尚未成陆,长乐县城周围的港面还是开阔的。另据明人著作,也有县城"西(北)至太平港口五里"①、县"北至海五里"②的记载。按志书所说的太平港口,即指太平港交汇闽江的地方,交汇处称"海",水面自当宽广。而今太平港口离县已超九里,可见今天县城西北的那一片平原,是在明朝之后才淤积起来的。

综观上引资料可以看出,直到宋代,这里的港湾应是深广的,那时霞洲、屿后、赤屿和老子洋各地自未连陆,营前则属孤岛,海水能够进出,故有盐场之设;迄至明初,港湾虽较浅窄,但尚能停泊大量的海船,是港湾尚未遭到严重的淤塞。这说明太平港的变迁应有两个特点,即其变迁的速度既快又大,又是渐进式的。太平港的变迁速度既快又大,盖因原先是个多岛屿的港湾,这样的地形有利泥沙的沉积;另是该区一年四季多吹东北风,又处地壳上升的阶段③,当然也是有利沙泥沉积的促进因素。但是,这里的人工围田次数不多,规模较小,港湾的浅窄也就不能得到飞速的变化了(见图2)。

## 二、东西湖和陈塘港的产生及岸线的发展变化

在长乐县北部和东北部地区,岸线的变迁也是大的,其中尤以东西湖和陈塘港的产生和发展变化更加引人注目。

《八闽通志》卷二一引旧志:东湖乃因"海风飞沙积而成之"。清杨希闵《长乐县志》卷六进一步指出:"唐天宝五年,南郊沙合,大历中成田,后里人仓曹林鸥舍田为湖,集方乐、崇仁、和风三里人夫,接五

---

① 《八闽通志》卷三。
② 王涣《长乐县志》卷一、卷二。
③ 林观得《福建海岸变迁的新观察(初稿)》(《中国第四纪研究》第 2 卷 1 期)、余泽忠《建设马尾港中的重大问题之一——闽江河口段的径流来沙是否基本上全部输入东海?》(1979 年 9 月 1 日油印稿)。

处山坡筑堤为湖,上曰滨湖,下曰间湖";又引《蒋以忠记》:"湖延袤二十余里,其地势北上南下,从中为堰以障之。"根据这些记载可以推知,东湖本来应是海湾之地,至天宝间由于海风飞沙的长期壅积,形成滩地和沙嘴,待至沙嘴合龙后,林鸥遂集乡民筑堤,使它成湖。

东湖最初既是顺沿着山坡筑堤,湖周二十多里,那么,它的范围应该包括哪些地方呢?兹以地形和传闻推度,它的湖区应该西达姚坑山、炉峰山、陈店山下,东及刘边山、蔡宅与广文各地,北至大当尾、小当尾和龙口下。相传早时的海岸线是在大当尾、小当尾和龙口下,后移海塘下,再迁港咀;姚坑山起初也是滨海的,潮声很大,人们都叫它"潮山",海石至今见在。而后董地方的新塘桥,志书说是清嘉庆间建造的,还在桥北兴建一道新的沙塘,用来捍御海潮①。这道沙塘又当是海塘下的海塘。是则传闻中海岸线的三迁,唐的位置应在姚坑山、大当尾至龙口下一线,清时迁到海塘下,港咀一线则是更后才出现的。

东湖的变迁犹如上述,西湖又怎样呢?史书载,西湖是在唐宝应二年(763)由严光围筑的,湖周计达三千二百八十丈。其实,它同样也属海湾之类。民间相传,今金锋北的塘下和西北的沙尾和沙堤,过去是滨海的,而沙堤就在西湖的边上。西湖迄至明代,湖周尚余二十里。后湖岸坍决破坏,豪民占垦,面积就日益缩小了。

至于陈塘港,贺世骏《修浚陈塘港记》又是这样说的:"邑二十三都有陈塘港,原系海地,唐大历间初辟。宋时,邑绅陈文龙因而增修之,故港以陈塘名。"②陈塘港既是海地,那么,最早的海岸应在哪里呢?民间的传说是:岸线原先是在金锋北的塘下、沙尾和沙堤一带,至唐筑了陈塘港,即在塘下,尔后泥沙淤积,再经多次的围垦,岸线就顺向港口、江塘、新塘、三门闸和五门闸移动。而见志书则有东西洋塘和莆盛山、厚福、盐船湾岸线。东洋塘、西洋塘都在十四都,是用

---

① 李驹《长乐县志》卷五。
② 贺世骏《长乐县志》卷九。

来"御咸潮"的①,这两条海塘位居塘下南,应是最早的岸线。至唐筑海地,岸线移到塘下。到了宋末,再经陈氏增修,岸线又伸至港口。迨至明代,莆盛山(今海洞稍北的猫头山)"山滨大海"②,它同传闻中新塘岸线的位置相对应,应该就是属于这一时期的岸线。

至于厚福,则是清初海防的要地③。"厚福"当即"后阜"的别写,为今阜山背后的阜山草塘。而阜山草塘是紧邻三门闸的,所以清初的岸线当已至此。

再是五门闸,即志书所指的盐船湾④,又是清嘉庆间陈塘港入海的地方⑤。

除上所说外,长乐县东北的梅花城和它周围岸线的变迁,也是值得一提的。

梅花有城,始于明初,那时"东门至海,南门面山,西有水门,潮至则舟航抵城下,潮退则平沙弥望"⑥。现在东门受到海沙的壅积,去海已经很远了。而梅花东南,变化更大。在清的地图中,有黄歧澳,滨海⑦,它的位置适同歧山相当。"歧"的意思是海边山石,歧山以前是濒海的。再是道光《长乐梅花志》也有记载:"七盘……周围里许,潮涨则掩其半,碛生蛎黄足蛤。""石壁,在七盘东里许,当春夏之交,渔人常于此网鲥鲦";"猫屿,与青屿相连,在布洲潭之南,一带沙壅成园。"可见这些地方晚至清初,还是沙洲小岛。石井也一样。志书说,从梅花城直至石井头,本来都是海塘田,后由飞沙填塞,才成可耕之田⑧。

总之,在这地区内,志书屡谈海风飞沙填塞港口和壅成沙堤的故事。这是风力的关系。这一地区位居闽江口,闽江携带下来的泥沙,由于受到东北风的顶托,泥沙折向南流,使长乐沿岸出现近岸的

---

① ⑥  王涣《长乐县志》卷一、卷二。
② ⑤  李驹《长乐县志》卷五。
③　贺世骏《长乐县志》附图与杨希闵《长乐县志》卷九。
④　内参地图资料。
⑦　清时所著《长乐县志》附图。
⑧　《长乐梅花志》田土条。

沙堤和沙洲，而当沙堤和沙洲发展到一定的程度，人们就利用这种有利的地形加以围筑，上面谈到的东湖和西湖，就是这样形成的。这是本区岸线推展迅速的重要原因之一（见图2）。

## 三、东南地区围海造田的情况

在长乐县的东部和东南地区，早先是几乎没有平地的，这些平地是经多次围垦的结果。下面分成几个地段略作叙述。

### 1. 漳港以东岸线的伸展

上面说了，东湖是在唐代围筑的。到了宋代，飞沙继续淤港，又伸出一片新的陆地。经过"埤海为塘"和港道的多次疏通，这片海滩就变成农田了[①]。

邻近的牛山，志书谈到它"东南为海沙所压"[②]，它在较早的时候，也应近海。这从锦桥兴建时的情况和仙岐、漳港二地的兴起也可看出。锦桥在今漳港东北，是宋兴建的。建桥时，为了稳固桥墩，即在桥的西边"筑海为地"[③]。这说明漳港当未连接大陆，不然，就无需"筑海为地"。而锦桥的兴建，又是为了交通仙岐。由此而推，是仙岐或在宋代已经连陆，故成滨海的要地。仙岐有一别称，叫石梁蕉山城。志书说它"依山濒海"，是较早时候的海防要地[④]。漳港的记载始于明代，后筑了两条海塘，一在锦桥地方，一在仙岐至柯百户间[⑤]，到了清初，才有名气。漳港的成陆晚于仙岐，从这也可得到旁证。

再是磁澳山，它同陆地相连，为时更晚。明末清初，它四面环海，"分东西南北四澳，可避风，海舟常泊此"[⑥]。直到清后期，虽然"沙壅水浅"，"每潮落时，可步而至"[⑦]，终归尚属海中孤岛。

---

[①⑤] 杨希闵《长乐县志》卷六所引宋人《黄裳记》《陈士进记》。
[②④] 贺世骏《长乐县志》卷一。
[③] 李驹《长乐县志》卷五。
[⑥] 顾祖禹《读史方舆纪要》卷九六。
[⑦] 杨希闵《长乐县志》卷九。杨氏尚称，磁澳山以西的大厝、小厝也是海中孤岛。

**2.鹤上、屿头至漳港间海塘的兴建**

这一地区海塘的兴建比较多，时间也较早。《新唐书·地理志》说，大和七年，长乐县令李茸已经在今县东十里筑了海塘，立了十个斗门"以御潮"，使县东的一片土地旱涝有备，"遂成良田"。按今鹤上去县约合十里，李茸所筑的海塘当在这一地区。根据长乐县钻孔资料，长乐平原的下部都是海积沙层，产牡蛎等贝壳，是近期沉积的①。当地人也说，鹤上周围的地下都是海沙。这说明以前的鹤上确实滨海。另据《三山志》卷二载，清平里的沙坑（今桃坑附近）"距海半里"，有"北山外大海"的称呼。可见早时的海水不但能够到达鹤上，甚至还能深入现在的北山山下。

再是沙京、屿头各地，唐宋也当滨海。因为唐宋时的建兴里（在今北湖一带）"距海半里"，北湖"距海三里"②，北湖的湖田外又"一堤即海"③。而所谓"一堤即海"，即以后志书所说的经今沙京与屿头间的那一道海塘④。这道海塘是在唐开成间兴建的，到了元代至元年间，由于经受不住海潮的袭击，才被冲垮的⑤。

正如上面所说，当海塘尚未兴筑前，这一地带的岸线应是深入北山，再转桃坑、沙京、北湖而至湖南的；海塘兴建后，岸线推到鹤上、沙京和屿头间，大约去县十里。而至宋代，岸线又有新的发展。《三山志》载：县去海二十里⑥。相比之下，宋代的岸线已经比唐伸出十里。宋时"筑海为田，以障海潮"，海塘名称就叫"海路塘"，长一千五百多丈，东到小屿山，西到沙京⑦。可见宋代未筑海塘前，岸线是在小屿山和沙京北边的。

---

① 福建省区域地层表编写组《华东地区区域地层表》（福建省分册）。
② 《三山志》卷二。
③ 杨希闵《长乐县志》卷六所引宋人《黄裳记》《陈士进记》。
④ 位置相当。
⑤⑥ 王涣《长乐县志》卷二、贺世骏《长乐县志》卷五。
⑦ 王涣《长乐县志》卷一、卷二。

以后,岸线继续扩张,到了明清,又筑南堋塘、漳港塘、漳港外大塘和壶洽塘①。南堋盖即南港,长约一千二百丈;漳港塘长四百二十丈,"上接锦桥,下通元祐沟水达于海";漳港外大塘长五里多,"东至仙歧江,西至柯百户塘";壶洽塘长二百三十丈,"上至沙京屿南斗门"②。史书说,壶井和洽屿未筑海塘前,二地是受海潮漫淹的③。而今,岸线多次南伸,已经不受海潮的影响。

**3.屿头以南岸线的变迁**

唐时候设长乐县,最早的治所是在今天的古槐。后因古槐地势太卑湫,才移吴航头,即现在的县城。那时设治古槐,盖因古槐面海,交通方便的缘故。到了宋代,古槐离岸已经五里④。宋的岸线扩展,乃因围垦使其然。志书载,宋知县徐誉曾筑大塘堤,跨昆由、敦素、崇贤、同荣四里,两边抵海,长一千五十丈⑤。这道海塘圮于明崇祯十一年。圮后又经重建。从圮后重建一事看,估计自宋至明这一地区的岸线,基本上未得发展。这一地区岸线长期停滞下来,从当地群众提供的资料也可得到证明。当地群众说,明的岸线在今洋下和港尾。这两个地方距离古槐正约五里。

至于漳板、垄下、首祉和松下几个地方,按照志书记载,明代都是港澳之地,受到波涛的冲击⑥。这些地方现在离海也各有一定的路程。

总之,屿头以南的岸线虽也向外发展,但伸张不多。因为这些地方距离闽江口最远,岸线也较顺直,受沙和停沙的自然条件最差,所以不能得到大幅度的扩展(见图2)。

(原载《厦门大学学报》1981年增刊)

---

① ② 王涘《长乐县志》卷二、贺世骏《长乐县志》卷五。
③ 《八闽通志》卷四和杨希闵《长乐县志》卷二、卷三。
④ 《三山志》卷二。
⑤ 王涘《长乐县志》卷二、杨希闵《长乐县志》卷六。
⑥ 杨希闵《长乐县志》卷三、卷九。

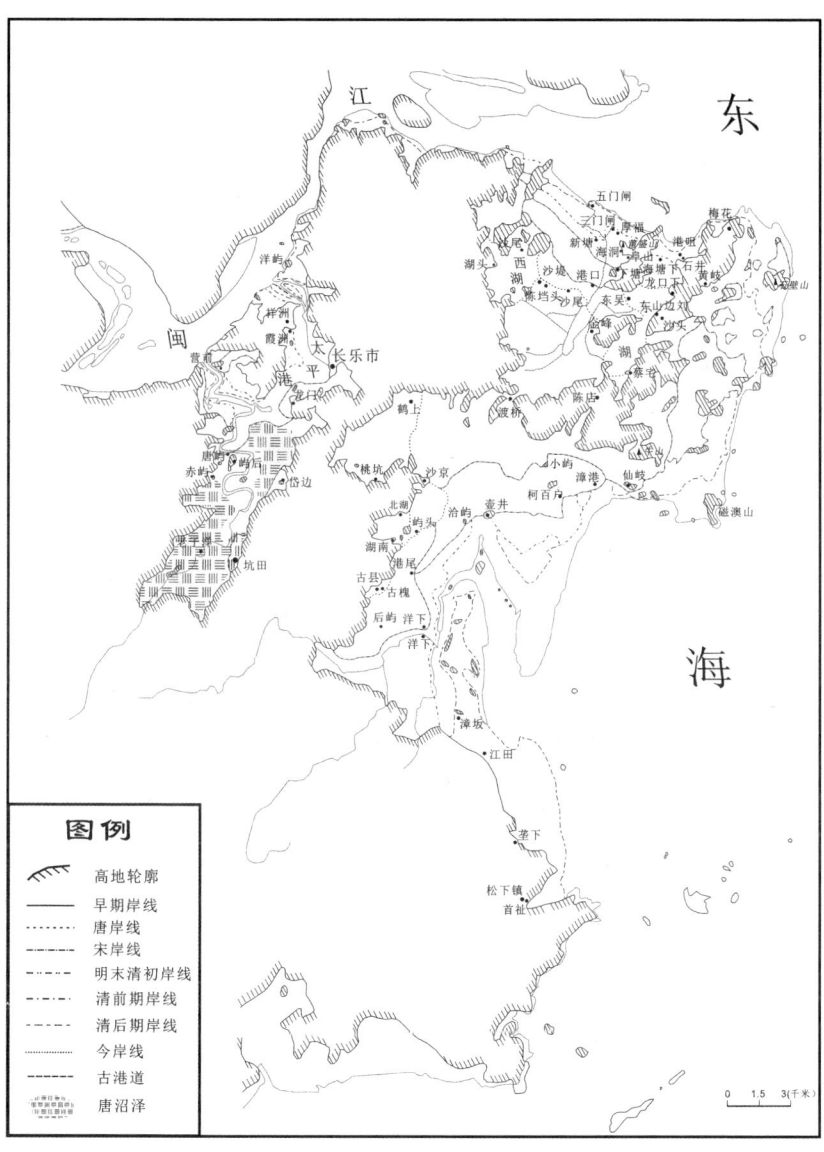

图 2　长乐县海岸线变迁与围垦图

审图号：GS(2015)3159 号

# 从地学观点看莆田平原的围垦

莆田有史记载,始于南朝陈,即在一次战争中提到的"莆口"和"蒲田"[①]。莆口位今何处,现在议论纷纷,莫衷一是,其实当为"蒲田"之误。至于设县,则晚在隋唐[②]。可见莆田地区的开发,是相当迟缓的。然而至宋,莆田的衣冠文物却已闻名天下,是福建最称富庶的地方。莆田缘何会开发迟缓?而开发后,又何以能得迅速的繁荣?本文拟就这一问题,略作试探。

## 一、莆田平原早期的地貌特征和影响

莆田地区开发迟缓,我认为,乃因早期莆田平原的原始地貌尚处海湾和沼泽地的状态。

据地质地理工作者的考察和有关部门的地下钻探,今莆田县广化寺前,有一片沼泽性的湿地,只要掘深半米,就有盐水渗出,并可

---

① 见《资治通鉴》卷一六九陈纪二天嘉五年条与《陈书·虞荔传》。
② 见《隋书·地理志》与《元和郡县志》卷二九。

拾到小海螺①;县城西南郊的筱塘,也有泥炭层的发现②。县南岳公地方,通过机井钻探,在地表之下1.1米至10米的深处,沉积物全由灰蓝色的海泥所组成③;县城正东14里的桥兜,海泥层的厚度更达40至50米④。群众兴修水利时,还在黄石、城关和金山等地的地下,挖到不少海船的船桅和船碇⑤。以上这些事实说明,今天的莆田平原是由海相沉积形成的。

另据考察,位居县城东南的后石井,有一片海滩岩,这片海滩岩高于现在的海平面30米。经过有关单位的$C_{14}$测定,它的形成时间距今只有2800多年⑥。可见西周时期,海水还漫淹着今天的平原。故在今县境内出土的新石器时代遗迹,都分布在江口的蒲坂山直至灵川的何寨山这一"S"形的地带,即在交接平原的许多低丘上,而平原地区至今无从发现。

莆田平原早期是个海湾,这个海湾经过海退和漫长时间泥沙的沉积,到了隋唐之际,已经壅出大片的沼泽地。史书说,平原处处皆斥卤,稻苗不长,"惟蒲生焉",因"以蒲名邑,明艰食也"⑦,正是对此期间地理景观特点的描述。而当平原进入沼泽地的阶段,人们便对它采取措施进行经营。

## 二、莆田平原初期的经营状况

莆田平原原先是个海湾,后经泥沙沉积,逐步形成沼泽地,这片

---

① 见赵昭昞《福建海岸线的升降问题》,《地理学资料》1960年7期。

②③ 据莆田一中教师李文超所提供的资料。

④⑤ 见张德泉等人所写《关于莆田海岸的升与降问题》(油印稿)。

⑥ 据李文超所提供的资料。按《南方日报》1980年7月31日也有报道,今三水县有一片大面积的原始森林因受海水的漫淹,而被埋藏于地下。是则那一时候的海平面当比今天为高。

⑦ 廖必琦《兴化府莆田县志》卷二所引《邑人太仆卿林源记》。

沼泽地是受海潮淹浸的。因此,要使这片沼泽地变成良田,首先就需围筑海堤,不使海潮肆意泛溢。同时,还要兴修水利,借助淡水冲洗土壤中的盐分和灌溉作物,庄稼才能得以生长和茁壮。为了达到这些目的,早在唐贞观年间,人们就分别在平原的南北二洋兴建了诸泉塘、沥浔塘、永丰塘、横塘、国清塘和颉洋塘,使1200顷的耕地有水灌溉;又在建中时兴建了延寿陂,溉田400余顷[①]。另据廖必琦引宋志,元和八年(813),观察使裴次元还在红泉筑堰潴水,垦开荒地,为田322顷,岁收粮食数万斛。

按诸泉塘在今县西偏南筱塘,沥浔塘在县南偏西东埔[③],永丰塘在筱塘与东埔间[④],横塘在县东南横塘[⑤],国清塘在县东南定庄[⑥],红泉在县东南水南[⑦],颉洋塘在涵江的塘北与塘西一带[⑧],延寿陂则在延寿村附近[⑨]。这样,就有一个问题,即唐兴建的这些陂、塘、堰,为何都集中在丘陵和平原相交的地带上,而不见有什么水利工程设施于平原中部,或在沿海地区?原因何在?经过反复推敲,没有别的,仍当受到地理环境的制约。

史书说,隋唐的北洋潮汐能够上涌史华桥和澄渚山[⑩],北洋各支河道都从杜塘和企溪等村出海。后经吴兴塍海为田,筑海堤于杜塘诸地,

---

① 《新唐书》地理志莆田县条。
② 《兴化府莆田县志》卷三,并参见卷二南洋水利条。
③ 陈池养《莆阳水利志》卷四。
④ 陈池养《莆阳水利志》卷四说,永丰塘在县西南,溉南门衙沟头田。廖必琦《兴化府莆田县志》卷四说,在迎和门外二里许。故当在筱塘和东埔之间。
⑤ 位置相当。
⑥ 李厚基《福建通志》水利志卷二。
⑦ 廖必琦《兴化府莆田县志》卷三。
⑧ 1980年莆田县地名办编《莆田县地名录》。
⑨ 陈池养《莆阳水利志》卷三。
⑩ 周瑛《弘治兴化府志》卷七和陈池养《莆阳水利志》卷八所引宋人刘克庄《义勇普济吴侯庙记》。

又在企溪和大洋设置了陡门洩,海水才退了出去①。但周瑛又曾说道,以前人们北上福州,皆循山而行,甚至在吴兴"埭海捍潮,堰溪溉田"后,由于平原内部仍受三支海港的分隔,时人北上福州,照旧是从县城北门绕着枫林、吴店和迎仙驿各地的山道行走,直到后来发生虎患,人们被迫改由平地,自魏塘、涵头(即涵江)、佘埔而至江口桥②。故依此而推,是吴兴所筑的海堤当在杜塘、企溪和大洋的一线上,而魏塘、涵江等地受到支海之所隔,地势应该十分低洼和泥泞。这是北洋的情况。

至于南洋,支海更多,计有七派③,地势还要低下。史书说,当木兰溪未陂以前,南洋的海水是与山水相交汇的,咸淡水互为混合,南洋土地更加"不能耕耨,止生蒲草"④,人们有事于府城,尤需以舟代步⑤。那时,"大海在县东十五里"⑥,壶公洋的三面濒海,"潮汐往来,潟卤弥天"⑦,大孤山和小孤山都在海中⑧(见图3)。

## 三、宋至清的围海造田

人们在今平原周边围海造田,开始于唐。直到宋代,由于人力、物力充实了,加上沙洲和沼泽地又有新的扩大,造田规模才大了起来。

宋人刘克庄说过:"昔(延寿)陂未成,潮汐至使华桥,(吴兴)侯始埭海捍潮,堰溪溉田,向之咸地,悉为沃壤"⑨。吴兴筑陂延寿,塍海

---

① 宫兆麟《莆田县志》卷二、卷三。
② 周瑛《弘治兴化府志》卷五二。
③ 宋方天若《木兰水利记》载,李宏造陂成功后,即开"大河七条"。清人陈池养《莆阳水利志》卷二称:"大沟皆旧海港"。
④ 陈池养《莆阳水利志》卷七引元慎蒙《木兰陂记》。
⑤ 周瑛《弘治兴化府志》卷五二。
⑥ 《元和郡县志》卷二九。
⑦ 林大鼐《李长者传》。
⑧ 宫兆麟《莆田县志》卷一引宋志和彭志,并参见1980年莆田县地名办所编《莆田县地名录》。
⑨ 陈池养《莆阳水利志》卷八所引《义勇普济吴侯庙记》。

为田,"溉田四百余顷"①。迄至宋代,"濒海之田依隉为固,名曰长围",围内疏塘以溉,北洋隉塘已经有十②,出现了三步泄和濠塘等,又有芦浦、陈坝和慈寿诸斗门的兴筑③,是则宋代的北洋,基本上已得围垦。而至元代,郭朵儿再在新港截海道,筑斗门④;随后复从涵江西南面围出数百亩海荡,使之成为白水塘⑤,北洋土地便又扩大了。

另是梧塘至涵江一带,经过五代何玉凿开太和、屯前和东塘等塘灌溉沿海之地后,虽则已获开发⑥,然自五塘被废,又一度荒芜。蔡襄曾经为此上奏说:"臣昨至兴化军,访问得莆田县有陂塘五所,胜寿、西冲、泰和、屯前、东塘自来积水,灌注塘下沿海咸地一千余顷为田,约八千余家耕种为业。大中祥符年中,有百姓陈清等陈状,于荻芦陂开渠引水灌注塘下民田,却决去五所陂塘,以地为田……自决去五所陂塘以来,沿海咸地止仰天雨,有租无收,州县多是不与放免税赋,是致人户逃移,见居者止括土煎盐"⑦,直到嘉祐年间,太平陂修筑成功,才使这片农田再次变成沃壤⑧。

再是,宋代的涵江,土地也"潟卤"⑨,延寿溪水由使华陂渠道灌注北洋田地,其中有一支流至此泄洪入海⑩。而涵江镇南的大埕,一度作为盐埕,西边的新港和港头,以前也设入海斗门,东边的砺头,

---

① 《新唐书·地理志》。
② 刘克庄《新修三步泄记》。
③ 陈池养《莆阳水利志》卷八引宋人傅淇《陈坝斗门记》等。
④ 柯举《新港斗门记》。
⑤ 周瑛《弘治兴化府志》卷九。
⑥ 周瑛《弘治兴化府志》卷一五、陈池养《莆阳水利志》太平陂图说和1980年莆田县地名办编《莆田县地名录》。
⑦ 周瑛《弘治兴化府志》卷三七所引蔡襄《奏复五塘劄子》。
⑧ 宫兆麟《莆田县志》卷二。
⑨ 宫兆麟《莆田县志》卷二所引郡人庶吉士方熙记。
⑩ 1980年莆田县地名办所编《莆田县地名录》。

则是海中的礁岛①。以此而观,是至宋代涵江尚当三面面海。而今涵江镇南和东南的白埕、新浦、矴头和漴尾,至清仍作盐场②,可见这些地方被开辟成农田,从时间上说,为时更晚。

江口的九里洋,原先也属海荡斥卤之地,是经五代陈洪进兴筑南安陂后,引来陂水灌溉才成良田的③。东佘自明迄清则一直近海,居民的生计以鱼盐为业④。甚至连同田头、西刘和下墩这些地方,直到民初尚皆位居海滨⑤。

因此,北洋围垦是有一个过程的,即大致自北而南、由西向东逐步推进,最初垦区只在县城东北,接着延伸到平原中部,然后才由中部再向东扩展(见图3)。

北洋大规模的围海造田开始于宋,南洋在木兰溪未陂前,土地一样潟卤,也都尽为盐沼之地。而在盐沼地间,港汊湖泊全都通海。即如今县东南阔口一带的白湖,那时湖周十分宽广,一直延袤到城郊的东门兜(即镇海),潮汐就能直涌进来。宋熙宁间,为了交通黄石,曾经架设浮桥于此,甚为壮观,宋人郑叔侨作诗描绘云:"千寻水面跨长桥,隐隐晴虹卧海潮,结驷直通黄石市,连艘横断白湖腰。"⑥因为白湖通海,实际上尚属海湾,故宋人方昭又有记文:"夫七闽诸郡,莆田最为濒海,地多咸卤。"⑦南洋得到广泛的开发,是在李宏筑陂之后。李宏应诏来莆田,他吸取前人修陂失败的教训,改选基址于木兰山前,陂筑成功后,遂又疏渠导水,开挖大沟七条,小沟无数,复立四处抵海斗门。迨至工程完善后,即弃横塘诸塘为田,只留国清一塘以备大旱,且合并小龟屿北、大龟屿东沿海的白地,垦田

---

① 林祖韩《试由地名探索莆田历史和地理的演进》(油印稿)等。
② 宫兆麟《莆田县志》卷八。
③ 宫兆麟《莆田县志》卷二。
④ 周瑛《弘治兴化府志》卷九、宫兆麟《莆田县志》卷一。
⑤ 李厚基《福建通志》水利志卷二。
⑥ 周瑛《弘治兴化府志》卷三二所引郑叔侨《熙宁桥》诗。
⑦ 方昭《祥应庙记》。

二百余顷①。

李宏筑陂木兰山前,开挖渠道,兴建斗门,使南洋形成一套大型的水利工程后,南洋的面貌也就随之改观。林大鼐颂扬它说:"计其所溉,殆及万顷,变潟卤为上腴,更旱暵为膏泽,仁人之功,其利溥哉!"②宋人徐鉴也曾称道:"莆邑负山滨海,中间平畴数十里,古皆斥卤沮洳不毛之土,变斥卤为膏腴,易沮洳为肥美,稻收再熟,岁屡丰年,地狭民稠,率不忧其不给,则曰繄水之故。"③后人作诗,更有诗句吟着:"十载勤劳陂创成,木兰不朽李侯名,壶山水绕恩波在,村北村南处处耕。"④其至赞道:"自是舟楫相通,田畴相望,风景不亚江南。"⑤

至元,人们再加经营,废弃周迥三十里地的国清塘为田⑥,并将澄口和东张的海地加以围筑⑦,从而,又使南洋的耕地面积扩大了起来。

入明之后,围海造田不断进行。《御史朱澜与吴守书》云:"莆中洋田,依山附海,田高趋卑,尽处为沟,沟外为堤……海民又于堤外海地开为埭田,渐开渐广,有一埭、二埭、三埭之名。外复为堤,以障海潮,此即前守黄公所修石堤是也。"⑧这时候澄口、东张的埭田得到了改造。陈稔曾说:"元季,以势力媵东张、澄口海地为田者相踵,然以斥卤,岁不可登。国初,县民林用震、李仲章皆以值得之,而用震居多,遂垣石外护,圳流中绕,连亘数十里之埭,而微深广东山涵窦,以取余溉之益……"⑨(见图3)。

但是,这种争相围筑海田的局面,并非一帆风顺,到了清初,曾遭破

---

① ② 周瑛《弘治兴化府志》卷二九所引林大鼐《李长者传》、元郑旻《协应庙记》。
③ 陈池养《莆阳水利志》卷七所录徐鉴《募修木兰陂引》。
④ 周瑛《弘治兴化府志》卷三二所引元人柯举《木兰陂李侯钱妃庙》诗。
⑤ 陈池养《莆阳水利志》卷一自叙。
⑥ 周瑛《弘治兴化府志》卷二九。
⑦ 周瑛《弘治兴化府志》卷三一所引陈稔《赠户部钦差闸办黄石鱼课官冯君重修东山涵闸序》。
⑧ 引自宫兆麟《莆田县志》卷二。
⑨ 周瑛《弘治兴化府志》卷三一。

坏:先因"迁界",使大片海田荒芜,直到展界后,才渐次修复。史书说:"自康熙辛丑,清埜徙民,截去兴福、醴泉、武盛、奉谷、崇福、合浦、新安、安乐、灵川九里,他如望江、连江、国清等里,各有割截,计去地三之一。今虽许民复回,而里居寥落,野场弗塞,迥非旧观,民气殊未复也。"①又谓:"顺治十八年,徙沿海,地弃为瓯脱,海水坏堤,直至内地。阅二年,兴筑界墙,自宁海东畔起,至塘下为长堤,堤外尽为海荡。康熙八年,展界,斗南、东埭等九乡同筑内堤,自东埭北接大孤山,南抵邹曾徐。二十一年,许民尽复故里,独东角、遮浪二乡以长堤工力浩大,未能兴筑,两乡民止于东华、大孤屿,后渐次暂筑内堤,开垦一、二洋而已,余弃地尚多,未暇及也。若北洋则尽复至古堤矣。"②直到雍正十三年,对埕口、东角和遮浪等处重加围筑,才使这些垦辟过的海田得到了恢复③。至是莆田的农业得到了转机,额征地丁银数才再次"甲于通省"④。

### 四、科学的水利设施

顾炎武《天下郡国利病书》说:"海,闽人之田也。"⑤莆田的南北二洋正是由海湾演化成沼泽地,而后经过人们辛勤的改造,变成良田的。在这改造的过程中,科学的水利建设起着最关键性的作用。早在宋代,郑寅已经指出:"莆田滨海广斥,昔人陂双溪以灌潟卤,田之号南北洋者,遂为沃壤。经营之初,有堤有港,有塘有沟,有圳有泄,因天时与地形以纵闭,其虑周矣。"⑥从这些言论分析,则宋在今平原上兴修的水利,一开始就注意到南北二洋地势的低洼、受到潮汐的冲吃和土壤含有盐碱的特点,而周密地设计了引、蓄、灌、排综合利

---

① 廖必琦《兴化府莆田县志》卷一。
② 廖必琦《兴化府莆田县志》卷二。
③ 廖必琦《兴化府莆田县志》卷二。
④ 陈寿祺《福建通志》卷三四所引《总督孙尔准修复莆田县水利稿》。
⑤ 该书卷九六。
⑥ 陈池养《莆阳水利志》卷八引郑寅《重修濠塘泄记》。

用的大型水利工程。

就以南洋水利说,李宏筑陂木兰溪的大功告成后,即在陂右兴建了回澜桥,作为通向南洋灌区的进水闸。接着开挖"大沟七条,横阔二十余丈,深三丈五尺,支沟一百有九条,横阔八丈,深二丈有奇,转折旋绕至三十余里",并"立林墩斗门一所,洋埕、东山水泄二所,东山石涵一所","又恐泄水不足,立东南等处木涵二十九口,以杀其势"①。相传"大沟皆旧海港,支沟则人力所开"②,渠道计分三大段。由迴澜桥引陂水为大沟一、小沟二;沙沟桥大沟一,通何厝桥沟、后黄沟、溪船头沟、新沟,凡四。以上大沟为上段。接着是上下渠大沟一,通漏头、东沟等处,小沟六;罗外大沟一,通后陈、樟桥等处,小沟七;洋城斗门前大沟一,通小横塘等处,小沟四;还有横塘、新塘等处小沟三。以上大沟为中段。再是清浦、化龙等处小沟十七;林墩斗门前大沟一,通小沟九;后洋大沟一,通小沟三十八;五龙桥等处小沟九;南田、企石等处小沟四;东山斗门等处小沟六。以上大沟为下段③。依上所云,可知宋人对于南洋水利建设,采取的措施是非常严密的。所以必须如是,则完全是出于自然方面的原因,盖莆田系属南亚热带海洋性季风气候,七、八、九月间多台风和暴雨,特别是当强台风正面袭击莆田县时,每致风潮和山洪的暴发,而使海堤被冲溃,或酿成严重的水灾。而当夏季少受台风的影响,又易出现夏旱。到了冬季冷空气南下,也经常出现强劲的东北大风,导致海溢溃堤。因此,要使这一地区的农业获得稳产和高产,就非有一套科学的引、蓄、灌、排综合利用的水利设施不可,且工程质量要求较高,要能经受得住风潮和暴雨的侵袭,同时,还要建立一套严格的管水用水的制度,否则,灾难随时都可发生。所以对北洋地区的水利建设,人们也是非常认真的。

北洋水利自唐开始,已有建树。那时,吴兴先在杜塘筑长堤,遏大流南入沙塘坂,并于延寿陂口别分长生港和儿戏陂为二派,以作

---

① 方天若《木兰水利记》。
② 陈池养《莆阳水利志》卷二。
③ 《八闽通志》卷二四。

北洋灌渠。继后,又将沟渠略加调整,酾为巨沟三,即南沟、中沟和北沟,广五六丈;又折巨沟为股沟五十九,广一丈二尺,横经直贯以蓄水;复于濒海之地环为六十泄以杀水[①]。

到了宋代,傅淇回顾说:当吴兴捍海为田之际,时为解除北洋耕地霖潦暴集的威胁和潴积余水,以及防御风潮往来的冒吃,北洋水利的建设已具规模,有沟有泄,又有斗门,"堤防有法,闭纵有时";至宋,又添置了芦浦、慈寿和陈坝三斗门,以使它进一步完善化[②]。

迨至元代,郭朵儿又在涵江新港截海道和筑水泄,引木兰陂水接济,使之旁会游洋、太平陂诸水,让望江等里阜山抵海的农田也能得到灌溉[③]。以后,水利陆续增修,清人陈池养综合前人记述,曾经作了疏释。按照陈氏的说法,北洋水利的变迁大致是:

> 先是(延寿)溪水由延寿出杜塘趋海,唐建中时,吴长官兴塍海为田,于杜塘筑堤,遏流南入沙塘坂,名延寿陂,酾为巨沟,折为股沟,凡三派;南至芦浦,东南至宁海,东北至涵江,潴水溉田,统为北洋。尊贤里地高于上游,建使华陂,干流溉之。延寿在下游,亦称使华水。又枫溪水由淡头入之,太平陂水由漏头、吴塘、太平庄入之,受水虽多,埭田渐辟,溪源不及百里,节节为陂,潦有余水,旱无涓滴……元总管郭朵儿始开万金斗门,总管张仲仪继之,引木兰水由屿上历杭口、东埔,先溉萧厝、谢厝、柳桥……至城南,转城东,分入各沟。复于新港障海,通延寿水,过涵江,溉上下望江。先后设芦浦、陈坝、慈寿四斗门泄水入海[④]。

又说:

> 按莆北洋,水称延寿……合渔沧溪,通八濑堰,为使华陂,分二圳:北圳二,一溉白杜、霞尾、企溪,一溉淡头;南圳溉龙桥

---

① 《八闽通志》卷二四。
② 周瑛《弘治兴化府志》卷三〇引傅淇《陈坝斗门记》。
③ 同上卷三〇引柯举《新港斗门记》。
④ 《莆阳水利志》延寿陂图说。

四度岭。大流入溪,为延寿溪,汇为徐潭,分二派:一派直趋七星桥,至潭头,分二支,环城壕水关,合城中水,至枋尾,一由三亭至乌石沟,俱与木兰水合,东至芦浦斗门入海;一派由龙王庙转企溪,至大泮,分二支,一由北沟、宫兜转下南沟、濠亭、四亭、沟下,与木兰水合,一由陈墩、大沟与枫溪合,东历长丰、西漳,由陈坝斗门入海。又同东北流历吴刀、吕埭至新沟,合太平陂之水,由新港斗门入海。又北至涵江,由宫口入上毛衕,又未至宫口,先分入坂尾诸沟,转水心亭至印沟,由慈寿斗门入海,即端明斗门也。又过涵江下毛衕,出宫下萝芩桥,分入卓埔、塘头、冲沁、埔尾,与囊山水合,溉及金墩、百美、新浦、砀头、小山、岩峙沿海,分由上港、新浦、小山三斗门入海。①

而对长生港和儿戏陂的流经,则又辨析说:

……以目前水道观之,延寿之下厮为二渠,顺流由七星潭而达芦浦者,其势迳,疑即古长生港也;转由企溪、大泮而灌陈墩以下各村庄者,其势曲,疑即古儿戏陂也。②

虽然他的疏释未能细分北洋水利发展的阶段性,但对北洋渠道的流经大势,还是有较好的说明。

## 五、水利中衰的历史教训

莆田平原的水利建设初始于唐,盛于宋,大备于元,至明而坏,到了清初,衰败更甚。明清之际,莆田平原水利急剧败坏是何原因呢?主要当由下列诸事所促成。

### 1.灌溉渠道长期失修

据史书记载,宋元之际莆田平原所修的水利,至明正德十二年(1517)诸沟已经填淤,"受水颇浅",致令时人"深以为忧"③。明代沟

---

① 《莆阳水利志》卷一。
② 《莆阳水利志》卷三。
③ 陈池养《莆阳水利志》卷二。

渠迅速废坏,乃因豪强长期占塞渠道以为田和私相设立涵窦泄水所致。豪强占塞渠道以为田,起始于宋,已经有人告状到朝廷,称说渠道"多为巨室占塞",官吏任其湮废而不修,致使一遇旱涝,"乡民有争水而死者"①。这种情况越到后来愈加严重。甚至每当沟渠溃决,政府官吏也是漫不经心,不及时组织人力抢修。廖必琦曾经举过例子,说道:乾隆二年发大水,渠道被汕刷,"斯时亟修,数十金费耳。以匀派未妥,邑宰屡易,因循三载,损失滋多"②。陈池养谈到这一问题,也曾说道:值此期间,官吏之所为最多只能做点清厘涵洞的工作,至于沟渠废淤应该如何疏浚,因为工费较大,他们是连议论也都不敢的,所以沟渠日趋颓坏,败局无法挽回③。

**2.管水制度不善**

明清时候,莆田平原水利的废坏,同当时的管水用水制度不善也很有关系。志书载,古时所设的入海斗门和通沟斗门,"入海者利在泄,通沟者利在潴,因地势高低,设闸为节,有余,尚资下流"④,用水都有定额,潦开晴闭⑤,并立水则⑥,有专门人员专职看护⑦,制度严密,据说"沟浍常盈"⑧。但自明中叶以来,由于垦海为田没有计划性,用水骤增,人们就私设涵洞,在水则之下"更开隙穴",使之"长流不息"⑨,甚至为了种蛏和捕捞鱼蟹,而私决闸板放水,让沟水耗尽,涓滴不留,使洋田横遭损失,各地矛盾滋生。那时"东山陡门在邹曾徐南,水则在邹曾徐北,邹曾徐人利于涵高,东张、埕口人苦于则峻",青浦各地也因"木兰先趋直沟,过岳公桥,东下白埕港内,居民以门扇牐灌涵口,下洋涓滴不及,洋城、青浦居民甚渴,因大争斗"⑩。另是莆中洋田,依山附海,田高趋卑,尽处为沟,沟外为堤,田土高低已争二尺,也因"为埭愈多,其地愈下,沮洳斥卤,利饮清泉。故为埭田者,

---

① 《宋会要辑稿》食货六。
② 《兴化府莆田县志》卷二。
③ 《莆阳水利志》卷二。
④⑥⑧⑩ 廖必琦《兴化府莆田县志》卷二。
⑤⑦⑨ 宫兆麟《莆田县志》卷二。

或大决官沟,开渠以达,或深沟,沟底为涵,以通仰吞,沟水拍满汪洋,则于外堤私立陡门,多设涵窦,以注于海……昼夜不息,旱潦不休……涓滴不留,使大旱之年,彼此俱困"①。对此,吴逵评论说:"自林用震凿东山而开埕口陡门,而北洋之水病矣。至于埭田草荡,岁有增益,皆立涵洞以资溪流,而其病水者又百出,此则两洋受之矣。故岁十日不雨则田旱,倍旬则河涸,民艰于饮,何有于田哉!?"②因为渠道长期失修,再加盲目围垦和管水用水制度的混乱,听任规利之徒"竞决渠溜而注之田",随意将水放入于海③,终致大面积的洋田遭受极大的灾难④。朱渊为此痛斥说:"人受害之源,岁歉人穷,未可尽委之天数也!"⑤这种惨痛的历史教训必须引起人们的关注。

### 3.海堤破坏严重

明清二代,莆田平原的海堤也遭破坏。志书载,"海堤捍潮,全借堤外草埔坚实,捕护基址。自邹曾徐人请海荡种蛏,土掘泥汀,害堤实深"⑥。不仅此,"复将海港三十六湾改作一直,以广蛏埕。潮水直射,堤日低陷"⑦。而更大的灾难尚是东角和遮浪石堤被拆除,"东角、遮浪二处,当东北大潮之冲,地势卑下,无山为蔽,八月翻江,九月秋涛,潮高于田以丈计。古有石堤障潮,明洪武二十年,江夏侯周德兴拆以筑平海、莆禧二城,堤仅土筑。洪武三十年,堤坏,海水直至壶公山下。永乐三年,如之。屡筑屡坏,终明世为莆害"⑧。到了清初,由于"迁界",海堤任其溃决,海潮漫淹农田村舍,损失之大,尤难估算。

### 4.水利工程质量低劣

莆田平原后期的灾难频繁,这同水利工程质量低劣也有关系。据说宋代筑陂建坝,质量要求很高,叠石皆"犬牙扣入,互相钩锁,陂

---

① ④ 宫兆麟《莆田县志》卷二。
② 宫兆麟《莆田县志》卷二所引《吴太守水利碑》。
③ 《莆阳文辑》卷四引马明衡《南洋水利碑》。
⑤ 宫兆麟《莆田县志》卷二所引《御史朱渊与吴守书》。
⑥ ⑦ 廖必琦《兴化府莆田县志》卷二。
⑧ 陈池养《莆阳水利志》卷一。

立水中,屹如冈阜",所以经历六七百年不坏。而自明清,"自陂田废,巡视疏蹋,大小冲溃,地甲报官查勘,估工动稽时日,匠役人等张大其工,计亩输钱,浮开其费。陂需石,石工揽之,外坚中薄,犬牙钩锁之法不讲也;堤需土,土著揽之,外实中虚,新楦夯破之用不闻也。屡修屡坏,职此之由"①。

**5.自然灾难接连不断**

莆田平原的自然灾害,以海溢、风潮和暴雨威胁最大。例如宋初发生一次海溢,海水溢到大蚶山崎头城,平原就都成了汪洋②。元祐五年(1090),海风大作,又将海居之民"漂荡万数"③。到了明清,由于水利长期失修,海堤已遭破坏,灾情就更加频繁和严重了:明洪武、永乐间,海堤两决,"其时白浪直趋壶公山下,草木尽死"④。嘉靖四十二年(1561),"大风雨,堤决,海水泛溢至城外"⑤。清康熙三十七年(1698),"海溢入堤,淹没庐舍,海船漂入沙堤、五龙地方"⑥。而在乾隆时代,受难更多:十七年(1752),"海溢堤溃,水至水南、沙堤等村,沿海禾薯尽没",十九年(1754),飓风又作,"海溢入堤,禾薯尽没",三十九年(1774),再次"海溢堤溃,禾稼失收",五十九年(1794),"海溢堤溃,禾薯尽没,岁大饥"⑦。

不仅此,风潮和暴雨对沟渠斗门的毁坏,同样史不绝书。史书说,木兰溪"水善曲折,旧号羊肠"⑧,宋时的三步泄"地势庳薄,脱遇淫雨,外潮内潦,堤溃泄堕……亟筑亟坏"⑨。濠塘也因受到潮汐的冲击,汇成渊薮,"其穴之广,几二十倍于旧,旁侧之田既多垫吃,数十

---

① 廖必琦《兴化府莆田县志》卷二。
② 林登名《莆舆纪胜》卷六、宫兆麟《莆田县志》卷三所引《泉南录》。
③ 周瑛《弘治兴化府志》卷一五。
④ 宫兆麟《莆田县志》卷二所引《郑岳记》。
⑤ 宫兆麟《莆田县志》卷三四。
⑥⑦ 陈池养《莆阳水利志》卷五。
⑧ 陈池养《莆阳水利志》卷一。
⑨ 刘克庄《新修三步泄记》。

里之水走下,莫之御"①。洋城斗门前向有余地,清水屈曲而出,也因"海势北壅南坍",致使周围的田畴、房舍和沟道"皆圮于海","斗门启板水冲前岸入海,址余数丈,危甚"②。北洋中的埭里,自嘉庆二年(1797)木兰溪改走村后,旧港淤成平陆,也变成南洋之地③。

总之,莆田平原的原始地貌系属盐沼之地,地势低洼,是靠坚固的海堤和科学的水利设施维护它的安全的。一旦海堤修筑不坚固,或水利工程设施不周,无穷灾难就会接踵而至。这是历史事实,也应引以为戒,不能掉以轻心。

此外,地裂对水利的破坏,也需注意。早在万历十四年(1586),孝义里之地即发生过地裂。三十二年(1604),洋尾、大柯地、港利田又皆裂,"中出黑沙,作硫磺臭,池水亦因地裂而涸"④。据说,1977年莆田平原的许多地方,此类事又再发生,损失不小⑤。产生地裂原因何在?有没有地带性的分布规律?它将给水利建设带来什么样的影响?这些问题也都亟待研究和解决。

(原载《中国社会经济史研究》1983年1期)

---

① 郑寅《重修濠塘泄记》。
②③ 陈池养《莆阳水利志》卷二。
④ 宫兆麟《莆田县志》卷三四。
⑤ 周彩中《莆田地裂》,1979年10月油印修改稿。

# 从地学观点看莆田平原的围垦

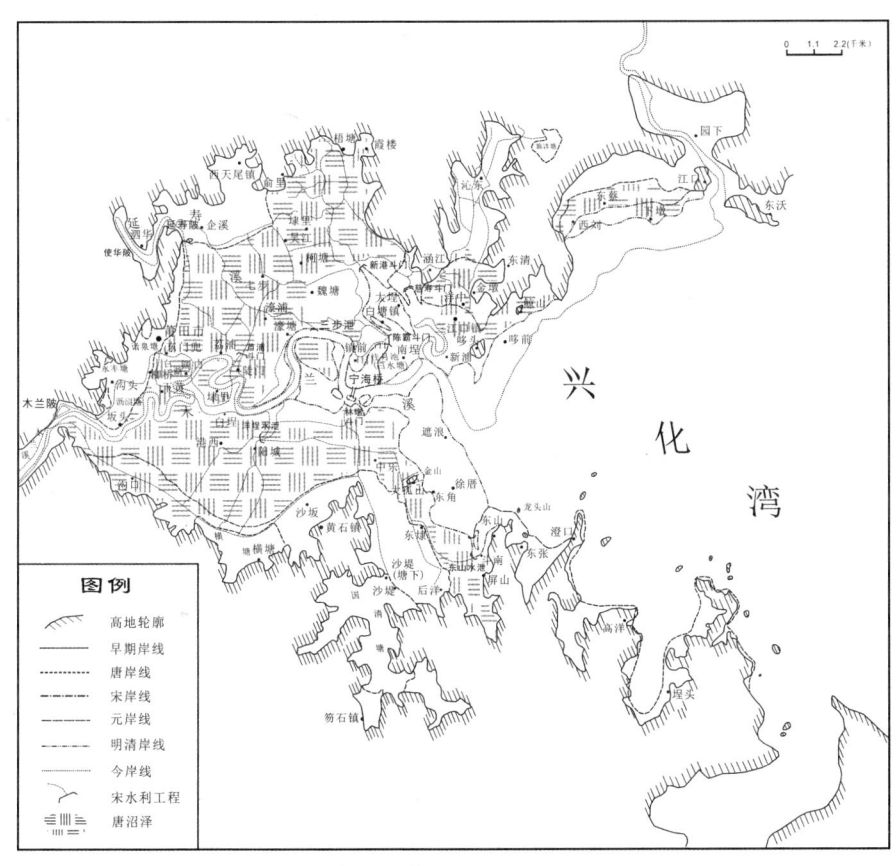

**图3 莆田平原围垦图**

审图号：GS(2015)3159号

# 泉州古湾的围垦与水利建设

据研究,全新世时期福建的海侵、海退都比全国要晚,福建的最高海面出现在 4000—3000 年前,海面高出 3—5 米,海退是从 2500 年前开始的,直到 1500 年前海水才退到现代的海面[①]。而经考古发掘和地下钻探,在今泉州市西北的丰州有海生贝壳的堆积[②],泉州西北洋 3—5 米及泉州糖厂掘探 4 米的地下都有海泥土,北面的北峰、石堆有咸淡水交汇作用下形成的耐火黏土,西埔至塔前有泥炭层分布,市区中医院地层上部 5 米为晋江现代冲积土,下部 10 米为海滩土,市区以东至院前、院后都是盐碱土[③]。而见志书记载也说,泉州城西偏南的洋屿,山中有蛎壳[④],泉州的东湖"在古最钜","北距北

---

① 谢在团《福建沿岸晚更新世以来海侵的初步研究》,1984 年 12 月海洋三所打印资料。
② 许清泉等《福建晋江流域丰州地区考古调查》,《考古》1961 年 4 期。
③ 赵昭昞《福建海岸的升降问题》,《地理学资料》1960 年 7 期及泉州五中地理教师李再铭先生提供资料。
④ 乾隆《泉州府志》卷六。

山,南距海",湖的南面深受海潮漫淹,都是盐碱土①。由上资料分析,是早期的晋江河道盖自永春、安溪和南安的谷地流至丰州,已当进入一片宽广的浅海地带,那时丰州附近是为晋江的海口,泉州市区内部的丘陵高地则还属泉州古湾中的一些小岛屿(见图4)。

泉州古湾湾面开阔,盖自海退后海面下降,并经晋江长期输沙入海沉积,至三国吴丰州一带的浅海已先成陆,孙吴就在今丰州镇的丰州设立东安县(晋改晋安县),梁又在这里增立梁安郡(陈改南安郡),至隋郡废,乃改晋安为南安县。到了唐代复立丰州,旋改武荣州。至是随着海面的下降和晋江河道继续输沙入海的沉积,已使丰州与今泉州的沙岛淤积连片,故为方便海外交通贸易,遂移丰州的武荣州治今泉州市,并在圣历二年(699)改名泉州,且在开元八年(720)复置晋江,以作泉州的倚郭县。于是随着人口的增加,为了发展农业,此时人们便对泉州周围过去由海变成沙洲沼泽地的海域,展开大规模的海田围垦和水利建设,此即志书所说的泉州"凡诸港、浦、埭、塘,皆古人填海而成之"②。改造工程始于贞元时候,主要如下。

**1.尚书塘:**《新唐书·地理志》、万历《泉州府志》卷三云,唐贞元五年(789)刺史赵昌开,位居城东一里,与东湖仅隔东门仁风一街,湖在街南,塘在街北,周回二十八里,溉田三百多顷。此塘是为灌溉城东北古湾成陆后的一片农田。

**2.仆射塘:**《新唐书·地理志》、黄仲昭《八闽通志》卷二二、《嘉庆重修一统志》泉州府隄堰谓是唐元和二年(807)由刺史马总开,在城东北八里,目的是为灌溉城北古湾业已成陆的数百顷农田。

**3.东湖:**乾隆《泉州府志》卷九说,唐贞元间(785—805)席相宴请欧阳詹"尝置酒湖上"。但湖形成于何时,未见志书记载,也无筑凿之事的见闻。兹就志书所载,唐时的东湖"北距北山,南距海",湖的南面深受海潮漫淹,都是盐碱土,至今人们尚称现在的坂头、圣殿铺和

---

① 方鼎《晋江县志》卷 六引何乔远《浚东湖记》。
② 顾祖禹《读史方舆纪要》卷九九。

天水淮以东为"外海"，以西为"内海"，且有许多"海垵"地名见在，直到大和三年（829）兴筑天水淮，才使这些地方变成良田①推测，当是东湖最初自为潟湖，是经深入内陆海湾的这个潟湖后由海中泥沙淤成沙洲，并经天水淮的围筑，才被分隔而成淡水湖。此湖"在古最钜"，"北距北山，南距海，东距山，西距今郡城之行春门"，湖面四十顷，溉田九百五十余顷②。到了宋代，"茭苇壅塞，几成平陆"，历经刘颖与颜颐仲募工开浚，湖面再次扩大，"渺弥十里"③。然至于清，复被人们围垦侵占，遂成"坳堂杯水而已"的小湖④。

**4. 天水淮**：《新唐书·地理志》云，系唐大和三年（829）刺史赵棨开，位居城西南（应作东南），灌田一百八十顷。那时在今泉州城东南有片农田曰南洋，田多咸卤，即"西凿渠而拥抱之，疏三十六涵，旁导江流入淮渠"以加灌溉。后经陈洪进重新修凿，改名节度淮，不久，淮枯而田荒。宋景祐四年（1037）再经曹修睦浚治，"又以三十六涵细碎隐伏，无法以制水之赢缩，于是尽撤诸涵，别营二涵，视潮来去，以为启闭，为大渠一，长一千九百丈，广一丈五尺，为小渠者八，积长二千五十八丈，广五尺"⑤，才使浚前"渠水湮塞，田芜租逋"，再次"渠通而田复治，民返业，赋额复旧"⑥。

泉州古湾历经长期泥沙淤积和围垦，至唐湾面迅速变窄，遂称晋江，五代又有刺桐港一名。初时江道、港面还很深广。后因流域得到开发，植被受到严重破坏，上游携下的泥沙皆集中沉积在江道内，至宋江中已有草洲浮现。兹观万历《泉州府志》总图，北宋兴建的浮

---

① 方鼎《晋江县志》卷一六引何乔远《浚东湖记》、乾隆《泉州府志》卷三。
② 方鼎《晋江县志》卷一六引何乔远《浚东湖记》、乾隆《泉州府志》卷九、黄仲昭《八闽通志》卷二二。
③ 黄仲昭《八闽通志》卷二二、乾隆《泉州府志》卷九引隆庆府志、《舆地纪胜》卷一三〇引《李谊二仓记》。
④ 乾隆《泉州府志》卷三〇。
⑤ 方鼎《晋江县志》卷一。
⑥ 乾隆《泉州府志》卷二九。

桥即跨图中上方的草洲，南宋架设的顺济桥则跨图中下方的草洲。此后草洲扩大，便成菜洲和云洲，并使晋江河道发生分流，形成两支港汊。初时北汊港道颇为宽广，港岸深入今天的水沟、竹街和水门巷一带，而达宋代的市舶司（在今水门小学内）和通籴桥。志书称，"通籴桥，在南薰门右水关处，俗呼鹊鸟桥，其地号水沟，旧在城外，米舟悉泊于此，宋绍定间（1228—1232）始为桥，元至正间（1341—1368），监郡偰玉立昭翼城，围桥于城内"①。那时北汊港道从这流经天后宫，且由此汇入南汊港道，故志书说，宋代的天后宫"实当笋江、巽水二流之汇，番舶客航聚集之地，时罗城尚在镇南桥内，是宫适临浯浦之上"②。迨至元代，由于筑城和人们不断的进占港道，这一港道便迅速淤塞③。此后围占不止，北汊港道日益狭窄，就成日后的破肚沟了。

而随唐宋天水淮的围筑与疏导，晋江河道的北岸在此迅速南退，至明宣德间（1424—1435）这里的江中复有沉洲的浮现，且得邑民李瓛捐资筑埭围垦④。接着中芸等洲也先后壅出，人们为了利用这些滩涂，又筑大淮海堤。

但须指出，晋江河道屡经变化，至明河道仍然宽深。犹如志书所言，宋代商舶云集天后宫，后经明代扩建罗城，商船改聚车轿（在今聚宝街与港仔墘间），车轿的江面尚宽二里余⑤，及至清初，由三舫连成的方舟也还可以驶达九日山下，九日山下水深数尺，要在这里架桥仍不容易⑥。

最后附带略说城东海堤与五一海堤的兴建。

城东海堤与五一海堤都在洛阳江边。洛阳江出了洛阳桥，水面放宽，广阔似海，流至白沙、白奇后，受到地形束缚，突然变窄，于是

---

① 李厚基《福建通志·津梁志》卷三。
② 乾隆《泉州府志》卷一六引《顾珀记》。
③ 方鼎《晋江县志》卷二、卷一六引庄弥邵《罗城外壕记》、黄养蒙《三水门记》。
④ 黄仲昭《八闽通志》卷二二。
⑤ 乾隆《泉州府志》卷 六引《顾珀记》。
⑥ 乾隆《泉州府志》卷七引《张天翼游记》。

人们称此河段为"洛阳小海"。而在小海中有一岛屿,谓之乌屿,"旧有石路,潮至则没,行者病之",至宋宝祐间(1253—1258)始筑桥,"以通往来"①。屿的东面港道深邃,俗呼乌屿潭,"宋、明间洋艘岁泊于此",据说古昔从海上开往洛阳的巨舰,皆在这里停泊,然后再换驳船转运洛阳②。后因洛阳江泥沙受海潮顶托,泥沙都在小海中沉积,使之逐渐浅淤,故至1973年便在浔美、乌屿与任庄间兴筑城东海堤,围出7000亩农田,又在1974年在今白沙、白奇间再筑五一海堤,围出一片面积更大的港汊之地③。这样,洛阳小海也就变窄了。

(未刊稿)

---

① 黄仲昭《八闽通志》卷七。
② 王洪涛《洛阳桥与盘光桥》,《泉州海外交通史资料汇编》第8辑(油印本)。
③ 1998年《惠安县志》第五篇《农业》及李再铭先生所供资料。

泉州古湾的围垦与水利建设 | 43

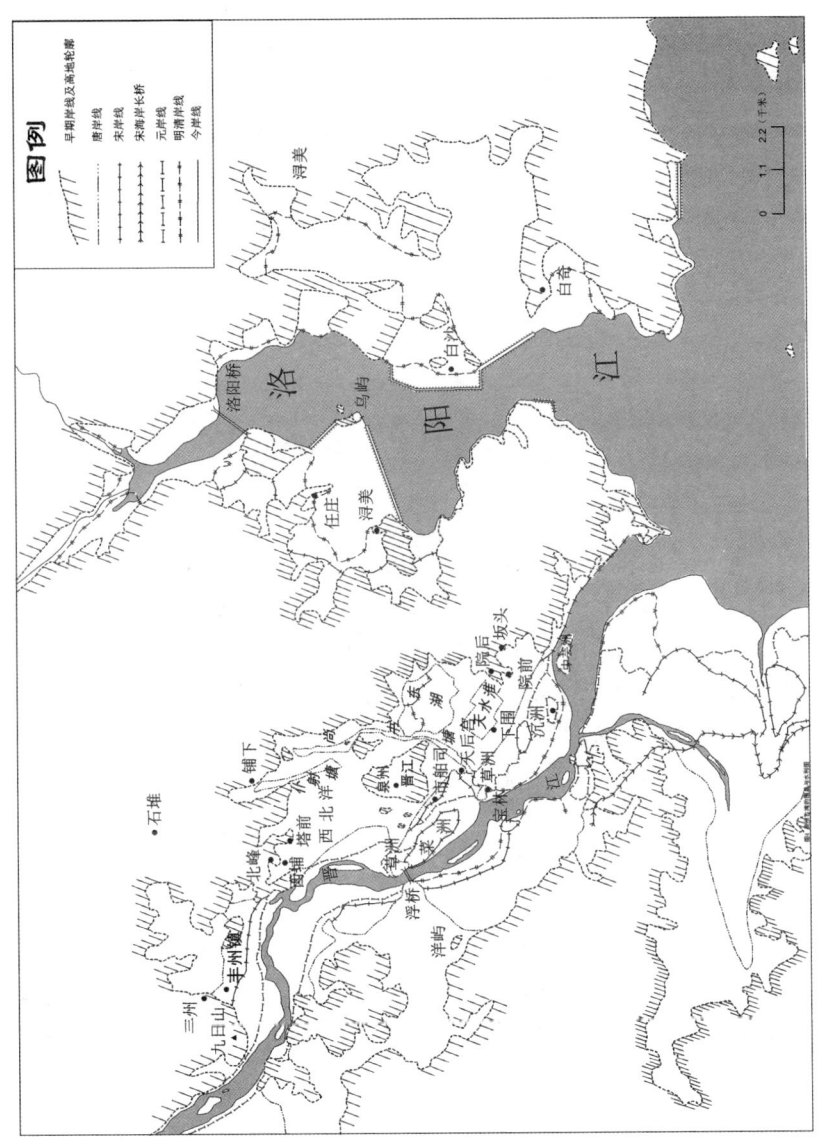

图 4 泉州古湾的围垦与水利图

审图号:GS(2015)3159 号

# 晋东平原水利考

晋东平原位于晋江南岸,原为海湾。随着晋江和九溪长期输沙入海的沉积,到了唐代,已有不少沙洲沼泽地浮现,人们开始"筑浦为埭",试图围垦,但"罄其赀而功不就"[①]。直到宋代兴置清洋陂、湮浦埭和七首塘,并筑海岸长桥以遏海水的入侵后[②],才使这片沙洲沼泽地变为良田。这些工程至清屡遭破坏,许多陂、塘、埭早已湮灭,至今少为人知,兹就志书记载,略作考释。

## 一、清洋陂的兴建

清洋陂,也称陂洋陂。《读史方舆纪要》卷九九泉州府清洋陂:府有陂八十二,"洋陂最大,邑南诸洋俱受溉焉。自湮浦而西,水之小者为溪,大者为浦,溪浦分流之际,则筑土为陂,以溉溪旁之田。自南安县之九溪,至府西南之高溪,凡三十六水,合流数百里而为陂。自陂

---

① 乾隆《泉州府志》卷九引《隆庆府志》。
② 明 蔡清《海岸长桥记》,引自方鼎《晋江县志》卷一六。

而下,为拱塘、苏塘、萦回复十余里,所溉四千有八百顷。宋熙宁初筑,淳熙七年,累石为埭,以防霖溢,且为三垛以泄水,长一百八十丈,广二丈有咫,修小陂于支流者五,为斗门于下流者七,陂之南北增筑长埭各三,倍其长之数焉。凡诸港、浦、埭、塘,皆古人填海而成之,所谓闽在歧海中也"。

《八闽通志》卷二二:"陂洋陂,一名清(洋)陂,长三千六百八十丈。"《嘉庆重修一统志》泉州府堤堰清洋陂:"在晋江县南二十里……溉田一千八百顷。宋淳熙七年,始累石捍之,长一百八十丈,广二丈余……陂之南北增筑长埭各三,倍其长之数,明嘉靖十年重修。今长三千六百八十丈,广六百十丈。"

方鼎《晋江县志》卷一:"县南三十一都、三十二都曰沙塘里,有陂洋陂,俗呼沿江洋,亦曰清洋陂,自南安白石五峰而下,有九溪合于潘溪、梅花溪,以及诸山之畔大小溪涧,凡有九十九溪之水,皆会于清洋陂,乃达于大小等桥。所溉之田,曰下浯洋,曰沿江洋,曰吟啸洋,曰潘湖洋,曰池店洋,曰新店洋,曰沟头洋,曰下埭洋,曰陈翁洋,曰孤坑洋,旧志云,灌田千八百顷。其先每岁之春运土筑作,一遇霖溢则坏。淳熙七年,邑人林邦闻与僧了性始累石埭之,且为三垛,以泄时水,其长一百八十尺,广二丈有咫,修小陂于支流者五,为斗门于下流者七,陂之南北增筑长埭各三,倍其长之数",明嘉靖十年重修;卷六又载:"熙宁间,(危雍)令晋江,筑烟浦埭,以捍海潮,又筑清洋陂,自南安九溪至于高溪,凡三十六水,合流而下,灌田四千八百顷"。

乾隆《泉州府志》卷八:"葛洲溪,在郡西南……凡九十有九,俱会于清洋陂,分经大桥至潘湖,小桥至黄江,复会于吟啸浦,东北历结砖桥,汇于烟浦埭,出溜石六陡门,入于晋江";卷二九:"所灌田四千八百顷";又引万历府志:"凡溉田千八百顷。……淳熙七年……始累石埭之,且为三垛,以泄时水,长一百八十丈,广二丈有咫,修小陂于支流者五,为陡门于下流者七,陂之南北增筑石埭各三,倍其长之数。嘉靖十年,知县钱梗督都民吴帮助等重修。今长三千八百八十丈,阔六百一十丈,深二丈,溉田如故"(详见该志卷九)。

据上所列资料,均载此陂系置于北宋熙宁间,初运土筑作,至淳熙七年,累石埒之,陂址设在晋江县南二十里。所异者,是溉田一千八百顷,抑或四千八百顷？陂长一百八十丈、一百八十尺,或为三千六百八十丈？

按志书记载,清洋陂与六里陂虽都同作陂名,但前者乃属蓄水库区,后者则作灌溉渠道,是用清洋陂所蓄的库水,通过六里陂的渠道灌溉该渠两岸的农田。因此,志书所谓溉田一千八百顷,指的应是六里陂沿岸的顷数。然而,清洋陂的创置,除供六里陂灌溉外,还有大量的余水可资库区上游沿溪两岸的农田,倘若加上这一部分,则溉田数字大增,可达四千八百顷。盖因溉田之数所指的范围有差别,所以志书记载的溉田数字,也就大不一样了。另是陂的长度,志书既说,府有陂八十二,"洋陂最大",则志书所称的一百八十尺,尺自为丈之误。正因如是,故除方氏言尺外,余概谓丈。至于三千六百八十丈,指的应是加固两岸石堤后的长度,而不是指陂的坝基而言。

再是志书谓陂置在县南二十里的沙塘里,兹经调查,今王厝尚有该陂的石碑见在,是为明人撰刻的。另据当地人称,今霞浯也有三斗门,已圮二,其一现存于溪头坝。此陂位居晋江县(今泉州市)南二十里,为诸溪所汇处,当时的陂基置立于此自无问题。

## 二、湮浦埭与六里陂的区别

方鼎《晋江县志》卷一:烟浦埭"即六里陂之尾闾也"。道光《晋江县志》卷四:"陈翁桥下即烟浦埭";卷一"图考志"云:"后水利部从乾隆府志以陂埭分类,故叙六里陂并及六陡门、三陡门,而湮浦埭别叙,实只是一带称六里陂者,以亘永靖、和风、永福、永乐、沙塘、聚仁六里也;其潴水处为湮浦埭;六陡门其放水出处,三陡门其翻水入处,当取而合观之,其说始备。"就是说,这本是一个整体工程,陂、埭、斗门只属其中个别部分,陂指环流和风六里的灌溉渠道;埭居渠道的尾部,作潴水的库区;斗门则是控制进出水的闸门。

方鼎《晋江县志》卷一六、乾隆《泉州府志》卷九:"晋江县二十九都有灌田沟水,名曰六里陂,其实不止六里,迂回曲折有四十余里","沟自清洋陂入,沿江经吟啸,折为上下两沟,以各通于海"。兹观道光《晋江县志》卷一"六里陂水利图",六里陂的水源有二:一是来自于营边和大桥,另是来自于小桥,至吟啸(今加沙)附近相汇,沿流至今双沟,复分为二:北支至陈翁桥(在今钱头处)流入溜浦埭①;南支又分为四,分入青阳、西坂、西下尾(今西霞尾)与浯埭等处,灌溉着今之大小桥、池店、新店、仕头、青阳、沿塘、沙塘、陈埭〈即所谓和风、聚仁六里)的农田。这就是志书所说的六里陂。

溜浦埭的范围,若照志书记载和县志附图的标绘,又是起自陈翁桥,至今溜石地段,为一南北宽而长、东西狭窄的库区。

再是六斗门,创置时间不详,但宋已经有之,这个斗门位居埭的尾闾,"过潦始开放流于海",置在溜石的东面,现改为溜滨闸②。三斗门乃添置于明万历间,筑在溜石,自外洲"引新桥大溪(即晋江之水)翻流,以广灌溉"。详见方鼎《晋江县志》卷一和道光《晋江县志》卷一八(见图5)。

这个工程建于唐末五代,时有吴公"筑浦为埭",但"罄其赀而功不就"。迨至五代,陈洪进筑陈埭,人们继承吴公的遗愿,再次筑浦为埭,"其埕三万丈,陡门四间,皆因天然全石,与陈埭陡门共为尾闾泄水",才取得初步的成功③。兴建这一工程是为"内积山之源流,外隔海之潮汐,纳清潟卤"④。初时屡修屡坏,直到绍兴六年,经过洪元英和僧祖派大规模的治理,才得稳固下来。接着增开斗门二,陂水被分上下二沟,陂首负责统一用水调度,"溉田千八百顷,计三分县田之一"⑤。灌溉效益十分不错。

---

① 道光《晋江县志》卷二《桥渡》、卷四《山川》。
② 乾隆《泉州府志》卷九、道光《晋江县志》"六里陂水利图"图注。
③ 乾隆《泉州府志》卷九引《隆庆府志》。
④ 道光《晋江县志》卷八。
⑤ 乾隆《泉州府志》卷九、道光《晋江县志》卷八。

可惜到了明清，这一水利横遭破坏，"烟浦埭多为豪家垦田"，大小桥、吟啸及今陈翁各港浦（即六里陂的渠道），也因"岁久淤浅，不可潴蓄"，而使灌溉和防洪的效益急剧下降。

明代庄际昌《修塘碑记》载："吾邑负山带海，田亩不能十之五佃作，而食者半在邑之南，其为灌溉潴蓄之利，曰溪曰沟曰塘，溪通潮汐往来，岁不苦旱。迩溪道壅阏，稍雨辄苦潦"。乾隆《泉州府志》卷九也说，泉州平原的水利"存者不能十之三"。由于明清水利屡遭破坏，抗灾防灾的能力已经下降，便使晋东平原的水旱灾害和饥荒严重起来。道光《晋光县志》卷七四"祥异志"载，终宋一代（960—1274）319年间，晋东平原的水灾只有7次，大旱2次，饥2次，而至明代（1368—1644）276年间，水灾16次，大旱和旱各7次，大饥和饥各6次；清更严重，截至道光以前（1644—1850）的206年，水灾已达17次，大旱4次，旱5次，大饥6次，饥4次。

## 三、七首塘的创置和变迁

《读史方舆纪要》卷九九"泉州府晋江县湮浦埭"载："七首塘，在府南二十里。境内之塘四十有一，七首为最大。七首之中，盈塘、砂塘最大"；清洋陂条又称，泉州府境"凡诸港、浦、埭、塘，皆古人填海而成之"。兹考志书，所谓七塘大多系指盈塘、大砂、小沙、洑田、象畔、龟湖和拱塘，全是筑于宋代。另据实地考察，在今晋东平原内有一近似南北走向的湖群，湖底全都沉积着盐土层，中间夹有蛏壳，还有船板和绳索等物[①]。可见在宋以前，这些湖塘当属海湾之地。分述如下。

### 1. 盈塘

《嘉庆重修一统志》"泉州府堤堰"："在晋江县南二十五里，罗裳诸溪涧水俱潴于此，与大沙塘相通，下流经湮浦埭六斗门出海，长一千三百余丈，广三百五十丈。"方鼎《晋江县志》卷一："康熙五十四

---

① 赵昭昞《福建海岸的升降问题》，《地理学资料》1960年第7期。

年，里人张天福捐浚……又就塘筑田三十余石，为修斗门涵岸之费。"道光《晋江县志》卷八则载："今废。"可见，清初的盈塘虽得治理，免遭毁坏，但经填塘为田后，开始缩小；迨至道光以前，因被豪家占垦，已经湮灭。另据当地人称，盈塘即沿塘，塘址应在今天的沿塘一带。

### 2. 大沙塘

《八闽通志》卷二二："与永福里盈塘相通，周围二十五里，源接波斯沟。"万历《泉州府志》卷三："周围一千八百余丈，深九尺。"乾隆《泉州府志》卷九："盈塘与沙塘合并为一，最大。"按宋的盈塘既在今沿塘一带，则宋的大沙塘当在沙塘的周围。正因二塘既相贯通，且"合并为一"，所以志书谈到"七首塘"，又有"六首塘"之谓。另据万历《泉州府志》卷三云"今大小沙塘多被豪家填垦为田"，是宋所筑的大沙塘当大于明代。

### 3. 小沙塘

《八闽通志》卷二二："小沙塘，周围十里，介于龙田、大沙之间。二塘水浊，此塘独清，里人因名为濯缨"；又曰："吴埭，接小沙塘水"。万历《泉州府志》卷三："濯缨塘，旧名小沙塘，长二里，周围十里……今大小沙塘多被豪家填垦为田矣。"兹查旧图，在今沙塘稍南有一小沙塘，吴埭作五埭或梧埭，而志书所称的龙田，或即洑田。若是，则过去的小沙塘，应介大沙、洑田与吴埭间。

### 4. 洑田塘

乾隆《泉州府志》卷九："洑田塘，在二十五、六都聚仁里长市（今塘市）等乡。隆庆府志：周围四千九百八十丈，高洲、灵源、五都、东洋诸山之流俱入此塘，会流最广。旧传九十九溪之水入六首塘，惟洑田塘居多。……北有陡门六间，小涵九所，下有谢埭、新塘、蔡塘潴水，虑水涨堤坏也。浚自宋真德秀、王十朋二守，后岸崩，陂废。明天启五年，里人龚云致修筑。国朝雍正八年，邑令王之琦重修。"庄际昌《修塘碑记》也称："塘凡七，盈塘与沙塘合并为一，最大，其次则洑田塘，周围三十里，灌田环十九都、二十五、六都，亩八千有奇，其泄易涸，上吸九十九处之流,雨骤至,其潴易涨,岸一带当东南西北之飚,波浪冲激,易以圮坏,则罄潴倾流,水旱交告,病矣。……加以雨旸不时,塘日就浅,岸日就圮,都民苦之。……(龚)先生归,捐俸余,凿石列岸,自陡门之西新涵沿岸一带,尽以石砌筑之,费几三百金,不问都民斗粟铢钱。更虑暴雨涨流,一陡门难以骤泄,遂采众议,破沮格,就横涵直圳复设赐二间。而后乃今,蓄不虞圮,流不虞涨"。按洑田塘在今塘市南,直到民国时代,塘周尚有九里余,今则尽垦为田矣。

### 5.龟湖塘

乾隆《泉州府志》卷九:"龟湖塘,长一千八百余丈,阔八十二丈,深一丈,东至塘后村,西至石狮亭,南至塘岬村,北至大洋,灌田三千八百余亩。宋郡守蔡襄定塘规。明嘉靖间,郡守童汉臣增立塘规,林、黄、苏、郑四姓管修堤岸。万历壬子,林学梧修堤闸,以捍怒潮。至国朝壬子,林孕隆重修之。"按志书所说的塘后村乃今塘后,石狮亭乃今石狮市,大洋指的当是东、西洋。据此,则该湖早期的北岸应至今天的东西洋。另据万历《泉州府志》卷三载:龟湖至明已经淤浅,"不可潴蓄"。而至民国时代,屡经围占,塘周只剩七里,不及古时之半,而今也已湮灭。

### 6.象畔塘

万历《泉州府志》卷三引旧志:"长九百七十八丈,阔七十丈,深一丈。东至龙窟村,西至大洋,南至后头村,北至石畔村。"乾隆《泉州府志》卷九:"在江阴里。"按志书所说的龙窟,疑为今之洪窟,大洋即今东、西洋,江阴里为今龟湖、蚶江地。可见,此塘的塘周原应环今洪窟、后头村和东、西洋各地,现也已经泯灭。

### 7.拱塘

乾隆《泉州府志》卷九:"拱塘,在十八都至十九都弦歌里,广五百四亩四十步,深七尺,东西各有泄涵。宋嘉定二年,邑丞赵彦寓修"。按十八都今为衙口地,十九都今为石狮地,二者之间全属丘陵和山地,似无筑塘于此的可能,故疑港塘即是。盖港塘的闽南话音与拱塘相近,相传过去曾于此筑过湖塘,且与其他六塘相连一片,较合七塘的兴建全都截取海湾而成的规律(见图 5)。

由上可见,这些水利除六里陂兼作灌渠外,其他都属蓄水库区。盖自熙宁间建成海岸长桥后,晋东大片滩涂被开垦,人们遂用那些深入平原内部的港浦作为渠道,又因渠道乃从原先的港浦修筑成功的,且在渠道上分段设置水闸以蓄余水,使水面开阔如陂,所以就连这些渠道也被统称为"陂"。

值得注意的是,宋在晋东平原上所修的水利,为何会把蓄水工程作为水利兴修的重点?这与晋东气候、水文和农耕的特点当有一定关系。就气候言,晋东平原地处雨影区,降雨偏少,年降雨量仅 900 毫米,变率又大,易受干旱的威胁;且属台风区,台风带来的暴雨,又会引起严重的水灾;加上九溪的溪源十分短浅,几天不雨河床就会干涸,故为防涝防旱,时人便将深入丘陵的一些海湾加以堵截,使之成塘,以减轻山洪的直泄;并将一些宽广的港汊略加治理,让其相通,以作灌溉渠道和潴水的库区。另是晋东平原地处南亚热带,气温高,最是适于稻蔗的栽植。这些作物需水量大,尤须备足水源以资灌溉;加上这些耕地都由垦滩而成,土壤的盐碱度大,也需先用大量的淡水加以冲洗。因此,水利建设便以蓄水工程作为重点。正因如是,所以至明随着垦区的扩大,便在外洲增开三斗门,复引晋江之水,以补农业用水的不足。

这一认识,由来已久。唐代王栩赴闽上任,曾说:福建"百姓艰乏,职贡或阙",乃因"本道频遇水旱";宋人梁克家谈到福建农业时也称:"饮天之地,寸泽如金",如能得水,"获必三倍"[①]。可见,唐宋时人对于福建降雨的特点,早有相当认识,已经知道福建许多地方的水利建设,应以蓄水工程作为重点。这一历史经验值得人们借鉴。

(原载周济主编《八闽科苑古来香——福建科学技术史研究文集》,厦门大学出版社 1998 年)

---

① 分见《册府元龟》卷四八四《邦计部·经费》及《三山志》卷一五。

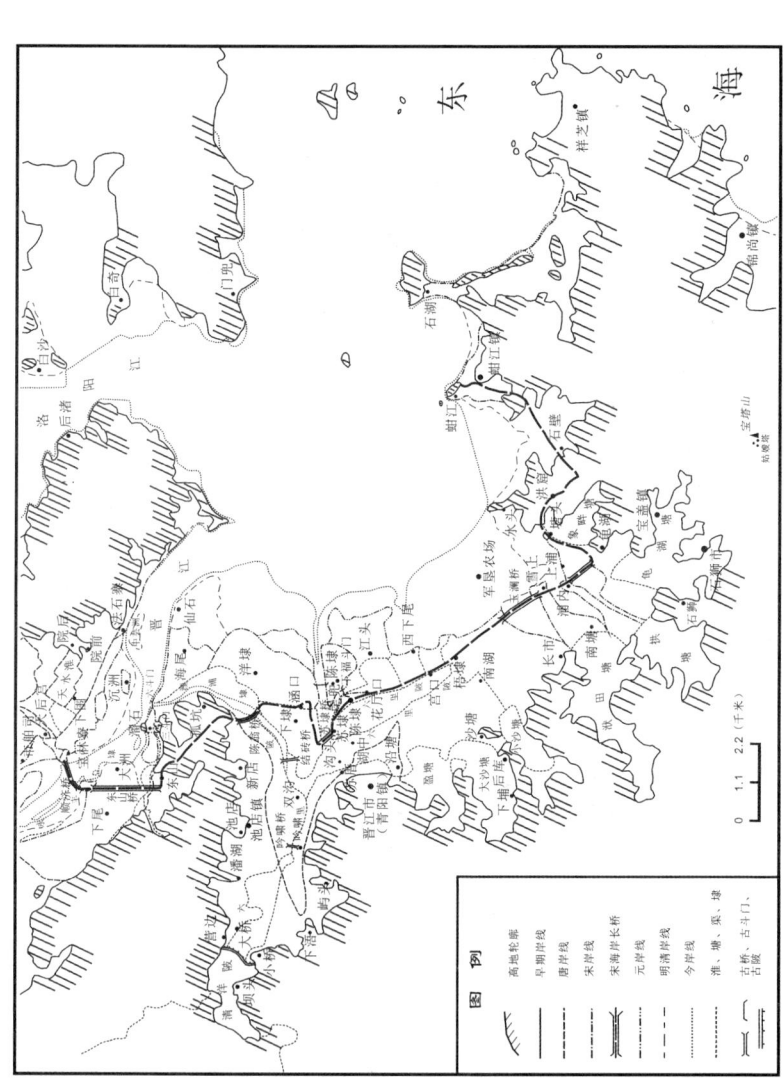

图 5 晋东平原水利图

# 九龙江下游的围垦与影响

## 一、九龙江下游早期的地貌特征

九龙江仅次于闽江,是福建的第二大河,西、北二溪在今福河相汇,福河之下即属河口三角洲,分南、中、北三港出海。北溪为主流,河长 285 千米,流域面积 9640 平方千米;西溪河长 171.5 千米,流域面积 3940 平方千米。河口的潮区界西溪至漳州的东新桥,北溪至郭坑篁渡铁桥;枯水期西溪的咸水界点只能到达官田,北溪也只上溯到江东桥,此与古时的九龙江下游绝然不同。

按照志书记载,漳州和龙溪县的治所移迁今漳州市,是在李唐贞元间(785—804)[①];到了赵宋祥符六年(1013),西溪经过王冕的疏浚,海潮由州城西南隅的水门涌入后,能通舟楫[②],甚而晚至于明,城

---

① 吴宜燮《龙溪县志》卷一和卷二四《艺文》所引朱熹《漳州守臣题名记》。
② 刘天授嘉靖《龙溪县志》卷二。

内的泮池照样可纳潮汐①,东湖更是潮水汇集之地②。而北溪的潮区界,以前也不在篁渡铁桥,乃远在北边的绿洲潮口③。由此可见,早期的潮汐应比今天深入内地,那时漳州自属海域,所以南朝梁析置龙溪县,才不将治所设在漳州市内,而定在地势略高的古县地方④。迨至唐代,"大海去县(龙溪)五十四里"⑤,柳营(今江东)九龙江河段"江当溪海之交,两山夹峙,波涛激涌"⑥,"水势长奔三十里,涛声犹撼五千人"⑦,是个观潮的胜地。此时漳州和龙溪县既已移迁漳州,说明漳州已经成陆,大海离开漳州五十多里,漳州的外海已经被推移到今海澄一带了。

按《元和郡县志》述说的海域,有内、外、大、小之海的分别,这里所说的"大海去县五十四里",指的自是沙洲以外的大海。盖今观音山和榜山等丘陵山地,其时尚当四面环海,石码、海澄和玉洲为近岸沙洲,浒茂、乌礁和紫泥只有一些泥滩浮现,故当海潮上涨,大量的潮水尚可直驱涌入,待至江东两山夹峙处,因受地形束缚,又能再次在其"小海"之内激起巨大的波涛。

我们说,早期的漳州当属内海,可从地质钻探和考古的发掘资料得到证实。漳州市内的钻孔剖面表明,漳州市区的上部地层就有海相灰黏土的沉积,中部也有海陆交互相灰绿色的中砂和黏砂土等⑧。而今漳州市内的温泉含有盐味⑨,考古工作者又在漳州市西上墩公社的覆船山和龙海县西北步文公社的马下山发现蜊壳和蚝壳堆⑩,也都证明

① 刘天授嘉靖《龙溪县志》卷六。
② 王承祜《袁子怀钴重修桥路碑》。
③ 吴宜燮《龙溪县志》卷二。
④ 吴宜燮《龙溪县志》卷一一。
⑤ 《元和郡县志》卷二九。
⑥ 吴宜燮《龙溪县志》卷一一所引《白石丁氏古谱》。
⑦ 沈定钧《漳州府志》卷四所引戴昤《江东即事》诗。
⑧ 福建省区域地层表编写组《华东地区地层表》福建省分册。
⑨ 赵昭昞《福建海岸的升降问题》,《地理学资料》1960年7期。
⑩ 李冬雨《龙溪地区新石器时代遗址调查报告》(油印稿)。

早期的漳州市区及其周围应该滨海。再是经过地貌考察,福建至今尚有一条古海岸线,这条古岸线见存于今一级阶地面,高约5至10米,距离现代岸线约有30至60千米,是在历史时期中形成的①。所以早期的海湾应该深入到漳州,漳州平原地区的成陆应是较迟的。

## 二、漳州平原的围垦

漳州平原的迅速形成,主要是靠人们进行多次的围垦。下面略分三大部分作一叙述。

### 1.江南(石码、海澄至浮宫)地区

史书称,过去的海澄县"依山务农业,海滨事舟楫"②,"厥壤下错,祈年少稔,惟是浙米广粟航海而至,则三时无虞,又惟是东西洋贩,仰事俯给,故地虽斥卤,民有固志"③。海澄县以前的耕地甚少,乃因县境之内尚处"水国"④。志书描述说:"澄在昔为斗龙之渊,浴鸥之渚,结茅而居者,不过捕鱼纬萧沿作生活"⑤,"澄本龙溪渠弥地,唐以前则洪荒未辟之境也;在宋则芦荻中一二聚落"⑥,元置巡司⑦,至明正德间,"豪民私造巨舶,扬帆外国,交易射利","诱寇内讧,法绳不能止",故为加强对此地区的统治,隆庆时才分龙溪、漳浦二县地而设海澄县⑧。那时,"澄复介其东偏,面面环海,故邑以海名也"⑨,就连

---

① 林观得《福建的海岸》、《福建海岸变化的新观察》和《福建第四纪海平面升降运动》等文,福建师大地理系资料室1982年6月印编《福建海岸问题研究》。
② 陈瑛《海澄县志》卷一五。
③ 陈瑛《海澄县志》卷二一。
④ 张燮《东西洋考》序。
⑤ 陈瑛《海澄县志》卷一五。
⑥ 陈瑛《海澄县志》所载明王志道《初修海澄志》序。
⑦ 《嘉庆重修一统志》漳州府古迹。
⑧ 陈瑛《海澄县志》卷一。
⑨ 陈瑛《海澄县志》所载李敬之《癸酉志旧序》。

县城本身的周围也都"环以港水,巨浸茫茫"①,"附郭皆咸浊",挖下去的井水全都是咸的,城内居民只能候潮方长,"汲溪流以爨"②。故以此而观,是至明代今之海澄镇应当四面环水,是个近岸的沙洲。

另据志书记载,今石码镇西的平林,宋代已经创有观澜书院,为文人聚会的地方③。石码是在沙埭、霞庵和北岸等村落出现后,才变成桑田④。迄至明代,"郡人士以地当海潮,上下激涌",经过"沿江累石筑十二坝障之",才慢慢变得繁荣⑤。而在石码镇南一里多的鸿江和登第,到了清初,"港界溪、澄,海潮上下没石",人们还是"环港而居"⑥。这说明今天的石码镇地兴盛较迟,也是由于地势洼下,泥泞难居而使其然。

再是石码与海澄之间的村落,以洲以屿或港、埭命名的很多。新中国成立后,又在一些地方捞到大的牡蛎壳,挖到大的船桅⑦,是此地方原先沙洲遍布,也有广阔的港湾深入。

至于浮宫,志书载,"浮宫曾名凫溪,凫鸟出没",后因海滩升高,如从海中浮起,又有宫殿庙宙的建筑,故名"浮宫"⑧。附近的禾平庄相传最初也"海壖",至宋元祐间(1086—1094)始筑成田,硗瘠居半⑨。东园和鹿石山一带则有"岳岭好安坞(指船坞),鹿石撞破船"的传说。这里地势非常低下,晚至清初海潮发涨,鹿石山下还会受到漫淹⑩。正因这一缘故,所以宗庙里的碑文谈到元初来这定居的先民,都把村

---

① 阮旻锡《海上见闻录》(定本)卷一。
② 陈瑛《海澄县志》卷一和卷二二所引明柯挺《周侯新开水门碑记》。
③ 彭祖寿《石码镇志》书院条。
④ 1980年版《龙溪风物志》。
⑤ 彭祖寿《石码镇志》地理一。
⑥ 彭祖寿《石码镇志》陈无宠《修石码港南桥》条。
⑦ 蔡钟炎《月港琐谈》(油印稿)。
⑧ 1980年版《龙海县标准地名录》。
⑨ 陈瑛《海澄县志》卷一六和卷二二所引明高克正《澄邑禾平庄碑》。
⑩ 陈瑛《海澄县志》卷一八。

## 九龙江下游的围垦与影响

落建在峨山的高埠上,直到后来人口发展了,并有海堤的兴筑,人们才将住处移迁到平原上①。

那么,这些海湾滩地演变成平原,又有一个什么样的过程呢?志书载:"海澄壤地延袤……其先皆海也。海上之山,蛇龙入之。趾山而处者,用堤师战波臣,而土之,而宅之,然后县之四封以内,陆与海往往争奇……顾其居人,燥处什三,湿处什七",担任这一地方的官吏,都是针对这一地貌特点,无不"惟堤是务,塞渠是务"②,因为"澄之为邑,滨海苦盐卤,难施钼耒,不无需于陂与闸。陂以御咸,闸以蓄淡也"③。盖澄之田有洋田、山田、洲田、埭田和海田五类之分,其中"傍溪湖积砂土填筑而成者,为洲田;筑堤障海潮、内引淡水以滋溉者,为埭田;滨海咸卤,无水泉及淡潮者,为海田,其田下下"。又谓:"澄邑山田绝少,洋田亦不多;有海畔汙邪,强半咸卤。而洲田、埭田在处有之。相传宋谢都官筑海成田,疏九十九坑之水以资灌溉,后之人仿而行之,为利溥矣"④。自是之后,大规模的筑海为田和水利建设才在各地纷纷进行。约而言之,此中当以石码、海澄间开展最早,然后再向海澄以东步步扩展。

石码至海澄间的垦田,开始于宋。海澄县西"县地本海卤,宋都官郎中谢伯宜始筑成田;绍兴中,邑人陈香复引十都九十九坑之水注于九都侯山,筑陂开圳,长三十余丈,导以灌田,遂成沃土"⑤。继后,九都自普贤、草尾一带,旱苦积卤,明万历间县令姚之兰"特令浚渠于祖山,通石码河淡潮以汇于涧"⑥。到清乾隆间,普贤水门久壅

---

① 1980年版《龙海县标准地名录》。
② 陈瑛《海澄县志》所引明土志道《初修海澄县序志》。
③ 陈瑛《海澄县志》卷二三所引唐朝彝《提督许公重修陂闸碑记》。
④ 陈瑛《海澄县志》卷四。
⑤ 《嘉庆重修一统志》漳州府隀堰。按陈瑛《海澄县志》卷二四引《全图备志》和沈定钧《漳州府志》卷二八所云,与此略有不同。
⑥ 沈定钧《漳州府志》卷二五。

塞,县令汪家琗又命砌石固筑,"疏而导之,以资灌溉"①。除了这些工程外,还有矶洲、月边、港头、普贤、溪尾、翁埭、张卢边等七埭和泥上、草尾两岸的兴筑②。通过以上多项建树,这里的耕地面积扩大很多,农业遂即发达起来。

再是海澄以东的垦田,虽则也是始于宋代,但因这里位居海口,风浪较大,再加上港湾比较深阔,围垦极不容易,所以经营很不顺利,曾有多次的反复。志书说,这里最早兴筑的堤岸为"南堤",凡长一千九百尺,此即后人所称的"新亭之古岸"或"官岸",是南宋初颜若敏兴办的③。这条古岸至明屡遭破坏,先是"海溢,崩围埠,没人口,坏田宅",至明成化间,再由姜谅委官吴鹏和应华大发民众固筑,"高厚加旧三倍,障捍海田"④。但过后不久,堤岸又遭破坏。蔡文《新亭水利碑记》云:"出龙溪县东五十里,厥地咸卤,民艰于稼穑,逐于商贾,终岁所奉,仰给于四方者,六、八都也。西起月港,东抵浮宫,数折而南而西,外障盐潮,内蓄淡源,俾禾黍不伤,农人得业者,昔人所为官岸也。迩年淡源漏泄,咸潮复浸,小有旱荒,辄为民患,则贪顽嗜利于官岸新埭而木石涵也。"针对这一情况,当时遂由乡绅林养斋出面,呈塞大小木石涵三十余口,使咸潮不得入侵,淡源能得内蓄⑤。但是堵住之后,却使淡源无从吞纳,加上南陂圮坏,故"卤区"的面貌依旧,改观不多。因此,到了万历年间(1573—1620),又由曾应榖出面主持一系列水利工程,待至工程竣工后,才使卤区化为沃衍。

而为这些卤区有其水源灌溉,早在绍兴年间(1131—1149)围田之际,时之郡守傅伯成已在今天的南溪砌石作堰,兴筑广济陂。这个陂堰"溉田千有余顷",灌溉效益相当不错。但至明景泰间,郡守谢骞加以治理,"既成复圮",又使六、八二都三万多亩的海田"岁为

---

① 见沈定钧《漳州府志》卷二六。
② 陈瑛《海澄县志》卷一六。
③ 陈瑛《海澄县志》卷一一、卷一五和卷二二所引蔡文《新亭水利碑记》。
④ 陈瑛《海澄县志》卷二二所引苏殷《姜公陂碑记》。
⑤ 陈瑛《海澄县志》卷二二。

咸潮所注,里人枵腹者十而九"。直到成化十七年(1481),姜谅守漳,再行修筑,"限川迥流,溉田五万亩","田颇获耕",才使农业重又得到复兴①。

不过只有以上工程的兴举,"制犹未备"。曾应榮之父为书生时,看到这一地带虽有堤岸之筑以御咸,而咸潮门户未有堤防;塞涵虽可积淡,却潴而承纳不深,淡仍溢去,必须砌石如限,高下有度,启闭以时,使潮则逆,驾淡以入,汐则淡不随咸以出。为此,他向当道者建议重修南陂(即广济陂)和增开上曾斗门,得到采纳。以后奉行不如法,或注而湮,六、八二都之田又失所藉。迨至曾应榮登第归,力成父志,才将斗门增而三之,深广如制。其时,二溪之淡流迤逦遍濡,虑有旁洩,恰逢程应龙同时登第归,相与协力,谘便利,就内溪砌筑石陂六口,御东南太江之碱。这样,才使工程进一步完善化,既使海田不苦碱,又能得到充足水源的灌溉。于是,民众立祠树碑赞颂曾氏父子说:"开三闸水利,灌三千顷田,惠洽三都,增万家产业,活万人躯命,功垂万世!"②

除上所谈的这些成就外,陈炯和汪天瑞守漳,也有一定的建树。史书载,"六、七、八都筑海,盐田六千四百石,先时河渠未通,旱潦胥病,民失西成之望",为了抗御碱潮入侵,使农田更有充足水源的灌溉,明初,陈炯曾奏募工开疏河道,"上通虎渡,下达清平,引淡灌溉",使"都民赖之"③。继后,汪天瑞守漳,为使鹿石、中和、邹岱、郑埭和东头各地的一十万亩海卤之田能得"启闭以闸,以时纳溪水以备灌溉",又兴筑了鹿石陂。鹿石陂修筑成功后,遂使这一地带的农田"遂化膏腴"④。接着又乘兴建铳城和镇远楼时机,在海澄东北沿江砌

---

① 陈瑛《海澄县志》卷八、卷一二和卷____所引苏殷《姜公陂碑记》、王志道《曾公陂水利遗爱记》、周起元《封君曾槐江公兴建水利祠碑》。
② 陈瑛《海澄县志》卷一二和卷二二所引王志道《曾公陂水利遗爱记》、周起元《封君曾槐江公兴建水利祠碑》。
③ 陈瑛《海澄县志》卷二三所引杨守仁《重兴陈公开疏河记》。
④ 陈瑛《海澄县志》卷二二所引林俊《汪公陂记》。

打石基,砥障狂流,使其附近的水田不受海浪的冲吃①。另据志书记载,今天的鸿福、槐浦二埭,也是姜谅守漳时兴筑的②(见图6)。

### 2.江北(玉洲、石美至青礁)地区

这里的海湾滩地原先也较深入,平原的产生和扩大,同样是靠人们的围垦。

龙溪县二十八都(在今澳头一带),宋属永宁乡海洋上里,二十九、三十都(在今石美和白石一带)为海洋下里③。宋代这些地方既以"海洋"称呼,自当面海。故以此而推,今之浒茂、乌礁、紫泥以至于玉洲和沙洲等地,宋代当属小洲,有些甚至尚未雍现。因为倘不如是,以上诸地就难称海。另据调查,今海沧附近的寮东村,是至明代成陆建村的④,角美建村更迟,是在清代中期⑤。而经地质钻探,在今江东桥的河底6.5米下面的卵石层中夹有海泥,再下又有大量牡蛎壳的发现,寮东村掘井至15米深处也有牡蛎层,层厚约数米⑥。这些事实同样说明,今天的江北平原原先应是海域。正因如是,所以至宋江北地区经济文化最称发达的地方,才都分布在一些与平原相互交接的丘陵地带,如石囷、青礁、白礁和文圃山的周围,而不在今天的江北平原上。

江北平原的垦拓,首先是从青礁开始的。绍兴戊辰(1136)进士颜唐臣"所居里有绿石渡,潮平可舟,潮退则淤泞,行者病焉。唐臣乃于北涯罍土填淤,筑石为堤,从地跨石,长二千七百八十尺"。至宋淳熙二年(1175),丁知几又开官港以利灌溉,"自捐资开港一道,阔十有八尺,深十六尺,紫纡三十余里。港左右各凿渠数十,为斗门三首,一以泄洪潦,二以纳溪水。刻石以识之,每于农暇,官为督修,有铁尺

---

① 陈瑛《海澄县志》卷二一所引梁兆阳《天妃宫增筑铳城奏记》。
② 沈定钧《漳州府志》卷二五、陈瑛《海澄县志》卷一六〇。
③ 吴宜燮《龙溪县志》卷一。
④⑥ 赵昭昞《福建海岸线的升降问题》,《地理学资料》1960年7期。
⑤ 1980年版《龙海县标准地名录》。

存库,为深广之规,著令甲,故号曰'官港'。数百年二都咸资其利"①。迨至明弘治间(1488—1505),汪凤知漳州,又"作捍海石堤,溯柳江河水东注百余里,以兴水利"②。而随垦区的扩大,至清乾隆间(1736—1795)不完全统计,先人在今龙溪二十八都所修的堤岸,已经三十有三,在今二十九都所筑的埭岸十有七。这些堤岸或埭岸的修筑,"多为之所以防之,而后斥卤不忧,畚扦无阻焉"③(见图6)。

### 3.漳州地区

漳州旧有东、西二湖,东湖位居郡城东门外,面积可达千余亩;西湖是在郡城西厢④。东、西二湖是在何时形成和怎样产生的,不见志书记载。到了宋代,漳州龙溪县丞范董曾率田户开垦东湖,并修斗门和陂、塘、港、浦六十一所,灌田甚多⑤。迨至绍兴时候,陈敏又令军士运木填塞西湖,西湖几平⑥。如今二湖都已填塞殆尽,无迹可寻。兹就漳州市内的地层具有海相沉积物和东湖至明仍通海潮剖判,东、西二湖的成因当与福州和长乐县的东、西二湖相类似,盖起初应是属于海湾,后由于海湾浮现了沙洲和沙咀,人们就在沙洲和沙咀上进行围垦⑦。再后,随着北人大量入迁,耕地不足,二湖又被人们逐步占垦,致遭堙废。

按照志书记载,今天的柳营江西岸过去为"蛮僚"之地,汉人入居这里,是从陈元光率军平伏蛮僚后开始的⑧。至宋,为适应农业发展的需要,便有一系列水利工程的建设。其中较著的有绍兴间兴修的新渠、淳祐间治理过的章公渠和嘉定间疏浚过的郑公渠。这三条

---

① 沈定钧《漳州府志》卷二八,并参见卷四四所引王仲谦《重修官港记》。
② 沈定钧《漳州府志》卷二五。
③④⑥ 吴宜燮《龙溪县志》卷六。
⑤ 《宋会要辑稿》食货六一。
⑦ 林汀水《长乐县海岸线的变迁》,《厦门大学学报》1981年史学专号增刊。至于福州的情况,将以《福州市区水陆变迁初探》的专文介绍。
⑧ 顾祖禹《读史方舆纪要》卷九九和其他志书的记载。

渠道都分布在府城东门外①。颜师鲁《新渠记》云："临漳自东埔之外，膏田弥望，惟雨是仰，时旸稍愆，则民以为忧"，绍兴十九年（1149）秋，沿浦凿渠十四，"自溪导水，以次而上，向之所谓高平之田，悉沾其利，计其所灌，无虑千顷，上有以备天时，下有以尽地利"②。迄至明代，流岗港遭到堙塞，溪潦时至，辄伤田稼，成化间（1465—1487）也因得到治理，而使数万亩耕地重新获得灌溉③。

总之，经过前人经营，至明漳州平原已经围出大片的农田，并有较好的水利设施。由于农业得到了发展，经济比较富庶，就为月港的崛兴奠下一定的基础（见图6）。

### 三、九龙江下游河床的形成和发展变化

自宋筑海造田以来，宽广的海湾逐渐变得狭窄，形成南、中、北三港，又随泥沙长期自然淤积和受洪潮流路的割切，特别是人们极力进占旧的河道，九龙江河床的变迁更加迅速了。下面列举一些重大的变化，作一简述。

#### 1. 河床的迅速浅窄

漳州的南河本有水道直通郡城，人们都由这一水道运载鱼盐至鱼盐市贩卖。迨至康熙五十六年（1717）发大水，田里港岸崩坏，南河之水下泄，河沟壅塞，鱼盐市遂迁城东南的浦头，使过去"午后绝人迹"，晚间"燐火青熠"的"荒浦"变得繁荣④。浦头曾经繁盛一时，据浦头街文英楼现存碑文的记载，清道光、同治间，由上海开来的棉花船都在这里上岸⑤。另据当地人相传，今浦头街周围的碧湖、桂林、溪

---

① 黄仲昭《八闽通志》卷二三。
② 吴宜燮《龙溪县志》卷二四。
③ 黄仲昭《八闽通志》卷二三。
④ 吴宜燮《龙溪县志》卷二、卷二〇、卷二一。
⑤ 按吴宜燮《龙溪县志》卷六也载，漳州府城东南二里许有浦头渡，可通厦门、海澄和石码各地。

头、下吴和诗浦各地,"旧称浮洲十八社",而浦头街后的农田,经过地下钻探,底下也都是沙层①。以上这些资料告诉人们,今天的漳州市南早期应是洲渚之地,港湾众多,河道迅速浅窄只是近期发生的。

另是明清时候文山一带的西溪河段,流经文山和凤凰山,故二山有"水口山"之称②。到了清初,因发生洪水,曾经引起巨变。吴宜燮说:"按南溪昔从文山南数十折,至石码山北,一水细流直下,近洪水吃岸,遂为巨浸,南溪仅通舟楫而已"③。此时,南溪(即西溪)的前港经由北江,后港经由洋西渡,南接龙潦水,文山还是"北临大溪,三面通潮"的④。后因人们围筑其洲田、进占岸线和对支流的堵截,河床就迅速浅窄了。迨至1938年,国民党守军为阻日本船驶入漳州,又运木头和石块分别沉入镇头宫、北溪头、普贤和浮宫各地段的江中,以此作为封锁线,阻碍上游泥沙的下泄,水流比降深受影响,又使河床的浅淤加快。根据航运部门资料,六十年前由漳州开往石码的西溪河段,枯水期航道的水深尚达2米,而至20世纪60年代,水深剩下0.4至0.6米,以前载重50吨的木帆船全年可在江中行驰,而今在枯水期间机动船已经不能通航⑤。

西溪流出文山后,至福河与北溪汇,断面放宽,已进入河口地段。由于泥沙长期沉积,加上人们不断的围占,并受洪潮流路割切的影响,在这里逐渐形成南、中、北三港的分汊河道。现在北溪的来水从郭洲分汊,北汊流经北港,南汊至福河纳西溪后转向南港,而南港和北港之间,又在大沙洲的末端各分一支入于中港。目前郭洲的北汊已经严重淤塞,常、枯水期水流都经南汊泄归南港,北港则因没有正常水流可以维持河槽断面,河床淤积迅速,已有逐年淤废的趋势;中港也因港道弯曲,阻碍着潮流的进退,而使河床淤积不可避免。如

---

① 据叶国庆先生所提供的情况。
② 见刘天授嘉靖《龙溪县志》卷一。
③ 吴宜燮《龙溪县志》卷六。
④ 《嘉庆重修一统志》漳州府山川。按该志记载的西洋渡应是洋西渡之误。
⑤ 福建省水利电力厅九龙江流域规划队1964年所编《九龙江流域规划修正报告》。

今北汉的河道每当枯水退潮之际,河底毕露,可涉足而行,与明清相比,已经很不一样:白石诸澳清初仍为"贼之渊薮"①,玉洲、三汊河、澳头、白石和石美各汛,也为"船只往来必经之所",曾筑城堡"以防倭"②,那时"北船"都从玉洲和崇福二地发舶③。现在这些地方有的已经不在岸上,尚在岸上的,也因河床的严重淤塞,通航困难了。

至于九龙江南岸,石码"地当海潮,上下激涌",江岸屡受冲刷,为了捍御堤岸,明曾"沿江累石筑十二坝障之"。到了清康熙间,又在下码江浒"堤沙堰石",进占河道,辟出新行市,并用这一新堤稳固江岸。相传明清由今漳州、长泰各地开来的内河平底船(五帆船),由于害怕"潮涌浪击",都在石码靠岸,然后再从陆路转运月港④。可见这里的江岸是受冲刷的,要是没有人为干预,江岸将继续内塌。

再是海澄一带,嘉靖时(1522—1566),"漳州月港家造过洋大船","舟大者,广可三丈五六尺,长十余丈"⑤。"周围环以港水,巨浸茫茫,外通舟楫","市镇繁华甲一方,古称月港小苏杭"⑥。可见当时的江面应比今天深广。但是就在此时,由于江中玉枕洲的浮现,改变了水流方向,使海澄周围的学宫、港口和大泥各岸受到冲吃⑦,导致海澄港内发生回淤,海澄港水开始变浅,大船已经难以进港⑧。此后,又因江中沙洲日益扩大,再加上沿江堤岸的增筑,南港也就随之浅窄了(见图6)。

**2.沙洲的形成和扩大**

今天的浒茂、乌礁和紫泥三个沙洲至唐已经浮现,并将当时的

---

① 杜臻《粤闽巡视纪略》卷四。
② 吴宜燮《龙溪县志》卷八、沈定钧《漳州府志》卷三和陈瑛《海澄县志》卷七。
③ 江耀东《明代漳州月港的国内交通》(油印稿)。
④ 彭祖寿《石码镇志》和1980年版《龙溪风物志》。
⑤ 顾炎武《天下郡国利病书》卷九六、张燮《东西洋考》卷九和陈瑛《海澄县志》卷七。
⑥ 阮旻锡《海上见闻录》(定本)卷上和陈瑛《海澄县志》卷一八。
⑦ 陈瑛《海澄县志》卷二和沈定钧《漳州府志》卷二五。
⑧ 杨英《从征实录》,并参见张燮《东西洋考》卷九。

大海和小海隔开。但是这些沙洲的迅速扩大,却是始于明代。此时在漳州地区的人们已经知道,"激水之下,必有洄洑之所,是生泥泊,可筑为田"①。相传人们住在江心洲上是在洪武初年,浒茂洲的安山和城内村是人们最早定居的地方②。到了清初,人们对洲田争先围筑,甚至买通官府,预先圈占。乾隆时候陈瑛写道:"当澄、龙接壤,江海之中浮洲曰许茂,曰乌礁,曰紫泥,地虽斥卤,而筑长堤以障潮水,岁久泥泊亦可成田。土人射利者,争趋焉,预输佃价于官,官给长单分界,岁岁望水输粮。然沧桑之变,或不能待至垂白长子孙而不得田者,有之。于是,辗转换卖,非复故主,有资力者稍筑成田,则喧豗四起,构怨煽祸,至累岁而不能决"③。在人们争相垦殖下,洲土愈加扩大,迨至民国八年(1919),"通浒茂洲长约十里有奇,横广狭不一,洲罗十九乡",已经有了霞溪港、北溪头围、金峨、巽玉、会魁、仁和金定等社④。以后,随着上游携沙的增多,加上人们更加频繁围堵,中港和北港淤高,河槽日趋衰退,郭洲和大沙洲遂相连接,并使大沙洲和浒茂洲有连成一体的趋势;而在三角洲下端中港的出口处原分两支,左右也因人为堵截,把沙头洲和浒茂洲相连起来,促使浒茂洲的下端新柑文尾一带的海滩迅速往下扩大。总之,从河口的自然发展和人为经营的活动看,这里分散的沙洲已经发展到并洲的阶段,并使三角洲继续向下伸展⑤。

乌礁洲的开发略迟一些,但发展一样迅速。雍正三年(1725),十一都的绅士在这合资置买洲田,"外有草坪、埭沟等税,其后围筑渐广,田额洲地益扩"⑥。由于人们长期抛碼淤地,竞相占垦,终使乌礁、紫泥和六合三洲并合为一。

---

① 沈定钧《漳州府志》卷一五。
② 福建省水利电力厅九龙江流域规划队1964年所编《九龙江流域规划修正报告》。
③ 《海澄县志》卷四。
④ 彭祖寿《石码镇志》。
⑤ 福建省水利电力厅九龙江流域规划队1964年所编《九龙江流域规划修正报告》。
⑥ 彭祖寿《石码镇志》。

另是海澄背后的玉枕洲,俗呼漏野洲、漏仔洲,"初本浩淼,嘉靖间始浮洲"①,到了乾隆间,"日壅日高,田庐稠密,遂成沃壤"②。新中国成立后,沙洲继续扩大,又在洲北围出大喑这片新土。

而在玉枕洲南又有大成洲,此洲是在明末壅现的。到了乾隆间,开始填筑③。

大成洲以东是大涂尾,明时曾筑铳城于此,后因地势低下,才将铳城迁出④。

其他如海门岛,明清尚分胡、使二屿,二屿中间有一港道可以通航⑤。现在港道已经被截,不但二屿接合为一了,并在其西涨出一片新土。可见这一岛屿近期的变迁,也是相当显著的(见图6)。

## 四、九龙江下游的变迁对厦门港湾的影响

厦门位居九龙江口,港湾水域狭长,四周又有山峦屏护,是个水深浪平的天然良港,现在正在建设经济特区和新的商港。但是近年以来港湾发生回淤。回淤的原因,大多数人都归咎于海堤的兴筑。笔者认为,厦门港湾发生回淤,与海堤的兴筑固然很有关系,而对九龙江下游近期的变迁所带来的影响,却更加不能忽视。

人们议论兴筑集美、杏林、马銮和贫筜港等海堤的失误时都指出,当这些海堤尚未兴建,厦门港湾还有以上支港,这些支港因为潮小,潮水携带进来的泥沙都停滞在支港内,因而能使主港减轻泥沙的淤积,而自支港被截后,因潮水流程短,遂使涨潮力增强,退潮力削弱,被潮水摄引进来的九龙江泥沙就都沉积在主港之内了。故以此类推,我们也有相同的理由说,要是以前那个宽深的漳州湾近期

---

① ② 陈瑛《海澄县志》卷一七。
③ 陈瑛《海澄县志》卷二。
④ 陈瑛《海澄县志》卷七、卷一七。
⑤ 杜臻《粤闽巡视纪略》卷四和陈瑛《海澄县志》卷一。

不变小,九龙江大量的泥沙能在漳州湾湾顶的内部停积,则厦门港湾就不会有那样多的沙源。而据某些学者研究,漳州平原确实是由海、河共积的,在较早时期内海流携带进来的泥沙,还能大量涌入江东各地,并在江东各地大量地停积[①]。故从这一方面分析也可推断,要是漳州湾不变小、不变浅,还能分散海流带进的泥沙,则现在的厦门港湾可以大大减轻泥沙的沉积,那是无需置疑的。

  当然,对人们的围垦,我们并不都加反对。应该看到,漳州平原的垦殖对于漳州地区经济的发展,曾经起过巨大的作用。问题在于今后的围垦,必须瞻前顾后和顾全大局。九龙江下游的沙洲扩展迅速,泥沙不断下移,倘若不加节制,再让人们盲目占垦,沙洲和暗滩的向下移动势必还会更快。这样,厦门港湾的深水航线便会深受威胁,难于长期保护住深水良港的优势。而为缓和这一发展趋势,除了严格控制围垦,现在已经有人针对当前九龙江沿江两岸地势低洼的特点,提出在中、小洪水期间不影响农作物的情况之下,对某些地段开闸进洪放淤。笔者认为,这一措施是可行的,因为采取这样的措施,既可抬高洼地的高程和增加农田肥力,减轻内涝灾害的程度,又能从中减少九龙江泥沙的往下输送,这对沿江两岸的农业和厦门港湾都有益处。

(原载《中国社会经济史研究》1984 年 4 期)

---

① 赵昭昞《福建海岸的升降问题》,《地理学资料》1960 年 7 期。

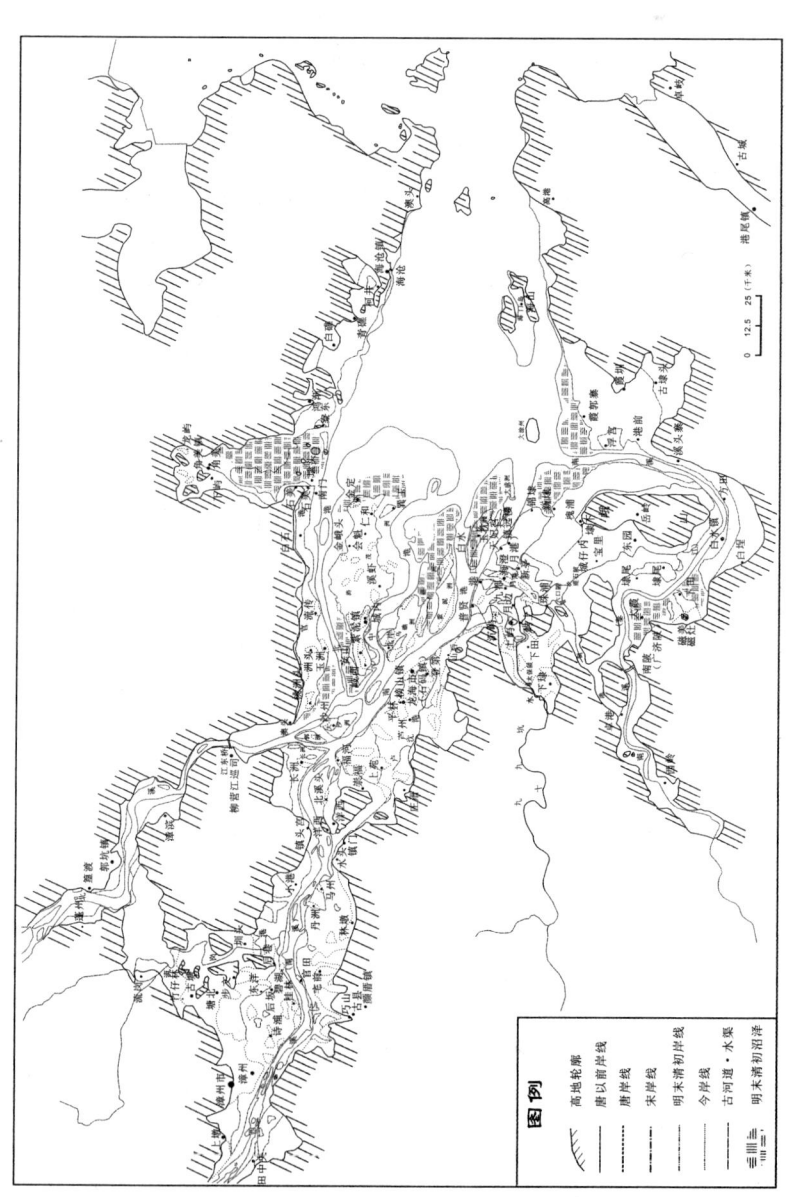

图 6 九龙江古湾变迁图

# 闽东北区海岸线的变迁与围垦

闽东北区山脉直逼海岸,河流的河口都被海水淹没,呈现溺谷型的海湾岸线,岸线曲折,岛屿星罗棋布,是属间歇性的下降区。该区开发较晚,植被的破坏大多始于明清,河流短小,含沙量不大,平原多半是在明清及其之后经过围垦才得形成,岸线变化较迟,幅度不大。下面略叙区内几个地方岸线的变迁和围垦情况。

## 一、福鼎市岸线的变迁与围垦

福鼎原为霞浦县地,开发甚晚,清乾隆四年(1739)才设县。境内最大的河流桐山溪发源于浙江泰顺县,干流长达43.4千米,流经桐城各地,注入沙埕港出海,流域面积352.6平方千米。沙埕港深入境内腹地,构成具有湿地、泥滩的回升侵蚀溺谷型的丘陵岩岸。由于植被破坏较迟,河流含沙量不大,直到清道光间,桐山溪尚在市南二三里的后胆入海,三叉河也至大岳"分三渠入海"[①],芦湾山"屹立海

---

① 民国《福建通志·河渠书》卷九引道光志。

滨",市南五里的印屿"厥土赤色",亦名赤沙,尚在海中①,前崎溪是由西宅村"至前岐入海"②。可见晚至于清,港湾还很深入内地,时之后胆、大岳和前岐仍当滨海。而今印屿连陆、芦湾山与其上、下屿相接,也当是在道光之后经自然淤积和人们的筑堤围垦,才使其然。

另是晴川湾的海积平原,海拔都在5米之下。这片平原据《嘉庆重修一统志》福宁府山川的记载,时之秦屿尚在海中,"为戍防要地"。民国《福建通志·河渠书》卷九引道光志也曰:"(吉溪)又东达茶塘坝入海","(秋溪)在治南百里十都,由章崎入海","(峡门溪)东南抵硋门入海","(濮阳溪)又东至斗门头入海"。以上地方见于20世纪六七十年代的地图,大多仍为海口,是这一平原的成陆,自当晚于新中国成立后(见图7)。

## 二、霞浦县岸线的变迁与围垦

三国吴曾置温麻船屯于今霞浦县南的古县,晋太康四年(288)升为温麻县。那时县治既为造船之地,自当临海。隋废,唐长安二年(702)复,天宝间(742)迁今霞浦,改名长溪,是闽东北最早立县的地方。霞浦设县初治古县,当是早期的海湾深入霞浦,霞浦的海积平原尚未形成的缘故。因见志书记载,直到宋代还有宽深的港汊深入县东的赤岸,赤岸还为其时"南北海船皆萃于此"的地方③。

霞浦以东至赤岸的海积平原,天宝间已当成陆,但至五代才得较大规模的开垦利用。宋通省朗林甄谈到赤岸的垦殖,曾经说过:"赤岸居民垦辟斥卤地,得田千余亩,时闽王据有七闽之地,与吴越用兵争横,取其地为赡军之需。宋兴,田散佃于民,去田二十里,山之凹有龙湫,汇众川而南注,开宝初(968),著作郎王文昉相其流,障而东之,筑陂穿渠为渎派,号为营田陂。"④

---

①② 民国《福建通志·山经》卷三〇。
③ 《八闽通志》卷一九《桥梁》。
④ 民国《福建道志·水利志》卷九引林甄《营田陂记略》。

进入宋代,《三山志》卷二称:长溪(今霞浦)"东海十里","东南海十里";《嘉庆重修一统志》福宁府津梁也载:"斗门闸,在霞浦县东门外开化桥下,宋元祐二年(1087)修筑,溉田万顷。"是至宋代霞浦县东的平原又有扩大。盖今县东后港之北的地方与县东南的头沙、小沙和大沙已当成陆,所以至宋才会有五代间"赤岸居民垦辟斥卤地,得田千余亩",增至"溉田万顷"之数。

而在后港至松山地方,明代的海面还处"流沙渐合,可褰裳而涉的状态①,到了民国时候,据徐友梧《霞浦县志》卷四载:"松山后有沙径可达后港,约七八里许,虽潮涨不没,今垦成园",是海中孤岛的松山,时也与今陆地相连了。

另是文崎山与武崎山隔江相向,广袤五里,民国时候"周围皆海水"②,新中国成立后经筑堤围垦,也已连陆(见图7)。

按今霞浦地势从北向南倾斜,境内的溪流都很短小,分别入注牙城湾、福宁湾与盐田港各地。这些港湾结构十分复杂,其中福宁湾系属漏斗型的横海岸,三都湾则属峡湾型的海岸,岸线长达706千米左右,是全省岸线最长的县分。据研究,县内的长春、沙塘和洪江各地在海拔450米左右的山地岩石上发现有海蛎生长的痕迹,表明这一高度的山地在地学史上曾是海岸的地带,推测为第四纪中期海岸大幅度下降400至500米而形成的古海岸。随后海岸发生多次间歇性上升,如渔洋其地5米高有沙堆积、15米高有海蚀阶地,北兜45米高也有海峡阶地等地貌形态,又说明晚近的海岸已在继续上升中。但是这种上升幅度尚未达到原先下降的幅度,所以海岸虽处上升阶段,却仍具下降海岸的特征。正因如是,加上境内的河川短小,输沙不多,岸线向外推展也就不大了。

―――――――

① 《八闽通志》卷一一。

② 民国《霞浦县志》卷四。

## 三、福安市岸线的变迁与围垦

福安原属长溪县(今霞浦县),宋淳祐五年(1245)析长溪西北乡置县。境内地势从北向南倾斜,交溪干流纵贯其中,干流长达 162 千米,南北流向,较大的支流有穆阳溪、茜洋溪等,构成略具树枝状水系,经白马港,注入三都澳,流域面积 5549 平方千米,是闽东北最大的河流水系,年输沙量 61.5 万吨。沿溪两岸以丘陵、低山和中山呈阶状分布,形成向南开口的福安盆地。福安盆地是闽东北最大的盆地,冲积—海积层厚达 20 米左右。另有穆阳盆地和赛岐、甘棠、马头等海积—冲积小平原,都属现代冲积、海积物。

据统计,福安现有潮土 8111 亩,主要分布在溪柄、坂中、穆阳、城阳、潭头、上白石、康厝与溪潭各地河流两岸的阶地、河漫滩或小平原上;有盐土 2028 亩,主要分布在下白石、溪潭和溪柄等赛江潮水所及之地;又有盐渍型的水稻土 2843 万亩,主要分布在下白石、湾坞和溪尾沿海一带的塘田内①。另据光绪《福安县志》卷四《山川》载:"海在县南,出南门三十里为白港",注曰:"海潮止此"。可见直到清末,潮区尚达溪潭与溪柄附近,而在此前,即在海侵时期内,潮区更应深入今天的穆阳甚至潭头各地。这些地方都经河沙长期沉积或围垦,才渐成陆地。

福安的围垦,相传始于唐代,那时市南的溪北洋已经得到垦殖;但从苏洋、大留与廉村尚为发达的商贸之地分析,是至其时这些地方自当尚靠长溪的岸边,长溪港道应比今天开阔②。到了宋代,又有甘棠海堤的兴筑,海堤长 7.10 千米,垦出南塘、官塘和外塘 10300 亩良

---

① 1999 年《福安市志》卷二第六章《土壤》。
② 《福安市志·概述》。
③ 民国《甘棠堡琐记》卷下《文翰》引《甘棠堡迁城立堡记》、《福安市志》卷 13 第一章《水利建设》。

田③。此后,历经明清以来的围垦,又筑堤塘数十处。主要如下:

| 堤防名称 | 建成年代 | 堤长(千米) | 保护面积 |
| --- | --- | --- | --- |
| 甘棠海堤 | 宋 | 7.10 | 10300亩 |
| 境塘海堤(下白石) | 明 | 0.82 | 2390亩 |
| 长岐海堤 | 清 | 2.50 | 1200亩 |
| 泥湾海堤 | 清 | 3.50 | 1259亩 |
| 大小盘海堤 | 清 | 1.50 | 2000亩 |
| 江兆海堤 | 清 | 1.40 | 1600亩 |
| 炉山海堤 | 清 | 6.18 | 1100亩 |
| 象环海堤 | 明 | 1.20 | 2050亩 |
| 双江海堤 | 1954 | 1.50 | 3800亩 |
| 宅里海堤 | 1959 | 1.50 | 2000亩 |
| 荷屿海堤 | 1977 | 1.45 | 1400亩 |
| 头门头海堤 | 1977 | 1.38 | 1642亩 |
| 白招海堤 | 1977 | 2.00 | 1100亩 |
| 平冈海堤 | 1977 | 1.00 | 1040亩 |
| 湾坞海堤 | 1978 | 5.68 | 12200亩 |
| 下邳海堤 | 1981 | 1.43 | 2700亩 |

(本表引自《福安市志》卷13第一章《水利建设》。表中象环海堤的建成年代作"清",但文字说明却作"明代")

另据1982年《福安县地名录》和1999年《福安市志》云,今溪柄以西北的白沙、黄澜、浦后、田坂和水田是经河沙淤积后,才成三个沙洲;长岐沙岛和赛岐港区,也经冲积而成;六屿岛原是6个小屿的统称,也经筑堤后使其连片,才名六屿岛。其中长岐岛的筑堤围垦,是在清代。而观清图,溪柄以西北的三个沙洲,清末也已形成。

总之,福安岸线的变迁,与围垦直接有关。但除甘棠、湾坞二处外,其他都属小规模的垦区,且多是至明清开始围垦的(见图7)。

## 三、宁德市岸线的变迁与围垦

宁德市位居鹫峰山东南坡,霍童溪源于此,干流长达126千米,注入三沙湾,为该市最大的河流,流域面积2244平方千米。海岸具有湿地、泥滩回升侵蚀峡湾型高丘陵岩岸的性质。岛屿众多，三都最大。

宁德是至五代长兴四年(933)置县的。1981年《宁德县地名录》谈到县治的变迁说："本县最初择地于金涵公社琼堂（旧名陈塘）洋而筑土城，因以土疏水轻，乃迁于白鹤山下筑城（即现在的市区原地）。据《鹤场漫志》载：'在明代嘉靖间倭寇扰乱宁德，因东南城墙被海水冲缺，改筑成弯曲形，与西北旧城墙合连起来像芭蕉叶（即城关镇环城路地基），故称蕉城。'"；谈到东湖塘的兴废，又曰："东湖塘原系海滩地，在县城之东。1965年为安置东南亚归侨的需要，由中侨委投资，围海造田，因而名曰'东湖塘'……本场系由贵岐、四孔桥、金马三段海堤（全长2570米，平均高度为7.15米）和廿五闸桥、四孔桥、二座排洪闸桥（廿五孔桥长56米）围海而成"，"此湖最早筑成堤塘，是在宋淳祐九年(1182)，由县民请求上司同意，符敕县令李泽民率领官员、生徒，聚集民工筑起海堤二百多丈长、周围计长九百五十余丈，各有三步宽。由是旱涝有备，县民感激李泽民之功，把这条海堤名'李公堤'。……到了元末，堤溃，湖废弃；迄清乾隆间重修未就；直到1965年开工重筑，1969年堤成，围塘面积约12平方公里，有18678.6亩"。

据此，是今宁德市本当临海，迄宋围成东湖，才隔东湖与海相望；而至元末东湖废弃，海水又再直逼县城；迨至新中国成立后重筑成功，始复离海。

宋代宁德除有东湖的兴筑外，还修赤鉴湖，也名西陂塘，但未成功。清与民国再经围垦，也告失败。直到1976年重建，至1978年才大功告成。1981年《宁德县地名录》："西陂塘位于宁德县七都公社东南侧与漳湾公社西北部之间。围垦面积12300亩，其中可耕地10300亩。"

另是新中国成立后又在三都先后围建玠溪塘、黄湾塘、青澳塘与斗帽等塘，规模都较小[①]（见图7）。

（未刊稿）

---

① 详见1971年版1∶50000地形图、1999年版《福建省普通地图集》及1981年《宁德县地名录》。

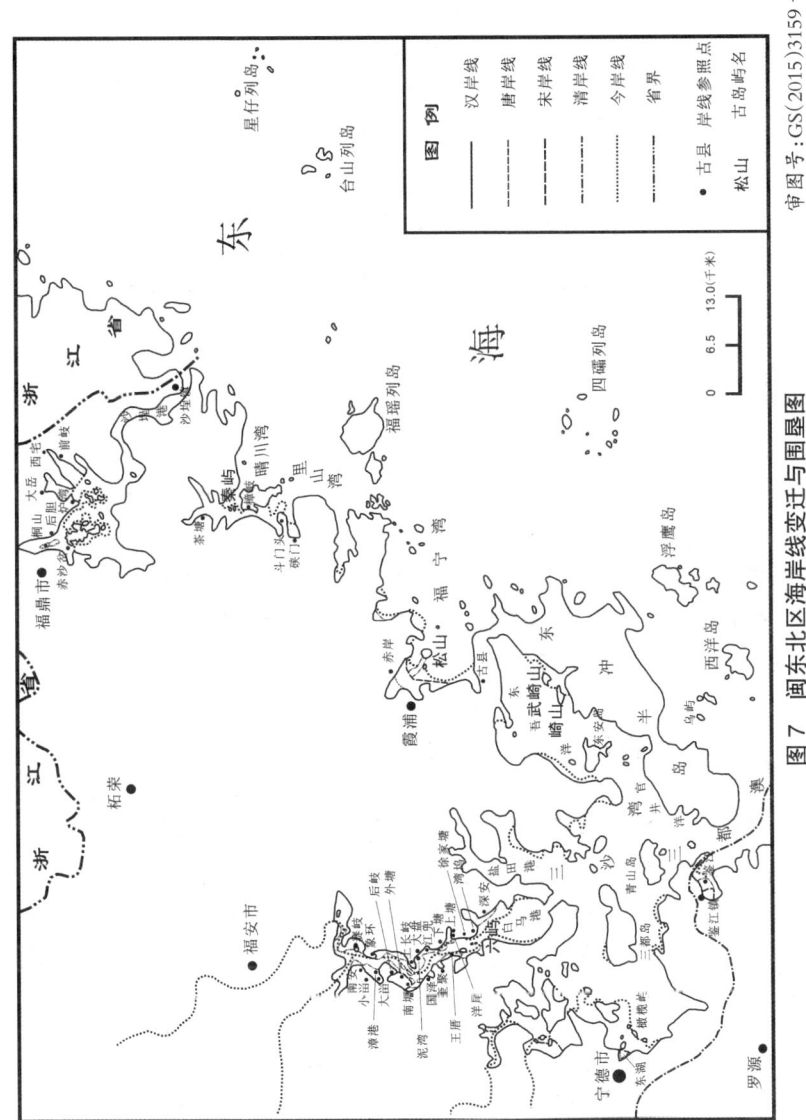

图7 闽东北区海岸线变迁与围垦图

# 连江古湾的变迁与东湖垦区水利的破坏

连江县位居闽江出海口的北岸。境内多山。主要河流连江(也名敖江),干长134.8千米,支流有牛溪(蓼沿溪)和财溪,流域面积2666平方千米。沿海多海积或海积—冲积平原,以连江海积—冲击平原为最大。下面先谈连江平原的成陆过程。

## 一、连江古湾的演变与围垦

据研究,在海侵时期内,海水曾达连江县北东湖镇各地,使今连江平原成为宽广的海湾[1]。此后海退,至1800年前海面退到接近现代海面的高度[2]。而随海退,在今东湖镇周围即成一片潟湖性的湖沼地。故至隋代人们便先在这筑建东湖,"灌七里民田四百余顷"[3]。此

---

① 详见福建省地方志编委会编《福建省自然地图集》(福建科学技术出版社1998年版)中《闽江河口动力地貌》图及《闽江河口动力地貌·海成地貌》一节的文字说明。

② 王靖泰、汪品先《中国东部晚更新世以来海面升降与气候变化的关系》,《地理学报》1980年第4期。

③ 梁克家《三山志》卷一五。

即民国《连江县志》卷五说:"东湖,在治北十里,隋开皇十三年(593),义士林峣舍田为之,周二十里,积六十六万三千五百五十一步,深一丈三尺,上纳九溪,下灌北野青塘、山下、白沙、浦下、毗陟、县下尾、上林街七墩民田四万余亩"。这些地方都在县城周围。那时,县东北的幕浦尚在海中,"旧为浮洲"①;县东的山堂也当滨海②,海湾还很深入内地,所以直到唐代《元和志》卷二九尚称"海在县东五里"。

入宋,幕浦的浮洲当已连陆,山堂一带也当淤积成陆,县东北的财溪早在唐初筑了财塘③,已有一片小的平原,浦口以西宽广的港湾迅速淤塞变窄,连江(也名敖江)乃改由县东的浦口出海。于是,《三山志》又载:"(连江县)东海二十里","东南海三十五里"④。

及至明清,随着植被的破坏,河流输沙急增,"敖江上受五邑之水,每淫雨泛溢,尾闾难洩,蹜沟灌穴,城市在巨浸中,既霁犹然。……距今百余年,港道淤浅数倍于前"⑤,人们更在连江两岸筑塘围垦;"在塔岚者,为峡塘,为水合塘,与幕浦之马塘合流;在蔗桥者,为大蔗塘,发源于鹿池,历益砌至浦口入海;为小蔗塘,发源于乌岩之龙津,历白渣入海,在松坞者,为松坞塘,墺中山水所聚,以溉滨海之埭田者也"⑥,沿岸的一些支港内湾被截断,连江古湾变得更窄。而今耕地不足,复在1958年进行大涂围垦和百姓半埕围垦,又使岸线推至浦口以东(见图8)。

## 二、东湖垦区水利的破坏

隋时筑东湖,湖周二十里,至唐开始壅淤,"奸民侵吞几半为

---

① 民国《连江县志》卷四《山川》。
② 1970年曾在山堂稍北的农田中发现一艘西汉时的独木舟。
③ 《新唐书·地理志》连江县下。
④ 该志卷二《地理》。
⑤ 民国《连江县志》卷三四《杂录》。
⑥ 民国《福建通志·水利志》卷一。

田"。到了咸通初年(860—874),刘迋为宰,"奏请尽复之"①。宋开宝间(968—976),鞠仲谋大兴开凿,易木斗门以石,"上为桥亭,又造小桥六、斗门七","自此,岁多大稔,家给余粮";然自鞠令后,"修不依条,民仍侵耕"。直到嘉祐元年(1056),知县曾模各有修葺,"模开浚东湖塘二十余里,造水闸,筑埠塍一百二十余所,溉田二千余顷",朝廷为表他的辛劳,"特转一官"②,才使东湖的灌溉功能得以复苏。但至明洪武间(1368—1398),"近湖居民增加淤塞,湖半为田"。清初迁界,"调迁海民于内地,有开垦荒坂之令",人们进而侵吞占垦,又使东湖进一步填塞,迨至清末,终成小湖,而使东湖的灌溉之利丧失殆尽③。

(未刊稿)

---

① 《三山志》卷一五《水利》。
② 《宋会要辑稿》食货六一、民国《连江县志》卷五《水利》。
③ 民国《连江县志》卷五《水利》。

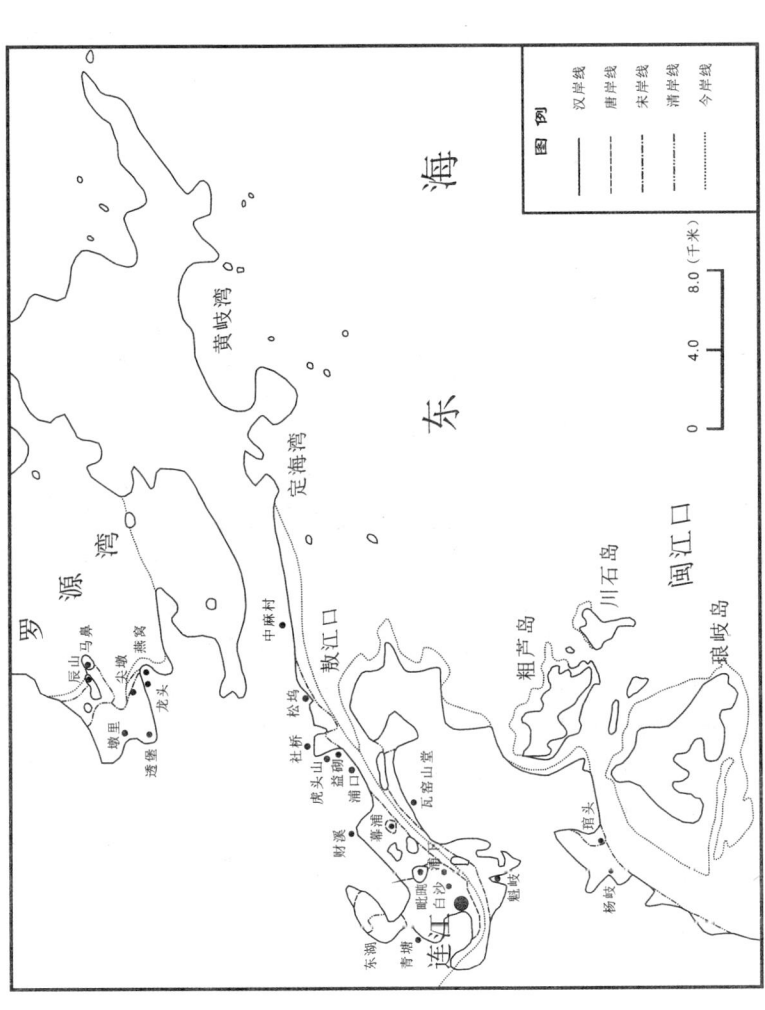

图 8 连江县东湖垦区图

# 福清迳港的变迁与海田围垦

在海侵时期内,海水直入今福清平原与丘陵地相互交接的地带;海退后,沿海内地的许多地方照旧受到海水淹没。至唐,今福清县南的龙江(海口江)还很宽广,仍属福清湾的内湾(古称琵琶槽、琵琶洋)。迳港地区也一样,在今渔溪镇北和东北至今还留有海头、后海和蟹屿等地名。据研究,今福清县的融城、渔溪和江镜各地,都属海积—冲积平原。这些平原是经后来的围垦才得形成。

福清的海田围垦始于唐五代。梁克家《三山志》卷一六载:大塘,在拜井里(即井得里,今龙田、江镜二镇地),"海旁,闽王时以兵筑之,长千余丈,溉田种三千六百石","占计塘,亦闽王筑,一十五里,溉田三千余顷"。据此,是今海口、龙田与江镜各地五代宋都居海滨,许多地方是经闽王派兵围垦才成农田的。

《三山志》卷一六又载:"琵琶槽,跨永东(今音西、海口、融城三镇地)、新丰(今音西、下梧、霞楼、苍霞、东南、安民地)二里,大中祥符中(1008—1016),土人并海筑埤,政和八年(1118)四月,饕风驾涛坏之;宣和三年(1121),修筑三千余丈,溉田种三百余石。以形似琵琶,故名";石塘陂,在文兴里(今音西、玉塘、倪浦与融城瑞亭地),

"祥符中,知县郎简筑,并江为之,会河头水,溉田种五百石以上"。民国《福建通志·水利志》卷一引宋林希逸《祥符陂记略》云:"玉融石塘,昔县宰郎公简所作,源始于长邑,南下五十余里至邑之西湖,迤行东注。濒江为堤,直抵古放生湖,其汇始大,溉田五千余亩,为上腴。以其作于祥符也,故以祥符名之。中当湮圮。……闽八郡其四袱海,民之半盐鱼以生。福清土益卤,海益患。其田下下,不蕃粟稷禾稻,故人之资盐鱼者,十有七八焉。宋祥符中,令郎简相土者,得五十顷而余;相水可潴者,得三十里而余。于是乎疏请截江而堤……潴莽杀悍,东抵旗西,临于玉融,南循于五马,北极于玉屏之奥,所夸遵义、永福、永东西、文兴凡五区。转瘠卸卤。田化而上。"据此,是宋代融城周围的海田围垦和水利建设,当由官方所主办。

宋代福清的海田围垦除上所说外,还有迳江流域的围垦。下面再谈这一垦区宋代海田垦殖与迳港的演变。

本区海田围垦始于唐天宝间(742—756)。《三山志》卷一六载:黄檗郑渚田,"渔溪之南,濒江之地,唐天宝间当为田,其后废"。《八闽通志》卷二二:"漆林洋白獭陂,食蒜岭溪水,唐黄檗僧所开,夹岸埠港,长二十余丈,外捍海潮,内御骤潦,溉田种二百石。"垦殖规模尚小,仅及渔溪之南的蒜岭一地。至宋规模始大,且围垦的次数已经跃居福清各地之冠。

《三山志》卷一六载:"东禅塘,开宝中(968—976)"中山人刘逢以滨海地数千丈施于东禅寺,乃筑埠塂,高一丈五尺,厚三丈。塂内港水凡三道,设泥闸一十五防淤,间则以泥闸通之,涨溢则以斗门泄之,凡十年。斗门凡三筑乃成。自是不陷者百余年,岁收千石。治平二年(1065)复坏,乃高其塂五尺";而唐天宝间由黄檗僧人所开的郑渚田其后废,至宋天禧元年(1017)也由僧人履元重新"堤之,长三百二丈,址高三丈;高二丈二尺,斗门二十四,望之若长坡。外捍内防,日与风波为敌,屹然自若,至今无恙";又在天圣二年(1024)应西禅寺僧"请万安、安香二里卤地,因遏(苏溪)为陂。溉田千余顷"。对此,熙宁间(1068—1077)的郭知县来此按田,曾留诗云:"万工填巨海,千古作良田。"此外,又在熙丰间在灵石白麟洋和灵石蟹屿二地开垦海田与兴修水利。灵石白麟洋"在迳江南,金山溪流奔注,潮波出入,(僧)俱祇增埠,埠长千一百丈,高一丈三尺,厚倍之。港大小十有一,石斗门虹轩十丈,溉田六百石";灵石蟹屿塘在"金山之东,径港之滨,有卤地蟹屿,周三千二百尺,俱为田,埠长一千五百丈,高一丈,广寻有咫尺,港石斗门元丰元年(1078)成"。

按宋在今蟹屿筑岸围垦,岸长1500丈,其岸当由蟹屿北上沿今三斗至后海。而宋在今迳江之南筑岸,以海滨地数千丈施予西禅寺,又在渔溪之南濒江地筑岸,并筑苏溪陂(也名苏田陂),以万安(今上迳、渔溪二镇地)、安香(今渔溪、新厝二镇地)二里之卤地施予西禅寺,并在这里"万工填巨海,千古作良田",溉田千余顷,是今上迳、渔溪、苏溪至新厝各地已当围垦连片。那时,苏溪既由石铎(疑即石竹)山间入海,石竹之东又有土坝、下土坝、过海和水头诸地名见在,是当时的垦海所及之地,盖已至此。而宋在今棉亭、漆林二地也已筑岸,是这些地方也当已有小片滩涂被围垦。至是迳江变窄,港道当已由今上迳南下,先经北屿、南屿、山东海、郎官、北转后岐、水头、过海,复再南经海墘、潭边、珠山、凤尾、东刘、后屿,双屿而合莆田的迎仙港入海(见图9)。

另由上引资料可知,今融城片区的海田围垦,宋代主要是由官方主办,江镜片区是由闽王派兵进行围垦,当属军屯,而渔溪片区的围垦,则由寺院主持,垦后的农田也归寺院所有。

谈到这,遂有一事必须引起人们注意。盖福建自古以来地旷人稀,而经唐末五代宋江淮两浙赣大批移民入闽,即成地狭人稠之地,其中有不少各地寺院的僧尼跟随难民逃入闽中,使福建"山路逢人半是僧"[①]。时为安置这些僧尼,各地都给寺院土地,大的寺院不但占有可观的良田,政府还赐予他们大片的荒地,并给种种优惠政策,让其自食其力,以发展各地的社会经济。诚如叶春及在《惠安政书》所

---

① 《方舆胜览》卷一一引谢泌《长乐集》福州题咏。

云,宋代惠安辋川境内曾由寺院僧人主持兴筑承天埭、孙府埭、法石埭、新埭、官埭、下江埭和曾炉埭,"窃闻宋初捍海田与僧不赋,故其无妻孥,不顾私,合力于沟洫,为内地御潮患,际海皆其所筑云"①。其他地方又如僧人李宏应诏来莆田兴筑木兰陂、对莆田平原的海田围垦和僧祖派等人对晋东平原的水利兴修也都做出重大的贡献②,尤需引起人们对研究宋代福建僧人对福建海田围垦所起的作用加以重视。

(未刊稿)

---

① 叶春及《惠安政书》五。
② 参见林汀水《从地学观点看莆田平原的围垦》,《中国社会经济史研究》1983年第一期;林汀水《晋东平原水利考》,周济主编《八闽科苑古来香——福建科学技术史研究文集》。

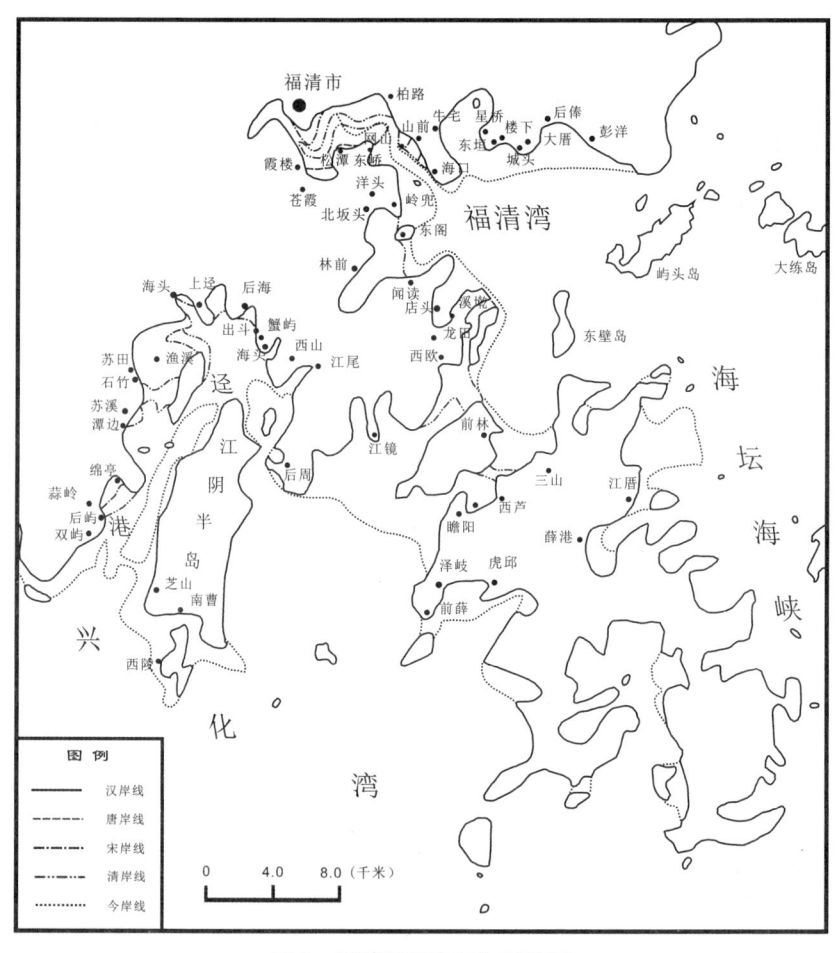

图 9 福清迳港变迁与围垦图

审图号:GS(2015)3159 号

# 安海古湾的变迁与围垦

安海古湾原名"湾海",以其海湾有九十九曲得名。宋初改湾为"安",置安海市,属晋江县。早期位居湾顶旁、港湾深浚,海水直入内地,有避风坞。宋代泉州海外贸易兴盛,元祐二年(1087)置市舶司,分设石井津于此榷税,港市由是而兴,有东西新旧二市,店肆罗列。其俗多以贸夷为生,客舟自海到者,州遣吏榷税于此,岁税皆达3万贯以上,建炎四年(1130)遂因石井津置石井镇,设镇官,而成全国有名的大镇。明改安平镇。海禁后,官商衰落,走私兴起,海商为避官府禁制,就将海船移入安平。其地边海,地近装卸,货物所倚,周围又多港汊,利于走私活动。那时海商勾结官吏,私造海船,自顾船工,浙人积货以资闽,满载货物私往吕宋、交趾、日本,遂与月港成为全国最大的走私港。清复名安海镇,设鸿江澳关榷税,有商船直航厦门,大批侨客仍由此出入国门。而今历经围垦,海岸线远离市镇,已经不能通航。

安海古湾本很深广,港汊直入内地,犹如1983年版《安海志》卷一二《海港》、卷二《山川·形胜》之所言:"安海港湾曲折,传为九十九弯。古时海水西入西垵、曾厝而至大盈;东入内市、庵前以达甘棠。东西港汊深浚,海舶可直通其内,与居民互市。店肆罗列,故有曹店、内市之地名。两港汊环流廻抱镇市,形成半岛,如半周园月伸出海面,是安海有'半月沉江'雅称之由来","旧志载,东、西无埭时,海水入内市、浦边、庵前直至甘棠桥;西入于西垵、曾埭而入大桥,商舡亦至是乡,与居民互市,其屋宇鳞鳞相次,北接曹店,南接内市,故二乡有市店之称。至今乡人凿井为灌,往往得船缆、蛎房及海树,则旧说信然矣"。

安海古湾迅速淤塞,是由人们的围垦使其然。围垦始于宋代筑西埭,元初筑东埭。先谈西埭的围垦。

《安海志》卷一三《埭井》云:"西埭,宋御史白承休筑,谓之白使埭,后废,有曾姓修之,因名曾埭。宋绍兴间(1131—1162)洪水流溃,晋江令王悦同乡人曾、韦二家修筑,又名曾韦埭。……元至元间(1271—1294),知府马咸赖堰堤成田于两岸,是谓西埭。后与曾韦埭连成一片,因在安海西部,故总称西埭"。"西埭之水自柏峰山发源,九溪分支,至黄口店聚龙潭,达大盈桥,分一小支入韦厝后圳,出横晨桥至曾埭而入于西埭。……周围一千余丈,广三丈,深二丈,灌田六百余石,陡门一,在西桥西,以泄水势","明嘉靖八年己丑(1529),堤决,知县钱立诚修筑之,后二十余年崩塌尤甚,知县谭敬所、县丞张泉斗重修","顺治十三年丙申(1656)焚毁,西埭废。康熙二十三年甲子(1684)复界,提督蓝理于四十六年丁亥(1707)占筑,后蓝官罢。雍正八年庚戌(1730),清丈蓝业溢产充公,内埭共田七百五十八亩余"。又曰:"至于外埭,又名外围永丰埭,与西埭隔岸,雍正元年癸卯(1723)黄永丰筑。十三年,黄伯敬、韦长使给垦,计田四百八十余亩。乾隆五十一年丙午(1786),先内埭冲塌。此外埭之大略也。……道光八年戊子(1828),复筑内埭,不数年旋圮。"

据上所载,是宋期间先有白使埭、曾埭、曾韦埭之筑,埭起于韦厝,止于曾埭;元至元间复在曾埭下方的西垵与安海以西堰埭为田,名曰西埭。后因西埭与曾韦埭连片,都在安海西边,故又总名西埭。到了清初,黄永丰复在西埭(即所谓内埭)之南扩张,称"外埭",也叫"外围永丰埭"。至是,遂使安海至大盈间的港道迅速变窄。

另是东埭,1983年版《安海志》卷一三《埭井》又云:"元至元间(1271—1294),麦使筑海为之。海水入东洋(指东桥两侧的海域,东桥在今黄墩至桂林间),至内市(指今桥头至浦边)、佳坂,商船至其乡,与居民互市。后堰海为埭,长堤以贰碱淡,周五里,抵九都宋埭、蔡埭,以至内市、庵前。内分二埭,高处为内埭,依山隔卤为上腴田;低处为外埭,近斥卤,或久雨泛溢,或狂涛吃岸入而淹没,遂废不收,故为下田。埭周五里,阔长不等,抵十都宋埭、九都庄头,以至八都内市、庵前","水自古陵溪出甘棠(今加塘)桥而入之佳坂溪。以入于内埭,灌田四百石。安海俗竟渡,旧多在此。陡门二,一在十都宋埭宫口,一在九都庄头宫前"。

据上所载,是堰埭前海水曾至今天的庵前、佳坂、皂店、庄头和桂林一代,迨至元初堰埭,海水退出,港湾才被约束在浦边、桥头、庄头和桂林间。

再是安海对面的水头,变化也大。1981年《南安县地名录》称,位居水头北面的埕边,以前是个晒盐地,因祖先居此,故名"埕边"。可见早期的大盈港湾曾深入这里。

而今经20世纪80年代的围垦,新垦滩涂一千余亩,已使安海远离海岸线,海船不能进出,再也看不到宋代所建的著名跨海大桥五里桥下的白浪滔滔,于是安海从此也就失去著名港口市镇的地位了(见图10)。

(未刊稿)

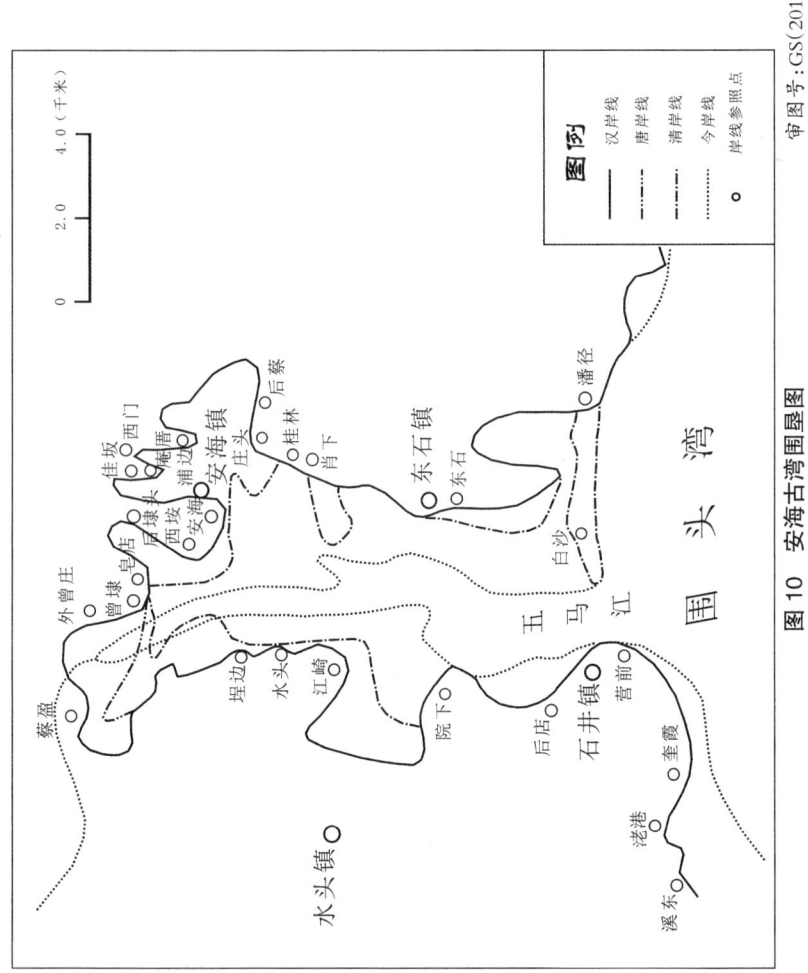

图 10 安海古湾围垦图

# 略论福建海田围垦的特点与问题

福建的海田围垦前前后后不下二三百地次,沿海各县都有。围垦始于西晋严高在福州子城两侧筑建东、西二湖,湖周各达23里和20里。至隋开皇十三年(593)又有义士林峣舍田为湖,在今连江县北东湖镇一带再筑东湖,湖周20里。到了李唐有林鸥与严光分别在今长乐市东北利用海边的海流已经淤出的沙洲和沙咀连接成东、西二湖,福州城东也筑海堤,并开洪塘浦,以引西湖水灌溉内外福屿一带的农田;莆田市时在蒲田周边则筑诸泉塘、沥浔塘、永丰塘、横塘和国清塘,使1200顷盐沼地有水灌溉,并在北洋兴建延寿陂,溉田400余顷;泉州周围也有尚书塘、仆射塘、天水淮和东湖的兴建,使大片的海田和盐沼地得以灌溉而成良田;晋东沿海已现不少沙洲,唐末有吴公者企图"筑浦为埭",只因工程太大,"罄其赀而功不就"。总之,唐代在今福建的海田围垦和水利建设已比以前增多不少。但各地有更多和更大规模的海田围垦,却还有待宋时[①]。及宋之际,闽东

---

① 详见本论考《历史时期"福州古湾"的变迁》《长乐县海岸线的变迁与围垦》《从地学观点看莆田平原的围垦》《泉州古湾的围垦与水利建设》《晋东平原水利考》等文。

北的长溪县已有"赤岸居民垦辟斥卤地,得田千余亩",并在这一基础上,于县东门外加修斗门闸,"溉田万顷"①;福安市筑甘棠海堤,在甘棠堡周围保护农田 10300 亩②;在宁德市围筑东湖,使湖区"旱涝有备"③。福州古湾的北湾继唐"州南七里并城以西,地污湿",经唐末五代扩建罗城与夹城,州城已由子城扩大到南边的宁越门,福州古湾的北湾岸线已经南伸西禅山、乌石山、于山与距泉山东 10 余里的竹屿,又随沙洲的迅速形成和扩大,使北湾出现分汊分流,形成几支港汊,至是,豪势之家诡名请射,"兴修田土,惟福州为多",甚至就连东湖也已被垦殆尽④。长乐市续有海路塘兴建,增加不少海田;福清并海筑岸,修筑祥符陂,溉田 5000 亩,又在迳江流域"万功填巨海,千古作良田",溉田千余顷;而莆田市自经李宏改建木兰陂,并经大规模兴修水利后,莆田的南北二洋大部分也已全部被围垦,且都变成良田⑤。接着又有仙游县陈氏筑海堤,垦辟南庄洋,"计开数千亩田地","王氏筑斗门至霞桥海岸,亦垦后洋千余亩,许氏筑后菁洋,更垦千亩"⑥及陈洪进在今惠安县东 4 里沿港湾沼泽地筑埭 20 里并用"金钗买圳",引菱溪水溉田⑦,至宋又在辋川境内陆续兴筑承天埭、孙府埭、法石埭、新埭、官埭、下江埭和曾炉埭⑧,复在山腰筑崇福、蔡埭二埭⑨。而晋东平原经过清洋陂、六里陂和涅浦埭的兴建和七首塘的创置,特别是经海岸长桥的兴筑,更使晋东平原大片的农田皆化

---

① 民国《福建通志·水利志》卷九引林甄《营田陂记略》和《三山志》卷二。
② 1999 年《福安市志》卷一三第一章《水利建设》。
③ 1981 年《宁德县地名录》。
④ 林汀水《福州市区水陆变迁初探》,《福建文博》1986 年 1 期。
⑤ 详见本论考《长乐县海岸线的变迁与围垦》《福清迳港的变迁与海田围垦》《从地学观点看莆田平原的围垦》。
⑥ 引自郑振满调查资料。
⑦ 1982 年《惠安县地名录》等。
⑧ 民国《福建通志·水利志》卷三、1982 年《惠安县地名录》。
⑨ 叶春及《惠安政书》五。

良田,海田围垦的绩效优著①。明蔡清《海岸长桥记》云:"沿泉南里许折而东,行三十里曰陈江,由陈江复东历玉澜渡至于龟湖,盖又十五六里,此海滨地也。海滨之地,咸流浸润,不可田。昔人因筑大堤以止其流,而内蓄涧水以溉田,殆千余顷。傍堤之边驾石以便行者,计七百七十八间,通名海岸长桥。"海岸长桥兴筑成功后,使许多零散的埭田连成一片,大大增加抗灾能力,"其功最钜,其利最溥矣!"此外,又在安海古湾筑东、西二埭,也垦出一片较大的海田②。

此时,人口尚稀、经济还不发达的九流江流域,同样也开始有了海田围垦。本区包括漳、龙、厦。下面先谈同安和厦门。

同安筑埭很多,前后凡达数十处。但见史志明确记载是属唐宋的只有二地,即宋在今石浔港西已有洪塘镇龙东村四间埭和苎溪一带的筑陂。新编《同安县志》云,四间埭"始建于宋代末年,北起龙东村边,南连打埔山,堤长400米……全用海土垒筑而成,围海造田二千余亩"。另是见于乾隆《泉州府志》卷八《山川》及注,苎溪历苎溪桥,至海丰庄后溪头入海,"旧传唐宣宗为苏氏筑陂于此,溉田十余里";新编《同安县志》对此也称,海丰埭位于集美区后溪镇,"明代蔡献臣重筑"。按同安至元人口不多,经济落后,仍属下县,估计县内众多小规模的围埭自当筑于元明清时。

至于厦门岛各地的围垦,更是晚于明清、特别是在新中国成立后。

而漳州、龙海二地北临九龙江古湾,至宋,漳州城内本通潮汐的东、西二湖,已被人们填塞殆尽;江北的青礁经颜唐臣礨土填淤,筑石为堤,又经丁知几开凿官港以利灌溉,也已垦出一片农田;江南的海澄以西至石码间"县地本海卤,经宋都官郎中谢伯宜筑田,又经邑人陈香引十都九十九坑水注于九都侯山,筑陂开圳,导以灌田,也称沃土",但海澄以东虽经南宋初年颜若敏筑官岸(也名新岸),后因海溢,"崩围埤,没人口,坏田宅",却不能如意成功;此时傅伯成也在南

---

① 详见本论考《晋东平原水利考》。
② 详见本论考《安海古湾的变迁与围垦》。

溪砌石作堰,兴筑广济陂,"溉田千有余顷",但经明代谢骞重筑,"既成复圮",又使海澄的六、八二都3万多亩海田"岁为咸潮所注,里人枵腹者十而九"。总之,宋代在今漳、龙二地的筑埭围垦,才刚开始,仅及古湾两岸的周边,都还属于一些小规模的零星围垦①。

至于漳州西南的漳浦、云霄、诏安和东山各地,则开发更晚,至宋仅见曾在鹿溪有过筑陂围垦。

进入明清,特别是新中国成立后,围垦的地方更多,规模更大,大规模的垦区也已有了较大的变化。摘要再述如下。

上面说了,宋在宁德筑东湖,此湖至元堤溃,清重修未就,直到1965年开工重建,1969年堤成,围塘面积约12平方千米,垦田18678.6亩。此外,宋代曾筑赤鉴湖,也名西陂塘,未得成功,清与民国再建,仍告失败,也是到了1976年重筑,1978年大功才得告成。1981年《宁德县地名录》云:"西陂塘位于宁德县七都公社东南侧与漳湾公社西北部之间,围垦面积12300亩,其中可耕地10300亩"。其他如在福安各地所垦,都仅一二千亩②。再是值得一提的还有霞浦县后港至松山二地,明时海面尚处流沙渐合,"可褰裳而涉"③,到了民国时候,"松山后有沙径可达后港,约七八里许,虽潮涨不没,今垦成园",松山也已成了陆连岛④。

罗源县的海田围垦,起始更迟,至宋建炎二年(1128)才在岐山围出一块小的地方栽植荷花,名叫余家塘。此县的海田围垦至明方盛,垦地多,但规模小,且多垦后复圮,直到新中国成立后才将众多零星的围垦合并成8大垦区,而最大的垦区垦田数也才只有二三千亩⑤。

连江县围垦也多,各地规模大小不等。早期垦地多在敖江两岸

---

① 详见本论考《九龙江下游的围垦与影响》一文所引资料。
② 1999年《福安市志》卷一三第一章《水利建设》。
③ 《八闽通志》卷一二。
④ 徐友梧《霞浦县志》卷四。
⑤ 详见新编《罗源县志》第二章第二节所云。

的内部和鲤鱼溪流域,造地以一、二、三百亩居多,小的只有三五十亩,围垦的工程质量一般较差。新中国成立后,垦田集中向外发展,多数是在海口和海湾地带,其中以黄岐半岛罗源湾南部的大官坂垦区规模最大,凡垦 4.13 万亩,次为晓沃、上官、东岱大涂和百姓半埕围垦,垦田大多千亩左右①。

福州古湾的北湾至宋沙洲发展甚快,及明,在万寿桥东、西的两侧沙洲又得迅速浮现,其中鸭姆洲已有州田数十顷,义州、邦州和苍霞州也迅速形成和扩大,各地沙洲相继连片,已使北湾基本形成今天的闽江北湾(南台江)。南湾历经演变,自竹岐沿今石门、上街南下至南屿、南通这片沙洲水域从明万历二十年(1592)知县周兆圣重筑海堤 30 里,也已成陆为海积—冲积平原。而在尚干周围,历经海积—冲积和围垦,至明也已形成一片洋田。而原先系属福州古湾南北湾中的那列孤岛,经过长期淤积和不断垦殖,特别是经新中国成立后的联围,也已变成今天的南台岛②。

再是长乐市西的太平港,原是个多岛屿的宽广港湾,明初郑和下西洋的船队都还在这停泊,但至于清随着闽江大量输沙入港,已经淤成平原。此外,又因闽江下泄的泥沙深受海流影响,继续在今长乐市沿岸沉积,历经明清及其之后的围垦,也使长乐市扩大了不少海田。如在长乐市东北的梅花城,明初"东门至海,南门面山,西有水门,潮至则舟航抵城下,潮退则平沙弥望",而今东门受到海风飞沙的壅积,去海已经甚远;另在梅花城东南的七盘、石壁、猫屿、青屿、磁沃清时尚属海岛,现在也都淤积连陆;而长乐市东南的仙岐至壶井、下洋各地,历经明清以来多次的筑塘,垦田更多③。

但明清时候福清的垦田不多。清初迁界,杜臻《粤闽巡视纪略》尚云,那时福清"凡各路岐分之间,皆有支海内入,故迁移独多"④;民

---

① 新编《连江县志》。
② 详见本论考《历史时期"福州古湾"的变迁》。
③ 详见本论考《长乐县海岸线的变迁与围垦》。
④ 该书卷五。

国《福建通志·盐政志》也载,清末福清的盐场特多,这些盐场都分布在岐海的西岸。兹见光绪三十二年(1906)《二十世纪中外大地图》、民国六年(1917)《中国新地图》及参考1951年翻印的大比例尺地形图,直到此时福清众多的岐海照旧仍都深入内地。而今这些岐海已多消失,可见福清再次大规模海田围垦,自是迟至1949年以后。

而莆田市的莆田平原至宋基本垦成。到了元代也因郭朵儿在今新港截海道、筑斗门,才在涵江西南围出百亩海荡,变为白水塘,使北洋垦区有所扩大;另在南洋,元明间再筑东张、澄口海埭,又使海田加多一些①。

至于仙游县,海田围垦唯值一提的是对南庄洋的垦殖。兹据《仙游县志》卷五明人陈迁《石码陂记》、《连江里志略》和清人薛崑山《石码陂后记》及新编《惠安县志》第五篇《农业》第一章《水利建设·太阳陂》云,元以前枫溪上游已有三峰总坝、岩头堰和东西圳水利设施,分别引流沿海一带东西二洋,元大德八年(1304),全安庄(今北庄)僧人又在枫溪下游筑建石码陂,收堰之水以助其溉,但至康熙六年(1667),陂圳俱圮,沙壅将满,水不由故道,南庄、安全庄之田,尽为海荡,后经龙华僧人名清雇工砌筑斗门庄埭岸和吴濬沍复筑长堤以御海潮,才成膏腴之产,而使枫亭平原渐复旧观;迄至1959年潘南垦区动工围建,立堤始于仙游县枫亭镇的古霞村,经惠安南埔乡的鸠林村,至狮东村,堤2860米,才又垦出农田4800亩。

然在惠安、泉州和晋东、晋南各地,自明以来却仍有大批海田围垦。

惠安的围垦,相传始于五代,那时陈洪进在今县东4里的一支港汊筑埭20里,并由其妃"金钗买圳",引荻溪水灌溉,使成良田。入宋,又在辋川和山腰境内兴筑承天、孙府、法石和崇福等埭。到了清初迁界,这些围埭又都沦入于海;而南埔地区早在宋代也有一些零星小埭的围垦②。但较大规模的垦殖都在新中国成立后,即在1959

---

① 详见本论考《从地学观点看莆田平原的围垦》。
② 叶春及《惠安政书》五、九,嘉庆《惠安县志》卷五、民国《福建通志·水利志》卷三。

年动工兴建的潘南垦区和柯港垦区，前者围垦4800亩，后者围垦1380亩；至1975年再次兴建北辋至下朱尾海堤，又垦田7320亩，名为南埔围垦①。而最大的垦区是在惠安南部。《宋史·地理志》惠安县载："有盐亭一百二十九。"那时县南尚无平原可言，这些盐亭大多分布于此，人们皆以渔盐为生，直到明清基本如是。这一地区发生巨变，是在新中国成立后：1970年进行五一垦区的围垦，1972年完工，垦出农田21400亩；又于1970年动工，进行七一垦区的围垦，至1972年冬功成，垦田17462亩②。另是七里湖地区，1982年《惠安县地名录》云："小岞，县东，相传本是一个岛屿。岛的西岸至净峰山下海水潮汐不离，旧称七里湖，据传南宋于七里湖北部跨海堆沙筑路，后百姓即在沙堤建村定居，从此才与净峰相连。1958年在七里湖上全面围海造田，才使小岞变成半岛。"可见七里湖地区同样是在新中国成立后经过围垦才得成陆。

与此同时，1973年泉州也在浔美、乌屿和任庄间筑了城东海堤，垦出7000亩农田；又于1974年在白沙和白奇间再筑五一海堤，垦出一片面积更大的港汊之地③。

晋东平原则继宋代围垦成功后，元明之际又围陈埭东北的海尾，称内埭；到了明末清初，海尾又有新的滩涂壅现，人们再加垦殖，出现新的"海尾"，即今仙石村；五代时，陈洪进筑陈埭，长仅3里，宽4里，到了元末明初，回族丁姓避居于此，又筑胜利埭、跃进埭等，形成一条长达20多里的新海堤；抗日战争结束后，又垦西滨农场；新中国成立后，对泉州十八渡头之一的浦江进行围垦，乃成今天的军垦农场。蚶江一带过去港汊深入内地，到处低洼泥泞，人们甚苦卑湿，东安埭更受海水淹没，"田土多荒"，也在新中国成立后重被大规模围垦④。明时，晋江北汊淤塞，导致水流直冲南岸，使南岸不断塌

---

① ② 1998年《惠安县志》第五篇《农业》。
③ 1998年《惠安县志》第五篇《农业》及李再铭先生提供的资料。
④ 详见本论考《晋东平原水利考》及晋江县水利局提供的资料。

陷，又在泉州西南筑建白衣塍八里余，以保护南岸的耕地①。

而在晋南，沿石狮市的祥芝、永宁二镇与晋江市的龙湖、深沪间，海岸线本很深入内地，深沪湾内有龙湖，原为通海的潟湖，最初湖周数十里，这一地带如今以港以塍以沙堤及盐场命名的地名甚多，直至清末仍是晋江盐场分布最广之地，现在这些盐场大多远离海岸线，已经变成农田。金井至东石情况一样②。另是本区筑塍甚多，大多是属明清以来所筑的小塍③。此外，尚有元明清在安海古湾多次修筑东、西二塍及 20 世纪 80 年代再次围垦，新垦滩涂 1000 余亩，已使著名港口市镇的安海远离了海岸线，海船不能进出④。

福建的海田围垦在九龙江流域相对较迟，早期围出的海田也是较少。但进入明清及今，却围垦最多。再述如下。

先说同安。程荣春《桐乡案牍·署马巷厅禀求卸事由》云："同安禾、翔、凤三里，计五十八保，面海背山，硗确斥卤。"乾隆《泉州府志》卷九《水利》引县志："沧海桑田，信哉！同安人筑堤障海以为田，又凿水道引溪流以时启闭而灌溉之，于是向之斥卤变为膏腴矣。"这说明同安的海田围垦，大多晚于明清，所以直至元代，同安仍属下县。

《同安文史资料》谈到西溪曾道，唐五代西溪水深，海潮顶托可至坑仔口、草仔市、隘头一带，宋代同安生产的珠光瓷可由隘头装船顺溪入海，直至光绪间（1875—1908），西溪还能行驶小火轮，大帆船可不卸下桅杆驶过西溪桥，直达坑仔口、草仔市，西溪迅速淤塞，全不可航，是在 1949 年以后⑤。那时，小同溪的港湾深入官田洋，潘涂与官浔尚处港边⑥；而查旧图资料，今石浔西北有溪头，北有顶溪头和下溪头。下溪头原曰石浔，"浔"有"海边"之意，其西南边还有"海

---

① 《嘉庆重修一统志》泉州府堤堰。
② 《闽书》卷八《方域志》引宋真文忠公《龙湖祷雨词》、民国《福建通志·盐政志》。
③ 民国《福建通志·水利志》卷三。
④ 详见本论考《安海古湾的变迁与围垦》。
⑤ 新编《同安县志》、《江河治理工程·历史上的江河情况》（内部稿）。
⑥ 乾隆《泉州府志》卷八及见 1951 年翻印的大比例尺地形图。

底"村的地名,是这片地方原先自当滨海,盖自明清成陆后,新的岸线下移,故在旧的石浔下方才又出现新的石浔地名①。可见明清的海湾到处仍当深入同安的内地。正因耕地严重不足,所以同安大规模的海田围垦也才从此开始。此时东西溪流域植被已遭破坏,"溪多细沙,流而填塞,水愈浅而海潮不通,一逢霖雨,则淹为泽国,西南居民屡苦昏垫,而平时又艇舶靠浅不能入,经商挑运贸易维艰","浚溪之举不容缓矣"②。由是开始在其下游地区累沙为堤,"两岸计长千三百余丈,环植崔苇以护之",但"寻修寻圮",导致"自有是堤以来,两岸相望,正束下流之咽喉,波心不加宽,而港道日狭。狭则无所容其脱卸,而溪又挟沙以行。是以积久淤塞不通,下流地势反高于上流",使上游地区每遇洪水,"尽为泽国,湮没十有六七"③。于是,为求耕地的扩大和使农田减轻水淹,20世纪50年代各地便在各自的地域内围溪造田,填筑长结埭;1969年政府又组织石浔、浦头、瑶头、卿朴4村共同修堤围垦,改名团结埭。后经改建,至1973年全部竣工,"保护耕地面积4200亩免遭水灾害,新垦耕地600亩④。接着,新编《同安县志》复云,1949年之前,这一地区留下的海埭很多,有乌测埭、埔头埭、西柯埭等,以上海埭大部分纳入策槽垦区范围内,策槽垦区工程"位于西柯镇东西溪出海口的丙洲湾,南起潘涂村渡口至丙洲大埔尾称南堤,由丙洲村蛇头至吕厝码头称北堤,将丙洲岛与大陆连成一片",1970年动工,1975年石堤堵口,"围垦地属埭头溪范围,流域面积43.78平方千米,南北两堤总长4400米","保护耕地5613亩,围垦总面积1.02万亩"。至是,便使东西溪下游港道迅速变窄。

另是石浔港西岸早在宋代已有洪塘镇龙东村四间埭的围垦,其他地方则都全在明清及其之后,其中较大的有3处。一是东坑围垦,

---

① 1998年《福建省自然地图集·地貌类型》图也指这片地方为海积平原。
② 民国《同安县志》卷二五艺文引清徐芬《同安浚溪论》。
③ 民国《同安县志》卷二五艺文引清庄光前《修理东西二溪堤岸议》。
④ 新编《同安县志》。

工程位于马巷镇陈新村至新店镇和平村,兴建于1964年,1966年完工,工程所属河流五溪流域面积30.45平方千米,海堤长1975米,保护耕地8700亩,围垦面积1.34万亩;二是洪塘镇石崎围垦,工程位于洪塘镇石浔村至崎头宫,兴建于1969年,海堤地处三忠溪流域,流域面积231.46平方千米,堤长3503米,保护耕地1.06万亩,围垦总面积0.35万亩;三是新店九溪堤防工程,工程位于新店镇吕塘村西林溪入海处,堤防位于九溪入海段,九溪流域面积90.5平方公里,堤长5500米,保护耕地1726亩[①]。

同安苎溪流域及周边海岸线变迁也大。宋时曾在这里设置安仁、上马栏、下马栏和庄坂四盐场,马栏即今马銮。至清,乾隆《泉州府志》卷八尚云,沙溪至林埭村入海;卷十引《国朝陈思敏记》:"日东,东邻鹤浦、登瀛,西接马銮诸社,盖滨海往来之冲地,其始为桑田,有堤亘之,国初吃于潮,遂为支海,涉者病焉";民国《同安县志》卷四也称,双溪口由前场社前入海。兹查1951年翻印的大比例尺地形图,这里的岸线仍居马銮、前场社和林埭各地,时之官任、郭厝、后浦、锦园、童林、官村、杏林、高浦、曾营、碑头、岭尾、扶窑、蔡林、西滨、瑶仔、浦边、陈井、贞岱、东瑶、水头、西园、鼎美、惠仁、新埯各地都还滨海。据此,是今杏林湾西部与马銮湾的岸线,古时不但少有外伸,局部地方如曾营和日东一带,清初岸线还曾内塌。而自1956年建成杏集海堤后,于1966年至1968年进行围垦,降低堤内水位,使杏林湾沿岸的孙厝、英埭头、后溪、锦园和杏林各地计约20平方千米的浅水滩地经过一段时间的泡淡,也都变成稻田。

厦门岛的变迁同样甚大。《厦门市志》云,镇邦路以前叫港仔口,涨潮时海水淹到升平路、镇邦路,直达二十四崎码头,码头背后的文圃山,明末清初还是郑成功训练水师的水师场。今旅游职业中学所在的望高石、附近的三十六崎和打石字一带,过去也都位居海边;原岛美渡头和水仙宫码头则在今中山路、升平路口和水仙路;妈祖宫

---

① 新编《同安县志》。

码头又在晨光路。就是说,今鹭江道中段的海后路、升平路、镇邦路、水仙路、晨光路与同文路等一大片土地都是由海滩所填成。而在距今500年前,厦门港的沙坡头、沙坡尾(今民族路、大学路)也荒无人烟,是沙滩地,晚至明末清初始有渔人来此定居,形成一条小街,即今民族路的鱼行口街。那时渔船停泊在民族路冷冻厂附近,遇到大风便开入内港的打石字避风。这些地方直到民国二十二年(1933)才因市政建设的需要而起变化①。

另据方文图研究,绕过提督路头有个神前澳,是18世纪中叶厦门岛对外的一个重要贸易港口;而离神前澳不远的二十四脚与离二十四脚不远的和风宫也都滨海,说明今天的横竹路、镇邦路和布袋街的外沿,晚至明清大部分地方也未成陆,那时,岸线约在今鹭江道内一里。另是建于明代的水仙宫和毗连水仙的岛美渡及建于18世纪的军功战船厂与塔仔街,明清也滨海,同是重要的渡口地。那时要从同文路沿海走到厦门港,沿途需越悬崖峭壁,只有镇南关一路可走②。

接着《厦门市志》又说,思明北路开明戏院附近,以前叫浮屿,涨潮时海水浸淹其地,并沿思明北路直入思明南路的第九市场直到定安路。复曰,故宫路有海岸街,在今厦门蜜饯厂附近,也有旧的码头遗址见在。由是可知,今厦禾路中段、故宫路西段原应属于海滩,成陆不过只有百年③。对此,方文图也谓,现在的美仁社,清代还是一座伸入筼筜港内的山丘,叫美山头,与隔海的牛家村相为犄角,这里的村落原叫码头社,是为内海船舶和筼筜港渔舟集泊的地方,上至水鸡腿填海为后江埭,下达浮屿角,沿禾祥街与禾泰街两侧大多也是由海所填成。而在斗西路的斗涵巷附近,早时也有一座惠济仓,据《厦门志》称,此仓是在北门外第六宫边的海岸上。另是在今厦禾路与双莲池间的海岸街,街的外沿是海,这里自新世界至六中以前都

---

①③ 《厦门市志》卷一五《土地房产》。
② 方文图《厦门地名丛谭》,1985年福建省厦门市地名学研究会、《厦门采风》编辑部编印。

是海,而沿海岸街到达福茂宫,宫前也是海,海中有一岛屿,就是浮屿。而浮屿至洪本部过去称"鬼仔潭",海面十分深险,常溺人命,竹树街、担水巷及附近船坞的厦禾路与鹭江道的那些地方,也都是在百年前后才由海填筑而成;市蔬菜果品公司的那片土地过去称"帆礁",则是海中的小岛①。再是筼筜港以前的海水直入江头,港湾十分宽广,港湾发生巨变,也因百多年来不断的围垦使其然。如今厦禾路西段鹭江小学周围的一大片地方,俗称"新填地",是在清道光、咸丰间填筑的;20世纪二三十年代,又填小学路、角尾路和斗西路、豆仔尾等纵深半千米为陆地;1956年福厦公路改道,时为缩短路程,又从现在的香江花园大厦附近筑了一条小海堤绕过江头,直达乌石浦,使江头一带和筼筜港隔离,成为陆地;50年代末又为解决粮食问题,复从莲坂筑了一条长达千余米的海堤至屿后,而使仙岳路与台湾山庄一带变成陆地,并为生产食盐而在凤屿和罐头厂间再修一条海堤,围成面积1000平方米的土地,辟作盐场;1970年又在堤内筑了1700米堤岸,围出0.72平方千米的土地以作农田,后改为建筑用地,辟为新区,并在新区修建湖滨南路。另是翁蔡河、洗布河、深田内水田于鹭江第一、二、三段堤岸,在20世纪二三十年代则先填筑已经成陆②。其他地方如钟宅,原是临海,也在1958年筑建海堤,兴办盐场,才远离海岸线③。

至于漳州、龙海二地,变迁更大。盖自于宋先在九龙江湾两岸筑些小埭,至明,随着地区的开发,植被破坏,当西溪流出文山至福河与其北溪相汇,断面放开,大量的泥沙在这湾中的河口地带沉积,出现了分汊分流而形成南、中、北港,人们便纷纷进驻沙洲,在沙洲的外围"抛码淤地","筑长堤以障潮水",争相围占,沙洲也就更加迅速

---

① 方文图《厦门地名丛谭》,1985年福建省厦门市地名学研究会、《厦门采风》编辑部编印。

② 方文图《厦门地名丛谭》,1985年福建省厦门市地名学研究会、《厦门采风》编辑部编印。

③ 《厦门市志》卷一五《土地房产》。

形成和扩大,并不断相连成片,又使许多新的沙洲在其下游陆续浮现,再经围占又成新的洲田①。此外,漳州至文山的西溪河段,本为九龙江古湾的内湾,后经壅淤,到了明清也已淤成碧湖、桂林、溪头、下吴和诗浦等沙洲,即"旧称浮洲十八社"。另是文山至海澄东南的峨山以至浮宫,历经人们"用堤师战波臣",长期"惟堤是务,塞渠是务"不断兴修水利和筑埭围垦,也已全部化为良田②。

最后再谈漳州以西漳浦、云霄、诏安和东山各地的情况。

在漳浦,随着鹿溪流域植被的破坏,水土流失日益严重,自明天顺间(1457—1464)"地壅沙合,溪流日浅"③,又因"鱼肠屿,在海门之中,潮通鹿溪"④,使大量泥沙流入竹屿、深涂,加上九龙江流沙顺着海流并在风力的作用下,堆积成许多水下沙洲和沙堤,使东北—西南向的狭长半岛的内侧海湾常为沙堤填塞,也使沿海的一些岛屿成为岛连岛或陆连岛,又因沿海多吹东北风,使海岸的沙积物不断向内地移动,又使赤湖一带造成风沙地貌⑤,故自明清以来,又使漳浦县东、南沿海的一些内湾迅速淤塞,后经陆续筑埭围垦也成为农田或盐场,而海中的一些岛屿也成陆连岛。如杜浔盐场清乃设于湾内的杜浔和西吾,后废,新中国成立后重建,就移今杜浔盐场;深土,原名深涂,竹屿,也名锦屿,明为优良渔港,这些地方经过1953年的填海,也被用作耕地和盐田;前亭清为盐田,同样是经新中国成立后围海造田,才垦出4600多亩耕地。

在云霄,海岸线本很深入内地,唐置漳州于今云霄西北的西林村,其地尚为李澳川(今漳江)的海口⑥,至宋云霄成陆,港口下移于此。但到清代,云霄港道的南岸却还直入白塔、蠔潭、竹塔、油草和乌

---

① ② 详见本论考《九龙江下游的围垦与影响》一文所引资料。
③ 《闽书》卷二八《方域志》。
④ 《八闽通志》卷八《山川》。
⑤ 1983年《福建省地图册》。
⑥ 1981年《漳浦县地名录》。

垾(今湖垾),北岸直入高溪、大墩、荷步、吴田与北岐,港中只有北涂(在今高塘)和南涂(在今佳洲)2个沙洲,云霄去海照旧不远,自出高塘即汪洋浩荡,港湾仍然十分宽广①。那时,港湾之内沙洲极少,且都不大,如佳洲的洲尾仅及洲中的郭墩,不及今洲之半②。盖因这里沙源不多,沙洲浮现和扩大较慢,所以有关海田围垦的记载,相对也就较少。

再是诏安县。宋置临海砦,后设驿站于此,至明始立县。时"县咫尺即海,控引潮粤,最为险要"③,由今县城东至洋尾周围尚有一支宽广的港汊深入县北的东沈,从云霄至县城东经过这一地段必须靠船摆渡,后筑东溪桥于城东门外,"溪涧七十丈",又筑洋尾桥于县东5里,桥长160丈,才免渡船辛劳④。县南即海,港湾深入港头,双港,港头之南有柳厝埭、大埭、平屿、屿仔、岸屿,这些埭、屿后经淤积或围垦,才使岸线退到今天的象头⑤。湾中有蛤屿、猎屿、敏洲、红洲、卧岗洲、陈洲和蛇洲⑥,现在猎洲、红洲(洪洲)已经连陆,其他不见于图,也当早与陆地连片。

《嘉庆重修一统志》漳州府复载:"梅岭山,在诏安县东南三十里海滨,踰岭为悬钟山,去悬钟所十里,旧时郡之洋船实发于此。"对此,1982年《诏安县地名录》说,腊洲为诏安湾内港七洲之一,梅岭多沙滩,新中国成立后围海造田1700多亩,西山农场在县东南,总面积约有2平方千米,也由海滩垦成,桥东经过围垦,造田也有2500亩。

东山是全省设县最晚的,但至新中国成立后,也已有了若干规模较大的围垦。1981年《东山县地名录》云,1958年先在西港盐场填筑海堤,修路建滩,建成东山县第一个国营盐场,从西崎村山脚海边

---

① 嘉庆《云霄厅志》卷一《山川·潮汐》引《郡邑志》。
② 详见嘉庆《云霄厅志》附图。
③ 《读史方舆纪要》卷九九漳州府诏安县海条。
④ 《嘉庆重修一统志》漳州府津梁、1982年《诏安县地名录》。
⑤⑥ 《闽书》卷二九《方域志》。

至港口村边,建成一条长达1340米的西港海堤,又称北堤;1960年又建八尺门海堤,长620米,宽17米,高16米,把海峡拦腰斩断,变天堑为通途,使东山从此变成半岛;1978年又有西埔湾围垦,建成一条长达4350米的拦海长堤,将堤内3万多亩的海涂地筑成海水养殖场;另是东山、大嶝两个岛屿原受海峡的分隔,称大嶝海湾,经1971年动工兴建南北2条长达2580米的大嶝海堤,以海湾滩涂地作为向阳盐场的生产地。

以上是就福建历代各地海田围垦所作的概述,下面再谈福建海田围垦的一些特点与存在的问题。

笔者认为,福建海田围垦当有下面若干主要的特点:1.沿海各地都有,垦区遍布各地,围垦规模大小不一,大者以万、千顷计,小的只有二三十亩;2.各地围垦的起始时间相差极大,最早是从西晋严高在今福州已筑东、西二湖开始,最晚是东山县到新中国成立后才有此类工程;3.大规模围垦集中在宋代和明清及新中国成立后;4.围垦的组织形式多样化,工程质量和绩效颇受组织形式的影响;5.围垦的目的又随时代的变迁而变化。

之所以会产生以上诸多的特点,究其原因无非是受自然因素的制约和人为干预所引起。先以围垦时间的先后、围垦规模的大小及地域变迁为例,作点分析。

众所周知,福建的新构造运动可分闽东北沿海间歇性下降区、闽江下游断陷区、闽东南断块间歇上升区、九龙江下游断陷区与闽南断块上升区5个不同地域[①]。大致说,处在下降区地域内,如果河流输沙入海量补偿不了地壳沉降的幅度,沙洲是很难生长浮现的。如早期的闽东北区和九龙江下游区,那时流域植被完好,河流输沙入海不多,由是就无条件在此进行海田围垦,垦田时间也就出现较迟了。但同是属于下陷区的福州情况略有不同,这里的闽江至全新世后期地壳却相对稳定,且略有上升,又受潮托作用,能使较多的泥

---

① 1998年版《福建省自然地图集》。

沙在福州古湾内沉积,至西汉海面下降,已在福州冶城两侧的浅湾上涨出一片沙洲沼泽①,加上西晋的福州已为晋安郡治,人力物力较足,于是严高就在这里最先筑建东、西二湖。迄至宋代,随着江淮两浙赣人大批移民入闽,使福建人口急增,耕地不足,至是人们广泛在今闽北山区开垦梯田,"层山之巅苟可寘人力,未有寻丈之地不丘而为田","水无涓滴不为用,山到崔嵬犹力耕"②,泉州"人稠山谷瘠,虽欲就耕无地辟"③,就连安溪也是"一岭复一岭,一巅复一巅,步坵皆力穑,掌地也成田"④,已使闽江和晋江流域的植被大受破坏,莆田县的兴化湾则早在南朝陈已经淤出大片的盐沼地,加上近期地壳上升较快⑤,而使泉州、福州和兴化军"各有海退淤田、江涨沙田,豪势之家诡名请射,岁有增广"⑥,遂使以上地方进入大规模的海田围垦。而观九龙江下游,其时沙洲虽比以前淤涨较多,却因流域植被总体仍旧保持完好,湾中的沙洲还是不多,加上人口稀少,人力物力不足,所以要进行大规模围垦,就得待至明清及其之后才有可能⑦。

另是福建的海田围垦,组织形式多样,有由官方主办、官民合办、豪强强占强办、农民自办和寺院主办等方式。组织形式不一样,也会影响围垦的规模和绩效。如对莆田平原和晋东平原的围垦,当时基本上是由官方主办的。官方主办的围垦通常都有统一的规划,资金较足,较能保证大工程的质量和维修,又有一套较好的统一管水用水制度,绩效自然最优⑧。而由豪强强占强办的围垦,大多出于私利,只为自身着想,很难顾全大局,经常都会造成一些可加避免的

---

① 《汉书·朱买臣传》。
② 《宋会要辑稿》瑞异二、方勺《泊宅编》。
③ 《舆地纪胜》卷一三〇引谢履《泉南歌》。
④ 《闽书》卷一一《方域》引宋安溪县令黄锐诗。
⑤ 《陈书·虞荔传》、1983年《福建省地图册》莆田县说明。
⑥ 《三山志》卷一二。
⑦ 详见本论考《九龙江下游的围垦与影响》。
⑧ 详见本论考《从地学观点看莆田平原的围垦》《晋东平原水利考》。

损失。如对福州古湾的围垦,由于豪强盲目围占,给当时的水利带来不少的破坏,即是其例①。至于农民自办自垦,则因资金不足,垦地一般不大,很难配套水利设施,且围埭质量差,经常旋筑旋圮,效益多不佳。此如罗源县早期的围垦,大多就是这样②。

  中国自古以来以农立国,农业是经济基础,只有农业发展了,才能带动其他各行各业的进步。福建的海田围垦,对福建的农业固然贡献甚大,但也存在着不少问题,其中较为突出的有两个方面:一是海田围垦首先必须周密地考虑到水利设施和管水用水制度,因为水利是农业的命脉,考虑不周,就很难保证垦区的农业稳产高产,还会时时发生灌排用水的纠纷,甚至导致新旧埭田的农作一损俱损的悲剧。有关此,可从莆田垦区发生的事件中吸取教训。另是海田围垦,最初都以扩种粮食为目的,而今随着时代的变迁,目的已有较大的不同。而今随着全球经济的一体化和商品化,港口与海洋生态环境已成经济发展的重要生命线,因此就再也不能盲目围占,而使港口建设和航道受到破坏,更不能危害海洋生态环境,以免造成不良后果。

(未刊稿)

---

① 详见本论考《历史时期"福州古湾"的变迁》及林汀水《福州市区水陆变迁初探》,《福建文博》1986年第一期。

② 详见新编《罗源县志》。

# 唐以来福建水利建设概况

福建早期属于闽越地,汉武帝征闽越,"遂虚其地"[1],三国吴屡迁罪人入闽,在今福州设置典船校尉,专管造船事业[2]。至晋初年,随着人口的增加和经济的发展,就在福州设立晋安郡。其时,为使晋安郡城免遭水患,并使农田有充足水源的灌溉,便在郡城东西两侧筑湖,谓之东、西湖,湖周各达二十里,此即志书所云"引东北诸山溪水注于东湖,引西北诸山溪水注于西湖,二湖与闽海潮汐通,所溉田不可胜计"是也[3]。而自陈元光和王审知再次率军入闽,人口倍增,闽南、闽西和闽东北也得到了开发,各地水利建设遂纷纷进行。迨至宋代,金兵南下,福建又因远离战场,成为移民的集中地,荒地大量被开垦,农田用水急增,于是水利勃兴,建树之多,遂居全国之首[4]。但是进入明清,特别是至明末之后,由于受到战争的破坏,加上人口过

---

[1] 《史记·东越传》。
[2] 《三国志·三嗣主传》、《宋书·州郡志》原丰县条。
[3] 王应山《闽都记》卷一五、卷一六。
[4] 冀朝鼎《中国历史上基本经济地带与灌溉事业》。

剩,耕地严重不足,人们争相垦拓山地、进占河道与湖地,水利事业废弃,水旱灾害频繁,农业便趋衰落了。下面略分唐五代、宋和明清三个时期,作一历史的概述。

## 一、唐五代水利的初兴

水利是农业的命脉。但同其他生产建设一样,它不可能超越社会生产力所允许的速度和规模而单独向前发展。福建地处偏远,至晋人口尚稀,故仅福州一地有水利建设。到了隋代,林崿等人在连江县北筑东湖,湖周二十里,灌溉县北民田四万多亩[①];黄菊在今宁德县北筑仙湖"引大溪之水,溉田千余顷"[②]。而至唐代,当北方人多次入迁,荒地普遍被开垦,水利也就随之而兴了。此时,福州率先筑海堤与塘浦。《新唐书·地理志》说,贞元十一年(795)观察使王翃在今福州西南七里开洪塘浦,"自石岊江而东,经甕滦至柳桥,以通舟楫";大和二年(828)闽县令李茸又在县东五里筑海堤,使大片的农田免遭卤潮淹浸。而为提高西湖的灌溉效益,不使多余的湖水流失,以备干旱季节之用,又在郡城西南边再开南湖,加以潴蓄[③]。继后,连江县的东湖"年久淤塞,半侵为田",也在咸通初年(860)得到治理,并添斗门设施[④]。长乐、福清、莆田与晋江地区建树更多。其时,长乐水利仅举重要的,就有西湖、东湖、陈令津湖、横屿湖、陈塘港、东沟、屿南斗门塘和海堤的兴筑。西湖一名严公湖,本海滨潟卤地[⑤],宝应二年(763)严光舍田筑之,周长三千二百八十丈,溉田四百五十顷[⑥]。

---

① 邱景雍《连江县志》卷三、卷五。
② 梁克家《三山志》卷一六、黄仲昭《八闽通志》卷二四。
③ 王应山《闽都记》卷一五。
④ 邱景雍《连江县志》卷五引明邑人《张子初记》。
⑤ 林汀水《长乐县海岸线的变迁》,《厦门大学学报》1981年史学专号。
⑥ 黄仲昭《八闽通志》卷二一。

东湖一名滨间湖,也是滨海潟卤地,大历中(766—779)成田,后由林鹗捐出筑之,"湖延袤二十余里","溉民田七百余顷"①。大和七年(833),县令李茸复于县东十里筑海堤,且设斗门十以御潮,"旱则潴水,雨则泄水"。接着,又在开成年间(836—840)再建屿南斗门塘。这样,就使长乐县大片的耕地摆脱咸潮威胁,且有较多水源的灌溉,而使卤田得到改良②。

此时,福清垦海为田同样很多。随着海田的扩大,也有较多水利的建设,其中最称重要的,为天宝年间(742—756)所筑的天宝陂③。叶向高《重修元符陂记》(天符陂即天宝陂)说:"吾邑滨海,土田瘠薄,又鲜泉源灌溉之利,雨旸一不时,苗立槁矣。惟西有陂,名天宝,水自仙游而来,历清源、善福、达新丰、仁寿二里,沃田数千顷"④。黄檗唐僧兴建白濑陂,陂引蒜溪水,夹岸埠港,外捍海潮,内御骤潦,溉田也达二百顷⑤。

再是今之莆田平原,隋时尚是沼泽地,蒲草丛生,也是李唐之际开始被经营的。《新唐书·地理志》载,莆田县西一里有诸泉塘,南五里有沥浔塘,西南二里有永丰塘,南二十里有横塘,东北四十里有颉洋塘,东南二十里有国清塘,溉田凡达一千二百顷,都是贞观时(627—649)创置的;建中年间(780—783)又在县北七里再修延寿陂,溉田四百余顷。另据志书记载,元和八年(813)观察使裴次元还在红泉筑堰潴水,垦拓荒地,为田三百二十二顷,岁收粮食数万斛⑥。

晋江流域自晋永嘉之乱,相传"晋南渡时,衣冠士族避地于此,

---

① 杨希闵《长乐县志》卷六、贺世骏《长乐县志》卷八,并参见林汀水《长乐县海岸线的变迁》。
② 《新唐书·地理志》、王涣《长乐县志》卷二。
③ 梁克家《三山志》卷一六。
④ 李厚基《福建通志·水利志》卷一所引。
⑤ 梁克家《三山志》卷一六、黄仲昭《八闽通志》卷二二。
⑥ 廖必琦《莆田县志》卷二、卷三。

沿江而居"①,人们已经在此战天斗地。至唐,水利大兴,筑东湖、尚书塘、仆射塘等,各溉农田数百顷②,又修六里陂,溉田四万多亩③,又为改造滨海咸地,兴建天水淮与其他海埭④。于是,随着水利的兴修,农业生产的发展,泉州遂由中州提升为上州⑤。而当刘日新追赶黄巢至今同安县,驻军宝胜山下,令士卒筑石盘陂,溉田一千五百多顷⑥,同安县的水利事业也被开创了。

到了五代,王氏入闽,又令士卒在今霞浦屯垦,兴建营田陂⑦。福清也兴军屯,筑大塘,溉田种三千六百石,筑占计塘,溉田三千余顷⑧。继后,陈洪进又筑陈埭于晋江⑨,房洗舍田筑桃枝湖于长乐县⑩,复有彭珰在今崇安"招集人民,即旷野剪蒿锄莱,凿湖筑陂,溉山田三千余顷"⑪。

## 二、两宋水利的勃兴

福建属季风气候区,降雨时间及雨量不稳定,容易出现水旱灾。加上东南沿海的气候偏旱,而围海造田面积大,这些海田若无充足水源的冲洗和灌溉,是很难种出好庄稼的。更因农田都以稻作为主,需水量大,故兴水利尤显重要。唐时,王栩赴闽上任,他经调查与研

---

① 乾隆《泉州府志》卷三。
② 乾隆《泉州府志》卷九、《八闽通志》卷二二。
③ 乾隆《晋江县志》卷一六。
④ 乾隆《晋江县志》卷一六。
⑤⑨ 乾隆《泉州府志》卷九。
⑥ 《唐会要》卷七〇。
⑦ 徐友梧《霞浦县志》卷五。
⑧ 梁克家《三山志》卷一六。
⑩ 贺世骏《长乐县志》八。
⑪ 郑丰稔《崇安县新志》卷二七。

究,已经发现福建"百姓艰乏,职贡或阙",乃因"本道频遇水旱"①。故为加强抗灾能力,他就以福州为示范,在此大抓水利建设,力图借助个人权威和作为以影响各地②。至宋,北方人大批入迁,山区广泛被开垦,沿海地带的围海造田纷纷进行,农田用水剧增,时人更有"饮天之地,寸泽如金",如能得水,"获必二倍"的见识③。于是,水利更受重视,工程之大,地区分布范围之广,遂居全国的第一位。其中尤以莆田、长乐、连江三县和泉州、漳州平原的建设成绩最大。

莆田平原虽是始垦于唐,但是大规模的建设却有待于宋。莆田平原地分南北二洋。唐时,吴兴在今北洋兴建延寿陂,塍海为田,"溉田四百余顷"④。迨至宋代,堤塘陆续增加,先后兴筑三步泄和濠塘等,又有芦浦、陈坝与慈寿各斗门的添设⑤。至是,北洋几乎全部被围垦。继后,续修太平、南安二陂,更使梧塘、涵江至江口一带也都变成良田⑥。南洋得到根本的改造,从时间上说,则略迟一些,是至木兰陂修筑成功后实现的。志书载,李宏应诏来莆田,他吸取前人修陂失败的教训,把基址改建在木兰山前,陂修成功后,复疏渠导水,开挖大沟七条,小沟无数,又立四处抵海斗门⑦。这一水利工程灌溉效益尤佳,时人评价说:"计其所溉,殆及万顷,变潟卤为上腴,更旱暵为膏泽,仁人之功,其利溥哉!"⑧又谓:"莆邑负山滨海,中间平畴数十里,古皆斥卤沮洳不毛之土,变斥卤为膏腴,易沮洳为肥美,稻收再熟,岁屡丰年,地狭民稠,卒不忧其不给,则曰繄水之故"⑨,甚至赞道:

---

① 《册府元龟》卷四八四《邦计部经费》。
② 《新唐书·地理志》、王应山《闽都记》卷一五。
③ 梁克家《三山志》卷一六。
④ 《新唐书·地理志》。
⑤ 陈池养《莆阳水利志》卷八引宋人傅淇《陈坝斗门记》等。
⑥ 周瑛《弘治兴化府志》卷三七引蔡襄《奏复五塘札子》、宫兆麟《莆田县志》卷二。
⑦⑧ 周瑛《弘治兴化府志》卷二九引林大鼐《李长者传》、元郑昺《坊应庙记》。
⑨ 陈池养《莆阳水利志》卷七所录徐鉴《募修木兰陂引》。

"自是舟楫相通,田畴相望,风景不亚江南"①。

长乐与连江县也因水利建设很有成就,得到朝廷的表彰。淳熙元年(1174)宋廷下诏说:"福州长乐知县徐謩、连江知县曾模,各特转一官,以本路安抚使言,謩兴修管下湖塘水利及创造斗门一百四所,灌溉民田二千八十余顷;模开浚东湖塘二十余里,造水闸、筑埠塍一百二十余所,灌溉田二千余顷。"②

此时,泉州水利除唐兴建的工程得到维护外,还有许多新增的项目。宋谢履《泉南歌》:"泉州人稠山谷瘠,虽欲就耕无地辟。"③为了与海争地,人们再次筑海为田。明蔡清《海岸长桥记》:沿泉南里许折而东,经陈江、历玉澜渡,至于龟湖,本来是滨海地,咸流浸润不可田,乾道间(1165—1173)人们筑大堤以止其流,内蓄涧水溉田,殆千余顷,傍堤之边驾石,便于行者,计七百七十余间,通名"海岸长桥",其工最巨,其利最溥④。又有湮浦埭和西埭等海田的兴筑⑤。而当海田扩大后,水利也得发展。志书载,泉州有埭九十四,府东南二十里的烟浦埭最大,"上承九十九溪之水,广袤五六里,襟带南乡之境,出溜石六斗门入于晋江,宋时筑埠三万丈,斗门四,与陈埭斗门共为尾闾泄水,治平二年(1065)之后,屡坏屡修,绍兴六年(1136)大加修治"。又谓,泉州有陂八十二,府南清洋陂最大,邑南诸洋俱受溉焉,"自烟浦而西,水之小者为溪,大者为浦,溪浦分流之际,则筑土为陂,以溉溪旁之田,自南安县之九溪至府西南之高溪凡三十六水,合流数百里而为陂。自陂而下,为拱塘,苏塘,萦迴复十余里,所溉田千有八百顷,宋熙宁初(1068)筑,淳熙七年(1180),累石为埠,以防霖溢,且为三垛以泄水,长一百八十丈,广二丈有咫,修小陂于支流者五,为斗门于下流者七,陂之南北增筑长埠各三,倍其长之数焉。凡诸港浦埭

---

① 陈池养《莆阳水利志》卷一自叙。
② 《宋会要辑稿》食货六一。
③ 《舆地纪胜》卷一三〇所引。
④ 方鼎《晋江县志》卷一六所引。
⑤ 乾隆《泉州府志》卷九。

塘,皆古人填海而成之,所谓'闽在岐海中'也"①。又有洑田塘、留公陂与龟湖的兴筑,洑田塘在晋江县(今泉州市)南三十里,周四千九百八十丈,会流最广,"宋时浚"②。留公陂在府北,留元刚筑,"外捍海潮之入,内防溪流之出,创五陡门以时蓄泄,晋江、惠安二邑之田利其灌溉者,可二千六百余亩"③。龟湖在晋江县南,"濒湖仰水之田,度万余亩",蔡襄守泉,曾立湖规,"民蒙其利"④。另外,唐所兴修的天水淮与东湖,也都得到较好的治理。天水淮滨海迎潮汐,溉浸旁田数十里,渠水曾经湮塞,田芜租逋,宋景祐四年(1037)曹修睦浚治之,复以三十六涵细碎隐伏,无法制水之赢缩,乃尽撤除,别营三涵,视潮之来去,以为启闭,为大渠一,小渠八,渠通而田复流,自是"民还业,赋额复旧"⑤。东湖也因"茭葑壅塞,几成平陆",至宋庆元初(1195)经郡守刘颖募工开浚,使其面貌一新⑥。元时,又筑东埭与白衣埭⑦,并在南安县(今丰州)南三里兴筑万石陂,也可溉田万余亩⑧。

再是漳州地区的建设,其规模也较大。志书称,"海澄壤地延袤……其先皆海也。海上之山,蛇龙入之。趾山而处者,用堤师战波臣,而土之,而宅之,然后县之四封以内,陆与海往往争奇……顾其居人,燥处什三,湿处什七",任职这里的地方官吏,都是针对这样的地貌特点,所讲明规划无不"惟堤是务,塞渠是务"⑨,因为"澄之为邑,

---

① 顾祖禹《读史方舆纪要》卷九九。按乾隆《泉州府志》卷二九、王琛《邵武府志》卷二〇称,清洋陂溉田四千八百顷。
② 《嘉庆重修一统志》泉州府堤堰。
③ 乾隆《泉州府志》卷九引《顾珀修陂记》。
④ 方鼎《晋江县志》卷一六所引《龟湖塘记》。
⑤ 乾隆《泉州府志》卷九、卷二九。
⑥ 《八闽通志》卷二二。
⑦ 乾隆《泉州府志》卷九、李厚基《福建通志·水利志》卷三。
⑧ 乾隆《泉州府志》卷九。
⑨ 陈瑛《海澄县志》引明王志道《初修海澄县志序》。

滨海苦盐卤,难施钼耒,不无需于陂与闸。陂以御咸,闸以蓄淡也"①。相传自宋谢都官在此筑海成田,疏九十九坑之水成功后,人们纷纷"仿而行之",大规模的水利建设便在各地展开了②。到了南宋初年,颜若敏又在海澄以东筑南堤③,傅伯成则在南溪砌石为堰,兴修广济陂,"溉田千有余顷"④。至宋淳熙二年(1175)丁知几又在江东、石美开挖官港,灌溉江北的农田⑤。而在漳州附近,复有新渠、章公渠与郑公渠等水利的兴举⑥。颜师鲁《新渠记》云,"临漳自东埔之外,膏田弥望,惟雨是仰,时旸稍愆,则民以为忧",绍兴十九年(1149)秋,沿浦凿渠十四,"自溪导水,以次而上,向之所谓高平之田,悉沾其利,计其所灌,无虑千顷,上有以备天时,下有以尽地利"⑦。

其他地方水利建设,也有许多成就。宋时,霞浦县内重修营田陂,灌溉赤岸附近一千多亩的卤田⑧。宁德县内筑东湖、赤鉴湖,赤鉴湖溉田三百多顷,"园艺不可计";东湖筑成后,则使其周围的农田"无旱涝之虑"⑨。罗源县也筑永利渠⑩。福清县水利更多,如修灵石蟹屿塘、东禅塘、苏溪陂、石塘陂与元符陂,其中苏溪陂"溉田千余顷";复筑琵琶槽、香严上下洋和绵亭洋各地的海堤⑪。福州的护城河浦也在嘉祐之年(1056—1098)被开淘,"溉田三千六百余顷"⑫。

---

① 陈瑛《海澄县志》卷二三引唐朝彝《提督许公重修陂闸碑记》。
② 陈瑛《海澄县志》卷四。
③ 陈瑛《海澄县志》卷一一。
④ 陈瑛《海澄县志》卷六、卷一二。
⑤ 沈定钧《漳州府志》卷二三,并参见卷四四所引王仲谦《重修官港记》。
⑥ 《八闽通志》卷二三。
⑦ 吴宜燮《龙溪县志》卷二四,按《宋史》刘才邵传谓"溉田数千亩"。
⑧ 徐友梧《霞浦县志》卷二五引宋林甄《修筑赤岸营田陂记》。
⑨ 《八闽通志》卷二四。
⑩ 卢凤琴《罗源县志》卷四、卷一六。
⑪ 《三山志》卷一六。
⑫ 《三山志》卷一五。

此时,北方人大批入闽,崔嵬涯澳之地已被耕耘,山区水利也得发展。就在这一期间,崇安县西五里筑有陈湾陂,"溉民田数千亩"①,漳浦县筑西湖,"所溉民田不下千亩"②,长泰县筑双圳陂,也有较大的灌溉面积③。其他小的陂、塘、堰、坝尚多,就难于一一列举了。

总之,据统计,唐代在今福建兴修水利有二十九次,尚居全国的第四位;至宋已达四百零二次,名列第一④。正因水利兴修很有成就,所以《宋史·地理志》称,福建路"民安土乐业,川源浸灌,田畴膏沃,无凶年之忧",甚至就连"硗确之地"也能得水,而被"耕耨殆尽"。于是随着农业经济的发展,泉州港便因此崛兴了。

### 三、明清以来水利的衰落

漳州平原围垦之后,水利建设迅速发展,到了明代,创举仍多。此时,在今海澄以东大修官岸与广济陂,使三千顷田免遭咸害,且有充足水源可资灌溉⑤;又筑鹿石陂,使鹿石、邹岱的卤田"遂化膏腴"⑥。而在山区,也有一些较大的水利设施,如瓯宁的将军山下陂、崇安的芦陂、尤溪的官陂、南靖的龙磜陂、宁化的七里圳、归化的大陂圳等⑦。但是纵观全局,水利设施兴建不多,破坏却较严重,多数地方已经显得衰落。以泉州为例,以前兴建的那些大型水利工程如东湖、尚书塘与

---

① 郑丰稔《崇安县新志》卷一、卷九,汪佃《嘉靖建宁府志》卷三、卷六。按郑氏称,陂溉田"数千顷";复引虞集建宁路崇安县尹邹君去思碑,作"溉民田数千亩"。今见《元史·邹伯颜传》,也载"溉民田数千亩"。盖顷为亩之误。

② 陈汝咸《漳浦县志》卷一七引蔡文《复西湖记》。

③ 张懋建《长泰县志》卷一。按该志称,双圳陂溉田"万余顷",顷当为亩之误。

④ 冀朝鼎《中国历史上基本经济地带与灌溉事业》。

⑤ 林汀水《九龙江下游的围垦与影响》,《中国社会经济史研究》1984 年 4 期。

⑥ 陈瑛《海澄县志》卷二二引林俊《汪公陂记》。

⑦ 《清史稿·地理志》。按《地理志》称,芦陂"溉田万余顷",顷当为亩之误;其他各陂所溉亩数也当有误。

烟浦埭等,都被填塞为田,"其他所存,亦多淤浅,不能潴蓄"①。乾隆《泉州府志》曾经指出:"东南称泽国,而泉复环巨浸以为田,宜乎?引之不竭,疏之有归矣。乃土沙确而势洼下,潦则崩溃,旱则龟坼。故湖塘陂埭诸筑凿,化卤田为甘壤,昔人求此至详也。后渐填阏,豪家侵以为田,今存者不能十之三矣。"②其他地方也都大致如是。志书载,连江县的东湖经过豪强多次的占垦,至此已经湮灭③;长乐县也因"右山左海,北方利在堤堰,南方利在湖塘,所利不同,则措置亦异",经常为此发生纠纷,而使东西二湖和许多水利同遭厄运④。甚至就连著名的"江南水乡"莆田县,由于渠道长期失修、管水用水制度不严、兴修水利不求质量,又因清初迁界,海堤冲毁无人过问,水利事业也日趋衰微了⑤。

此时山区水利的建设同样不多,破坏严重,显得落伍。元人黄镇成《喜雨诗》序云:"邵武介万山间,其田率因山形隆洼,无旷土沃野之饶,其溉灌皆引山泉转输,无陂堰潴蓄之利,高亢地雨则瓴建奔决,旬日不雨则旱,惟地多大山,其神能时出云雨,岁乃可望"⑥。到了明代,这里人口增多,耕地不足,"至垦丘陵,辟崔嵬以艺稼穑,层层如百级危阶",灌溉用水更加紧张,尤需靠天吃饭⑦。宁化县水利也相当之少,清人李世熊说,宁化县有田二十三万多亩,"而陂之可志者仅七,则知士大夫之讲水利者稀"⑧。

而为解决粮荒,并受茶利之引诱,人们广泛开山种茶种薯,破坏植被,引起水土流失,更使许多水利设施迅速废弃。志书载,乾隆五

---

① 乾隆《泉州府志》卷首凡例。
② 乾隆《泉州府志》卷九。
③ 邱景雍《连江县志》卷五。
④ 李驹《长乐县志》卷五、林汀水《长乐县海岸线的变迁》。
⑤ 林汀水《从地学观点看莆田平原的围垦》,《中国社会经济史研究》1983年1期。
⑥⑦ 陈让《嘉靖邵武府志》卷六。
⑧ 李世熊《宁化县志》卷二。

十六年(1791)建阳发大水,城厢内外官房民舍大坏,"其濒溪村落尤甚,山多陷,四乡民田荡为溪者,不下数千亩","自是逢淫雨或骤雨,溪辄涨作红色,田多摧荡,其不大坏者,亦半成硗确,大率逾三五载辄复加甚,越今四十余年,益荡坏极矣,总由茶山日辟,田日受坏"①。崇安县重要的水利工程陈湾陂出于同一的原因,也被废弃了②。霞浦县也因乾隆七年至九年(1742—1744)发大水,耕地冲陷三分之一,咸丰年间(1851—1861)又发大水,"田园多堆压,人争垦溪",而垦溪的结果,更使"海潮壅而不通,田病于旱,舟病于涸"③。

另外,森林被砍伐,并用溪道运送木材,也使山区水利深受其害。《宁洋县志》载,"按宁邑所产之木,无甚奇材,独杉为营造常需。康熙年间,近地采买已尽,商人复从永安辖界贩运,路由宁属翠峰、新村、西塔、石坑,温坑山谷一带地方陡辟新径而出,至河放运。其为民害甚剧。……宁洋邑小民贫,唯以耕种营生,其高原溪岸悉皆田亩,凡商客采买杉木,砍之于山,拖至于河,而后放运,杉木长大,路径纡曲,水势纵横,冲流田土禾苗以及毁害桥梁,崩损坟墓,终岁之勤动,不得收成……现今被杉横架在田者有之,堤陂被损"④。针对这种状况,吴材更有一番议论:"今升平之世,宁人何幸至于此极?是宁之最难治而为急务者,其在斯乎!"⑤

### 四、水利衰落的教训

农业是国民经济的基础,水利是农业的命脉。如果农业搞不好,特别是当粮食严重欠缺了,要使其他各业持续得到发展,就不容易,这在自给自足的封建社会里更是如此。有关这方面福建是有深刻历

---

① 赵模《建阳县志》卷二。
② 郑丰稔《崇安县新志》卷一四。
③ 徐友梧《霞浦县志》卷五、卷一〇、卷三四。
④ 陈天枢《宁洋县志》卷二。
⑤ 陈天枢《宁洋县志》卷一〇引吴材《建太平西洋诸桥碑记》。

史教训的。

宋元之际，福建盛产棉花、甘蔗、茶叶和水果，并出蚕桑、丝、棉织业和茶叶、蔗糖与水果都很有名气。到了明代，烟草传入，漳州地区率先种植，福建又成全国最大的烟草基地，同时也是全国生产花生、蓝靛最多的地方之一。史书载，宋时"建茶盛于江南"，建安所产"甲于天下"[1]，茶利甚溥，即以上供的龙凤团茶说，每斤可值黄金二两[2]。明时，泉州"植蔗煮糖，黑白之糖行天下"，"其地为稻利薄，庶（蔗）利厚"，也"往往有改稻田种蔗者"[3]；栽种花生与烟草，同样"利至大"和"颇获厚利"[4]，故闽地到处都有种植。诚如郭起元说："闽地二千余里……多植茶……蓝靛、糖蔗、离支、柑橘、青子、荔奴之属，耗地已三之一……今则烟草之植，耗地十之六七……闽田既去七八，所种粳稻、菽麦亦寥寥耳"。由于经济作物收入较高，又能促进相关手工业的发展，就为当时福建的社会经济的繁荣创造了良好的条件。但是迄至明末，战争连年不断，再加清初迁界，水利惨遭破坏，导致农业衰落，粮食越加欠缺，甚至就连丰岁"亦需给哺于外省、三韩和日本"[5]。至此，粮荒接连发生，米价高涨[6]。人们为了解决口粮问题，就只好削减乃至于放弃经济作物栽培，致使其优势无从发挥，而让近代福建的社会经济的发展迟缓了。这是惨痛的历史教训，值得人们认真总结。

原载（《中国社会经济史研究》1989 年第 2 期）

---

[1] 张家驹《两宋经济重心的南移》。
[2] 陈懋仁《泉南杂志》卷上、何乔远《闽书》卷二八。
[3] 清檀萃《滇海虞衡志》卷一〇、王士祯《香祖笔记》卷三。
[4] 《皇朝经世文编》卷三六引郭起元《论闽省务本节用书》。
[5] 《皇朝经世文编》卷三六引《论闽省务本节用书》、乾隆《泉州府志》阳思谦序等。
[6] 林汀水《明清福建的自然灾害及对农业生产的影响》，见 1987 年厦门大学出版社《明清福建社会与乡村经济》一书。

# 明清福建的自然灾害及对农业生产的影响

据研究,五千年来我国气温最低、持续时间最长是在明清时候,其时,曾出现一些创纪录低温使大范围的亚热带植物受到冻害[①],旱涝之灾也较频仍[②]。这种剧烈的气候变迁,对福建的农业很有影响。下面即就个人搜集到的资料略加分类,以作说明。

## 一、大雪、霜冻与雹灾

明清时期,福建多次下过大雪,详情如下表:

---

① 张福春等《近500年来柑桔橘死南界及河流封冻南界》,《气候变迁和超长期预报文集》,科学出版社1977年。

② 南京大学气象系气候组《关于我国东部公元1401—1900年五百年内的旱涝概况》,《气候变迁和超长期预报文集》,科学出版社1977年。

| 时间 | 地点 | 资料出处 | 下雪量与灾情概况 |
|---|---|---|---|
| 正德 | 霞浦 | 民国《霞浦县志》卷三 | 十四年(1519)正月元旦,雨雪三日。十六年元旦如之,高山深谷弥月不消。 |
| | 福安 | 光绪《福安县志》卷三七 | 十六年元旦,风雪三日,平地积三尺,数日始消,高崖阴谷浃月不消,草枯兽死。 |
| 嘉靖 | 莆田 | 乾隆《莆田县志》卷三四 | 三年(1524)元日,雨雪。四年春日,又雪。十一年冬,大雪。 |
| | 晋江 | 1983年《安海志》卷九 | 十一年冬,雨雪。 |
| | 泉州 | 乾隆《泉州府志》卷七三 | 十一年冬,泉州雨雪。 |
| | 同安 | 民国《同安县志》卷三 | 十一年春,雨雪。同安地温无雪,故老皆以为瑞。次年大熟,惟荔枝、龙眼枝叶憔悴,乃知此果宜温。 |
| | 福安 | 光绪《福安县志》卷三七 | 十二年正月十三日,积雪尺余,严霜助寒,冻若深冬。三十四年冬十二月,平地雪深尺余。 |
| | 连江 | 民国《连江县志》卷三 | 四十三年冬十一月,大雪。四十四年冬十一月,大雪,山谷深四五尺。 |
| | 晋江 | 《安海志》卷九 | 四十四年十二月初六日,大雪,山村雪厚至三四尺,四五日方消,郡从前少雪,人以为异。 |
| | 泉州 | 乾隆《泉州府志》卷七三 | 同上 |
| 隆庆 | 福安 | 《福安县志》卷三七 | 六年(1572)二月,大雪。 |
| 万历 | 霞浦 | 《霞浦县志》卷三 | 六年(1578)五月初八日,柘洋大雪。 |
| | 邵武 | 光绪《邵武府志》卷三〇 | 三十五年,大雪,竹树皆折。 |
| 崇祯 | 龙溪 | 乾隆《龙溪县志》卷二〇 | 九年(1636)十一月,大雨雪,积厚一尺,牛羊草木多冻死。 |
| | 南靖 | 乾隆《南靖县志》卷八 | 九年十一月,大雨雪,积冰厚一尺。 |
| 顺治 | 宁化 | 康熙《宁化县志》卷七 | 十三年(1656)正月十二日,雪,至十六日止,雪厚一尺。 |
| | 清流 | 康熙《清流县志》卷一〇 | 十三年正月十二日,雪,至十六日止,厚尺有余,从来未有。 |
| | 宁洋 | 同治《宁洋县志》卷一二 | 十三年正月十五日,大雪数日,平地尺余。 |
| | 长汀 | 同治《汀州府志》卷四五 | 十三年正月,大雪。 |
| | 连城 | 民国《连城县志》卷三 | 十三年正月,大雪,平地三尺,旬日方消。 |
| | 永春德化 | 乾隆《永春州志》卷一五 | 十三年正月,永春、德化大雪,平地深五尺。 |

续表

| 时间 | 地点 | 资料出处 | 下雪量与灾情概况 |
|------|------|----------|------------------|
| 顺治 | 漳浦 | 康熙《漳浦县志》卷二一 | 十三年正月十六日夜,大雪。 |
| | 泉州 | 乾隆《泉州府志》卷七三 | 十三年正月,泉州大雨雪,平地五尺许(《安海志》三尺许)。 |
| | 同安 | 《同安县志》卷三 | 十三年正月十六日,大雪,深尺许。 |
| | 莆田 | 《莆田县志》卷三四 | 十三年正月,大雨雪。 |
| | 连江 | 《连江县志》卷三 | 十二年(疑当十三年)正月,大雪,平地深三尺。 |
| | 莆田 | 《莆田县志》卷三四 | 十七年正月,大雨雪。 |
| | 建宁 | 《邵武府志》卷三〇 | 十八年五月,大雨雪。 |
| 康熙 | 漳浦 | 《漳浦县志》卷二一 | 二年(1663)二月,大雨雪。 |
| | 福安 | 《福安县志》卷三七 | 五年正月初三,大雪,积五六尺。 |
| | 连江 | 《连江县志》卷三 | 十二年春正月,大雪。 |
| | 连城 | 连城县志》卷三 | 二十二年冬,大雪。 |
| | 安溪 | 《泉州府志》卷七三 | 五十九年正月,大雨雪。 |
| | 莆田 | 《莆田县志》卷三四 | 六十年正月廿七日,大雨雪,屋瓦山林尽白,平地深尺许,夜色如昼,数日始消。 |
| | 连城 | 《连城县志》卷三 | 六十年二月,雨雪。 |
| 雍正 | 安溪 | 《泉州府志》卷七三 | 五年(1727)正月,大雪。 |
| | 宁洋 | 《宁洋县志》卷一二 | 七年正月廿七等日,大雪,平地尺余。 |
| | 同安 | 《同安县志》卷三 | 六年春,大雪。 |
| | 连城 | 《连城县志》卷三 | 七年正月二十日,雪深尺余。 |
| 乾隆 | 莆田 | 《莆田县志》卷三四 | 十七年(1752)十一月十五日,雨雪。 |
| | 光泽 | 《邵武府志》卷三〇 | 四十一年十二月五日,大雪,平地深二尺。 |
| | 晋江 | 《安海志》卷九 | 五十二年二月初五日,大雨雪三日,众山满白,是岁大饥。 |
| | | | 五十三年春二月,雨雪,下如跳珠。 |
| | 连江 | 《连江县志》卷三 | 五十三年春二月初五夜,大雨雪,平地盈尺。 |
| | | | 五十五年春正月初三夜,大雨雪。 |
| | 光泽 | 《邵武府志》卷三〇 | 五十五年元旦,大雪,平地深二尺,七日乃霁。 |
| 嘉庆 | 晋江 | 《安海志》卷九 | 十年(1805)正月初三日,大雪。 |
| | 福安 | 《福安县志》卷三七 | 二十年春正月,平地雪深三尺。 |
| | 光泽 | 《邵武府志》卷三〇 | 二十一年二月七日,大雪大冰。 |

续表

| 时间 | 地点 | 资料出处 | 下雪量与灾情概况 |
|------|------|----------|------------------|
| 道光 | 建阳 | 民国《建阳县志》卷二 | 十二年(1832)十二月,大雨雪(凡八日),二十五日复大雪(建阳大雪,唯此为最)。十三年十二月,大雨雪(略如去岁之冬)。 |
| 咸丰 | 光泽 | 《邵武府志》卷三〇 | 五年(1855)冬,大雪,平地深三尺。 |
| 同治 | 光泽 | 《邵武府志》卷三〇 | 二年(1863)冬,大雪。 |
| 同治 | 福安 | 《福安县志》卷三七 | 四年正月十八日,大雪。 |
| 同治 | 连江 | 《连江县志》卷三 | 十二年冬十一月,大雪,平地深二尺余。 |
| 光绪 | 光泽 | 《邵武府志》卷三〇 | 八年(1882)五月,大寒,高山积雪。 |
| 光绪 | 连江 | 《连江县志》卷三 | 十六年冬十一月,大雪,果树多枯。 |
| 光绪 | 同安 | 《同安县志》卷三 | 十七年十二月初一早,大雪,遍地色白如绵,严寒彻骨。 |
| 光绪 | 连城 | 《连城县志》卷三 | 十八年十一月二十七夜,大雪,平地深三尺许,檐雷垂雪条尺余,河水结冰,鱼多冻死。 |
| 光绪 | 霞浦 | 《霞浦县志》卷三 | 十八年十一月十八日(疑当廿八日),大雪,山木冻死。 |
| 光绪 | 同安 | 《同安县志》卷三 | 十八年十一月廿八日,大雪,廿九早仍雨雪,霏霏如棉絮,地上如铺白毡,坑涧皆平,俗呼为棉花雪,问之八十老翁,均以为不经见云。 |
| 光绪 | 晋江 | 《安海志》卷九 | 十八年十一月廿九日,天降棉花雪,尽日漫山遍野,行走不得。 |
| 光绪 | 光泽 | 《邵武府志》卷三〇 | 十九年冬,大雨雪,水木皆冰。 |
| 光绪 | 晋江 | 《安海志》卷九 | 二十年冬,降雪。二十二年正月初二,天降棉花雪,越初三早乃止。 |
| 光绪 | 连城 | 《连城县志》卷三 | 二十三年正月,大雪封山,竹树折压无数。 |
| 光绪 | 浦城 | 光绪《浦城县志》卷四二 | 二十五年冬十二月初旬,大雪浃旬不止,山中积雪深至二四尺,乡民庐间有压毁者。 |
| 光绪 | 崇安 | 民国《崇安县新志》卷一 | 二十五年冬十二月,大雪浃旬,深数尺。 |

从表中资料可知,明嘉靖和清初及光绪三年(1877)降雪次数最多,特别是嘉靖十一年(1532)冬、顺治十三年(1656)正月和光绪十八年(1892)十一月降雪量最大,地面最广;而下雪最频繁地方,是沿

海各县,闽西次之,闽北反而最少。大雪对山区最大的危害是使山林受到折压,对沿海地区最大的破坏是冻枯亚热带果林。下雪期一般开始于十一月,止于翌年二月,但在个别年份中,还会出现五月雪:万历六年(1578)五月霞浦柘洋的大雪、顺治十八年(1661)五月建宁的大雨雪与光绪八年(1882)五月光泽的大寒,高山尚且积雪,都是其例。五月春播已经完毕,农作物正在生长繁殖,此时气温骤然下降,天下大雪,这对农业危害之大,可想而知。

霜冻另见下表:

| 时间 | 地点 | 资料出处 | 霜冻及其灾情概况 |
| --- | --- | --- | --- |
| 弘治 | 莆田 | 周瑛《弘治兴化府志》卷一五 | 十四年(1501)冬寒,水结冰,厚半寸许,荔枝冻枯。 |
| 正德 | 连江 | 《连江县志》卷三 | 四年(1509)冬十二月,大霜,果树多枯。 |
| 嘉靖 | 汀州府 | 《汀州府志》卷四五 | 九年(1530)九月,陨霜,杀禾稼。 |
| 嘉靖 | 宁化 | 《宁化县志》卷七 | 九年九月初二日,陨霜杀稼。 |
| 嘉靖 | 邵武 | 《嘉靖邵武府志》卷一 | 十一年九月,陨霜杀稼。 |
| 万历 | 连城 | 《汀州府志》卷四五 | 九年(1581)立夏日,三晨霜降。 |
| 万历 | 霞浦 | 《霞浦县志》卷三 | 二十一年九月,霜,旱。 |
| 泰昌 | 连江 | 《连江县志》卷三 | 元年(1620)冬十二月,大霜,荔枝、龙眼树多枯。 |
| 崇祯 | 汀州府 | 《汀州府志》卷四五 | 五年(1632)二月,木冰。 |
| 顺治 | 宁化 | 同上 | 六年(1649)五月五日,宁化、清流霜降,六月饥。 |
| 顺治 | 清流 | 同上 | 同上 |
| 顺治 | 龙溪 | 《龙溪县志》卷二〇 | 十一年冬,大寒。 |
| 顺治 | 建宁 | 《邵武府志》卷三〇 | 十八年五月,大雨雪,六月,陨霜。 |
| 康熙 | 连城 | 《连城县志》卷三 | 三十四年(1695)四月,霜。 |
| 乾隆 | 漳浦 | 《漳浦县志》卷二一 | 二十八年(1763),是秋霜陨禾穗,岁大饥。 |
| 道光 | 建宁 | 《邵武府志》卷三〇 | 十三年(1833)八月,天忽大寒,禾冻死,秋稼无成。 |
| 道光 | 浦城 | 《浦城县志》卷四二 | 十四年夏,霪雨两月余。六月寒甚,岁大饥。 |
| 同治 | 霞浦 | 《霞浦县志》卷三 | 二十二年(1873)六月初一日,柘洋飞霜。 |
| 光绪 | 光泽 | 《邵武府志》卷三〇 | 八年(1882)五月,大寒,高山积雪。 |

# 明清福建的自然灾害及对农业生产的影响

表中资料说明,嘉靖、顺治和道光之年霜冻最多,五、六、八、九各月都有,尤以六、九两月为多。此时正是农作物生长最旺的季节,作物一旦受冻,不是死苗,就是导致颗粒空壳,所以霜冻对农业的危害,往往过于大雪。

再是雹灾,详情又如下表:

| 时间 | 地点 | 资料出处 | 下雹与灾情概况 |
|---|---|---|---|
| 嘉靖 | 尤溪 | 民国《尤溪县志》卷八 | 四年(1525)二月,雨雹,坏民居,折树木。 |
| | 寿宁 | 康熙《寿宁县志》卷八 | 七年四月十五日,大雹,人畜口罹其灾,屋瓦损三分之二。 |
| | 邵武 | 嘉靖《邵武府志》卷一 | 十五年十月,大雨雹。 |
| | 建宁 | 《邵武府志》卷三〇 | 十七年五月,大雨雹。 |
| | 泰宁 | 同上 | 十七年五月,大雨雹。 |
| | 龙溪 | 《龙溪县志》卷二〇 | 二十五年秋七月,雨雹。 |
| | 汀州府 | 《汀州府志》卷四五 | 二十六年二月,大雨雹。 |
| | 清流 | 《清流县志》卷一〇 | 三十五年正月十七日,大雨雹。 |
| | 宁化 | 《宁化县志》卷七 | 三十五年正月十七日,大雨雹。 |
| | 连江 | 《连江县志》卷三 | 三十五年春二月,大雨雹。 |
| | 尤溪 | 《尤溪县志》卷八 | 三十五年五月,大风雹,坏官民庐舍,六月大饥。 |
| | 归化 | 康熙《归化县志》卷一〇 | 三十五年六月,雨雹,大如碗。 |
| | 同安 | 《同安县志》卷三 | 三十七年三月十二日,大雨雹。 |
| | 海澄 | 乾隆《海澄县志》卷一八 | 三十七年三月,雨雹,大如石子,起自三都,碎屋伤畜无数。 |
| | 漳浦 | 《漳浦县志》卷二 | 三十七年七月,雨雹,大如斧,坏民居兽畜。 |
| | 归化 | 《汀州府志》卷四五 | 三十九年春,大雨雹。 |
| 万历 | 漳浦 | 《漳浦县志》卷二一 | 二十四年(1596)正月初六日午时,震雷,大雨雹。 |
| | 同安 | 《同安县志》卷三 | 二十五年止月,大雨雹,三月初十日又雨雹,大者如鸡卵,破瓦伤稼,澳头沿海一带尤甚。 |
| | 建阳 | 《建阳县志》卷二 | 二十八年二月初六夜,雨雹(大者径四寸许,屋无全瓦,童游后山等处尤甚)。 |
| | 霞浦 | 《霞浦县志》卷三 | 二十八年二月初七夜,雨雹。 |

续表

| 时间 | 地点 | 资料出处 | 下雹与灾情概况 |
|---|---|---|---|
| 万历 | 邵武 | 《邵武府志》卷三〇 | 三十一年二月,天日无光,雷雨陨雹,如鹅卵,伤禾麦殆尽。 |
| | 漳浦 | 《漳浦县志》卷二一 | 三十八年二月十三日,雨雹,如弹丸。 |
| | 莆田 | 《莆田县志》卷三四 | 四十年四月十二日夜,近黄石地方雨雹,大如拳,风雨大作,折木飞瓦。 |
| | 泉州 | 《泉州府志》卷七三 | 四十六年三月,大雨雹,如斗如拳,击伤城郭庐舍,压死者二百余人。 |
| | 同安 | 《同安县志》卷三 | 四十八年三月二十一日卯刻,天色忽晦,有物从长泰之万丈潭起,大雨雹随之,其一经邑之海丰、浮尾、下崎、马巷至香山,其一经豪岭、苎溪至西山,食顷乃止,雹大如碗,击毙人畜甚夥,松柏皆去皮而枯。 |
| 天启 | 清流 | 《清流县志》卷一〇 | 元年(1621)二月初四日夜,大雨雹,击杀牛畜。 |
| | 连城 | 《连城县志》卷三 | 三年六月,大雨雹(大如卵,损禾稼)。 |
| | 归化 | 《归化县志》卷一〇 | 四年二月初四日,大风雨雹,山川坛及演武场大松木尽折,城中屋瓦被风飘坠。 |
| 崇祯 | 归化 | 《归化县志》卷一〇 | 八年(1635)二月十五日,大雨雹。 |
| | 汀州府 | 《汀州府志》卷四五 | 九年正月,大雨雹,击杀牛马。 |
| 顺治 | 建宁 | 《邵武府志》卷三〇 | 七年(1650)六月,雨雹。 |
| 康熙 | 晋江 | 《安海志》卷九 | 二年(1663)春,雨雹。 |
| | 汀州府 | 《汀州府志》卷四五 | 九年七月,大雨雹。 |
| | 晋江 | 《安海志》卷九 | 九年九月,大雨雹。 |
| | 泉州 | 《泉州府志》卷七三 | 九年九月朔,风雷暴发,大雨雹。 |
| | 清流 | 《清流县志》卷一〇 | 十年六月廿五日未时,龙过降雹,大(如)鸡子,西门铺前震死一人。 |
| | 尤溪 | 《尤溪县志》卷八 | 十二年三月清明日,十九都火云蔽天,偶尔雨雹大作堆积数尺,雨止,山树俱焚。 |
| | 海澄 | 《海澄县志》卷八 | 二十二年四月十二日,雨雹,如拇指大。 |
| | 寿宁 | 《寿宁县志》卷八 | 二十四年三月,东路地方雨雹,大如卵,屋瓦俱损。 |
| | 连江 | 《连江县志》卷三 | 二十五年夏四月,海滨雨雹,大如弹。 |

续表

| 时间 | 地点 | 资料出处 | 下雹与灾情概况 |
|---|---|---|---|
| 康熙 | 海澄 | 《海澄县志》卷一八 | 二十八年闰三月初二日未时,雨雹,状如冰糖。 |
| | 泰宁 | 《邵武府志》卷三〇 | 四十二年秋九月,雨雹,伤禾。 |
| | 邵武 | 《邵武府志》卷三〇 | 四十二年秋九月,雨雹,伤稼。 |
| | 龙溪 | 《龙溪县志》卷二〇 | 五十年十一月,雨雹。 |
| 雍正 | 霞浦 | 《霞浦县志》卷三 | 四年(1726)六月,西北骤起黑云,雹下如弹。 |
| 乾隆 | 龙溪 | 《龙溪县志》卷二〇 | 元年(1736),雨雹。 |
| | 归化 | 《清流县志》卷一〇 | 二年,雨雹,大风继作。 |
| | 邵武 | 《邵武府志》卷三〇 | 三年正月初九,雨雹,二月十九,又雨雹。六年四月,大雨雹,破屋瓦,折竹木,毙禽鸟无数。 |
| | 浦城 | 《浦城县志》卷四二 | 七年正月三十日未时,大雨雹,屋瓦俱碎。 |
| | 光泽 | 《邵武府志》卷三〇 | 二十四年三月,大雨雹。 |
| | 尤溪 | 《尤溪县志》卷八 | 三十一年,九都雨雹,压坏民居,大者重斤余。 |
| | 崇安 | 《崇安县新志》卷一 | 三十一年,大雨雹,其大如卵,伤坏屋瓦、家畜、农作物无算。 |
| | 尤溪 | 《尤溪县志》卷八 | 三十二年七月,雨雹。三十五年三月,大雨雹,坏民居,折树木。 |
| | 建阳 | 《建阳县志》卷二 | 四十八年二月初十夜,雨雹(大如卵,屋瓦坏,城厢内外尤甚。) |
| | 光泽 | 《邵武府志》卷三〇 | 五十五年二月十七夜,大风雹,自西数十里,大木拔,桥亭飞,墙屋倾。 |
| | 建阳 | 《建阳县志》卷二 | 五十六年春,雨雹。 |
| 嘉庆 | 尤溪 | 《尤溪县志》卷八 | 元年(1796)二月十二晚,雹。 |
| | 连江 | 《连江县志》卷三 | 九年春二月十一夜,雨雹。 |
| | 崇安 | 《崇安县新志》卷一 | 十二年夏四月,大风雨雹。 |
| 道光 | 晋江 | 《安海志》卷九 | 九年(1829)六月二十三日未时,大雨雹。 |
| | 尤溪 | 《尤溪县志》卷八 | 九年六月,大风雨雹。 |

续表

| 时间 | 地点 | 资料出处 | 下雹与灾情概况 |
|---|---|---|---|
| 道光 | 建阳 | 《建阳县志》卷二 | 十一年三月,雨雹。十四年二月十九日,大雨雹,食顷乃息,复骤雨(大雨雹如万炮齐发,声势汹涌,大皆如拳盎,如巉岩石,其尤大者,或者如枕,或方正如砖,载称之二十有二斤,平地积厚五六寸……计十里许,数十村屋瓦率成齑粉……山上大木皆枝折……时建阳雹灾,唯此为最)。 |
|  | 连江 | 《连江县志》卷三 | 二十七年五月初二日,大雨雹。 |
| 同治 | 福安 | 《福安县志》卷三七 | 四年(1865)正月十九日,雷震,雨雹。 |
|  | 建阳 | 《建阳县志》卷二 | 四年春,大雨霰,积半月,平地高三寸许。 |
|  | 浦城 | 《浦城县志》卷四二 | 九年九月,大雨雹,禾未收者伤十之四五。 |
|  | 连江 | 《连江县志》卷三 | 十年三月,大雨雹。 |
| 光绪 | 漳浦 | 《漳浦县志》卷二一 | 十年(1884)三月十五日,雨雹。 |
|  | 连江 | 《连江县志》卷三 | 十五年春三月十二日,大雨雹,东北区田园果树伤害尤甚。 |
|  | 浦城 | 《浦城县志》卷四二 | 二十四年三月二十九日酉刻,大风雨雹,四郊麦伤过半,北郊尤甚。 |
|  | 建阳 | 《建阳县志》卷二 | 二十四年夏,大风雨雹,有大如碗者,麦大损。 |

归纳上表可知,雹灾以嘉靖、万历、康熙和乾隆年间为多,除八月、十一月两月外,其他各月都有,二、三月次数最多。雹灾最常见之地首推闽西北,其次是闽西;建阳、尤溪、同安受灾最重,粒径也以道光十四年(1834)二月建阳所下之雹最大,记载称竟达二十有二斤。

## 二、水旱灾害

明清时期,福建的水旱灾害频率更高,灾难更大。由于篇幅限制,只能略举数县以作说明。

### 1.建阳县

见于志书记载,建阳县自明永乐十四年(1416)至清光绪二十七年(1901),凡水28次。其中永乐十四年至清乾隆元年(1736),又自乾隆十五年(1750)至六十年(1795),各水6次;嘉庆十八年(1813)至光绪二十七年,再水16次。前者大约每经53年、中间7年、后者5年各遇水灾一次。乾隆、道光年间水灾最多,灾情也最深重。志书载,自乾隆四十七年(1782)秋九月雨,至四十八(1783)年六月,晴霁之时不满5天,由于雨水过多,"是年水荒,原隰多荡"。四十九年(1784)、五十一年(1786)相继水灾,而五十六年(1791)四月的水灾,灾情更重,"城圮十之二,城厢内外官房民舍大坏……其濒溪村落尤甚,山多陷,四乡民田荡为溪者不下数千亩",志称,这是建阳县历史上最大的水灾。"自是逢霪雨或骤雨,溪辄涨作红色,田多推荡,其不大坏者,亦半成碛确",此后,更是"大率逾三五载辄复加甚"。到了道光年间,水灾更多,更有九年、十一年及十三、十四、十五、十六年的连涝。道光九年(1829)四、五月大水,"田多荡坏,均亭、童游、三桂等里尤甚,皆数百年未经水灾者,自是半成瘠坏"。十四年(1834)二、三、四、六月霪雨,并多次下了倾盆大雨,加上冰雹和蝗灾,又使是年早、晚稻大歉,米每石贵至铜钱十千①。

此时,建阳县不但水灾多,旱情也重,且一样愈演愈烈。明朝的大旱只见一次,清时凡达19次。其中嘉庆四年(1799)大旱,五年、七年旱,十二年大旱,而二十五年的大旱,更使"田塍尽坼裂","早、晚稻大荒",志称,这是建阳县历史上最大的旱年。道光时,水灾连年,旱也相续而至:道光元年(1821)旱,五年大旱,六年、九年旱,十年、十二年又大旱,十五年旱,至十六年大旱,"上下田率坼裂,稻尽枯","是年早、晚稻甚歉",志称,这又是建阳县历史上最大的荒年②。

清时,建阳县水旱灾害频繁而严重,志书都归咎于开山种茶和开荒种粮过度。民国《建阳县志》卷二说,乾隆五十六年(1791)发大水,"溪辄涨作红色,田多推荡","总由茶山日辟",才使田"日受坏"。浦城位居建阳之上游,嘉庆《浦城县志》卷六也说,浦城"山头地角皆垦为陇亩,百工杂作,呈能献技……地无余利,民无余力,焚山而樵,

---

① 冯继科《嘉靖建阳县志》卷二、汪佃《嘉靖建宁府志》卷二一、赵模《建阳县志》卷二。
② 民国《建阳县志》卷二。

掘根株,种苞谷,泉竭苗枯,土松溪积,旱潦可虞"。福建的山地丘陵多属红色风化土,风化层深厚,结构松散,抗蚀能力很差,一旦森林植被遭受破坏,引起水土流失,就会变成水土流失的源地,使河流迅速淤塞,一遇水旱,即酿成巨灾。所以志书指出,这里的水旱灾害频繁,其祸根在于开山过度,是有道理的。

此类事也在福安、霞浦二县发生。其时,福老之茶"山园俱有"①,霞浦则苦粮荒到处种薯,"清初食薯少,今民间食米十之二,食薯十之八"②。因为遍地开荒,植被深受破坏,山洪遂即增多,山崩地陷也时时出现。

### 2.连江县

连江县的水灾首见于明成化十八年(1482),迄至万历三十九年(1611),前后129年中凡水9次,大约每经14年发生一次。清康熙三年(1664),又发大水,至光绪三十一年(1905)的248年中,有水灾38次,平均每经6年水灾一次。其中水灾最多,灾情最重都在乾隆之际。志书载,乾隆二年(1737)六月,"洪水大作",七月六日,"大风雨,县治水溢",八月十五日,"飓风大作,舟飞于岸,屋瓦皆空,山谷树木如斩掘,溺死人畜无算","是日,省南台被灾尤甚,漂尸蔽江而下"。"三年夏,饥,谷石逾一金"。五、十五、十六年"大风雨"。三十三年,"自春三月至夏五月,霪雨,螟害稼。三十四年,大饥"。三十七、三十八两年连涝,"三十八年夏六月十二日,大水,县治涨溢丈余,官民廨舍俱湮,有溺死者。二十九日,风雨大作,平地水复溢,海舟多覆","福清、长乐、罗源及兴、泉郡同日灾"。四十三年(1778)霪雨,"二麦不熟"。四十六、四十七、四十八三年连涝。五十七年夏,"飓风大雨"。"五十九年秋八月初八日至十五日,大雨,水溢,田禾尽湮。六十年夏,大饥,民以草根和糠粃食之,斗米三百六十钱"③。

---

① 光绪《福安县志》卷七。
② 民国《霞浦县志》卷一一。
③ 民国《连江县志》卷三。

旱灾明有 5 次,清有 10 次,以康熙年为多。灾情最重则在嘉靖二十三(1544)、二十四两年,"二十三年夏,旱,秋饥","二十四年夏,大饥,民食草根,时斗米银一钱,民无籴处,饿死甚众"①。

明清连江县水灾特多,乃因鳌江上受五邑之水,"距今百余年,港道淤浅数倍于前","每淫雨泛溢,尾闾难泄"②。旱灾也多,则是东湖多次被占垦,水利工程已经败坏的缘故③。

### 3.莆田县

按照志书记载,自明弘治十八年(1505)至万历二十八年(1600),凡水 4 次,大约每经 25 年大水一次,清自康熙三年(1664)至乾隆十二年(1747),水 4 次,平均 21 年大水一次。康熙三年、十九年水最大,损失最惨。康熙三年六月,"大雨连七日夜,水暴涨,漂荡民居无数","水及半城……闰六月六日,水乃退",十九年(1680)八月大雨,又"漂没庐舍、男妇无算"④。

旱灾更多。自明景泰二年(1451)至万历四十一年(1613),凡旱 10 次,约经 16 年一次,清自康熙三年(1664)至乾隆十六年(1677),旱 15 次,约经 6 年一次。其中乾隆年间遇灾最多,有三、四、五、六四年的连旱;九、十二、十六年也皆旱。莆田大旱多,旱情重,遇到大旱之年,往往"沟渠尽涸"、"禾稼绝收"、"饥民载道",甚至旱到"民至无水可食"的地步⑤。

莆田旱灾多,旱情重,除因这一地区属于"雨影区",降雨偏少外,更加重要的原因,是在这一时期内人们围海造田过多和管水、用水制度的废坏。志书载,此时人们争相围筑海田,"渐开渐广,有一埭、二埭、三埭之名"⑥。为使这些新增埭田能得迅速改造,人们便私

---

① 民国《连江县志》卷三。
② 《连江县志》卷三四。
③ 《连江县志》卷三。
④ 乾隆《蒲田县志》卷三四。
⑤ 乾隆《莆田县志》卷二四。
⑥ 《莆田县志》卷二。

开涵窦引水洗盐,这样,就使农业用水不够而发生矛盾:"莆中洋田,依山附海,田高趋卑,尽处为沟,沟外为堤,田土高低已争二尺……为埭愈多,其地愈下,沮洳斥卤,利饮清泉。故为埭田者,或大决官沟,开渠以达,或深沟,沟底为涵,以通仰吞,沟水拍满汪洋,则于外堤私立陡门,多设涵窦,以注于海……昼夜不息,旱潦不休……涓滴不留,使大旱之年,彼此俱困"①。

过去莆田的南北二洋设入海斗门和通沟斗门,"入海者利在泄,通沟者利在潴,因地势高低,设闸为节,有余,尚资下流"②,并派专人严格看管水则,定额分配,"潦开晴闭",使"沟浍常盈"③。到了此时,管水用水制度废坏,"闸夫通谋作弊,陡门水则任其私流,且百孔千派,处处是涵,时虽大雨,顷刻即涸"④。故朱渊曾经为此痛斥说:"人受害之源,岁歉人穷,未可尽委之天数也!"⑤

**4. 晋江县**

自明洪武九年(1376)至崇祯十年(1637),凡水 12 次,平均每经 22 年大水一次,清自康熙四年(1665)至光绪三十一年(1905),水 16 次,平均 15 年大水一次。另自景泰二年(1451)至万历四十一年(1613),大旱 16 次,复自康熙四年(1665)至光绪十九年(1893),大旱 13 次。涝灾最多在康熙年间,有 8 次;旱灾则以嘉靖、康熙之年为多,嘉靖十四、十五、十六三年和廿三、廿四两年连旱,旱情十分严重,庄稼无收,"民饿死者载路",康熙间又有两次两年的连旱,灾情同样较重⑥。

晋江也是"雨影区",年蒸发量大于降水量,一旦水利搞不好,水旱灾害(特别是旱灾)就会频繁而至。根据人们统计,宋代福建兴修水利最多,名列全国第一位,晋江尤多,到了此时,位次已经退居第六⑦。泉州平原水利建设最少,破坏最多,唐宋时兴修的天水淮、尚书

---

① 《莆田县志》卷二。

②③④⑤ 《莆田县志》卷二。

⑥ 乾隆《泉州府志》卷七二、1983 年《安海志》卷九。

⑦ 冀朝鼎《中国历史上基本经济地带与灌溉事业》。

塘和烟浦埭等已遭填废,"其它所存,亦多淤浅,不能潴蓄"①,结果水旱灾害也就因此增多了。

**5. 龙海县**

自明天顺五年(1461)至崇祯十二年(1639),水16次,自清康熙七年(1668)至乾隆十九年(1754),水8次,都是大约每经11年水灾一次。而自嘉靖二十四年(1545)至万历四十七年(1619),旱7次,顺治十一年(1654)至乾隆二十三年(1758),旱9次。这里旱灾较少,水灾特多。旱年康乾最常见,水年也以康熙年间为多②。龙海地区一旦大水,灾情都较重,光绪三十四年(1908)水灾尤惨。志书载:"石码自前明弘治开埠以来,遭水灾者屡矣,然未有如光绪三十四年秋九月二十至二十三等日受灾之剧且广者。先是自二十起,暴雨倾盆,狂风拔木,倏忽间,地决山崩,洪涛怒涌。查其灾源,其一则自永定、平和、南靖……其一则自龙山、浦口、硿口迳奔南靖,两路汇腾,淹靖邑,穿漳城,直至石码各乡及角尾等处入海,灾区之广,绵亘二百五十余里,建瓴而下,平地水深二三丈。廿一日午后,水入码镇,入夜八时,水高没屋,一时房舍倾塌声、男女哀号呼救声……廿二日六时,水稍退。廿三日退尽,而洼下处依然没股也。据公署调查,计此次受灾之地,南靖大小百三十余乡,决堤四千五百数十丈,倒屋万一千余间,溺死大小男女五百余人,淹没田园六千亩,城崩百六十余丈。龙溪总计八十五保,大小四百六十乡,决堤百三十三处,长千三百余丈,倒屋万七千七百二十一间,溺毙男女百五十三人,淹没田园八千六百六十余亩,城崩九十余丈。至于两邑沿河村落,十减六七,或一村无一家,家无一人者,甚有极目力之所至,概为平地者……斯诚数百年来未有之奇灾也"③。龙海地区水灾多,灾情重,是有原因的。这里平原的成陆和围垦的时间都较晚,农田高程普遍低于河面,流域雨量

---

① 乾隆《泉州府志》卷首。
② 乾隆《海澄县志》卷一八、乾隆《龙溪县志》卷二○。
③ 民国《石码镇志》祥异第十。

过于集中,暴雨强度大,汇流面积广,再加上防涝、排涝水利工程设施不周备,自然就易于引起涝灾了。

现在姑以上述数县为例,并参其他志书记载,经过粗略统计,乾隆年间(1736—1795)应是闽江以北多数地方最大的水年,闽南地区最大水年是在康熙年间(1662—1722),而嘉靖之年(1522—1566)则是多数地方最大的旱年;其他水旱灾害出现的时间各地就不划一了。另据上引资料尚可看出,明清时期福建的水旱灾害是相当频繁,而且愈演愈烈。致灾的原因各地虽有不同,但都与水利的失修和管水、用水不善有关系。

## 三、海潮入侵

明清时候,危害福建农业生产的自然灾害除雪灾、雹灾、霜冻与水旱灾外,还有风灾、虫灾、地震、疾疫、沙害、虎患以及海潮的入侵。

海潮入侵最常见于连江、莆田和龙海三县,对人民生命财产的威胁和对农业破坏也相当之大。志书载,清康熙三十年(1691)闰七月二十九夜,大风发作,连江县"海水暴涨,沿海人多溺死"。道光十二年(1832)八月二十日,狂风大雨,潮流骤涨,至二十五日才退出,又使连江县"晚稻绝收",十六年七月,海潮再次泛溢,"县治水高丈余,人畜多溺死"。咸丰六年(1856)五月十四日,海潮骤涨,十七日又涨,七月十五、十六日和八月初七日接连再涨,至九月初六日,"上游由瀴湖奔泻,十三日复汹涌,田禾尽淹,遂大歉收",而致七年发生"大饥"。光绪二十四年(1898)秋八月十五夜,飓风大作,海潮逆涌,又使"县治洪流高过城堞,墙屋崩圮无算"。宣统元年(1909)七月初七日,飓风大作,海潮汹涌,复使连江县"民舍崩塌,田禾湮没,沿海船户遭覆,溺无算"①。

莆田县所受海潮入侵之害,次数更多,面积更大。洪武二十年(1387),江夏侯周德兴拆下东角、遮浪二处石堤,堤改土筑,三十年,

---

① 《连江县志》卷三。

堤坏,海水直淹壶公山下,永乐三年(1405),如之,自是屡筑屡坏,"终明世为莆害"①。成化十九年(1483)夏,"海风作,海溢田,禾淹死,斗米百余钱"。弘治六年(1493),"海风大作,海船入平田,官为凿渠乃出,其秋,沿海禾无收"。嘉靖四十二年(1563),"大风雨,堤决,海水泛溢至城外"②。入清,顺治十六年(1659)九月三十日,"飓风大作,东角一带长堤尽坏,海水淹入洋,晚禾绝粒"③。康熙三十年(1691)七月十五夜,大风,廿九夜又风,"海溢入堤,淹没庐(舍),海船漂入沙堤、五龙地方"④。乾隆十二年(1747)七月廿四日风雨大作,"海溢,晚稻、薯、豆尽被淹没",十七年八月初三日大风,"初四日海溢,堤溃,水至水南、沙堤等处,附海晚禾、番薯尽没",十九年八月十二日,"飓风大作,海溢入堤,稻薯尽没"⑤,三十九年八月,"海溢堤溃,禾稼失收,五十九年秋,"海溢堤溃,禾薯尽没,岁大饥"⑥。

龙海(即故龙溪、海澄二县)受灾也重。隆庆间(1567—1572),海澄海啸,"水涨丈余,宫墙圮坏"⑦。万历五年(1577)六月廿一日雷震风烈,"雨潮暴至,坏民间庐舍及漂死者无算",三十一年八月初五日,飓风大作,"海水溢堤岸,骤起丈余,浸没沿海数千余家,人畜死者不可胜数",四十五年八月,"飓风大作,潮溢伤稼"。康熙四十九年(1710)五月,"海溢伤稼",闰七月初五夜,"潮水暴涨,漂没沿海庐舍千有余家,棺柩无数,民皆架梁奔命,死少伤多,计崩岸八十余丈",九月十八夜,"海潮又涨,淹至鹿石山下,东郊一带禾稼皆伤"。乾隆十九年(1754)九月二日,"海潮,崩岸,伤稼"⑧。另据乾隆《龙溪县志》卷二〇和《新增补龙溪县志》祥异载,康熙二十四年(1685)六月,龙

---

① 陈池养《莆阳水利志》卷一。
②③ 《莆田县志》卷三四。
④ 陈池养《莆阳水利志》卷五。
⑤ 《莆田县志》卷三十四。
⑥ 陈池养《莆阳水利志》卷五。
⑦ 《海澄县志》卷二三。
⑧ 《海澄县志》卷一八。

溪县还发生海壖"禾稼多坏",四十九年闰七月,"海涨,堤岸皆圮",乾隆六十年(1795),近海低洼田禾又"猝被海潮淹没"。

## 四、饥 疫

明清时候福建自然灾害特多,加上此时先后发生邓茂七起义与矿工动乱,继后又有耿精忠之变、太平军入闽和清郑战争,以及山寇、海寇连年骚扰破坏,社会很不安定,给农业生产建设带来更多更大的困难,从而饥疫也就多了起来。兹就志书所载浦城、崇安、建阳、邵武、光泽、泰宁、建宁、尤溪、宁洋、归化、宁化、清流、连城、寿宁、霞浦、福安、连江、莆田、晋江、同安、龙海、漳浦、南靖的饥疾作一统计。在这 23 县中,明时饥荒凡达 121 次(大饥 51、饥 70),清 151 次(大饥 87、饥 70),其中尤以邵武、连江、晋江、福安、连城、光泽、漳浦、龙海、尤溪、霞浦各县为最深重。饥荒出现最多是在嘉靖、万历、乾隆、顺治和康熙年间。疾疫一样严重。明有大疫 29 次,疫16 次,清大疫 31 次,疫 20 次。疫作次数最多是在嘉靖、正德、顺治、乾隆和道光之年,以邵武、光泽、霞浦、晋江、连江为重。

此时,福安曾于成化、万历年间发生多年的"连荒",邵武曾于顺治四至九年(1647—1652)连续大饥 6 年,道光十六年(1836)建阳的"大荒"、咸丰三年(1853)霞浦的饥荒,都是历史上较大的饥年[①]。两年以上的连饥屡见不鲜,而乾隆六十年(1795)的饥荒地面更广,几乎延及一省[②]。大饥之年人们只能采食蕨头、树皮、草根或海柯叶以充饥,"饿殍载道","饿死者相枕藉",惨状万千[③]。

---

[①] 《福安县志》卷三七、《邵武府志》卷三〇、《建阳县志》卷二、《《霞浦县志》卷三。

[②] 《福安县志》卷三七。

[③] 光绪《邵武府志》卷三〇、民国《宁洋县志》卷一二、民国《连城县志》卷三、民国《霞浦县志》卷三、光绪《福安县志》卷三十七、民国《连江县志》卷三、乾隆《泉州府志》卷七三、乾隆《海澄县志》卷一八、乾隆《龙溪县志》卷二〇、乾隆《南靖县志》卷八、康熙《漳浦县志》卷二一、民国《龙溪县志》卷八等。

疫情之惨,同样使人寒心。万历三十九年(1611)邵武痘疹,"小儿多死"①。洪武二年(1369)霞浦大疫,"死者相枕藉",嘉靖元年(1522)痘疹大作,"殇者甚众,二年,亦然",十四年大疫,"道殣相望",乾隆九年(1744)痘疹流行,始于三月,"越岁乃止"②。嘉靖元年(1522)福安痘疹大作,"瘗坎相望",三十八年大荒大疫,"死者二千人",道光四年(1824)痘疹大作,"死者不可胜数"③。嘉靖四十一年(1562)泉州城内大疫,"人死十之七,市肆寺观尸相枕藉,有阖户无一人存者,市门俱闭,至无敢出",乾隆十八(1753)、十九、五十三年和道光元年(1821)的大疫,也是"死者无数"④。此时连疫很多,并有两次属于全省性的大疫,一次发生于成化十五年(1479),另一次是在道光元年(1821)⑤。

嘉靖、万历、顺治、康熙和乾隆年间福建的饥荒最多,疾疫常见于正德、嘉靖、顺治、乾隆和道光之年,这些年代正是福建自然灾害较重、战乱较多的时候,可见大饥大疫与天灾、战乱很有关系。志书载,嘉靖辛酉年(1561)汀州各地"民以大饥,死者相枕于道"⑥,顺治十二年(1655)宁洋田园荒芜,"饥饿流亡不计其数"⑦,顺治九年(1652)漳州"疫大作,死者无数"⑧,这些饥疫都是直由长年战乱引起的。而山区水利不讲,沿海地区水利长期失修,复受迁界影响,又当是造成这一时期饥年繁多的另一原因。志书载,"邵武介万山间,其田率因山形隆洼,无旷土沃衍之饶,其溉灌皆引山泉转输,无陂堰潴蓄之利,高亢地雨则瓴建犇决,旬日不雨则旱,惟地多大山,其神能时出

---

① 光绪《邵武府志》卷三〇。
② 《霞浦县志》卷三。
③ 《福安县志》卷三七。
④ 乾隆《泉州府志》卷七三。
⑤ 1933年《闽侯县志》卷一〇五、《连江县志》卷三。
⑥ 《汀州府志》卷四〇。
⑦ 《宁洋县志》卷一二。
⑧ 《龙溪县志》卷二〇。

云雨,岁乃可望"①。这种纯依天时的农业,一旦上天不保佑,饥荒连年发生,是不足为奇的。

正当此时,沿海地区实行迁界。清顺治十八年(1661)九月,迁沿海居民,上自福宁,下及诏安,三十里量地险要,筑小寨,安守兵,限以界墙,界外室庐尽被焚弃,"由是滨海数千里无复人烟"②。迁界后,漳浦农田抛荒一千二百八十多顷,莆田"计去地三之一",晋江安海"田地多荒芜",海澄"田地崩陷",霞浦也致田庐荒废,"鱼盐失利,百姓流离,惨不可言"③。因为居民被迁,海堤崩陷无人管,海水随即到处泛涨,淹浸农田,平原的许多水利也遭其殃,这样,又使沿海各地饥荒连年④。

由此可知,明清时候福建自然灾害甚多,其中既有客观因素,也有不少人为的干扰破坏。属于自然方面的原因,我们当然应该利用现代的科学加以探讨,以求规律的发现,对人为干扰破坏而加重其灾情,也必须认真总结,以便从中吸取教训。

(原载傅衣凌主编《明清福建社会与乡村经济》,
厦门大学出版社 1987 年)

---

① 陈让《嘉靖邵武府志》卷六。
② 阮文锡《海上见闻录》卷一、卷二,乾隆《泉州府志》卷二五、光绪《漳州府志》卷四七。
③ 《漳浦县志》卷七、《莆田县志》卷一、康熙《晋江县志》卷六、《海澄县志》卷四、《霞浦县志》卷二。
④ 《海澄县志》卷十八、陈池养《莆阳水利志》卷一、卷五,《莆田县志》卷三四等。

# 明清福建的严霜大雪及对农林果畜业的危害

明清是我国五千年来四个低温时期中时间最长、气温最低的时代,曾有许多创纪录的低温使大范围的热带、亚热带的植物纷纷被冻害,使一些大江和大湖受封冻。在世界性气候变迁的影响下,福建的低温时期基本与长江中下游同步,也是始于明景泰。明景泰三年(1452)十一月,镇守福建的孙厚贞奏:"自去冬至今春,(福建)积雪连旬,穷阴弥月。"得旨:"蠲福、兴二府税粮十之三,漳、泉二府十之五。"① 自是之后,各地不断屡遭强寒潮侵袭,严寒天气接二连三,许多地方出现了前所未见的严冬大雪,大雪连下数日、十几日,积厚三至五尺,经旬或浃月才消的记载屡见不鲜。而在同一时间内大范围的下大雪,也屡有记载。大雪多在冬闲频降,引起雪冻的危害主要是使果木、河鱼、家畜和鸟兽被冻死。霜冻的危害更大,特别是倒春寒和秋霜,常使农作物受冻而减产,甚至绝收,造成饥年。今就所见资料,略述如下。

---

① 何乔远《闽书》卷一四八《祥异志》。

## 一、小冰期中福建的严霜大雪

自明景泰三年(1452)至宣统三年(1911)的459年间,福建凡下大雪至少213地次(其中有明确雪冻记载47地次),严霜大寒57地次,合计260地次①。

积雪连旬或涉月不消的大雪凡有23地次。详见下表所列:

| 地点 | 时间 | 资料出处 |
| --- | --- | --- |
| 福州府 | 明景泰三年 | 《闽书》卷一四八《祥异志》 |
| 兴化府 | 同上 | 同上 |
| 泉州府 | 同上 | 同上 |
| 漳州府 | 同上 | 同上 |
| 福安 | 弘治十六年元旦 | 张景祁《福安县志》卷三七《祥异》 |
| 宁德 | 正德五年十二月 | 1996年《福建省志·气象志》 |
| 仙游 | 同上 | 同上 |
| 霞浦 | 正德十四年元旦 | 徐友梧《霞浦县志》卷三《大事记》 |
| 长乐 | 正德十四年春 | 孟昭涵《长乐县志》卷三《大事记》 |
| 霞浦 | 正德十六年元旦 | 徐友梧《霞浦县志》卷三《大事记》 |
| 福安 | 同上 | 张景祁《福安县志》卷三七《祥异》 |
| 福州 | 清顺治十三年正月 | 海外散人《榕城纪闻》 |
| 建宁 | 康熙元年十一月 | 1996年《福建省志·气象志》 |
| 长泰 | 雍正七年二月 | 张懋建《长泰县志》卷一二《灾祥》 |
| 建阳 | 道光十二年十二月 | 民国《建阳县志》卷二《灾祥》 |
| 永安 | 同上 | 孙义《永安县续志》卷一〇《祥异》 |
| 建阳 | 道光十三年十二月 | 民国《建阳县志》卷二《灾祥》 |
| 金门 | 同治十年十一月 | 1996年《福建省志·气象志》 |
| 连城 | 光绪二十三年正月 | 陈一堃《连城县志》卷三《大事志》 |

---

① 福建一些县清后期末再续修县志,加上有些县志记载太简或脱漏,严霜大雪实际的次数自当不止260地次。另是许多地方积雪连旬、涉月不消的大雪,因为降于冬闲季节,该地区无热带、亚热带果木的栽植,大雪危害不大,可能也就没有雪冻危害的交代,所以雪冻的实际次数也当超过47地次。再是本文所计的严霜大雪,一般不包括志书所载的"雪"。

续表

| 地点 | 时间 | 资料出处 |
|---|---|---|
| 明溪 | 光绪二三年一二月 | 民国《明溪县志》卷一二《大事志》 |
| 浦城 | 光绪二五年一二月 | 翁天祐《浦城县志》卷四二《祥异》 |
| 崇安 | 同上 | 郑丰稔《崇安县新志》卷一《大事》 |
| 建阳 | 光绪二八年正月 | 民国《建阳县志》卷二《灾祥》 |

连雪数日,积厚一尺以上的大雪更多。

正德五年(1510)十二月、嘉靖四十四年(1565)十二月、顺治十三年(1656)正月、道光十二年(1832)正月和十二月、十三年(1833)正月及光绪十八年(1892)十一月,今宁德、晋江、清流、德化、福州、建阳、永安、同安、金门与厦门各地先后下过史所未见的大雪[①]。

严霜也多,且十分严重。如正德十四年(1519)春,长乐霜雪六十余日,顺治十一年(1654)冬,福州大霜连下五十余日,仙游大霜四十余日。而连霜数日,造成较大灾难的天气更多[②]。

霜雪最多的时期是在弘治十四年(1510)至正德十六年(1512)的20年间,严霜大雪16地次;嘉靖九年(15300至十二年(1533)的4年间,严霜大雪21地次;嘉靖四十二年(1563)至四十四年(1565)的3年间,严霜大雪8地次;崇祯九年(1636)严霜大雪4地次;顺治六年(1649)至十三年(1656)的8年间,严霜大雪31地次;康熙元年(1662)至十三年(1674)的13年间,严霜大雪10地次;康熙五十九年(1720)至六十年(1721)的2年间,严霜大雪11地次;雍正七年(1729)严霜大雪10地次;乾隆五十二年(1787)至五十三年(1788)的2年间,严霜大雪7地次;道光十二年(1832)至十四年(1834)的3年间,严霜大雪11地次;光绪十七年(1891)至十九年(1893)的3年间,严霜大雪27地次;光绪二十二年(1896)至二十九年(1903)的8

---

① 详见各县县志的记载。
② 详见周瑛《弘治兴化府志》卷一五《灾祥》、《闽书》卷一四八《祥异志》、邱景雍《连江县志》卷三《大事记》、王椿《仙游县志》卷五二《祥异》、孟昭涵《长乐县志》卷三《大事记》、海外散人《榕城纪闻》等。

年间,严霜大雪15地次。其中尤以顺治十三年正月十二至十六日和光绪十八年十一月廿七至廿九日下雪的地面最广,雪量最大,冻害也最严重。顺治十三年正月的大雪,地面遍及宁化、清流、连城、长汀、上杭、武平、龙岩、宁洋、漳平、漳浦、永春、德化、安溪、晋江、同安、福州、莆田、仙游、沙县19个县市;光绪十八年十一月的大雪,遍及连城、上杭、武平、永定、龙岩、福州、长乐、福清、平潭、莆田、永泰、大田、永春、同安、厦门、金门、漳州、晋江18个县市。两次最大的大雪,地面基本一致,都在汀州、漳州、泉州、兴化和福州府的沿海地带。倘若联系景泰三年的那一场大雪,雪后赈灾福、兴、泉、漳四府,是该场大雪的地面除汀州府地外,其他大致相同。

霜雪大寒的地域分布,波及清代50多个县[①]。即如下表所列。

| 地区 | 次数 | 地区 | 次数 | 地区 | 次数 | 地区 | 次数 |
|---|---|---|---|---|---|---|---|
| 福州府 | 44 | 建宁府 | 11 | 邵武府 | 22 | 漳州府 | 18 |
| 福州 | 10 | 建瓯 | 2 | 邵武 | 4 | 漳州 | 6 |
| 连江 | 10 | 建阳 | 6 | 泰宁 | 3 | 平和 | 3 |
| 罗源 | 2 | 浦城 | 2 | 建宁 | 5 | 长泰 | 3 |
| 长乐 | 8 | 崇安 | 1 | 光泽 | 10 | 南靖 | 1 |
| 福清 | 8 |  |  |  |  | 诏安 | 1 |
| 永泰 | 6 | 延平府 | 23 | 汀州府 | 45 | 漳浦 | 4 |
|  |  | 南平 | 7 | 长汀 | 10 |  |  |
| 福宁府 | 19 | 将乐 | 4 | 宁化 | 5 | 龙岩州 | 16 |
| 霞浦 | 7 | 顺昌 | 1 | 武平 | 4 | 龙岩 | 9 |
| 福安 | 7 | 沙县 | 8 | 连城 | 12 | 漳平 | 5 |
| 宁德 | 5 | 尤溪 | 2 | 上杭 | 9 | 宁洋 | 2 |
|  |  | 永安 | 1 | 永定 | 2 |  |  |
| 兴化府 | 26 |  |  | 归化 | 1 |  |  |
| 莆田 | 14 | 泉州府 | 26 | 清流 | 2 |  |  |
| 仙游 | 12 | 泉州 | 9 |  |  |  |  |
|  |  | 南安 | 1 | 永春州 | 9 |  |  |
|  |  | 同安 | 8 | 永春 | 3 |  |  |
|  |  | 惠安 | 2 | 德化 | 5 |  |  |
|  |  | 安溪 | 6 | 大田 | 1 |  |  |

由表可见,霜、雪、大寒的次数汀州府最多,凡45次,其次为福

---

① 统计中,泉州包括晋江,同安包括厦门、金门,福清包括平潭,霞浦包括柘洋(今柘荣),漳州包括龙溪。下同。

州府44次,兴化、泉州二府各26次,延平府23次,邵武府22次,福宁府19次,漳州府18次,龙岩州16次,建宁府11次,永春州9次。

霜、雪、大寒最多的县是莆田,凡14次;次为仙游、连城,各12次;再是福州、连江、长汀和光泽,各10次。

以地区言,霜、雪、大寒最多的则在福州、福宁、兴化和泉漳五府,凡占133地次,其中单是沿海岸线的霞浦、福安、宁德、罗源、连江、福州、长乐、福清、莆田、仙游、惠安、泉州、同安、漳州、漳浦和诏安16个县市就占114次,即占全省霜、雪、大寒次数的近半。

而从霜、雪、大寒降落时代看,前期也都几乎全在福州、福宁、兴化、泉、漳五府及其永春、龙岩二州,直至嘉靖间才有较多的霜、雪、大寒始及邵武各地;另是延平府和建宁府除了将乐县和南平县的霜、雪、大寒出现较早外,其他都在清初,特别是建宁府,不但霜、雪、大寒的次数少,发生的时间也都较迟,大半是在道光之后。这说明明清福建的严寒气候,是长期受我国中、西两支寒潮路线,特别是西支寒潮路线的控制和影响。

## 二、霜、雪、大寒对农林果畜业的危害

明清福建由霜、雪、大寒所造成的冻害不但次数多,起止的时间也长。大雪最早始于农历八月份①,十一月处处普降大雪,直至次年的五六月,一些地方还有大雪②。大寒也甚严重,有顺治五年(1648)五月二十六日福州"天大寒,二十七日屋瓦有霜",顺治十年(1653)五月罗源、漳州各地的"大寒如严冬",顺治十八年(1661)六月间建瓯的大寒,还有道光十三年(1833)八月、十四年(1834)六月建宁县与浦城的"大寒"等③。霜冻更多,除三、七两月外,其他月份都有。详

---

① 道光《重纂福建通志》卷二七一《祥异》。

② 如万历六年(1578)五月初霞浦柘洋的大雪,顺治十八年(1661)六月建瓯的雨雪,五月建宁县的大雨雪,嘉庆十四年(1809)五月尤溪的大风雪等。详见各该县志。

③ 见各地府、县志及道光《重纂福建通志》卷二七二《祥异》。

见下表所列：

| 地点 | 月份 | 春 | 夏 | 秋 | 冬 | 霜 | 雪 | 寒 | 合计 |
|---|---|---|---|---|---|---|---|---|---|
| 福州府 | | | | | | | | | 14 |
| 福州 | 2,1,11,5 | | | | 3 | 1 | 3 | 3 | 7 |
| 连江 | 12,12,11 | | | | 1 | 2 | 2 | | 4 |
| 罗源 | 5 | | | | | | 1 | | 1 |
| 长乐 | | 1 | | | 1 | | | | 1 |
| 永泰 | | | 1 | | | | | | 1 |
| 福宁府 | | | | | | | | | 13 |
| 霞浦 | 1,1,5,9,11,6 | | | | 2 | | 4 | | 6 |
| 福安 | 1,1,1 | | | | 1 | 2 | | | 3 |
| 宁德 | 10,12,9 | | | 1 | 3 | 1 | | | 4 |
| 延平府 | | | | | | | | | 10 |
| 南平 | 9,8 | | | 1 | 1 | 1 | 1 | | 3 |
| 将乐 | 8 | | 3 | 1 | 3 | 1 | 1 | | 5 |
| 沙县 | 12 | | | 1 | | 2 | | | 2 |
| 建宁府 | | | | | | | | | 4 |
| 建瓯 | 6 | | | 1 | | | | | 1 |
| 浦城 | 6,12 | | | | 1 | 1 | | | 2 |
| 建阳 | | 1 | | | | | | | 1 |
| 邵武府 | | | | | | | | | 14 |
| 邵武 | 9,5 | | | 1 | 1 | 1 | 1 | | 3 |
| 泰宁 | 9,11 | | | 1 | 1 | 1 | 1 | | 3 |
| 建宁 | 2,5,6,11,8 | | | 2 | 1 | 2 | | | 5 |
| 光泽 | 2,5 | | | 1 | | 3 | | | 3 |
| 汀州府 | | | | | | | | | 16 |
| 长汀 | 9,2,1 | | | 1 | 4 | | | | 4 |
| 宁化 | 9,5 | | | 2 | | | | | 2 |
| 武平 | 9 | | | 1 | | | | | 1 |
| 连城 | 4,11,1 | 3 | | 1 | 5 | 2 | | | 7 |
| 清流 | 5 | | | 1 | | | | | 1 |
| 归化 | 12 | | | | 1 | | | | 1 |
| 漳州府 | | | | | | | | | 12 |
| 漳州 | 11,5,11 | | | 2 | 1 | 3 | 1 | | 5 |
| 长泰 | 4,2 | | | 1 | 1 | | | | 2 |
| 南靖 | 11 | | | | 1 | | | | 1 |
| 诏安 | 11 | | | | 1 | | | | 1 |
| 漳浦 | | 1 | 1 | 2 | | | | | 2 |
| 平和 | 12 | | | | 1 | | | | 1 |
| 龙岩州 | | | | | | | | | 1 |
| 漳平 | 6 | | | 1 | | | | | 1 |

续表

| 地点 | 月份 | 春 | 夏 | 秋 | 冬 | 霜 | 雪 | 寒 | 合计 |
|---|---|---|---|---|---|---|---|---|---|
| 兴化府 | 9 | | | | | | | | 7 |
| 莆田 | 9 | | | 1 | 2 | 1 | | | 3 |
| 仙游 | 12,9,4 | | | 1 | 1 | 3 | 1 | | 4 |
| 泉州府 | | | | | | | | | 9 |
| 南安 | 1 | | | | | 1 | | | 1 |
| 泉州 | 12 | | | | 1 | | 2 | | 2 |
| 同安 | 11,12,1 | 1 | | | 3 | | 5 | 1 | 6 (其中同安3,金门2,厦门1) |
| 永春州 | 1 | | | | | 1 | | | 4 |
| 德化 | 1,12 | | | | 1 | 1 | 2 | | 3 |
| 合计 | | 20 | 11 | 17 | 56 | 44 | 47 | 13 | 104 |

综观上表可知,明清福建受霜、雪、大寒冻害的凡有38个县,其中春冻20次,夏冻11次,秋冻17次,冬冻56次,以霜冻、大寒为多,凡57次,雪冻47次。以地区言,福州府14地次,福宁府13地次,延平府10地次,建宁府4地次,邵武府14地次,汀州府16地次,漳州府12地次,龙岩州1地次,兴化府7地次,泉州府9地次,永春州4地次。汀州府最多,次为邵武、福州、福宁府,建宁府统县7,仅4地次,延平府统县6,仅10地次,应属最少。而受冻最多的地方则是连城、福州,凡7次,霞浦6次,将乐、建宁县和漳州各5次,连江、宁德、长汀、仙游各4次,福安、南平、邵武、泰宁、光泽、莆田、德化、同安各3次,沙县、浦城、宁化、长泰、漳浦、泉州、金门各2次,罗源、长乐、永泰、建瓯、建阳、武平、清流、归化(明溪)、南靖、诏安、平和、漳平、南安、厦门各1次。

明清福建的霜、雪和大寒的冻害,对福建的农、林、果、畜业危害极大。明景泰三年(1452),福、兴、泉、漳四府"积雪连旬,穷阴弥月",损失极大,朝廷曾为这次冻害而蠲福、兴二府的税粮十之三,泉、漳二府十之五[①]。继后,冻害日多,损失越大。志书载,弘治十四年

---

① 《闽书》卷一四八《祥异志》。

(1501),莆田、仙游"其冬寒,水结冰,厚半寸许,荔枝冻枯"①,十六年(1503)元旦,福安"雨雪三日,平地积三尺,数日始消,高崖阴谷浃月不消,草枯兽死"②;正德四年(1509)十月望日,宁德"大霜连日,宁德县三都、六七都荔枝、龙眼皆杀死,自是二果遂稀"③,冬十二月,连江"大霜,果树多枯"④,五年(1516)冬十二月,仙游"大雪,树冻死"⑤,十一年(1516)秋,将乐"秋霜陨稼"⑥,十四年(1519)元旦,霞浦雨雪三日;十六年元旦,如之,"高山深谷弥月不消"⑦,春,长乐"霖雨,霜雪六十余日"⑧,十六年(1521)元旦,福安"雨雪三日,平地积三尺,数日始消,高崖阴谷浃月不消,草枯兽死"⑨;嘉靖九年(1530)九月二日,宁化"陨霜杀禾,是年饥"⑩,长汀"殒霜杀禾稼"⑪,武平"殒霜杀禾稼"⑫,将乐"霜陨稼"⑬,十一年(1532)春,福州"大雨雪,犬群吠。是岁,闽果不实"⑭,春,同安"雨雪……惟荔枝、龙眼枝叶憔悴,乃知此果宜温"⑮,九月,邵武"陨霜杀稼"⑯,泰宁"陨霜杀稼"⑰,宁德"大霜杀稼,西乡绝收,余都

---

① 周瑛《弘治兴化府志》卷一五《灾祥》。
② 张景祁《福安县志》卷三七《祥异》。
③ 《闽书》卷一四八《祥异志》。
④ 邱景雍《连江县志》卷三《大事记》。
⑤ 王椿《仙游县志》卷五二《灾祥》。
⑥ 1996年《福建省志·气象志》。
⑦ 徐友梧《霞浦县志》卷三《大事记》。
⑧ 孟昭涵《长乐县志》卷三《大事记》。
⑨ 张景祁《福安县志》卷三七《祥异》。
⑩ 祝文郁《宁化县志》卷七《灾异志》。
⑪ 黄恺元《长汀县志》卷二《大事志》。
⑫ 刘㫤《武平县志》卷九《祲祥志》。
⑬ 1996年《福建省志·气象志》。
⑭ 《闽书》卷一四八《祥异志》。
⑮ 吴锡璜《同安县志》卷三《灾祥》。
⑯ 王琛《邵武府志》卷三〇《祥异》。
⑰ 1996年《福建省志·气象志》。

得半"①,将乐"秋霜陨稼"②,十一月,泰宁"雪冻,长溪鱼不能泳"③,十二年(1533)正月十三日,福安"积雪尺余,严霜助寒,冻若深冬"④,夏四月,长泰"陨霜"⑤,秋八月,"延平、将乐大雨,严雪,鱼鸟僵死"⑥,四十二年(1563)冬,将乐、延平"内溪冻不流,鱼僵死"⑦,四十四年(1565)十二月,晋江"大雪,山村雪厚至三四尺,五日方消,郡从前少雪,人以为异"⑧;万历六年(1578)五月间,霞浦"拓洋(今柘荣)大雪"⑨,九年(1581)、十一年(1583)立夏日,连城"雨霜三晨",十一年"八月寒露节亦如之(雨霜三晨)"⑩,三十五年(1607)邵武"大雪,竹树皆折"⑪;崇祯九年(1636)十一月,龙溪"大雨雪,积冰厚一尺,牛羊草木多冻死"⑫,南靖"大雨雪,积冰厚一尺"⑬,诏安"大雨雪,冰厚一尺,牛羊多冻死"⑭,十二月,连江"大霜,荔枝、龙眼树多枯"⑮。

入清,气候更冷,冻害更多、更大。顺治五年(1648)五月二十六日,福州"天大寒,二十七日屋瓦有霜"⑯,六年(1649)五月五日,宁化、清流二县"霜,六月复饥"⑰,八年(1651)六月,"漳平飞霜"⑱,十年

---

① 《闽书》卷一四八《祥异志》。
②③ 1996年《福建省志·气象志》。
④ 张景祁《福安县志》卷三七《祥异》。
⑤ 张懋建《长泰县志》卷一二《灾祥》。
⑥⑦ 道光《重纂福建通志》卷二七一《祥异》。
⑧ 方鼎《晋江县志》卷一五《祥异》。
⑨ 徐友梧《霞浦县志》卷三《大事记》。
⑩ 《闽书》卷一四八《祥异志》。
⑪ 王琛《邵武府志》卷三〇《祥异》。
⑫ 吴宜燮《龙溪县志》卷二〇《祥异》。
⑬ 姚循义《南靖县志》卷八《祥异》。
⑭ 陈荫祖《诏安县志》卷五《大事志》。
⑮ 邱景雍《连江县志》卷三《大事志》。
⑯ 道光《重纂福建通志》卷二七二《祥异》。
⑰ 祝文郁《宁化县志》卷七《灾异志》、王士俊《清流县志》卷一〇《祥异》。
⑱ 蔡世钹《漳平县志》卷一〇《灾祥》。

(1653)五月,罗源"大寒如严冬","漳州各地冬大寒"①,十一年(1654)冬,福州大霜连下五十余日,"人物冻死无数"②,仙游"大霜四十余日,杀草木六畜"③,龙溪、漳浦二县"冬大寒,陨霜杀虫"④,十三年(1656)正月十五日,福州"大雪,山上积至一丈,平地五尺。十六日,地冻冰河水凝结,可载行人"⑤,莆田"大雨雪"⑥,仙游"雨雪,深三尺,六、七日方消"⑦,晋江"大雨雪,平地三尺许"⑧,十七年(1660)五月,"邵武、建宁等地风雨凄凉,如深秋弥月"⑨,十八年(1661)五月,建宁"大雨雪"⑩,六月朔建瓯"大寒,霜降,苎叶尽白。初四日雨雪"⑪,六月,建宁"陨霜"⑫,康熙元年(1662)十一月,建宁"冰雪弥旬,池鱼多死"⑬,十二月,武平"大雪"⑭,二年(1663)二月,漳浦"大雨雪"⑮,五年(1666)正月,福安"大雪,积五、六尺"⑯,九年(1670),泰宁"大寒,檐冰成箸,木合抱者皆折"⑰,十三年(1674)九月,"莆田、仙游大霜,损害晚稻,冬大荒"⑱;雍正七年(1729)正月,连城、龙岩、漳平、宁洋、德

---

① 1996年《福建省志·气象志》
② 海外散人《榕城纪闻》、道光《重纂福建通志》卷二七二《祥异》。
③ 胡启植《仙游县志》卷五二《祥异》。
④ 道光《重纂福建通志》卷二七二《祥异》。
⑤ 海外散人《榕城纪闻》。
⑥ 宫兆麟《莆田县志》卷三四《祥异》。
⑦ 胡启植《仙游县志》卷五二《祥异》。
⑧ 1983年《安海志》卷九《祥异》。
⑨ 1996年《福建省志·气象志》。
⑩ 王琛《邵武府志》卷三〇《祥异》。
⑪ 詹宣猷《建瓯县志》卷三《大事志》。
⑫ 五琛《邵武府志》卷三〇《祥异》。
⑬ 1996年《福建省志·气象志》。
⑭ 康熙《武平县志》卷九《祲祥志》。
⑮ 陈汝威《漳浦县志》卷二一《灾祥》。
⑯ 张景祁《福安县志》卷三七《祥异》。
⑰⑱ 1996年《福建省志·气象志》。

化、永安、漳州、宁德和仙游各地都下大雪[1],二月,长泰"霖雨(应作雨雪)二旬余,雪堆山头,畜多冻死"[2],十三年(1735)正月,德化"大雪,林木尽冰"[3];乾隆四年(1739)四月间,仙游"薄霜降,禾半白"[4],十年(1745)宁德"大霜,荔枝几尽"[5],二十八年(1763)秋,漳浦"霜陨禾穗,岁大饥"[6],三十年(1765)冬,"南安陨霜,榕树冻枯"[7],四十八年(1783)九月,南平"下霜,田禾不实"[8],五十二年(1787)二月,晋江"大雨雪三日,众山满白"[9],五十三年(1788)正、二月,永泰、晋江、长汀、龙岩、永定、连江大雨雪[10];嘉庆二年(1797)秋,永泰"霜陨禾穗"[11];道光十二年(1832)福清、长乐、平潭、长汀、建阳、沙县、永安下大雪,沙县大雪三昼夜,"树木俱折",建阳、永安"大雪连旬","为数百年所仅见"[12],十三年(1833)十二月廿一日,沙县"大雪,深成尺,二十三日,又大雪二昼夜,树木皆折"[13],建阳的大雪"略如去岁之冬",也是"唯此为最"[14],建宁则在八月间"天忽大寒,禾冻死,秋稼无成"[15],十四年(1834)夏六月,浦城"淫雨两月余,六月寒甚,岁大饥"[16],二十三年

---

[1] 见各该县志及1996年《福建省志·气象志》。
[2] 张懋建《长泰县志》卷一二《灾祥》。
[3] 民国《德化县志》卷一八《祥异》。
[4] 胡启植《仙游县志》卷五二《祥异》。
[5] 1996年《福建省志·气象志》。
[6] 陈汝咸《漳浦县志》卷二一《灾祥》。
[7] 道光《重纂福建通志》卷二七二《祥异》。
[8] 吴栻《南平县志》卷二《大事记第三》。
[9] 1983年《安海志》卷九《祥异》。
[10] 见各该县志。
[11] 董秉清《永泰县志》卷二《大事志》。
[12] 见各该县志。
[13] 民国《沙县志》卷三《大事志》。
[14] 民国《建阳县志》卷三《大事志》。
[15] 王琛《邵武府志》卷三〇《祥异》。
[16] 翁天祐《浦城县志》卷四二《祥异》。

(1843)"莆田山区霜冻严重,冬稻冻死"①,二十四年(1844)长汀"大冻冰,折坏北山松树无数"②;同治四年(1865)春,建阳"大雨霰,积半月,平地高三寸许"③,十年(1871)十一月,"金门雨雪三日,冰坚二寸许"④;光绪八年(1882)夏五月,光泽"大寒,高山积雪"⑤,十六年(1890)冬,长泰"大雪,深盈尺,三日止"⑥,十七年(1891)十一月,连江"大雪,果树多枯"⑦,福清、同安大雪,"雪厚数尺","严寒彻骨"⑧,十八年(1892)十一月,福、兴、泉、漳、汀与福宁府到处普降大雪,霞浦"大雪,山木冻死"⑨,连城"大雪,平地深三尺许,檐雷垂雪条尺余,河水结冰,鱼多冻死"⑩,"金门、厦门大雪盈尺,为百年所未见,澎湖虽无雪,而奇寒略相似"⑪,"漳州积雪尺余,四山皆白,河沟俱冻,果木、牲畜冻死不计其数,贫民亦有冻死者"⑫,晋江"天降棉花雪,尽日漫山遍野,行走不得"⑬,十九年(1893)冬,光泽"大雨雪,水木皆冰"⑭,德化大雪,"檐溜为冰","平地深数尺"⑮,二十二年(1896)夏六月,"柘洋飞霜"⑯,二十三年(1897)正

---

① 1996年《福建省志·气象志》。
② 黄惜元《长汀县志》卷二《大事志》。
③ 民国《建阳县志》卷二《灾祥》。
④ 1996年《福建省志·气象志》。
⑤ 王琛《邵武府志》卷三〇《祥异》。
⑥ 1996年《福建省志·气象志》。
⑦ 邱景雍《连江县志》卷三《大事记》。
⑧ 1994年《福清市志·大事记》、吴锡璜《同安县志》卷三《灾祥》。
⑨ 徐友梧《霞浦县志》卷三《大事记》。
⑩ 陈一堃《连城志》卷三《大事记》。
⑪ 蔡麟祥、陈步梯《甲午新修台湾澎湖志》。
⑫ 龙溪气象台编《漳州历史上重大灾害》。
⑬ 1983年《安海志》卷九《祥异》。
⑭ 王琛《邵武府志》卷三〇《祥异》。
⑮ 民国《德化县志》卷一八《祥异》。
⑯ 徐友梧《霞浦县志》卷三《大事记》。

月,连城"大雪封山,竹树折压无数"①,光泽"大雪封山"②,十二月,明溪(归化)"大雪,平地深数尺,井水结冰,人多溶雪水为炊"③,二十五年(1899)十二月,浦城"大雪浃旬不止,山中积雪深至三四尺,乡民庐间有压毁者",崇安"大雪浃旬,深数尺"④,建瓯、南平也都下了大雪⑤。

那时,霜、雪冻害与大寒频频发生,不但严重危害农作物,使农作物常致减产或绝收,且因霜、雪、大寒起止的时间长,还使农田的复种深受影响。同时,又因冻害频繁而严重,更使许多地方的荔枝和龙眼屡遭灭顶灾难。

宋梁克家《三山志》卷四一《土俗类三》载:"荔枝,(福)州北自长溪(今霞浦)、宁德、罗源至连江北境,西自古田、闽清皆不可种,以其性畏寒。连江之南,虽有植者,其成熟已差晚半月。直过北岭,宫舍民庐及僧道所居,至连江接谷,始大蕃盛。大观庚寅(1110)冬,大霜,木皆冻死,经一二年始于旧根复生。淳熙戊戌(1178)冬,大雪,亦多枯折。常时霜雪寡薄,温厚之气盛于东南,故闽中所产,比巴蜀、南海尤为殊绝。蔡公襄谱之,其于果品卓然第一,非虚语也。"就是说,到了南宋淳熙五年(1178),福州地区的荔枝虽经两次严重的冻害,仍能死而复生,且因常时霜雪寡薄,温厚之气盛于东南,所以闽中所产的荔枝,不但冻后继续蕃盛,果品仍能保居第一。

迄至明代,黄仲昭《八闽通志》曰,福宁府(治霞浦)有荔枝、龙眼等⑥。何乔远则称荔枝的种植,"福州最多,而兴化军最为奇特","延驰原野,(福州)洪塘、水西尤其盛处,一家之有,至于万株。城中越山当州署之北,郁为林麓",闽县龙窟山的溪东"最盛",侯官凤岗周围的荔枝相连数十里,"种类甚颗,不下数百万株";"然性畏高寒,不堪

---

① 陈一蘷《连城志》卷三《大事志》。
② 1996年《福建省志·气象志》。
③ 民国《明溪县志》卷一二《大事志》。
④ 郑丰稔《崇安县新志》卷一《大事》。
⑤ 见各该县志。
⑥ 见该志卷二六《食货》。

移植","福州之西三舍曰水口,地少加寒,已不可殖","郡西北境皆不可种。连江之南虽有植者,其熟差晚,过北岭始大盛"①。王世懋《闽部疏》也说,过福州南台江,"行数十里间,荔枝、龙眼夹道交荫"。

由上可见,盖自南宋之后,由于气候转暖,荔枝曾经一度扩种到闽东北四县及闽清一县。然至成化后,气候急速变冷,严霜大雪不断,又使荔枝的栽植退到原先的福州北岭一线。

成化后,荔枝严重受冻,可见下面方志所云:

| 地点 | 时间 | 霜雪大寒冻害状况 | 资料出处 |
| --- | --- | --- | --- |
| 莆田 | 弘治十四年 | 其冬寒,水结冰,厚半寸许,荔枝冻枯。 | 周瑛《弘治兴化府志》卷一五《灾祥》 |
| 福安 | 弘治十六年 | 元旦,雨雪三日,平地积三尺,数日始消……草枯兽死。 | 张景祁《福安县志》卷三七《祥异》 |
| 宁德 | 正德四年 | 十月望日,大霜连日,宁德县三都、六七都荔枝、龙眼皆杀死,自是二果遂稀。 | 《闽书》卷一四八《祥异志》 |
| 连江 | 正德四年冬十二月 | 大霜,果树多枯。 | 邱景雍《连江县志》卷三《大事记》 |
| 宁德 | 正德五年十二月 | 大雪连日,平地深尺余,半月未消。 | 1996年《福建省志·气象志》 |
| 仙游 | 正德五年十二月 | 大雪,树冻死。 | 王椿《仙游县志》卷五二《祥异》 |
| 霞浦 | 正德十六年元旦 | 雨雪三日,高山深谷弥月不消。 | 徐友梧《霞浦县志》卷三《大事记》 |
| 福安 | 正德十六年元旦 | 雨雪三日,平地积三尺,数日始消……草枯兽死。 | 张景祁《福安县志》卷三七《祥异》 |
| 福州 | 嘉靖十一年 | 大雨雪,犬群吠。是岁,闽果不实。 | 《闽书》卷一四八《祥异志》 |
| 宁德 | 嘉靖十一年九月八日 | 大霜杀稼,西乡绝收,余都得半。 | 《闽书》卷一四八《祥异志》 |
| 福安 | 嘉靖十二年正月 | 积雪尺余,严霜助寒,冻若深冬。 | 张景祁《福安县志》卷三七《祥异》 |
| 连江 | 嘉靖三十四年 | 冬十二月,平地雪深尺余。 | 邱景雍《连江县志》卷三《大事记》 |

① 《闽书》卷一、卷三、卷一五〇。

续表

| 地点 | 时间 | 霜雪大寒冻害状况 | 资料出处 |
|---|---|---|---|
| 福州 | 嘉靖三十五年十一月 | 大雨雪。 | 万历《福州府志》卷七五《时事》 |
| 连江 | 嘉靖四十三年十一月 | 大雪。 | 邱景雍《连江县志》卷三《大事记》 |
| 连江 | 嘉靖四十四年十一月 | 大雪,山谷深四五尺。 | 同上 |
| 福安 | 隆庆六年二月 | 大雪。 | 张景祁《福安县志》卷三七《祥异》 |
| 霞浦 | 万历六年五月 | 柘洋飞霜。 | 徐友梧《霞浦县志》卷三《大事记》 |
| 福州 | 万历十三年二月 | 二月初旬,天气陡寒……俄而雪花零落如絮,逾数刻,地下深几六七寸。 | 谢肇淛《五杂俎》卷一《天部一》 |
| 霞浦 | 万历二十一年九月 | 霜、旱。 | 徐友梧《霞浦县志》卷三《大事记》 |
| 连江 | 崇祯九年十二月 | 大霜,荔枝、龙眼树多枯。 | 邱景雍《连江县志》卷三《大事记》 |

及至于清,气候更冷,霜、雪冻害更加厉害:顺治五年(1648)五月二十六日,福州"天大寒,二十七日屋瓦有霜"①,"顺治十一年冬,福州大霜连下五十余日,人物冻死无数"②,"顺治十一年冬,仙游大霜四十余日,杀草木六畜"③,"顺治十三年正月十五日,福州大雪,山上积至一丈,平地五尺;十六日地冻冰河水凝结,可载行人"④;乾隆十年(1745),宁德"大霜,荔枝几尽"⑤;光绪十八年(1892)十一月二十八日,福州"朔风严寒,入夜瑞雪缤纷,至二十九日雪未停,平均雪

---

① 道光《重纂福建通志》卷二七二《祥异》。
② 海外散人《榕城纪闻》。
③ 胡启植《仙游县志》卷五二《祥异》。
④ 海外散人《榕城纪闻》。
⑤ 1996年《福建省志·气象志》。

深已有四五寸"①。这次大雪是全省性的,就连漳州的果木、牲畜也被冻死"不计其数"②。

按荔枝性畏高寒,难敌 $-4$℃左右的低温。盖自明景泰后,气候迅速转冷,已使闽东北的荔枝先受冻害,至万历间"几尽",荔枝的宜植线与宋一样,已经退到福州北岭一线;入清,气候更冷,荔枝受冻更加严重,至清嘉庆间,见《嘉庆重修一统志》福州府山川的记载,那时福州荔枝的栽植,唯剩怡山(西禅山)周围有之。至是,荔枝最大的产区已经不在福州,而在莆田和漳州,荔枝最北的宜植地又由福州南移至莆田一带(见图12)。

### 三、必须注意的问题

如上所说,明清气候十分严冷,那时福建早在农历的八月份,个别地方就会下雪,直到次年的五六月一些地方还有大雪。霜降一样严重,除三、七两月外,其他月份都有,且霜雪冻害近半是在沿海地带。这种气候与今相比,差异甚大。现在福建的气候是以候平均气温小于10℃为冬,大于22℃为夏,10—22℃为春、秋,大致是以3—6月为春,7—9月为夏,10—11月为秋,12—2月为冬,换成农历相当于2—5月为春,6—8月为夏,9—10月为秋,11—1月为冬季。常年中,10月下旬(即农历的九月下旬)闽西北或800米以上的高地,在强大冷空气的侵袭下,才有可能出现初霜;临近海洋地方,气候因受海洋的调节,冬无严寒,闽南沿海岸线与岛屿气温更高,都在0℃以上;冬季冷空气活动周期一般5—7天,每次冷空气入侵,气温连降2—3日,遂后连续回升3—4日,即所谓"三寒四暖",循环不止的天气;冬季闽北虽有几天下雪,但晋江以南则少霜无雪。

---

① 1893年1月16日闽浙总督谭钟麟的奏报,引自龚高法等人《1892—1893年的寒冬及其影响》,1987年《地理集刊》18号。

② 龙溪气象台编《漳州历史上重大灾害》。

而今由于气候迅速变暖,加上科技的进步,故为提高农田复种的指数和经济效益,人们便都普遍改单季稻地区为双季稻,又把香蕉、龙眼和荔枝等热带、亚热带的果木大面积地扩种到华安等纬度较高的内陆山地。

但是须知,香蕉、龙眼和荔枝畏高寒,难敌低温,一遇强大寒潮天气,经常会被冻害或冻死,"山谷间多不能植"[①]。特别是荔枝和龙眼,一般都要培植十年以上才会有收获,而最大的收获期又在十年后的几十年间。现在气候虽已转暖,气温不断上升,然每隔数年,仍有一次强劲的寒潮入侵,使一些地方的荔枝和龙眼受冻减产,甚至被冻死。所以我们认为,在充分利用天时的时候,仍应注意地利,即对不利荔枝和龙眼生长的地方或地形,不宜盲目扩栽。何况另据科学家最近的研究,新的冰期可能会在十年内降临北半球,且将是一次长期的降温,北美和欧亚大陆平均气温将降华氏10度,要回转到正常的情况需经几百年[②]。这就更需引起我们的注意,以免造成不必要的重大损失(此说虽属少数人的意见,但却反映当今气候的反复无常,也需加重视)!

原载(《中国社会经济史研究》2004年第2期)

---

[①] 胡启植《仙游县志》卷七《物产》。
[②] 《厦门晚报》2002年10月14日引《国际先驱导报》2002年10月11日报道。

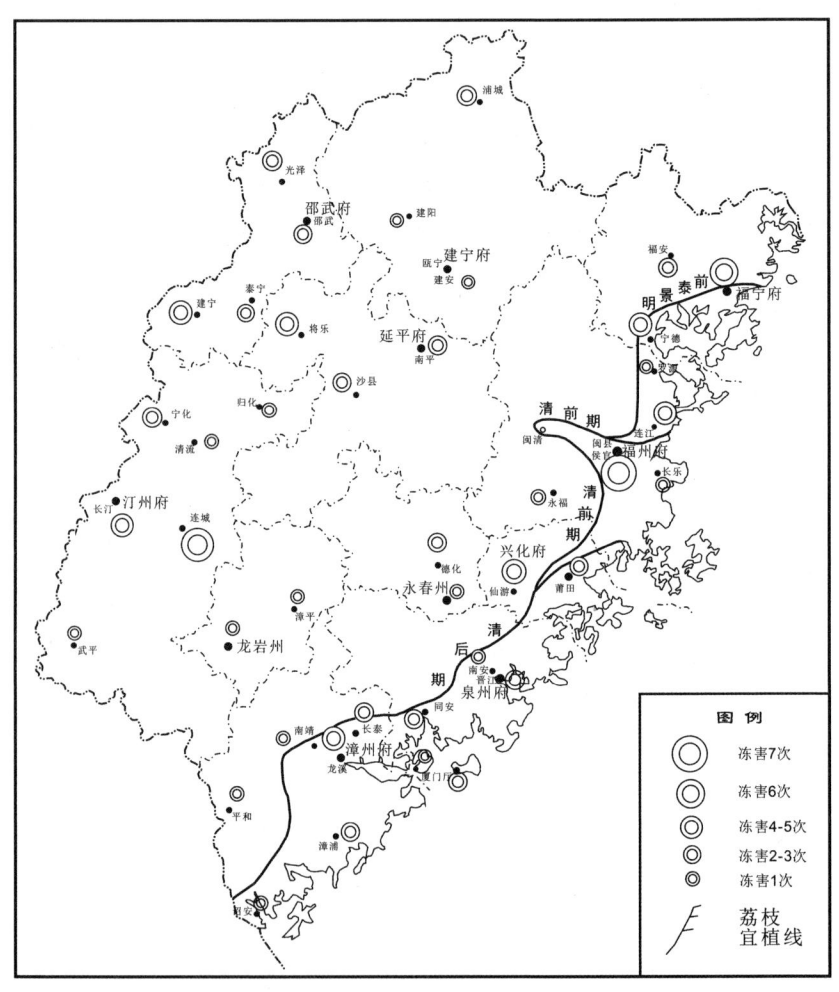

**图 12　明清严霜大雪与冻害图**

# 福建植被的破坏与教训

福建地处亚洲大陆东南沿海的中、南亚热带，气候暖热湿润，土壤风化层深厚，有利林木生长。《汉书·严助传》载，汉代的闽越"非有城郭邑里"，"处溪谷之间，篁竹之中"，"行数百千里，夹以深林丛竹，水道上下击石，林中多蝮蛇猛兽，夏月暑时，欧泄霍乱之病相随属"，到处都有茂盛的南亚热带（季）雨林和中亚热带常绿阔叶林的原始森林分布。这些森林随历代的移民与地区开发及其耕作方式不当，而逐渐遭受毁灭。述之如下。

## 一、植被破坏的过程

自汉武帝将闽越人迁于江淮间，只在闽越地设置东部候官驻兵镇守，福建便成地旷人稀之地。后经几次移民，陆续设立一些郡县，盖因人口极稀，经济很不发达，至隋仅留一郡四县，户12420[①]。进入唐五代，先后复有两次规模较大的军事移民，又因全国战乱频繁，福建社

---

① 林汀水《福建政区建置的过程及其特点》，《历史地理》第十辑。

会安定,还有许多难民纷纷入闽避难,至唐天宝时,境内已设 5 郡 23 县,户 91226,口 411587,到了宋初,更有 6 州 2 军 41 县的增立,户达 467811[①]。但至于唐,福建的开发仍处初始阶段,即使开发最早的地区闽北,"建安人山中种粟者,皆构棚于高树以防虎"[②];人口密度最大的泉州,其倚郭县晋江的象陷山,"旧传有象害人,唐末,南安陈姓者,坎地陷之"[③],各郡的人口密度照旧十分稀疏[④];许多新设的州县如汀州长汀县、宁化县和福州的古田县、尤溪县等,都是到了唐开元间才开山洞置[⑤];漳州也是晚至高宗总章二年(669),唐派光州固始人陈政、陈元光率军入闽镇压该地的"蛮僚啸乱","先是戍闽者,屯兵于龙溪,阻江为界,插柳为营。永隆二年(681),移镇漳浦,以拒潮贼,阻盘陀诸山为塞,其西北山峒之黎,卒依险阻,林木阴翳,不相通,乃开山取道,剪除荆棘,遣土人诱而化之,渐成村落,拓地千里",才在垂拱间请置州县的[⑥]。那时,福建的很多地方尚为少数民族的聚居地。垂拱四年(688),陈元光任漳州刺使,他在《漳州刺使谢表》中云:"窃念臣州,背山面海,旧有蛇豕之区,椎髻卉裳,尽是妖氛之党,治理诚难"。直到代宗大历间(772—775),时任福、建、泉、汀、漳五州观察使的李琦还说道:"闽粤旧风,机巧剽轻","犹有无诸、馀善之遗俗,号曰难治"[⑦]。《全唐文》卷三八七载独孤及《送王判官赴福州序》也称:"岭外(指今福建)峭峻,风俗剽悍,岁比饥馑,民方札瘥,非威非怀,莫可绥也。"由于少数民族仍占多数,社会经济落后,人口少,所以总章二年(669),当时的朝廷对此尚作规定:"其黔中、岭南、闽中州县

---

① 林汀水《福建人口迁徙论考》,《中国社会经济史研究》,2003 年第 2 期。
② 《太平广记》卷四三二《食虎》。
③ 乾隆《泉州府志》卷六《山川》。
④ 详见 2004 年出版的《福建省历史地图集·唐代人口分布》图。
⑤ 《新唐书·地理志》。
⑥ 陈汝咸《漳浦县志》卷一九《杂志》。
⑦ 《全唐文》卷三九〇《福州都督府新学碑铭》。

官不由吏部，委都督选择土人补授。"①正因开发才刚开始，就连福州的户籍也都衰少，"耒锄所至，甫迩城邑，穷林巨涧，茂木深翳，少离人迹，皆虎豹猿猱之墟"②，境内植被都还保持得相当良好。

　　福建植被遭受较大面积的破坏，是从宋代开始的。盖至其时，福建历经唐五代移民后，经过繁殖，至元丰时，福州有户 211519，建州 186566，泉州 201406，南剑州 119561，汀州 81454，漳州 100469，邵武军 87594，兴化军 55237③，除鹫峰山、戴云山、博平岭等一些较高的山地和较偏远的沿海地带外，都有州县的设置，户均耕地只有 11.2 亩，已是南方各路户均亩数最少的④。至是，泉州已经"人稠山谷瘠，虽欲就耕无地辟"⑤，安溪"一岭复一岭，一巅复一巅，步丘皆力穑，掌地也成田"⑥，住在山区的闽北人为求温饱，更是"垦山陇为田，层起如阶级"⑦，"层山之颠苟可寘人力，未有寻丈之地不丘而为田"⑧，"水无涓滴不为用，山到崔嵬犹力耕"⑨，无地之民，则"散而之四方"⑩，开始向外移民。而经靖康之乱和宋末元初的战乱，移民入闽规模更大，至宝庆元年（1225），福建已经有户 1704186，口 3553079⑪。其中汀州、邵武二地接受移民最多，汀州元丰时（1078—1085）有户 81454，到了南宋庆元间（1195—1200），增至 218570⑫，已经"地狭人稠，至有

---

① 《资治通鉴》卷二〇一总章二年条。
② 梁克家《三山志》卷三三《寺观类·僧寺》。
③ 《元封九域志》卷九。
④ 《文献通考》卷一一《户口考二》、卷四《田赋考四》。
⑤ 《舆地纪胜》卷一三〇引谢履《泉南歌》。
⑥ 《闽书》卷一一《方域》引宋安溪县令黄锐诗。
⑦ 方勺《泊宅编》。
⑧ 《宋会要辑稿·瑞异二》。
⑨ 方勺《泊宅编》。
⑩ 曾丰《缘督集》卷一七《送缪帐千解任诣铨改秩序》。
⑪ 《宋史·埋宗纪》。
⑫ 《永乐大典》卷七八九〇"汀"字引《临汀志》。

赡养无资,生子不举者"①;邵武也因有大批赣人涌入,元丰时户87592,至庆元间增至142100②,而致"始无不耕之地"③。此时,唯剩偏远的南方漳州和其他一些崎岖的山地还因人口尚稀,植被保持仍旧良好。宋彭乘《墨客挥犀》:"漳州地连潮阳,素多象,往往十数为群";《海录碎事》:武平县的象洞"未开发时,群象止其中",《宋史》列传二三〇《奸臣一》:吕惠卿之父吕璹习吏事,为漳浦令。县处山林蔽翳间,民病瘴雾蛇虎之害,教民焚燎而耕,害为衰止";尽管荒地已经得到了初步的开拓,但诚如王安石《送李宣叔倅漳州》诗所吟:"闽山到漳穷,地与南粤错,山川郁雾氛,瘴疠春冬作,荒茅篁竹间,蔽亏有城郭。居人特鲜少,市井宜萧索"④,到处仍为深林丛竹所覆盖。

福建植被惨遭严重破坏,是在明清时候。盖至其时,福建人口不断增加,特别是经乾嘉盛世的繁殖,至清道光间(1821—1850),已有人口17339464人⑤。至是,人们为求生路,便纷纷进入人口尚稀的内陆山地和较偏远的沿海地带拓荒,并在这些地方增设州县⑥。而为解决粮荒,并为争取最大的经济收入,人们纷纷上山引种农业新品种和改变农业耕作方式,才使植被更遭破坏。

有关明清福建植被的破坏,我已发表文章作了较详的交代⑦,于此不再赘叙,待下谈论几点教训,再作扼要的补充说明。

## 二、历史教训

上面说了,福建"地狭人稠",始于宋代。那时为了耕地的不足,

---

① 杨蓉江《临汀汇考》卷一。
② 陆游《渭南文集》卷二〇《邵武县修造记》。
③ 《嘉靖邵武府志》卷五。
④ 吴宜燮《龙溪县志》卷二二《艺文》所引。
⑤ 见陈景盛《福建历代人口论考》一书所引资料。
⑥ 林汀水《福建政区建置的过程及其特点》,《历史地理》第十辑。
⑦ 林汀水《明清福建植被的破坏与水土流失》,《中国社会经济史研究》,2003年第3期。

住在山区的人们已"垦山陇为田,层起如阶级"。然至其时,"闽地惟种水田,缘山导泉,倍费功大"①,所垦之田,大多植稻。植稻尚需土地平整,作梯状,使水留在田中,而无水源的山头地角不宜开垦,所以垦殖面积自当有限,对其植被和水土的流失,还不会造成太大的影响。

而至明清,情况已起变化。此时,商品经济已得较大的发展,栽培经济作物收入最多,人们便在经济效益的驱动下,改变农业经营,使"闽地二千余里……多植茶、蜡、麻、苎、蓝靛、糖蔗、离支、柑橘、青子、荔奴之属,耗地已三之一。……今则烟草之植,耗地十之六七……闽田既去七八,所种粳稻、菽麦亦寥寥耳。由是仰食于江浙、台湾、延、建"各地②。

福建的茶、蔗,宋代早有名气。不过当时的茶区,主要是在闽北的武夷。进入明清,茶的销售量大,许多茶商都因种茶致富。由是闽北各地便先纷纷开山种茶,"一时松栝樵苏殆尽"③,接着,其他地方犹如安溪、福安、霞浦和清流、宁化也都"遍山种茶",又使安溪、福安另成新的著名茶产地④。然至鸦片战争后,木材生意兴隆,茶叶贸易逐渐由盛转衰,"山主弃茶植木者十居八九"⑤,人们又纷纷砍茶植木,转而经营木材生意。开山种茶和弃茶植木都会破坏植被,引起水土流失。诚如陈盛韶《问俗录》与赵模《建阳县志》卷二说,建阳县"山多田少,荒山无粮……近来多租于江西人开垦种茶",每逢茶季,"突添江右数十万人","田多陷……溪辄涨作红色,田多推荡,其不大坏者,亦半成硗确……总由茶山日辟,田日受坏"所引起。《福建通志》卷五七也称,自乾隆后,整个建宁府地"近因所在垦山,弥望皆童,泉

---

① 《宋史·食货志》上四。
② 郭起元《论闽省务本节用书》,《皇朝经世文编》卷三六。
③ 周亮工《闽小纪》卷一《闽茶》。
④ 有关各地开山种茶的情况,详见林汀水《明清福建经济作物的扩种问题》、《明清福建植被的破坏与水土流失》所引资料。以上二文分别载于《中国社会经济史研究》2000年第4期、2003年第3期。
⑤ 《闽省商业杂法》第31期《调查》。

流多为湮塞,旱则勺水不可得,雨则泥沙而壅下,农颇苦之"。

福建糖蔗的栽植,宋代也仅限于泉州、莆仙二地,其他地方所产不多。到了明清,同样出于"稻利薄,蔗利厚",遂使人们"往往有改稻田种蔗者",甚至附山之民"垦辟硗确,植蔗煮糖,黑白之糖行天下"①,漳州更是"俗种蔗,蔗可糖,各省资之,利较田倍","山居之民种苎麻、竹蔗,高下瘠地皆宜,取直颇多,俗尤尚之"②,而使许多丘陵山地都被开垦,同遭植被的破坏和水土流失。

至于蓝靛,也因此时的纺织业发达,需求量大,而得广泛种植。蓝耐旱,"闽人种山皆荼蓝"③,凡是引水不到的地方,都被开山引种④,植区甚广,福州府属"诸县皆有,闽、侯官、长乐尤多"⑤,建宁府属"八县俱出"⑥,宁德、霞浦、永安各地也都靠蓝致富⑦,"福州而南,蓝甲天下",蓝的外销量更大⑧。

另是闽山所产,"松杉而外,有竹、茶、乌臼之饶。竹可纸,茶可油,乌臼可烛也"⑨。盖因闽北的山地"杉木遍地可以种植",又值木材生意兴隆,人们纷纷"弃茶植木",都上山栽杉种竹,"故出产较多,除本地供用外,岁出京筒二百余厂……均输出省会,运售上海、宁波、天津等处"⑩。邵武也都栽杉植竹,"近三四十年来郡人种杉弥满冈阜,公私屋宇悉用之,必取诸本土而足,且可转贩以供下四府宫室之用,盖骎骎乎与延、建之杉等矣。郡人所谓货,此其最重在也","外商行

---

① 明陈懋仁《泉南杂志》卷上、何乔远《闽书》卷三八《风俗》。
② 乾隆《漳州府志》卷二六、乾隆《南靖县志》卷二。
③⑥ 《天工开物》卷八《彰施》。
④ 乾隆《福州府志》卷二四。
⑤ 《八闽通志》卷二五《食货》。
⑦ 民国《霞浦县志》卷一八《实业》、乾隆《宁德县志》卷一《物产》、《永安续志》卷九《物产》。
⑧ 王世懋《闽部疏》。
⑨ 同上。
⑩ 民国《建瓯县志》卷二五《实业志》。

贩,道途搬木,相离不绝"①。闽西垦山栽杉规模也大,"初栽插时跨山弥谷,栉比相属,初辄数十里"②,"先是徽贾买山连筏,数千为捆,运入瓜步、唐巫、罗俊,以此致富"③。人们栽种杉木,"必待十余年而出息"④,即每隔十余年就砍伐贩卖。由于供不应求,砍伐销售量远超人工栽培的供应量,连同许多原生的林竹也被砍伐,便使"森林在迅速的毁坏","树是愈来愈少,并将很快地更少"⑤。而至民初,更因杉竹难售,栽杉无利可图,人们不愿重操旧业,又使砍伐过的丘陵山地"满目荒芜,濯濯而废弃,弃者多矣"⑥,从而造成更大的植被破坏和水土流失。

明清时候,人们为得最大的经济收入,纷纷上山栽杉种茶植竹和扩种蓝靛,甚至不惜利用良田改种蔗、烟,曾使当时的福建造成严重的粮荒。后逢番薯、玉米的传入,为救粮荒,人们便将番薯、玉米大规模地引种上山。

番薯"瘠土沙砾之地,皆可以种。初种于漳郡,渐及泉州,渐及莆,近则长乐、福清皆种之。……其初入闽时,值闽饥,得是而人足一岁。其种也,不与五谷争地,凡瘠卤沙岗皆可以长,粪治之则加大,天雨根益奋满,即大旱不粪治,亦不失径寸围,泉人鬻之,斤不值一钱,二斤可饱矣"⑦。番薯不择地而生,不与五谷争地,且为高产作物,故当传入福建后,人们争垦荒地,便到处加以种植,发展甚快。道光《晋江县志》卷七三:"此物明季始入中国……今大盛,功倍五谷";民国《霞浦县志》卷一一:"清初食薯少,今民间食米十之二,食薯十之八";施鸿保《闽杂记》卷七尤加赞道:"今以闽土所出之利计之,若上

---

① 万历《邵武府志》卷九《物产》、乾隆《建宁县志》卷六《物产》。
②③ 《临汀汇考》卷四。
④⑥ 马传经《尤溪县志》卷九《艺文上》引明田琐《新建鹿原朱侯去思碑记》。
⑤ 见戴一峰《论近代福建的植树造林》所引资料,《中国社会经济史研究》1990年2期。
⑦ 周亮工《闽小纪》卷三。

诸府之茶竹、下诸府之甘蔗、花生,固已利总四方矣。至如地瓜一种,济通省民食之半,尤利之甚溥者"。

玉米也叫包谷或番豆,"虽斜坡陡山,但得薄土,即可播种,夏间成熟,取以为米为面为酒,无所不可",性宜燥,无须灌浸,因此也在山区广泛推广种植①。

番薯、玉米传入福建后,人们到处开山引种,虽使福建粮荒减轻不少,却又很快导致水土流失严重。道光《晋江县志》卷七:由于番薯的传入,遂使晋江"山氓佃作,……多凌层阜,而理钱镈耕获,所获大率以人力胜"。水土流失后,溪渠陂塘多被淤塞,"郡中水利,其大者如东湖、尚书塘、烟浦埭等处,今皆填巨浸为平田,其佗所存,亦多淤浅,不能潴蓄"②。安溪也因"田畴阡陇多在崇岗复岭间……刀耕火耨","依山之户,垒石而耕","山几童矣","田畴陇亩多在崇山复岭间……而陂陀延斜,以种蔗黍,剡篨垦艺,大雨旁流,无草木根柢之底障,土坠于溪,而壑几实矣"。至是,"曩耕于田,今耕于山。曩种惟稻黍菽麦,今耕于山者,若地瓜,若茶,若桐,若松杉,若竹,凡可供日用者,不惮陡巉岩,辟草莽,陂者平之,罅者塞之,岁计所入,以助衣食之不足。勤者加勤,惰者亦勤。盖缘邑半山溪,田畴狭隘,而升平户口蕃滋,人满而土窄,势不得不然也"③。

漳州引种番薯最早,"近时盛种"④,"水田仅止二三,山地居其七八,漳泉贫乏之户多以番薯为粮,故山地之种番薯居其六七"⑤,"民赖以不饥"⑥;漳浦更是"颠崖皆开垦种艺,地无旷土,人无遗力"⑦。由于植被深受破坏,水土流失严重,也使九龙江的沙洲、河床迅速扩大

---

① 李拔《福宁府志》卷一二、嘉庆《浦城县志》卷六、《清史稿·陈大受传》等。
② 乾隆《泉州府志》卷首。
③ 乾隆《安溪县志》卷四。
④ 乾隆《南靖县志》卷七。
⑤ 《宫中档乾隆朝奏折》第一辑引福建巡抚潘思矩《奏报巡历各邑地方情形摺》。
⑥ 道光《漳平县志》卷一。
⑦ 顾炎武《天下郡国利病书》福建引《漳浦县志》。

和淤浅,水灾不断①。

再是建溪的浦城县,明清"山头地角皆垦为陇亩,百工杂作,呈能献技……地无余利,民无余力,焚山而樵,掘根株,种包谷,泉竭苗枯,土松溪积"②,南平县的棚民"依山傍谷诛茅缚屋而居",他们"携山禾、山芋、桐、茶、杉、漆、靛、苎、菁、薯之种,携眷而来,披荆棘,驱狐狸种之",将硗确之地"垦辟殆尽"③。富屯溪与金溪番薯传入后,泰宁县"地僻而民贫,山多而土瘠……播种所及,殆无隙地"④,邵武"至垦丘陵,辟崔嵬以艺稼穑,层层如百级危阶"⑤。沙溪的归化县(今明溪)"山多土狭,民皆佃于溪之趾,山之巅,合田园数十区,仅足亩计,暵则山田焦,潦则溪田溺"⑥,沙县的"沙田在山者十居其七,在原衍者得二焉,其一又在呃呕硗确之间,不可以片段计,有一亩而占十余所,一遇霖雨暴涨,建瓴之势,沙石皆颓,其临坑谷者尤易冲射,水塌沙压无岁无之"⑦,由于滥垦乱伐,植被到处惨遭破坏,水土流失同样也都十分严重。

不仅此,又因闽江、晋江和九龙江流域植被的破坏,导致河流输沙急增,使大量泥沙入海,经过波浪、海流与潮汐的作用,将沙子送到岸边,再经东北风把沙子吹到岸上,又使沿海各地如长乐县的漳港、平潭县的芦洋埔、晋江的石湖、漳浦的赤湖和霞尾,都造成风沙地貌。这些风沙地貌一如光绪《福建沿海图说》云,"数十年前,东海滨田舍相望,今则一片平沙,目断无人烟",大多应是晚至明清才得迅速形成。

明清时候,福建到处开山栽杉种茶植竹,还大规模地引种番薯、

---

① 林汀水《九龙江下游的围垦与影响》,《中国社会经济史研究》1984年4期。
② 嘉庆《浦城县志》卷六。
③ 民国《南平县志》卷一一。
④ 光绪《邵武府志》卷九。
⑤ 嘉靖《邵武府志》卷六。
⑥ 王国脉《归化县志》卷首《图说》。
⑦ 梁伯荫《沙县志》卷四。

玉米和蓝靛等旱作于丘陵山地,已使福建的山区植被无处不受破坏,而山区的农业耕作大多采用粗放经营,这种经营方式对植被的破坏尤大。志书载,此时山地丘陵普遍"刀耕火种"、"火耕山伐"、"焚山而樵,掘根株,种包谷",甚至"山有肥瘠,率二三年一易其处"①。《闽部疏》谈到闽北各地的种植对植被的破坏,更有具体的描述:"山田薄无粪,农家烧山茅,候雨至流入田中为粪,以故入春则山山皆火,舟中夜望山烧为奇,陆行遇烧山皆童而黑,殊乏景趣。"

至是,山地丘陵的植被尽遭破坏,便都成了童山秃岭。这种状况直到新中国成立后始得改观,重新大规模植树造林,丘陵山地重披绿装,才使福建重又山清水秀,风景宜人②。

## 三、几点建议

福建素称"八山一水一分田",丘陵山地面积大,约占 80% 以上,风化层深厚,厚度可达 30 至 40 米,有利于林木生长;但风化层的结构松散,结持力差,又多台风和暴雨,一旦森林植被破坏,极易引起水土流失。因此,在开发利用时,必须注意因地制宜。

福建丘陵山地面积大,应把山区建设作为重点。山区除了继续营造以杉、松、竹为主的用材林外,还可增植油茶、油桐和茶一类的经济作物,而在热力资源充足的丘陵台地,更可发展荔枝、龙眼等一些热带、亚热带的水果。此外,尚须扩大防护林建设的比重,严禁山头地角乱开荒和粗放经营,以保护河谷盆地的众多良田。丘陵山地

---

① 马传经《尤溪县志》卷九《艺文上》引明田琐《新建鹿原朱侯去思碑记》、《闽书》卷三八、《福建通志》卷五五、陈天枢《宁洋县志》卷二、乾隆《安溪县志》卷四、嘉庆《浦城县志》卷六、乾隆《龙溪县志》卷一九、曾曰瑛《汀州府志》卷四一引清范绍质《瑶民纪略》等。

② 福建现存天然林已经少见,只在交通不便、人烟稀少的高山深谷有之,绝大多数地方多为次生林或农田植被所替代,现存次生林据统计则有 92.2% 是属幼中林,绝大多数是在新中国成立后才得培植。

坡度陡,宜耕性差,生态系统一般较脆弱,一旦破坏了,很难恢复,应该认真吸取历史教训,严禁山地的滥垦滥伐,不能让其生态再次恶性循环。另是对其山地的开发,还需顾全大局,从长计议,不能过多地贪得局部和眼前利益。而要促使山区经济得到较快的发展,更需注意综合利用,针对山区特色的农业,配套发展相关的加工业,以使山区得到最大的经济效益。

(原载《历史地理》第二十二辑)

# 福建亚洲象的灭绝与华南虎的迅速消失

远古时候，福建有大熊猫、东方剑齿象、中国犀、中国獏、亚洲象、虎、豹和野猪等。到了晚更新世晚期，原生活于福建的东方剑齿象、华南区獏与中国犀已经绝灭。进入有史记载，由于福建地区开发较晚，人口甚稀，很难找到有关方面的文献记述，直至于唐始有一些资料可供参考。故对福建亚洲象与华南虎的研究，本文只能从唐代开始。

## 一、亚洲象的分布与灭绝

唐时，福建有象只见于泉州的晋东平原和漳州的漳浦地带。志书载："在华表山北数里……旧有象伤人，唐末南安人陈姓者，坎地陷之"[1]，"象陷山，在华表山北数里……旧传有象害人，唐末南安陈姓者，坎地陷之，故名"[2]。

---

[1] 何乔远《闽书》卷七《方域志·山》。
[2] 乾隆《泉州府志》卷六《山川》。

兹经调查,象陷山在今晋江市青阳、梅岭和西园一带,其势雄大,至今青阳街道象山社区的人们都还有唐末大象伤人的传闻。

另据《岭表录异》载:"广之属郡,潮州、循州多野象。"潮、循二州与漳州连片,唐代同为荒芜落后的地方,至今人们相传陈元光率军来到梁山葵冈岭(今盘陀岭),曾遇群象横行阻道,是唐的漳州地区也当有大象。

进入宋代,晋江已无大象的记载,而漳、汀地区的载述却很多。宋彭乘《墨客挥犀》云:"漳州漳浦县地连潮阳,素多象,往往十数为群,然不为害,惟独象遇之逐人,踩践至骨肉糜碎乃止。"朱熹出任漳州知州,曾写《劝农文》道:漳州禾稼,常遭大象摧践。《闽书》卷二八《方域志》漳浦县梁山条引郑樵语:"漳盖自宋以来,象常患稼"。清沈定钧《漳州府志》卷二四《宦绩一》也说:"象害民稼,民设机阱毙象,官府责输其牙,害尤甚。适有献象牙者,(赵)公绸还之,且命自后毙象,听自有其牙。于是,人争毙象,而稼得无害。"

另据《临汀志》,汀州兽之属有象。《海录碎事》云,武平象洞"洞未开时,群象止其中"[1]。曾日瑛《汀州府志》卷三《山川》也称:"象洞,在(武平)县南一百里,接潮州界,环抱纡回,有九十九洞",群象止其中。

此外,汀、漳二地至今尚存许多与象活动有关的地名。如漳浦县有象洞、象牙墟、无象庵,云霄有象坑,平和有象湖山,漳平有象湖等。相传无象庵宋时有猛象出没为患,后有人聚徒建庵于此,居民既稠,象迹渐绝[2],象牙墟则是宋代象牙的交易地[3],而漳平的象湖又是"昔有奔象陷此,故名[4]。

大象喜温喜湿,食量大,尚需有片广阔的森林草地和丘陵山地供其栖息,才可得以维生与繁殖。

---

[1] 引自康熙《武平县志》卷一《山川》。
[2] 林汝咸《漳浦县志》卷一九《杂志》。
[3] 林汝咸《漳浦县志》卷一九《杂志》。
[4] 《闽书》卷二九漳平县《方域志》。

晋东平原地处南亚热带。平原未开垦前,海岸线直逼着周边的低山丘陵和台地,住民甚稀,是大象求生的理想之地。到了五代,随着移民的大批涌入,开始垦海围田。而至宋代,随着移民大批的继续入住,平原已经垦成,并因耕地欠缺,就连周边的丘陵台地也已化为农田[1]。至是,大象已难在此生存,只好纷纷被迫向南转徙漳、汀。

漳、汀二州古为蛮僚地,开发更迟,人口更稀。直到北宋漳州依旧"闽山到漳穷,地与南粤错,山川郁雾氛,瘴疠春冬作,荒茅篁竹间,蔽亏有城郭,居人特鲜少,市井宜萧索"[2],"弥望皆崇冈叠阜,榛荆莽翳,象兽之所窟宅,可耕之田绝少"[3],"地连潮阳,素多象"[4],仍是大象最好的聚居地域。然经多次移民,人、象争地,政府鼓励民众设阱斃象,且"禁齿牙不得输官",许民私相贩卖,将人们斃象的积极性调动起来,"民率用命","其种遂绝"[5]。或教山民"焚燎而耕",放火烧山,驱逐"蛇虎之害",从事丘陵山地的开垦[6],使大象失去广阔的生存空间,大象也就只好再向潮、梅各地迁徙。由是,栖息在今福建境内的大象,至宋末元初也就灭绝了。

## 二、华南虎的分布与迅速消失

福建地处祖国东南部,省内山岭耸峙,山地丘陵面积约占全省土地的95%,被称"东南山国"。又处中、南亚热带,气候温暖湿润,土壤风化层深厚,有利林木生长,到处长满着南亚热带季雨林和中亚热带常绿阔叶林,十分有利众多动物种群的生活与繁衍。华南虎适

---

[1] 参见林汀水《晋东平原水利考》等,林汀水《历史地理论文选》,香港人民出版社2005年。
[2] 吴宜燮《龙溪县志》卷二二《艺文》引王安石《送李宣叔倅漳州》诗。
[3] 沈定钧《漳州府志》卷四三引宋俞亨宗《访求民瘼碑记》。
[4] 彭乘《墨客挥犀》。
[5] 吴宜燮《龙溪县志》卷二一《杂记》。
[6] 《宋史》列传二三〇《吕惠卿传》。

应自然环境的能力要比亚洲象强多,"虎,山深处有之,异时或忽至城邑"①,凡"山深窅而袤长,虚静而广漠,珍禽奇羽集于中者尤多"的地方,更属华南虎最称理想的活动场所②。因为虎是兽中王,"处深山中,能制兽"③,食物来源最充足;居于人迹罕至处,受人为干扰最少,也最安定。但有关福建华南虎的记载,至唐也是不多,仅有如下数事。

《太平广记》卷四三二《食虎》谈到唐代福建的虎,曾称:"建安人山中种粟者皆构棚于高树以防虎"。

《三山志》卷三三《寺观类一》谈到唐代的福州,也载:"始州,户籍衰少,耘锄所至,逦迤城邑,穷林巨涧,茂木深翳,少离人迹,皆虎豹猿猱之墟"。

《方舆胜览》卷一三《兴化府·山川》也道:"壶公山,(唐)正元中有僧号法通,曾下山遇虎争一牛"。

进入宋元,史志记载开始较多,又有下列述说。

《三山志》卷四二《土俗类四·福州》:"虎,山深处有之,异时或忽至城邑"。

《三山志》卷三四《寺观类二·僧寺·连江县》:"降虎峰,尝有猛虎为猎矢所伤"。

《方舆胜览》卷一一《建宁府·山川》:"铁狮顶,在城南三里……有虎渡河之异"。

《舆地纪胜》卷一二九《建宁府·景物下》:"虎啸岩,在武夷山,或云有虎啸其间"。

《方舆胜览》卷一〇《邵武府·山川》:"七台山,在邵武县东百里……昔福唐刘道人居之,号刘圣者,善役虎豹"。

《闽书》卷三一《方域志·福安县》:"虎井,在县中上杭里……宋淳祐中,邑多虎患"。

---

① 宋梁克家《三山志》卷四二《土俗类·物产·兽》、明黄仲昭《八闽通志》卷二五《食货·毛之属》。

② 明王应山《闽都记》卷一四。

③ 董秉清《永泰县志》卷四《物产》。

《弘治兴化府志》卷五二《道路志》：宋代的"官路在（莆田县）北者，一向循山而行，后以虎祸，乃徙平地"。

乾隆《安溪县志》卷一二《艺文下》邹鲁《戮双虎赋》："宋陈宓号复斋，莆田人。（安溪）邑有虎患，复斋为文祷于神，杀二虎"。

《临汀志》："兽之属（有）虎豹"。

《宋史》列传二三〇《奸臣一·吕惠卿传》："（漳浦）县处山林蔽翳间，民病瘴雾蛇虎之害，（吕惠卿之父）教民焚燎而耕，害为衰止"。

元时，也有一些零星记述。

《元史》列传八十四："王初元，漳州长泰人。至大四年（1311）二月，从父义士樵刘岭山，有虎出丛棘中"。

何乔远《闽书》卷一四八《福州府·祥异》："（至正）二十三年（1363）正月，连江县有虎入县治"，"二十四年七月，白昼获虎于（福州）郡城内"。

综上所引，史志谈到唐代福建的华南虎，仅及建安（今建瓯市）、福州与莆田县；宋元较多，也只有福州、连江、建瓯市、武夷山市、邵武、福安、莆田、安溪、长泰、漳浦和汀州数地，此与《三山志》所称"虎，深山处有之"差别甚大，是《三山志》言过其实吗？我认为不是。此乃因为至唐天宝间福建的人口才有411587，仍然地旷人稀，人、虎都还各有自己广阔的宜居天地所致。盖虎喜山居，人喜河谷盆地，各住各的，彼此相安无事，人、虎接触不多，只有少数地方例外，如建安其地是福建早期人口最称密集之地，耕地欠缺，丘陵山地最早被开垦，人们已经与虎为邻，在山中种粟的人为了安全，必须"构棚于高树以防虎"，因为有虎患，也才有了虎事的记载。然从这一记载与《三山志》所称福州置州时户口衰少，"少离人迹，皆虎豹猿猱之墟"，也可窥见唐宋福建的华南虎已当很多且到处应该都有。有关此，若从明清方志所载明清福建各地虎患的严重，尤可得到证明。下面先将这一时期内福建华南虎的地域分布和虎患资料，按照8个地区罗列如下，然后再作几点分析说明。

**1. 福州市辖区的虎况**

今福州市辖闽侯、连江、罗源、闽清、永泰、平潭、福清、长乐8市县。有虎记载5市县,连江、福清、平潭3县县志未查。详况如下。

《闽书》卷一四八《延平府·祥异》:"(万历)十一年(1583)秋八月,有虎十余。自福州流至延平、尤溪及沙县五都,害人无数"。

欧阳庸民《闽侯县志》卷二七《物产》:"虎,山深处有之"。

杨宗彩《闽清县志》卷一《大事志》:"(光绪)二十六年(1900)邑十七都等处人民多遭虎灾";卷三《物产志》:"虎、豹,十二都、十四都、十七都等皆有"。

孟昭涵《长乐县志》卷十《物产》:"虎,依山处有之"。

董秉清《永泰县志》卷四《物产》:"顺治四年(1647),虎、豹伤人";"(嘉庆)十二年(1807),南乡虎患"。

林春博《罗源县志》卷二九《祥异》:"(万历)三十九年(1611),群虎伤人"。

**2.宁德市辖区的虎况**

今宁德市辖霞浦、古田、屏南、寿宁、周宁、柘荣、福安、福鼎8市县及蕉城区。有虎记载6市县及蕉城区(即旧宁德县),古田、寿宁、福鼎3市县县志未查。详况如下。

《闽书》卷一四八《福宁州·祥异》:"(成化)十三年(1477)三月,宁德县乡村群虎纵横,多伤人畜";嘉靖十五年(1536)六月,"两虎往来宁德县西南门,五日不去";"(隆庆)六年(1572),宁德县郑洋虎入民居,登楼攫人";万历元年(1573),"宁德县西乡二十三、四、五都群虎害人,行旅、樵采必同数十人鸣锣鼓噪乃敢往,自春徂秋,其患始息"。

徐友梧《霞浦县志》卷三《大事记》:"洪武二年(1369),虎纵横村落,伤人畜无纪,有杜门者,虎逾垣坏壁而入吃之,道绝人行"。

张景祁《福安县志》卷七《物产》:"虎,深山有之";卷三七《祥异》:嘉靖二年(1523)"有虎白面咆哮福宁村落,伤人畜,莫之制,旋入县";"(乾隆)二十二年(1757)冬,东、西溪虎辄伤人"。

1995年《柘荣县志》第八章《自然灾害》:"柘荣县兽害有虎、狼伤人畜";又引《柘洋方志》:"明洪武二年(1369),虎纵横村落,伤人畜无纪,有杜门者,虎逾垣坏壁而入吃之,道绝人行","清乾隆十八年(1754),三洋、柘洋等处群虎出没,入室吃人,至二十一年(1756),患始息"。

民国《周墩区志》卷一《物产》:有"虎"。

沈钟《屏南县志》卷首:雍正十二年(1734)设县,乾隆元年(1736)知县赴任"仅一空署,尚在野田荒草间,每夜猛虎聚于墙外,人烟寥寥,不过四五十灶"。

### 3. 南平市辖区的虎况

今南平市辖顺昌、浦城、松溪、政和、武夷山市、建瓯、建阳、邵武、光泽9市县。有虎记载8市县。武夷山市资料未查。详况如下。

吴栻《南平县志》卷二《大事志第三》:"(顺治)十年至十四年(1653—1657),郡邑虎患甚多,时或入城,伤人不可胜计",乾隆五十四年(1789),"是年三月二十三日,西芹村出虎伤人,自是叠年为患,耕樵过客俱苦之……至嘉庆八年(1803)冬,患息,计县西长砂上下、开平大内、大外等村,共被伤者四百余人;宝龟山乡亦有虎患"。

贾懋功《顺昌县志》卷九《祥异》:"(万历)三十二年(1604),虎伤人","天启四年(1624)"南门外患虎"。

詹宣猷《建瓯县志》卷二三《物产志》:"(顺治)十五年(1658),近郊多虎,樵苏绝迹"。

《闽书》卷一四八《建宁府·祥异》:万历十八年(1590)"建阳县虎"。

李熙《政和县志》卷一〇《物产》:有"虎豹"。

潘拱辰《松溪县志》卷一《灾祥》:顺治十八年(1505)"虎逾河入城","(康熙)三十三年(1694)夏,虎入城"。

王琛《邵武府志》卷三〇《祥异》:"(成化)二十三年(1487)夏、秋,旱,(邵武县)虎伤人逾百数","(嘉靖)三十九年(1560),(邵武县)多虎害","(咸丰)四年(1854)三月,(邵武县)东乡多虎、豹"。

盛朝辅《光泽县志》卷一《时事表》:正德十二年(1517)"冬,有虎患",嘉靖三十九年(1560)"有虎患",康熙四十九年(1710)夏,"有虎患",雍正元年至四年(1723—1726),"连年虎患"。

### 4. 三明市辖区的虎况

今三明市辖明溪、清流、宁化、大田、尤溪、沙县、将乐、泰宁、建宁、永安

10市县。有虎记载9市县,将乐、尤溪、三明3县县志未查。详况如下。

民国《沙县志》卷三《大事志》:"(嘉靖)丙申十五年(1536),五都有八虎为患"。

《闽书》卷一四八《延平府·祥异》:"(嘉靖)四十一年(1562),沙县患虎,贼乱,城中多虎患,率排门壁入人室攫人,或入人卧内就席攫之。道路持戈结队而行,前后被害者数百人","(万历)十一年(1583)秋八月,有虎十余,自福州流至延平、尤溪及沙县五都,害人无数"。

清裘树荣《永安县志》卷五《物产》:"虎,深山处有之"。孙义《永安县续志》卷九《物产》:"虎,深山处多有之";卷十《祥异》"道光四、五年间(1824—1825)西南路多虎,伤人数十"。

清祝文郁《宁化县志》卷七《灾异志》:崇祯十七年(1644)"三月十二日,有虎入北门"。

民国《明溪县志》卷三《物产》:"虎,产深山中……常为人害,近来城郊每发生虎患,系人烟稀少故也";卷一二《大事志》:顺治十二年(1655)"多虎患"。

民国《清流县志》卷四《大事志》:"(崇祯)十六年(1643)癸未,城外有虎患","(顺治)十年(1653)癸巳,四乡多虎患","(光绪)三十一年(1905)乙巳,梦溪虎伤人,首尾两载患始息"。

王琛《邵武府志》卷三〇《祥异》:"(成化)十八年(1482)饥,(泰宁县)虎伤人",(顺治)八年(1651),(建宁县)各乡多虎患"。

《闽书》卷一四八《延平府·祥异》:"(嘉靖)二年(1523),大田县虎"。

民国《大田县志》卷一《大事志》:"咸丰八年(1858),虎灾",卷四《物产志》:有"虎"。

**5.莆田市辖区虎况**

今莆田市辖莆田、仙游二县。虎况如下。

《八闽通志》卷八一《祥异》:"天顺三年(1459),(莆田)城北依山诸村落虎为害,伤人畜以数百计,白昼数十人同行亦有被伤者,山中数月几绝人迹","成化八年(1472),虎复为害,伤人不减天顺三年之数"。

《闽书》卷一四八《兴化府·祥异》:"(万历)十七年(1589)正月,

虎到(莆田县)孝户地方伤二三人"。

宫兆麟《莆田县志》卷三四《祥异》:"(康熙)四十六年(1707)四月二十七日,有两虎匿于乌山重城古涵内","五十七年(1716),山中有虎患,多食童男女"。

《闽书》卷一四八《兴化府·祥异》:"正统中(1436—1449),兴化县大疫,虎兕纵横,邑人经历萧敏奏革本县,从之"。

**6.泉州市及厦门市辖区的虎况**

今泉州市辖惠安、安溪、永春、德化、晋江、南安6市县。有虎记载5市县,惠安县志未查。厦门市辖同安等区,也有虎患。详况如下。

民国《永春县志》卷三《大事志》:"明洪武二十年(1387),永春、德化虎四处,白昼吃人,或夜入人家,阖门俱尽"。

《闽书》卷一四八《泉州府·祥异》:"(洪武)二十年(1387),德化县虎为灾,有白昼吃人牖下者,民死亡转徙相续,户口耗,田野荒"。

乾隆《安溪县志》卷一〇《虎患》:"正德十六年(1521)春,猛虎群出,多伤畜类,民艰往来","万历四十五年(1617)正月间,猛虎为患,其群有三,藏于大寨山茶林内","国朝顺治中(1644—1665),虎患日告,远近里民,屡遭啖害,苦不聊生","康熙中(1662—1722),虎害尤剧。……计数年之内,十八里男妇老少,死于虎者不下千余人",雍正五年(1727),"是年虎为患,入山采樵,有被噬者"。

苏镜潭《南安县志》卷一一《物产》:虎,"深山有之"。

1983年晋江市《安海志》卷九《祥异》:"明隆庆元年(1567)虎来北沟,入颜家祠堂,扑死于树间"。

《闽书》卷一四八《泉州府·祥异》:"(正德)十六年(1521),同安县有虎患"。

**7.漳州市辖区的虎况**

今漳州市辖龙海、长泰、华安、南靖、平和、漳浦、云霄、诏安、东山9市县。有虎记载7市县。南靖、东山2县县志未查。虎况如下。

吴宜燮《龙溪县志》卷一九《物产》:有"虎"。

《闽书》卷二八《方域志·漳州府漳浦县》:"虎岭,一名麟山岭。路通镇海卫,山林深阻,旧多虎患"。

《闽书》卷一四八《漳州府·祥异》：嘉靖三十四年(1555)"夏四月,长泰县有群虎出害人,钦化地方尤甚",嘉靖四十三年(1564)"长泰县林前地方,一日三虎下山,吃一家男妇七人"。张懋建《长泰县志》卷一二《灾祥》："虎,本地最多","万历十八年(1590)三月,有虎到北门外,咬数人","康熙九年(1670)至十二年,邑多虎,十百为群,逾垣入室,八里乡民遭吞吃者千余人,小村至无人种","康熙五十七、八年至雍正初(1718—1723)……群虎为患,吃人百余"。

康熙《平和县志》卷一二《灾祥》：嘉靖甲辰,"是岁并巳卯(1544—1555),俱有虎患"。

徐丙文《云霄县志》卷二二《丛谈》："深山多虎"。

陈萌祖《诏安县志》卷五《大事志》："乾隆元年(1736),有虎患","五十八年、六十等年(1793—1795),七村及二都等处多虎患"。

1996年《华安县志》卷二《动物》：有虎,"今已绝迹"。

**8.龙岩市辖区的虎况**

今龙岩市辖长汀、永定、上杭、武平、连城、漳平6市县。同样县县有虎。详况如下。

黄恺元《长汀县志》卷二《大事志》：万历三十九年(1611)"虎入黉宫",雍正十一年(1733)"村落虎为患"。

徐元龙《永定县志》卷一《大事志》：乾隆十九年(1754)"有虎灾,金丰里死者八十余人。次年太平里伤死十一人,丰田溪南二里亦伤死"。

民国《上杭县志》卷一《大事志》：宣统二年(1910)"是岁猛虎横行,食人无算"。

《闽书》卷一四八《汀州府·祥异》："(万历)九年(1581)立夏日,连城县雨霜三晨,虎狼所在伤人"。陈一塱《连城志》卷三《大事志》：康熙三十五年(1696)秋,"虎扰乡村","五十八年(1719)乙亥,自秋至冬虎患甚",雍正四年(1726)"自夏至冬,虎患甚"。

郑丰稔《宁洋县志》卷一八《物产志》："虎,以其食田豕等,然往往伤人,为害也甚"。

陈天枢《宁洋县志》卷二《物产》：宁洋县（今废入漳平市）"虎，深山偶有之"。

刘旷《武平县志》卷九《祲祥志》："（康熙）八年（1669），虎入城市"。

由上可见，明清时期福建的虎患不但严重，且几乎县县都有虎的分布。

按明清福建的虎患严重，我认为不一定是因当时华南虎的繁殖突然加快，更重要的原因当由人、虎争地的剧烈所引起。盖随人口的激增，人们缺粮严重，适逢番薯入闽，"瘠土砂砾之地，皆可以种"，又是高产作物①，人们纷纷上山垦荒种薯；复受茶、杉生意兴隆的刺激，人们到处滥伐森林和开山植茶，造成植被严重的破坏②，使华南虎生存空间迅速变小，生态环境日趋恶化，导致华南虎的食物来源短缺，逼着华南虎不得不经常超越自己的领地，下山四处觅食，由于人虎频繁接触，才使虎患严重。

正因如是，故至新中国成立之初为了平息虎患，以保人们的人身安全和财产不受损失，政府便在虎患严重的一些地方组织打虎队，用机枪、步枪打虎，还鼓励民间沿用陷阱或毒矢去捕虎，以致当我年少时，尚能在今南安市一个距山十余里的官桥镇常见打虎人在集市的地摊上叫卖虎肉。而为扩大耕地，人们再次放火烧山，滥垦丘陵山地，且为交通便利，到处修建公路，无数汽车日夜奔行，更使胆小的华南虎深受惊吓，四处逃窜，难以维生。这样，华南虎的数量急速下降，今天的华南虎反成濒危物种，只能在今闽西梅花山、建宁、泰宁、永春和南平几个地方，才可偶见其踪影。

（未刊稿）

---

① 周亮亮《闽小纪》卷三。
② 林汀水《明清福建植被的破坏与水土流失》，《中国社会经济史研究》，2003年第3期。

# 明清福建的疫疠

明清福建的疫疠十分频繁而严重,但志书记载甚简,大多只谓"疫"或"大疫"。本文着重资料方面的搜集,以供人们深入研究作为参考。先将所见疫情资料表列如下,再作说明。

| 疫地 | 发生时间 | 疫情 | 资料出处 |
| --- | --- | --- | --- |
| 霞浦 | 洪武二年 | 大疫。 | 徐友梧《霞浦县志》卷三《大事记》 |
| 柘荣 | 同上 | 大疫。 | 1995年《柘荣县志·自然灾害》 |
| 建宁府 邵武府 | 永乐五年五月至永乐六年一月 | 江西建昌、抚州及福建建宁、邵武等府自(五年)五月至(六年)正月疫,人死七万八千四百余口。 | 《明太宗实录》卷八三永乐六年九月条 |
| 光泽 | 永乐五、六年 | 光泽、泰宁二县民五年、六年疫,死四千四百八十余户。 | 《明太宗实录》卷一三六永乐十一年正月条 |
| 泰宁 | 同上 | 同上。 | 同上 |
| 邵武府 | 永乐八年十二月 | 比岁境内疫民死绝万二千余户。 | 《明太宗实录》卷一一一 |

续表

| 疫地 | 发生时间 | 疫情 | 资料出处 |
|---|---|---|---|
| 邵武 | 永乐十四年八月 | 秋七月,邵武、光泽二县大水冒城,荡庐舍,溺男女万余。八月大疫。 | 《八闽通志》卷八一 |
| 光泽 | 同上 | 同上。 | 同上 |
| 南平 | 永乐十四年八月 | 夏,俱大水,七月,大水冒城,溺死人数不可胜计,八月大疫。 | 2001年《福建省志·地理志》第七章 |
| 顺昌 | 同上 | 同上。 | 同上 |
| 建宁府 | 永乐五年至十六年 | 福建建安县张淮言:建宁、邵武、延平三府自永乐五年以来屡大疫,民死亡十七万四千六百余口。 | 《明太宗实录》卷二一二永乐十六年条 |
| 邵武府 | 同上 | 同上。 | 同上 |
| 延平府 | 同上 | 同上。 | 同上 |
| 龙岩 | 宣德三年夏 | 疫,死者甚众。 | 郑丰稔《龙岩县志》卷一《大事志》 |
| 古田 | 正统八年十一月至次年四月 | 福州古田县自去冬十一月至今夏四月,境内疫疠,民男妇死者一千四百四十余口。 | 《明英宗实录》卷一〇六 |
| 邵武府 | 正统十四年秋 | 大疫,死者以万计。 | 《八闽通志》卷八一 |
| 邵武 | 正统十四年秋 | 邵武、泰宁二县饥,秋大疫。 | 《闽书》卷一四八《祥异志》 |
| 泰宁 | 同上 | 同上。 | 同上 |
| 光泽 | 正统十四年秋 | 疫。 | 王琛《邵武府志》卷三〇《祥异》 |
| 兴化 | 正统中 | 兴化县大疫。 | 《闽书》卷一四八《祥异志》 |
| 邵武 | 景泰六年 | 饥,疫。 | 王琛《邵武府志》卷二三《义行》 |
| 邵武 | 天顺四年夏、秋 | 疫。 | 王琛《邵武府志》卷三〇《祥异》 |
| 光泽 | 天顺四年夏、秋 | 大疫。 | 盛朝辅《光泽县志》卷一《时事表》 |
| 邵武 | 成化二年 | 疫。 | 王琛《邵武府志》卷三〇《祥异》 |
| 光泽 | 同上 | 疫。 | 同上 |
| 沙县 | 成化三年 | 丁亥岁大疫,死者万计。 | 冯继科《嘉靖建阳县志》卷六 |

续表

| 疫地 | 发生时间 | 疫情 | 资料出处 |
|---|---|---|---|
| 邵武 | 成化十一年四月 | 大疫。 | 王琛《邵武府志》卷三〇《祥异》 |
| 光泽 | 成化十一年四月 | 大疫,至冬乃止。 | 盛朝辅《光泽县志》卷一《时事表》 |
| 南平 | 成化十一年秋 | 自四月至于十二月不雨,赤地弥望,人民艰食,秋,大疫。 | 郑庆云《嘉靖延平府志》卷二二《祥异》 |
| 将乐 | 同上 | 将乐亦然(大疫)。 | 同上 |
| 福建 | 成化十一年秋 | 时福建奏:自去秋八月以来,诸郡县疫气蔓延,死者相继,加之水旱……民困特甚。 | 《明宪宗实录》卷一四九章化十二年条 |
| 长乐 | 成化十六年 | 是年大疫,旁近居民病死甚众,向聚观者患罹其祸。 | 《八闽通志》卷八一《祥异》 |
| 福州 | 成化二十一年 | 闽县、侯官、怀安、古田、闽清、罗源、永福俱大水,民多溺死,继复大疫,死者无算。 | 2001年《福建省志·地理志》第七章 |
| 古田 | 同上 | 同上。 | 同上 |
| 罗源 | 同上 | 同上。 | 同上 |
| 永福 | 同上 | 同上。 | 同上 |
| 长乐 | 成化二十一年闰四月 | 三月雨,至闰四月浸伤禾苗,继复大疫。 | 孟昭涵《长乐县志》卷三《大事志》 |
| 连江 | 同上 | 至夏闰四月,溪水涨溢,漂没官府民舍,人多溺死,继以大疫。 | 邱景雍《连江县志》卷三《大事记》 |
| 闽清 | 同上 | 至闰四月……俱大水,民多溺死,继复大疫,死者无算。 | 杨宗彩《闽清县志》卷一《大事志》 |
| 连江 | 成化二十二年五月 | 连江、古田二县疫。 | 《八闽通志》卷八一《祥异》 |
| 古田 | 同上 | 同上。 | 同上 |
| 宁德 | 成化二十二年 | 宁德县疫,十无一二宁者。 | 《八闽通志》卷八一《祥异》 |
| 罗源 | 成化二十二年五月 | 春旱,五月大旱,禾稼不收,继复大疫。 | 卢凤琴《罗源县志》卷九 |

续表

| 疫地 | 发生时间 | 疫情 | 资料出处 |
|---|---|---|---|
| 霞浦 | 成化二十二年八月 | 大疫,是年复大旱。 | 徐友梧《霞浦县志》卷三《大事记》 |
| 福建 | 成化二十三年三月 | 福建等府州县连年灾伤,民饥,疫起。 | 《明宪宗实录》卷二八八 |
| 长乐 | 成化二十三年秋 | 春旱无麦,秋旱无禾,民大疫。 | 孟昭涵《长乐县志》卷三《大事志》 |
| 古田 | 成化二十三年 | 旱,大疫。 | 民国《古田县志》卷三《祥异》 |
| 古田 | 弘治十一年 | 大水,复大疫,死者甚众。 | 同上 |
| 莆田 | 弘治十三年春 | 疫。 | 乾隆《莆田县志》卷三四《祥异》 |
| 古田 | 弘治二十二年 | 大旱,疫。 | 民国《古田县志》卷三《祥异》 |
| 沙县 | 弘治中 | 弘治中不戒,为豪商鼓铸铁冶,县中遂大疫,死者万余人。 | 梁伯荫《沙县志》卷一一《循吏》 |
| 邵武 | 正德二年五、六、七月 | 五月大水,六月、七月旱,又大疫。 | 王琛《邵武府志》卷三〇《祥异》 |
| 光泽 | 正德二年七月 | 大疫。 | 盛朝辅《光泽县志》卷一《时事表》 |
| 建宁府 | 正德二年八月 | 福建建宁、邵武二府自八月始,亦大疫,死者众。 | 《明武宗实录》卷三三 |
| 邵武府 | 同上 | 同上。 | 同上 |
| 霞浦 | 正德五年秋冬月 | 大疫。 | 徐友梧《霞浦县志》卷三《大事记》 |
| 柘荣 | 同上 | 大疫。 | 1995年《柘荣县志·自然灾害》 |
| 福安 | 正德五年冬 | 大疫,十室九仵。 | 张景祁《福安县志》卷三七《祥异》 |
| 武平 | 正德七年 | 江、广寇来攻邑城……寇息,疫兴且饥。 | 曾日瑛《汀州府志》卷三二《乡行》 |
| 长乐 | 正德七年春、夏 | 大疫。 | 孟昭涵《长乐县志》卷三《大事志》 |
| 霞浦 | 正德十一年正月至六月 | 大患喉疾,朝发夕死,至六月末旬始已。 | 徐友梧《霞浦县志》卷三《大事记》 |
| 邵武 | 正德十二年秋 | 春夏旱,秋疫。 | 王琛《邵武府志》卷三〇《祥异》 |
| 光泽 | 同上 | 春夏旱,秋大疫。 | 盛朝辅《光泽县志》卷一《时事表》 |
| 泉州府 | 正德十二年十月 | 福建泉州等处大疫。 | 《明武宗实录》卷一五四 |
| 莆田 | 正德十四年七月 | 大水,六月火,七月疫。 | 王琛《邵武府志》卷三〇《祥异》 |
| 宁化 | 正德十六年 | 大饥疫。 | 曾日瑛《汀州府志》卷四五《杂记》 |

续表

| 疫地 | 发生时间 | 疫情 | 资料出处 |
|---|---|---|---|
| 福州府 | 正德十六年六月 | 是月,福建福州等府亢旱,疠疫盛行,府县官病死者四十余员,军民死者无算。 | 《明世宗实录》卷三 |
| 长乐 | 同上。 | 同上 | 《福建省志·地理志》 |
| 福安 | 嘉靖元年二月 | 痘疹大作,瘗坎相望。 | 张景祁《福安县志》卷三七《祥异》 |
| 霞浦 | 嘉靖元年 | 痘疹大作,殇者甚众。 | 徐友梧《霞浦县志》卷三《大事记》 |
| 柘荣 | 同上 | 同上。 | 1995年《柘荣县志·自然灾害》 |
| 邵武 | 嘉靖元年 | 大疫。 | 王琛《邵武府志》卷三〇《祥异》 |
| 霞浦 | 嘉靖二年 | 痘疹大作,殇者甚众,二年亦然。 | 徐友梧《霞浦县志》卷三《大事记》 |
| 霞浦 | 嘉靖十四年五月 | 大疫,道殣相望。 | 徐友梧《霞浦县志》卷三《大事记》 |
| 柘荣 | 同上 | 同上。 | 1995年《柘荣县志·自然灾害》 |
| 龙岩 | 嘉靖十六年冬 | 疠疫大作,次年三月乃止。 | 郑丰稔《龙岩县志》卷一《大事志》 |
| 霞浦 | 嘉靖十七年四月 | 正月不雨,至四月九日始雨,苗种不入土,是月贼掠秦屿并南乡各土堡,复大疫。 | 徐友梧《霞浦县志》卷三《大事记》 |
| 永泰 | 嘉靖二十一年四月 | 三月雨,至闰四月,民多溺死,继复大疫,死者相藉。 | 董秉清《永泰县志》卷二《大事志》 |
| 长乐 | 嘉靖二十一年 | 至次年癸卯四月二十八日乃雨,连年饥馑,疾疫间作。 | 孟昭涵《长乐县志》卷三《大事志》 |
| 长乐 | 嘉靖二十三年春夏 | 春,疫,旱……(六月)复大疫。 | 同上 |
| 宁化 | 嘉靖二十三年秋 | 大疫,人死者十之二。 | 李世熊《宁化县志》卷七《灾异志》 |
| 连城 | 嘉靖二十三年秋、冬 | 大疫。 | 陈一堃《连城志》卷三《大事志》 |
| 沙县 | 嘉靖二十三年冬 | 夏饥,冬疫。 | 民国《沙县志》卷三《大事志》 |
| 沙县 | 嘉靖二十四年 | 是岁大疫,死者万计。 | 2001年《福建省志·地理志》第七章 |
| 南平 | 同上 | 是岁大疫,死者万计。 | 吴栻《南平县志》卷二《大事志》 |
| 长乐 | 嘉靖二十四年三月 | 是岁三月,民疫。 | 孟昭涵《长乐县志》卷三《大事志》 |

续表

| 疫地 | 发生时间 | 疫情 | 资料出处 |
|---|---|---|---|
| 大田 | 嘉靖二十五年秋 | 夏饥,秋大疫,死者无数。 | 民国《大田县志》卷一《大事志》 |
| 南平 | 同上 | 夏饥,秋大疫,死者无数。 | 吴栻《南平县志》卷二《大事志》 |
| 同安 | 嘉靖三十七年五至十一月 | 大荒,疫。 | 吴锡璜《同安县志》卷三《灾祥》 |
| 福安 | 嘉靖三十八年 | 是年旱,大荒大疫,死者二千人。 | 张景祁《福安县志》卷三七《祥异》 |
| 连江 | 嘉靖四十年春、夏 | 海滨大疫。 | 邱景雍《连江县志》卷三《大事记》 |
| 宁德 | 同上 | 倭寇陷城,瘟疫大作。 | 《闽书》卷一四八《祥异志》 |
| 莆田 | 嘉靖四十一年春 | 城中大疫。 | 同上 |
| 泉州 | 嘉靖四十一年 | 自戊午(三十七年)至甲子(四十三年大荒大疫。四十一年郡城瘟疫,人死十之七,市肆寺观尸相枕藉,有阖户无一人存者,市门俱闭,至无敢出。 | 《闽书》卷一四八《祥异志》 |
| 连城 | 万历十二年 | 疫。 | 《闽书》卷一四八《祥异志》 |
| 浦城 | 万历十七年 | 大疫。 | 同上 |
| 福州府 | 万历十八年 | 瘟疫大作。 | 谢肇淛《五杂俎》卷一五《事部二》 |
| 福州府 | 万历十九年 | 瘟疫大作。 | 同上 |
| 南平 | 万历十九年春 | 疫,民间传染,不相往来。 | 吴栻《南平县志》卷二《大事志》 |
| 大田 | 同上 | 疫。 | 民国《大田县志》卷一《大事志》 |
| 邵武 | 万历二十四年 | 痘疫为疠。 | 王琛《邵武府志》卷三〇《祥异》 |
| 霞浦 | 万历二十八年秋、冬 | 是年秋冬,痘疹灾。 | 徐友梧《霞浦县志》卷三《大事记》 |
| 柘荣 | 同上 | 同上。 | 1995年《柘荣县志·自然灾害》 |
| 连城 | 万历二十九年 | 大疫。 | 陈一堃《连城志》卷三《大事志》 |
| 南靖 | 万历三十六年正月 | 疫。 | 姚循义《南靖县志》卷八《祥异》 |
| 龙溪 | 万历三十六年正月至五月 | 自正月至五月,疫作。 | 吴宜燮《龙溪县志》卷二〇《祥异》 |
| 海澄 | 同上 | 疫起,至五月止。 | 陈瑛《海澄县志》卷一八《灾异志》 |
| 邵武 | 万历三十七年五月 | 水退,疫复作。 | 王琛《邵武府志》卷三〇《祥异》 |

续表

| 疫地 | 发生时间 | 疫情 | 资料出处 |
|---|---|---|---|
| 邵武 | 万历三十九年夏 | 痘疹,小儿多死,疫大作。 | 同上 |
| 晋江 | 万历四十五年 | 大饥疫。 | 道光《晋江县志》卷七四《祥异志》 |
| 惠安 | 同上 | 大饥疫。 | 嘉庆《惠安县志》卷三五《祥异》 |
| 连城 | 天启六年秋、冬 | 旱、疫。 | 陈一堃《连城志》卷三《大事志》 |
| 福州 | 崇祯十五年二月 | 疫起。 | 海外散人《榕城纪闻》 |
| 连江 | 崇祯十五年冬十月 | 大疫,至次年夏,人民多死。 | 邱景雍《连江县志》卷三《大事记》 |
| 福州 | 顺治五年春 | 疫大起。 | 海外散人《榕城纪闻》 |
| 霞浦 | 顺治五年十月 | 瘟疫,遭寇大乱。 | 徐友梧《霞浦县志》卷三《大事记》 |
| 柘荣 | 同上 | 瘟疫。 | 1995年《柘荣县志·自然灾害》 |
| 邵武 | 顺治五年 | 疫大作,民人死亡,夏大饥。 | 王琛《邵武府志》卷三〇《祥异》 |
| 长汀 | 顺治六年 | 大疫。 | 黄恺元《长汀县志》卷二《大事志》 |
| 清流 | 顺治六年三、四月 | 诸乡大疫。 | 王士俊《清流县志》卷一〇《祥异》 |
| 宁化 | 同上 | 诸乡大疫,死者无算。 | 李世熊《宁化县志》卷七《灾祥志》 |
| 龙溪 | 顺治九年 | 海寇围城,城内人相食,斗米值钱五十两。围解,收颅骨得七十三万(?)疫大作,死者无数。 | 吴宜燮《龙溪县志》卷二〇《祥异》 |
| 建阳 | 顺治九年 | 是年疫。 | 赵模《建阳县志》卷二《大事志》 |
| 浦城 | 顺治十年 | 大疫。 | 黄恬《浦城县志》卷四〇《祥异》 |
| 崇安 | 顺治十年 | 疫。 | 郑丰稔《崇安县新志》卷一《大事》 |
| 建瓯 | 顺治十年 | 大疫。 | 詹宣猷《建瓯县志》卷三《大事志》 |
| 建宁 | 顺治十一年冬 | 大疫。 | 王琛《邵武府志》卷三〇《祥异》 |
| 泰宁 | 康熙四年秋 | 旱,五月栽插甫毕,旱,亢阳如焚,至六月十二日始雨,米价涌贵,秋疫疾人作。 | 2001年《福建省志·地理志》第七章 |
| 连城 | 康熙五年 | 民多疫死。 | 陈一堃《连城志》卷三《大事志》 |
| 邵武 | 康熙十五年 | 时遭兵燹,城邑为墟,兴禹竭力招徕,捐金赎被掠子女千余人,悍卒占民居者,悉逐之,已而大疫。 | 王琛《邵武府志》卷一五《名宦》 |

续表

| 疫地 | 发生时间 | 疫情 | 资料出处 |
|---|---|---|---|
| 光泽 | 康熙十六年夏 | 疫。 | 同上 |
| 建瓯 | 康熙二十九年 | 高阳及麻溪各里大疫。 | 詹宣猷《建瓯县志》卷三《大事志》 |
| 连城 | 康熙四十二年夏 | 春旱,夏大疫。 | 陈一堃《连城志》卷三《大事志》 |
| 长乐 | 康熙四十七年 | 疫。 | 孟昭涵《长乐县志》卷三《大事志》 |
| 莆田 | 康熙四十七年 | 疫气流行。 | 乾隆《莆田县志》卷三四《祥异》 |
| 惠安 | 康熙四十七年 | 疫。 | 嘉庆《惠安县志》卷三五《祥异》 |
| 晋江 | 康熙四十七年 | 大饥疫。 | 道光《晋江县志》卷七四《祥异志》 |
| 晋江 | 康熙四十八年 | 大饥疫(大旱)。 | 同上 |
| 南平 | 康熙五十五年夏 | 西北峡阳里诸乡大疫。 | 吴栻《南平县志》卷二《大事志》 |
| 永定 | 康熙五十七年秋 | 大疫,死者千余人。 | 徐元龙《永定县志》卷一《大事志》 |
| 连城 | 康熙五十九年秋 | 大疫。 | 陈一堃《连城志》卷三《大事志》 |
| 莆田 | 康熙六十一年夏 | 疫,有全家俱殁者。 | 乾隆《莆田县志》卷三四《大事志》 |
| 诏安 | 雍正四年 | 大饥,人民瘟疫,枕藉于道。 | 陈荫祖《诏安县志》卷五《大事志》 |
| 连江 | 同上 | 大疫。 | 邱景雍《连江县志》卷三《大事记》 |
| 南平 | 雍正五年春、夏 | 疫。 | 吴栻《南平县志》卷二《大事志》 |
| 尤溪 | 雍正五年夏 | 大疫。 | 马传经《尤溪县志》卷八《祥异》 |
| 建宁 | 雍正六年 | 疫。 | 王琛《邵武府志》卷三〇《祥异》 |
| 连城 | 雍正六年四月 | 大疫。 | 陈一堃《连城志》卷三《大事志》 |
| 邵武 | 雍正十年春 | 痘疹为疠。 | 王琛《邵武府志》卷三〇《祥异》 |
| 邵武 | 乾隆六年 | 疫。 | 王琛《邵武府志》卷二三《义行》 |
| 南平 | 乾隆六年 | 小儿痘疹。 | 吴栻《南平县志》卷二《大事志》 |
| 光泽 | 乾隆八年秋 | 饥,秋疫。 | 王琛《邵武府志》卷三〇《祥异》 |
| 霞浦 | 乾隆九年三月 | 痘疹流行,越岁乃止。 | 徐友梧《霞浦县志》卷三《大事记》 |
| 连城 | 乾隆十年秋冬 | 大疫。 | 陈一堃《连城志》卷三《大事志》 |
| 长乐 | 乾隆十八年 | 疫。 | 孟昭涵《长乐县志》卷三《大事志》 |
| 莆田 | 乾隆十八年春、夏 | 大疫,城乡男妇老幼死者无算,棺木价涌。 | 乾隆《莆田县志》卷三四《祥异》 |
| 仙游 | 乾隆十八年夏 | 大疫,秋旱,牛多瘴死。 | 王椿《仙游县志》卷五二《祥异》 |
| 惠安 | 乾隆十八年 | 大疫,至十九年秋乃止。 | 嘉庆《惠安县志》卷三五《祥异》 |

续表

| 疫地 | 发生时间 | 疫情 | 资料出处 |
|---|---|---|---|
| 晋江 | 乾隆十八年夏 | 十八年夏,大疫,至十九年秋乃止,死者无数。 | 道光《晋江县志》卷七四《祥异志》 |
| 同安 | 乾隆十八年 | 大疫。 | 吴锡璜《同安县志》卷三《灾祥》 |
| 海澄 | 乾隆十八年 | 疫,民毙,牛马死无数。 | 陈瑛《海澄县志》卷一八《灾异志》 |
| 惠安 | 乾隆十九年秋 | 大疫,至十九年秋乃止。 | 嘉庆《惠安县志》卷三五《祥异》 |
| 晋江 | 乾隆十九年秋 | 十八年夏大疫,至十九年秋乃止,死者无数。 | 道光《晋江县志》卷七四《祥异志》 |
| 崇安 | 乾隆十九年 | 大疫。 | 郑丰稔《崇安县新志》卷一《大事志》 |
| 光泽 | 乾隆二十四年夏 | 疫。 | 盛朝辅《光泽县志》卷一《时事表》 |
| 南平 | 乾隆二十九年冬 | 小儿痘疹。 | 吴栻《南平县志》卷二《大事志》 |
| 南平 | 乾隆三十九年冬 | 小儿痘疹。 | 同上 |
| 建阳 | 乾隆四十六年秋 | 疫。(《福建省志,地理》:秋冬大旱,秋疫。) | 赵模《建阳县志》卷二《大事志》 |
| 政和 | 乾隆四十六年 | 疫。 | 李熙《政和县志》卷三《大事志》 |
| 永定 | 乾隆五十二年 | 饥,多疫。 | 徐元龙《永定县志》卷一《大事志》 |
| 晋江 | 乾隆五十三年 | 是年大疫,死者无数。 | 道光《晋江县志》卷七四《祥异志》 |
| 龙岩 | 嘉庆九年 | 天花。 | 1992年《龙岩地区志》卷三四《医药卫生》 |
| 顺昌 | 嘉庆十一年 | 疫。 | 道光《顺昌县志》卷九《祥异》 |
| 永定 | 嘉庆十一年秋 | 是年大疫,溪南尤甚。 | 徐元龙《永定县志》卷一《大事志》 |
| 晋江 | 嘉庆二十二年春 | 大疫。 | 道光《晋江县志》卷七四《祥异志》 |
| 长乐 | 嘉庆二十五年秋七月 | 吐泻盛行,起西门,渐移东门,人死极众,至九月遍南北乡,十月始息。 | 孟昭涵《长乐县志》卷三《大事志》 |
| 永定 | 嘉庆二十五年秋 | 旱饥,秋多疫。 | 徐元龙《永定县志》卷一《大事志》 |
| 福州 | 嘉庆二十五年秋 | 霍乱。 | 1996年厦门卫生检疫局《传染病论文集》(以下简称《论文集》) |
| 长汀 | 嘉庆二十五年 | 大疫。 | 黄恺元《长汀县志》卷二《大事志》 |
| 建瓯 | 道光元年七、八月 | 大疫。 | 詹宣猷《建瓯县志》卷三《大事志》 |
| 连江 | 道光元年秋 | 秋大旱。秋七月至八月大疫,霍乱暴死者众,福建全省皆然。 | 邱景雍《连江县志》卷三《大事记》 |

续表

| 疫地 | 发生时间 | 疫情 | 资料出处 |
|---|---|---|---|
| 长乐 | 同上 | 吐泻又作。 | 孟昭涵《长乐县志》卷三《大事志》 |
| 晋江 | 道光元年 | 大疫,死者无数。 | 道光《晋江县志》卷七四《祥异志》 |
| 漳浦 | 同上 | 大疫,男女吐泻暴卒,不计其数。 | 陈汝咸《漳浦县志》卷二一《灾祥》 |
| 尤溪 | 道光二年夏 | 大疫。 | 马传经《尤溪县志》卷八《祥异》 |
| 金门 | 同上 | 旱,大疫。 | 2001年《福建省志·地理志》第七章 |
| 福安 | 道光四年春 | 痘疹大作,死者不可胜计,至冬渐息。 | 张景祁《福安县志》卷三七《祥异》 |
| 长乐 | 道光十年秋 | 疫盛行。 | 孟昭涵《长乐县志》卷三《大事志》 |
| 长汀 | 道光十年夏秋 | 有疫。 | 黄恺元《长汀县志》卷二《大事志》 |
| 光泽 | 道光十五年春、夏 | 大疫。 | 王琛《邵武府志》卷三〇《祥异》 |
| 长乐 | 道光十六年春、夏 | 春夏大旱,秋吐泻大作。 | 孟昭涵《长乐县志》卷三《大事志》 |
| 长乐 | 道光十八年 | 瘟疫大作。 | 同上 |
| 厦门 | 道光二十三年 | 霍乱。 | 《论文集》 |
| 连江 | 道光二十四年夏 | 疫。 | 邱景雍《连江县志》卷三《大事记》 |
| 连江 | 道光二十六年春夏 | 自春至夏,疫痘盛,男女多伤。 | 邱景雍《连江县志》卷三《大事记》 |
| 长乐 | 道光二十九年冬 | 疠疫盛行。 | 孟昭涵《长乐县志》卷三《大事志》 |
| 福州 | 道光三十年 | 霍乱。 | 《论文集》 |
| 长乐 | 咸丰元年秋冬之交 | 吐泻大作。 | 孟昭涵《长乐县志》卷三《大事志》 |
| 厦门 | 咸丰五年 | 霍乱。 | 《论文集》 |
| 建阳 | 咸丰七年秋冬 | 城乡大疫(战乱) | 赵模《建阳县志》卷二《大事志》 |
| 光泽 | 咸丰七年秋冬 | 大疫,死者无算。 | 王琛《邵武府志》卷三〇《祥异》 |
| 光泽 | 咸丰八年秋 | 大疫,死者无算。 | 同上 |
| 厦门 | 同治三年 | 霍乱。 | 《论文集》 |
| 福州 | 同上 | 霍乱。 | 同上 |
| 福清 | 同上 | 是年霍乱流行,死亡人数甚多。 | 1994年《福清市志·大事记》 |
| 上杭 | 同治四年 | 四乡自乱后,继以大疫,稻熟无人收获,敌军到处白骨遍野。 | 民国《上杭县志》卷一《大事志》 |

续表

| 疫地 | 发生时间 | 疫情 | 资料出处 |
|---|---|---|---|
| 永定 | 同治四年夏秋 | 城乡因遭乱后尸骨遍地,夏秋之交遂生大疫。 | 徐元龙《永定县志》卷一《大事志》 |
| 金门 | 同治十一年 | 疫,自七月至十一月不雨。 | 2001年《福建省志·地理志第七章》 |
| 厦门 | 光绪三年 | 霍乱,波及泉州。 | 《论文集》 |
| 泉州 | 同上 | 同上。 | 同上 |
| 福州 | 同上 | 霍乱。 | 同上 |
| 福州 | 光绪七年 | 霍乱。 | 《论文集》 |
| 厦门 | 光绪八年 | 霍乱 | 同上 |
| 福清 | 光绪九年 | 霍乱流行,比同治三年的一次更为严重。 | 1994年《福清市志·大事记》 |
| 福州 | 光绪十一年 | 霍乱。 | 《论文集》 |
| 晋江 | 同上 | 霍乱,镇民死者二百余人。 | 《安海志》卷九《祥异》 |
| 同安 | 光绪十二年 | 本县鼠疫始于1886年(光绪十二年)灌口区锦里乡角尾村。 | 《论文集》 |
| 漳平 | 光绪十四年 | 从光绪十四年漳平永福发现首例鼠疫病人起,鼠疫盛行。 | 1992年《龙岩地区志》卷三四《医药卫生》 |
| 福州 | 光绪十六年冬 | 鼠疫盛行。 | 王振忠《近600年来自然灾害与福州社会》 |
| 福州 | 光绪十八年 | 霍乱。 | 《论文集》 |
| 莆田 | 光绪十八年 | 是年鼠疫由莆田传人福清。 | 1994年《福清市志·大事记》 |
| 福清 | 同上 | 先在阳下作坊村发现,后蔓延全县各地。 | 同上 |
| 安溪 | 光绪二十年四月 | 龙门白拆益往厦门经商,途经泉州染鼠疫,回家不日病亡。随后蔓延乡里,流行全县。 | 1994年《安溪县志》卷二《瘟疫》 |
| 泉州 | 同上 | 鼠疫。 | 同上 |
| 永春 | 光绪二十年 | 始有鼠疫。 | 民国《永春县志》 |
| 光泽 | 光绪二十年秋 | 大疫。 | 王琛《邵武府志》卷三〇《祥异》 |

续表

| 疫地 | 发生时间 | 疫情 | 资料出处 |
|---|---|---|---|
| 同安 | 光绪二十一年 | 大疫，鼠先死，染者或肿项，或结核吐血，流行盛甚。 | 吴锡璜《同安县志》卷三《灾祥》 |
| 福清 | 光绪二十一年 | 是年霍乱流行，死亡人数甚多。 | 1994年《福清市志·大事记》 |
| 光泽 | 光绪二十二年秋 | 疫。 | 王琛《邵武府志》卷三〇《祥异》 |
| 厦门 | 光绪二十二年夏秋 | 疫死者多。 | 民国《厦门市志》卷三《大事志》 |
| 厦门 | 光绪二十三年 | 鼠疫，死者千余人。 | 同上 |
| 厦门 | 光绪二十四年 | 鼠疫甚时，一日死亡五十人。 | 同上 |
| 福清 | 光绪二十四年 | 鼠疫大流行，延至光绪二十八年达五年之久，死亡10442人。 | 1994年《福清市志·大事记》 |
| 厦门 | 光绪二十五年夏 | 鼠疫，翌年三月更甚。 | 民国《厦门市志》卷三《大事志》 |
| 厦门 | 光绪二十六年三月 | 同上。 | 同上 |
| 德化 | 光绪二十六年夏 | 五月旱，鼠疫始生。 | 2001年《福建省志·地理志》第七章 |
| 厦门 | 光绪二十七年 | 疫，历四月之久。 | 民国《厦门市志》卷三《大事志》 |
| 龙岩 | 光绪二十七年 | 鼠疫。 | 郑丰稔《龙岩县志》卷一《大事志》 |
| 永泰 | 光绪二十八年夏 | 夏旱，鼠疫作，自是连岁苦疫，死者枕藉。 | 董秉清《永泰县志》卷三《大事志》 |
| 厦门 | 光绪二十九年 | 霍乱。 | 《论文集》 |
| 古田 | 光绪二十九年 | 三都各村鼠疫盛行。 | 民国《古田县志》卷三《祥异》 |
| 晋江 | 光绪三十年 | 鼠疫，西坡村与妈祖宫、海后街死者一百多人。 | 《安海志》卷九《祥异》 |
| 厦门 | 光绪三十二年 | 疫。 | 民国《厦门市志》卷三《大事志》 |
| 福清 | 光绪三十三年 | 是年龙田一带天花大流行。 | 1994年《福清市志·大事记》 |
| 福清 | 光绪三十四年 | 鼠疫大流行，延至民国四年，死亡5004人。 | 同上 |
| 晋江 | 光绪三十四年 | 鼠疫，高厝围疫区死者一百多人 | 《安海志》卷九《祥异》 |
| 南平 | 光绪三十四年冬 | 是冬，小孩痘疫，多夭。 | 吴栻《南平县志》卷二《大事志》 |

续表

| 疫地 | 发生时间 | 疫情 | 资料出处 |
|---|---|---|---|
| 厦门 | 宣统元年 | 赤痢、天花、霍乱、鼠疫流行。 | 民国《厦门市志》卷三《大事志》 |
| 厦门 | 宣统三年四月 | 疫。 | 同上 |

据表中所列资料,明清福建有疫之年至少当有124个年份、52个县市发生瘟疫,以地计,至少当达244地次①,其中大的疫疠占了150多地次。若用清朝政区作统计,福州府的福州(包括闽县与侯官)占有14次、长乐17次、福清7次、连江7次、罗源2次、古田7次、闽清1次、永福3次,凡58地次;福宁府的霞浦(包括柘荣)16次、福安4次、宁德2次,凡22地次;延平府的南平12次、顺昌2次、将乐1次、沙县4次、尤溪2次,凡23地次;建宁府的建安与瓯宁6次、建阳2次、崇安2次、浦城2次、政和1次,凡13地次;邵武府的邵武18次、光泽16次、建宁2次、泰宁3次,凡39地次;汀州府的长汀3次、宁化3次、清流1次、连城9次、上杭1次、武平1次、永定5次,凡23地次;漳州府的龙溪2次、海澄2次、南靖1次、漳浦1次、诏安2次,凡8地次;龙岩州的龙岩3次、漳平1次,凡4地次;兴化府的莆田(包括旧的兴化县)7次、仙游1次,凡8地次;泉州府的晋江(包括泉州市)15次、惠安4次、同安(包括金、厦)21次、安溪1次,凡41地次;永春州的永春1次、德化1次、大田2次,凡4地次。以县市言,达10次以上的县市有同安、邵武、长乐、光泽、霞浦、泉州、福州和南平;达5次以上的有连城、福清、莆田、连江、古田、建瓯与永定(其中同安次数最多,是因厦门的疫疠特重,霞浦也多,则包括柘荣的缘故)。可见明清福建的疫疠地域分布十分广阔,又以沿海各地最为严重。

明清福建的疫疠四季都有,夏、秋特多,春次之,冬最少。疫疠多

---

① 这里特谓"至少",是因缺乏南安等县的资料;另是有些县志修于清的前期,资料也不完备;还有志书记载的某府疫,未指府辖的那些县,概作府治县一次计;而志书谈到的全省疫,若无确地,也不计之。所以文中所说的疫,实际上是超过244地次的。

与旱、涝灾害直接有关系。盖福建的5月至6月多梅雨,雨区广,雨量大,雨期长,降雨的强度大。7月至9月间又多台风和暴雨,洪涝灾害都发生于此时,常漂没田舍,造成大量人畜的伤亡,往往浮尸遍地。旱灾大半也都同在春夏或夏秋的季节,尤以沿海最为常见,常致井泉干涸、种不入土、禾稼无收、赤地弥望、饿殍载道。是以疫疠的流行,便多出现在这一时候;且因沿海各地的旱情较多较重,而使沿海的疫疠多于内陆山区。

另从表中所列资料可知,大疫也常由战乱所引起。其中嘉靖四十年(1561)倭攻宁德县城,陷之,"瘟疫大作";顺治九年(1652)海寇围龙溪,城内人相食,围解,收颅骨,"疫大作,死者无数";康熙十五年(1676)邵武兵燹,"已而大疫";同治四年(1865)上杭、永定遭乱,尸骸遍地,"继以大疫"。

而到清后期,厦门、福州五口通商,国内外商人接踵而至,传及霍乱和鼠疫,更使福建的疫疠日益频繁和严重。

福建疫疠的盛行,是从永乐五年(1407)开始的。最初的重灾区是在邵武府,并波及建宁府和延平府,流行至十六年(1418),疫死174600人。至成化十一年(1475),主要疫区仍在闽北。成化间(1465—1487),大疫22地次,疫2地次,还有2次全省性的瘟疫。到二十一年(1485)主要疫区移至福州府地。此后,即依表中所列资料,较大的疫期又有以下数次:

1.正德间(1506—1521)大疫13地次,疫3地次,以正德二年(1505)建、邵二府、十二年(1517)泉州府、十六年(1521)福州府的瘟疫最重,而闽东北也有4次大疫。

2.嘉靖间(1522—1566)大疫23地次、疫3地次,以霞浦、福安、沙县、南平和泉州的瘟疫最重。特别是泉州"自戊午(三十七年,1558)至甲子(四十三年,1564)大荒大疫。四十一年(1562),郡城瘟疫,人死十之七,市肆寺观尸相枕藉,有阖户无一人存者,市门俱闭,至无敢出"。嘉靖二十四年(1545)沙县和南平的瘟疫,死者"万计"。闽西的龙岩、宁化和连城也有多次的大疫。

3. 顺治间(1648—1654)大疫 9 地次、疫 4 地次,除龙溪一疫外,都在闽东、闽西和闽北。

4. 康熙五年至六十一年(1666—1722)大疫 11 地次、疫 4 地次,其间连城大疫占 3 次,晋江大饥疫 2 次,泰宁、邵武、莆田、永定也各有 1 次大疫。

5. 雍正四至六年(1726—1728)大的疫疠 5 地次、疫 2 地次,以四、五年诏安的大饥疫最重。

6. 乾隆十八至十九年(1753—1754)大疫 7 地次、疫 1 地次,主要是在兴化和泉州二府的沿海各地。

7. 嘉庆二十五年(1820)大疫 4 地次,全在福州、长乐、长汀和永定。是年,长乐"吐泻盛行",福州开始"霍乱"。

8. 光绪间(1886)鼠疫流行,重大的疫区又多移至东南沿海。光绪三至三十四年(1877—1908)凡有鼠疫 19 地次、霍乱 10 地次,几乎全都是在福、厦间。其中单是厦门一地,光绪二十二年的鼠疫"疫死者多",二十三年"死者千余人",二十四至二十七年又再连年大疫。福清的鼠疫,单在光绪二十四至二十八年(1898—1902)间,疫死也达 10422 人。其他沿海各地也都无县不疫。

明清福建的疫疠,志书记载甚简,一般只称"疫"或"大疫",直到正德十一年(1516)才有霞浦"朝发夕死"的"喉疾"疫疠一名的出现。这一疫疠,是否为今白喉一类的疫病,尚待医家研究。嘉靖元年(1522),福安、霞浦又有"痘疹","殇者甚众"。此后常流行于邵武、南平和连江各地,"小儿多死","男女多伤"。此等疫疠是否当包括水痘、疱疹和天花,也待医家论断。

到了嘉庆二十五年(1820),福州各地开始"霍乱"。"霍乱"一名早见于中国古医书的记载。《资治通鉴》卷一七汉武帝建元六年(前135)也载,汉代的闽越(今福建)夏月暑时,"欧泄霍乱之病相随属"。但中国古代的"霍乱",是将中暑、痢疾、食物中毒和急性胃肠炎等的疾病包括在内,与西方"霍乱"的专称有别。此时,霍乱已属后者,也叫"吊脚痧"。据伍连德氏考证,"中国霍乱首次流行,系在 1817 年,时适孟加拉南部霍乱流行猖獗之际,疫气循陆蔓延,直侵中国西南部"。及至1820年英国用兵缅甸,引起霍乱流行,随后经由海道传入广州,并波及宁波和温州各地,此疫便在中国境内大规模流行①。可见志书记载的"疫"或"大疫",自当包有许多广义的霍乱。

至于鼠疫,据杨上池研究,可能就是隋代医书中所称的"恶核"②。泉州市方志办《泉州市志》卷三四《卫生》也说,明代《闽书》记载"嘉靖四十一年(1562)泉州郡城大疫,人死十六七","其疫情疑为中世纪欧洲鼠疫从海路传入"。而近代鼠疫之传入闽地,则从清代光绪间开始,且愈演愈烈。杨伯谦和林明堂对此有曰:"我国南方鼠疫,以1894年香港大流行为中心,在广东、福建沿海传播蔓延,东侵台湾,南北波及广西、江西、浙江以至上海","1894年后我国南方鼠疫流行以闽、粤、台为主。……福建鼠疫在1884—1894年侵入厦门之后,沿海岸线向北传播,如福州、惠安、漳州、晋江、漳浦、莆田、福清、平潭、连江、长乐均有流行,同时由水陆两路向内陆蔓延,水系以九龙江与闽江南北波及沿江各县,陆路多因战争军队来往,疫区人民避难,而传播闽东、闽西各县。其间较大的流行有1895—1898、1901—1903、1945—1946年。分为闽南与闽北两大疫区。从1884—1952年的69年间,鼠疫波及全省68个县的57个县,病例高达825512例,死亡712466例,病死率86.31%,远远超过广东省疫情十多倍"③。

另是福建多山、森林茂盛,又处亚热带,气候暖热湿润,至明,仍有岚瘴危害着宁洋、大田、漳浦、南靖、古田、德化、仙游和浦城与长汀以南、上杭以东等广大的山区,这些地方"人多瘴疟,十室九卧"④。

---

① 《中国霍乱流行简史》,1996年中华人民共和国厦门卫生检疫局《传染病论文集》。

② 杨上池《中国鼠疫流行简史》,1996年中华人民共和国厦门卫生检疫局《传染病论文集》。

③ 杨伯谦、林明堂《我国南方鼠疫历史回顾》,《厦门卫生检疫资料汇编》第2期,1988年。

④ 详见陈汝咸《漳浦县志》卷三《风土志上》、姚循义《南靖县志》卷二《气候》、王世懋《闽部疏》、陈天枢《宁洋县志》卷二、乾隆《永春州志》卷七《风土志》、黄恬《浦城县志》卷六《风俗》等。

明清福建的疫疠频繁发生,每当疫疠盛行,各个疫地死者都动以千计、万计,造成无数家庭劳力不足,陷于贫困。连年饥疫对福建社会经济的破坏更大。疫疠固由自然灾害所引起,也与人们疏于及时防患和缺医少药有关系(见图13)。

（原载《中国社会经济史研究》2005年第1期）

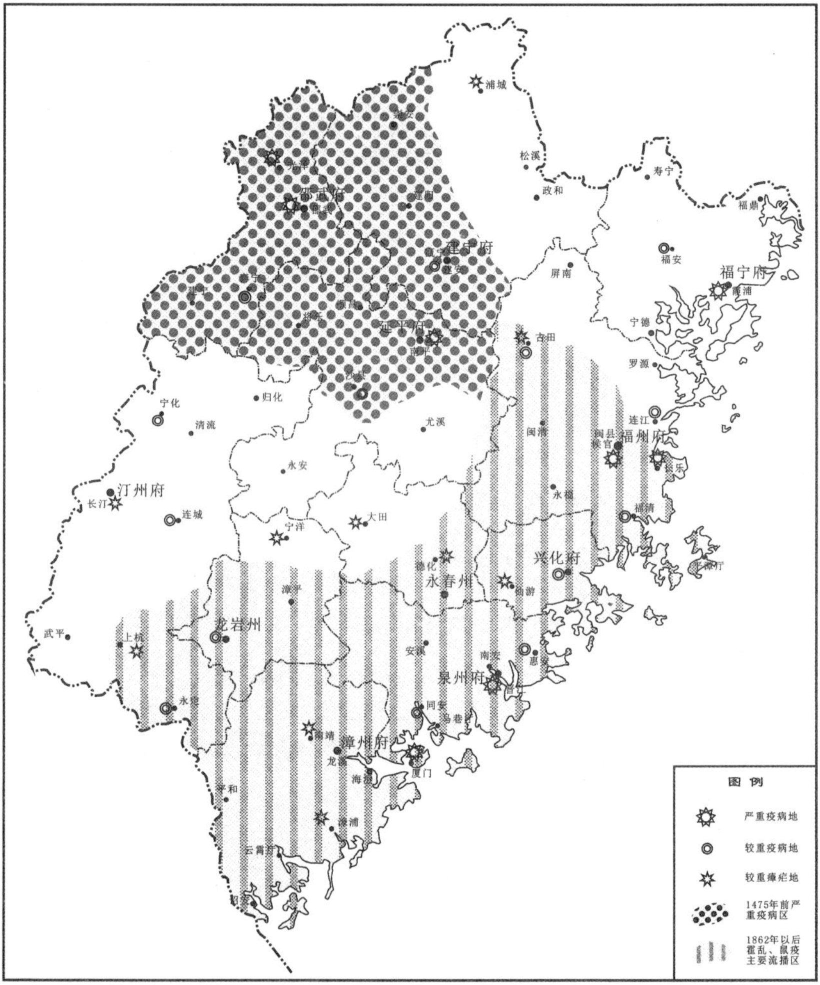

图 13　明清福建疫疠分布图

审图号：GS(2015)3159 号

# 康熙元年
# 福建沿海的迁界及其带来的灾难

　　为断沿海民众对郑军的粮物供应,康熙即位(1662)清廷便派兵部尚书苏纳海来闽迁界,"自省城闽安镇始,北抵浙界之沙埕六百七十里,南抵粤界之分水关一千一百五十里,通为闽边一千八百二十里,筑寨固守,禁民外出。其入海之水曰潘渡河,曰铜镜河,曰廉村河,曰洋尾河,曰大梅河,曰赤头河,曰云霄河,曰开溪河皆断而守之;昔之寨、游、卫、所大率皆弃置"①。被迁地面有福州、兴化、泉州、漳州四府及福宁州所属的十九个州县,"原迁界外田地共二万五千九百四顷零"②。沿边开沟筑墙,以垣为界,界外村庄室庐尽被焚毁废弃,强令居民移入内地,沿边设寨置台二百多处,驻军看守,严禁人们越界外出,违者斩首。那时所画界线,杜臻在其《粤闽巡视纪略》曾有较详的交代,而见其他志书,也有一些记述。兹先按照杜臻所分地段,作一考释。

---

①②　杜臻《粤闽巡视纪略》卷四、卷五。

## 一、迁界界限

### 1. 诏安边

杜臻《粤闽巡视纪略》卷四:"(康熙)元年画界,自粤界之分水关历赤南山(凤山亭、大兴寨)至梅州寨,为诏安边,边界以外斗入海三十里悬钟所、附海十五里西张、西岐岭、十里竹巷、梅岭皆移,共豁田地三百八十四顷有奇;又平和县豁免田地二十五顷,错壤也。于梅州寨因界设守。"

光绪《漳州府志》卷四七《灾祥》也道:"诏安自五都至玄钟,皆为弃土。"

另据杜臻《粤闽巡视纪略》,康熙八年(1669)展界,即以分水门、十八葛、琉璃岭、白马坑、洋林村、洋尾桥、龟山、华寨、菜园浦、公子店、八尺门、烈屿等地,作为安兵把守之地。

兹查地图,上引志书所载分水关、凤山亭、梅州寨、悬钟(玄钟)所、琉璃岭、洋林、龟山、菜园浦、八尺门、烈屿、公子店、西张、梅岭皆可得见。而赤南山据杜臻言,当是大南山,即今诏安西南之南山;竹巷则当竹港之误。另据《闽书》卷二九《方域志》《漳州府志》所指的五都,应为东山岛地。

按杜臻既谓康熙元年(1662)画界,是以分水关、赤南山、凤山亭、大兴寨、梅州寨为界,复参八年展界,龟山、公子店各地尚为安兵把守之地,是时之边界当在今天的分水关、南山、龟山、凤山亭、公子店和梅州这些地方,而在此线以南,通为界外之地(见图11)。

### 2. 漳浦边

继诏安边后,是为漳浦边。杜臻又谓:"是日行七十里止云霄,丁卯,行八十里止漳浦。元年画界,自梅州寨历油甘岭(高塘洋、云霄镇、大梁山、高洋口、苦竹岭、秦溪村、荔枝园、浯江桥、赵家堡、张坑)至横口,为漳浦边。边界以外斗入海四十里月屿、二十里旧洋、附海三十里虎头山、十五里埔头、十二里后葛司、十里洋尾桥、杜浔、七里旧镇皆移,共豁田地一千一百六十三顷,于荔枝园、南洋口因界设守。"①

另据嘉庆《云霄厅志》卷一九《灾祥》记载,顺治十八年(1662)九月,"迁沿海边地,以垣为界,云霄自河口以外东南一带俱为界外,居民迁移失业,亡者不可胜数"。

陈汝咸《漳浦县志》卷一一、卷二、卷七也载:(顺治)十八年九月十八日奉旨迁界,梁山以南、旧镇以东皆为弃土",漳浦的九都在今县南五十里,统图三,十都县南四十里,统图四,十五都县东南五十里,统图五,二十三都县东北一百里,统图六,这些都、图全都沦为弃地;而县东北五十里的十七都,统图六,其在沿海的各图也都弃之,"弃迁沿海地方,抛荒一千二百八十七顷八十六亩五分一厘五毫三丝八忽八微"。

按杜臻谈到漳浦边的那些地名油甘岭、高塘洋、云霄镇、大梁山、高洋口、苦竹岭、秦溪村、浯江桥、赵家堡和横口,今图都可得见,唯荔枝园未见于图,或为秦溪西的"城内"即是,因其地位居岩溪出海口,自当设寨筑城于此看守,故后才有"城内"的称呼。若是,则时之漳浦边应沿高塘洋、油甘岭和云霄南的河口而至梁山,再转东南的高洋口、荔枝园(城内)、秦溪村、浯江桥,复又北经赵家堡、苦竹岭与今横口而入海澄边(见图11)。

**3.海澄与龙溪边**

杜臻谈完漳浦边后,又曰:"戊辰,行九十里止海澄,施将军烺自厦门来会。……元年画界,自横口历洪礁(独石山、关庙村、蔡家庄)至三叉寨,为海澄边,边界以外附海十七里陈辉村、十二里甘辉村、七里太江等皆移,共豁田地七百八十四顷有奇,于石马、洪礁、团山、三叉寨因界设守。"复曰:"石马镇,亦名石码镇,在邑之西,其北支海亦名锦江,龙江之所委也,许茂、乌礁、紫泥三洲星列,迤逦而东。其支海之北则为桥梁尾、嵩屿、长屿、海沧、许林头诸境,濠门巡检司在焉,即所割龙溪一、二、三都之地,今皆在界外。"又称:"元年画界,自

---

① 杜臻《粤闽巡视纪略》卷四。

三叉寨历江东桥(东尾、九头、马鬐山)至莲花村,为龙溪边,边界以外附海二十五里海沧、十五里乌臼(疑为乌屿)、十里姚屿,石尾等村俱移,共豁田地三百八十二顷有奇,于龙江铺、江东桥因界设守","海澄故与同安接境,而龙溪在其内,本非边海,以海澄之北有支海内入,故亦有迁界,而龙江其重镇也"①。

按海澄、同安二县早在顺治十七年(1660)九月,已应闽督李率泰之奏请,"迁同安县排头、海澄县方田沿海八十八堡人民入内地安插"②。至康熙元年(1662)画界,乾隆《海澄县志》卷一八《寇乱》说:"(顺治十八年)秋九月,迁沿海边地居民","以垣为界。澄自一都以至六都,皆为弃土"。光绪《漳州府志》卷四七《灾祥》对此也载:"海澄自一都至六都","皆为弃土"。另见乾隆《海澄县志》卷一六、卷四,复道:"(海澄)北则一、二、三都与邑隔海,各筑内埭以蓄淡灌溉,自顺治十八年迁移之后,沧桑变更;邑东二十里许过溪之丰田、留田、青浦三保,四、五都地也,海潮狂决,一望巨浸,迨展界以来,哀鸿渐集","顺治十八年,迁移界外官民田地共八百四顷二十亩余"。

至于龙溪县,吴宜燮《龙溪县志》卷二〇《纪兵》有曰:"(顺治)十八年九月,迁沿海边地,以垣为界,龙溪自江东至龙江以东,皆为弃土。"光绪《漳州府志》卷四七《灾祥》也谓:"龙溪自江东至龙江以东,漳浦自梁山以南、旧镇以东镇海、六鳌、铜山,海澄自一都以至六都,诏安自五都至玄钟,皆为弃土。"

兹查方志记载的海澄都、保,上引志书所说的一、二、三都,乃今海沧、石囷、吴慣地;四、五都为方田(丰田)、青浦、西埭、溪头、浮宫和霞郭等地;而鹿石陂、曾公陂、槐浦埭、圳尾埭则属六、七都地。另查于图,志书所说的石码、洪礁、方田、太江、三叉寨、江东桥、东尾、莲花村仍都可见;独石山据《嘉庆重修一统志·漳州府》"山川"记载,乃今鹿石山;龙江铺据杜臻言,是在福河之北;而关庙村则当阮旻锡

---

① 杜臻《粤闽巡视纪略》卷四、卷五。
② 沈沄《郑氏始末》卷四。

《海上见闻录》卷一所指的关帝庙,其地在今水头与车郊间。

据此,则康熙元年龙、海二县所迁的界限,应由今天的横口历洪礁,北转鹿石山而至车郊、水头间的关帝庙;又从石码、三叉寨、江东桥东转东尾和莲花村。那时海澄所迁之地既限一、二、三都至六都,未及八都、九都的海澄、石码,是今海澄、石码自当在其界内(见图11)。

**4. 同安边**

继海澄、龙溪边后,杜臻接着说:"庚午,登(厦门)白石岭,望金门","辛未,自厦门登舟过高岖,遇大风,历刘五店、沥洲,宿石浔海岸,同安境也,去县二十里","泉州府领县七,边海者四,曰同安,曰南安,曰晋江,曰惠安,晋江附郭。元年画界,自莲花村历乌头(孤山、凤尾山、灌口寨、苎溪桥、方坑岭、浦头寨、石浔、踏石山、三忠宫岩山、店头铺)至小盈,为同安边,边界以外附海二十里埕头、浔尾,十五里马銮、唐厝港,五里鼎尾皆移,共豁田地一千九百四十一顷有奇,于灌口寨、苎溪、踏石山设兵驻守"。又曰:沥洲屿、石浔、白礁、高浦、马銮、浔尾、宝珠屿、刘五店、五通、白屿、乌屿、烈屿、澳头、大嶝、角屿门"诸境迁海时,俱在界外"①。

按杜臻所说的沿边各寨台,除乌头、孤山、方坑岭和踏石山不见于图,余仍可见。另据《嘉庆重修一统志·泉州府·关隘》,同安县东南二十五里有踏石镇,是踏石山当在石浔稍东的地方。依此,是时之同安边应以今莲花村、凤尾山、灌口寨、苎溪桥、浦头寨、石浔、三忠宫岩山、店头铺与小盈各地为界(见图11)。

**5. 南安边**

杜臻谈到南安边,又曰:"元年画界,自小盈历东岭,至大盈,为南安边,边界以外斗入海三十里石井、附海十里鸡笼山等村皆移,共豁田地三百七十二顷有奇,丁大盈设守。"②道光《福建通志》卷八五《关隘》、卷八六《要冲》又加补充说:清初石井城被毁,而在小盈、大盈、康店和青石宫筑建墩台,立屯寨驻兵看守。

---

①② 杜臻《粤闽巡视纪略》卷四。

据此,是南安所画边界,应在东岭、康店和大盈一线(见图 11)。

### 6.晋江边

至若晋江,杜臻又曰:"癸酉,行六十里,次泉州府","元年画界,自大盈历龙源山(鹧鸪寨、后渚澳)至洛阳桥,为晋江边,边界以外斗入海五十里福全所、三十里永宁卫、二十里祥芝澳、十里东石澳俱移,共豁田地一千二百五十二顷有奇,于观树塔山因界设守"①。

对此,道光《晋江县志》卷九也载:"(顺治)十八年辛丑,以民通海寇,迁都,沿海十里俱属界外。安海迁至六都内坑止,官廨民居一尽毁平。"另据 1983 年《晋江县地名录》,清廷为绝郑氏后援,顺治间曾令衙口沿海各墟镇内迁,迁民纷纷移至石狮,石狮地处交通要道,大家就在这里兴建店铺,而使石狮街市逐渐形成。又据庄为玑《晋江新志》下册《移民志》,清初迁界,东石、衙口、蚶江各地都被迁移,居民流离失所。然从康熙元年尚对烟浦埭、龟湖塘进行维修一事看,是今石狮、陈埭一带自当未被迁移。故以此而推,是时之晋江迁界,盖由南安的大盈而至晋江的内坑,再沿龙源山(即灵源山)而至观树塔(亦名关索塔、关锁塔、姑嫂塔,在今宝盖山),然后往北迁走祥芝、蚶江一带的居民,复在泉州鹧鸪寨(今法石东浔浦,即前埔)和后渚再立寨台看守,以防人们经由晋江或洛阳江私自出入(见图 11)。

### 7.惠安边

杜臻《粤闽巡视纪略》卷五又载:"癸酉,行三十里至洛阳桥,又三十里过惠安县。元年画界,自洛阳桥历石任寨(下金山、下曾山、文笔山、柳庄、溪石寨、邱户村)至九峰寨,为惠安边,边界以外斗入海四十里黄崎湾、三十里崇安(应作崇武)所、峰尾、二十里白沙、獭窟、十五里横头澳皆移,共豁田地一千九百九顷有奇,于石任诸处因界设守。"

对此,嘉庆《惠安县志》记载更详:"顺治十八年,迁濒海居民入

---

① 杜臻《粤闽巡视纪略》卷四。

内地,图甲十减六七"①,王孙走马埭(长二十里)"国初迁界,埭为海 淹"②,崇武城"顺治十八年,迁界弃之"③。又曰:"顺治十八年迁界,沿 界设造垒寨、墩台,自洛阳至枫亭交界止,寨八、墩台十四:石浔寨 (庸庄铺)、曾墓寨(苍云铺)、埔塘寨(镇安铺)、宣妙寨(蔡宅铺)、走 马埭桥寨(王孙铺)、大埔寨(锦溪铺)、涂岭寨(樟市铺)、九峰寨(添 奇铺);马山墩台、大崎岭墩台、长园墩台、文笔山墩台、温厝墩台、东 芹山墩台、柳庄墩台、溪西墩台、十八汸墩台、乌面宫墩台、龟山墩 台、观音台墩台、陈同关墩台、南庄墩台。"④另据乾隆《泉州府志》卷 九《水利》,也道:曾垆庄埭、石塔埭、下江埭、崇福埭四埭凡计田亩二 千二百有奇,"国朝迁界,埭为海滣"。

兹查地图,志书提到的洛阳桥、石任寨、马山、埔塘寨、文笔山、 下金山、宣妙寨、下曾山、温厝、王孙铺、乌面宫、龟山、涂岭寨、九峰 寨都可得见;而杜臻谈到的溪石寨,今图未见,疑是县志所云溪西; 陈同关县志指谓距县四十里,则当为今潼关;至若邱户、柳庄,今图 不见,或为丘后、庄上的别写。另是南庄墩台,道光《惠安县续志》卷 一《关隘》曾云,此乃康熙八年(1669)广界后所添设,故疑嘉庆志记 载的大埔寨,也当为该年展界后才增置。

综观上述,是惠安康熙元年的迁界,其边界应从洛阳桥始,经今 石任、埔塘、下金山,然后北向下曾山、王孙铺、溪西台、涂岭寨、九峰 寨,而至仙游的枫亭(见图11)。

### 8.仙游边

杜臻同卷又载:"是日又行五十里,止仙游之枫亭驿。兴化府属 县二,皆临海,曰仙游,曰莆田,莆田附郭。元年画界,自九峰山历枫 亭驿、梅岭,至壶公山尾,为仙游边,边界以外附海二十里东沙、十里

---

① 《惠安县志》卷四《铺乡》
② 《惠安县志》卷五《田土水利》。
③ 《惠安县志》卷七《城池》。
④ 《惠安县志》卷七《寨台》。

厝头、三里陡门皆移,共豁田地八十一顷有奇。"

依上所述,是仙游边应以今天的枫亭、梅岭及其壶公山尾为界(见图11)。

### 9.莆田边

杜臻接着说:"甲戌,行六十里至兴化府,又四十里止江口桥,自寨东行二里即内地也。元年画界,自壶公山尾历壶公山首(天马山、清浦村、胜塔)至江口,为莆田边,边界以外斗入海六十里莆禧所、吉瘳,五十里平海卫、附海十五里南酒林、十里下尾、三里东云及江口胜塔两岸海湾之村若勾上、上皇、港东、珠浪等皆移,共豁田地四千四百三十顷有奇,于胜塔等处因界设守。"①

对此,余飔《莆变纪事·画界》也说:"将边海居人尽移内地,燔其舍宅,夷其坛宇,荒其土地,弃数百里膏腴之地,荡为瓯脱。刻期十月内不迁,差兵荡剿。以壶山、天马侧入雁沁(三江口东北)为界","初议犹存马峰、惠洋、笏石,及满洲官自来定界,并三乡而截之"。

而见乾隆《兴化府莆田县志》,记载更加详细。该志载:"自康熙辛丑清埜徙民,截去兴福、醴泉、武盛、奉谷、崇福、合浦、新安、安乐、灵川九里,他如望江、连江、国清等里,各有割截,计去地三之一"②;又谓:"顺治十八年,徙沿海,地弃为瓯脱,海水坏堤,直至内地。阅二年,兴筑界墙,自宁海东畔起,至塘下为长堤,堤外尽为海荡。康熙八年展界,斗南、东埭等九乡同筑内堤,自东埭北接大孤屿,南抵邹曾徐,二十年,许民尽复故里,独东角、遮浪二乡以长堤工力浩大,不能兴筑,两乡民止于东华、大孤屿","埕口古有海堤……前经迁界,堤倾,只存基址"③。

按志书所载"截去兴福、醴泉、武盛、奉谷、崇福、合浦、新安、安乐、灵川九里",查之1982年《莆田县地图册》,兴福乃黄石、北高公社地,醴泉为东庄公社地,武盛乃忠门、埭头、平海公社地,奉谷乃东

---

① 杜臻《粤闽巡视纪略》卷五。
② 《莆田县志》卷一《舆地》。
③ 《莆田县志》卷二《舆地·南洋水利》。

峤、埭头、南日地、崇福为忠门公社地，合浦乃笏石、东峤公社地，新安为忠门、湄洲公社地，安乐乃渠桥公社地，灵川为灵川公社地。而志书所云"他如望江、连江、国清等里，各有割截"，《莆田县地图册》又谓，涵江公社清属延寿、待宾、望江、仁德、孝义五里，黄石清属连江、莆田、景德、兴福四里，渠桥清属胡公、南力、维新、国清、安乐五里。

据此，是今北高、东庄、忠门、埭头、平海、东峤、南日、笏石、湄洲、灵川各乡所管地面，当时全被割截，而涵江、黄石与渠桥三乡也有部分地方划在界外。

另据朱维幹《福建史稿》下册所引资料，那时全被割截的是兴福、醴泉、灵川、武盛、奉谷、合浦、崇福、新安八里，局部割截的是连江、莆田、国清、安乐、望江五里。这一说法与县志记载稍异，当从朱说为是①。

因此，综述杜臻所谈康熙元年画界，自壶公山尾历壶公山首，又经天马山、清浦村（今清江）、胜塔而至江口及县志所说截去兴福等九里（应作八里）和截去望江三里（应作五里）部分的土地。并据《莆变小乘》与朱维幹《福建史稿》所称，黄石当时驻有防兵，而由忠门、吉蓼、小屿迁出的居民都在涵江避难，是时之莆田迁界，边界应以壶公山、天马山、黄石、清江、宁海、塘下、雁沁、胜塔和江口为界（见图11）。

**10.福清边**

谈完莆田边，杜臻又曰："乙亥，自江口驿过蒜岭，行八十里至福清县。自县东北行十里至钟山，登其巅望海坛山、镇东卫诸处，薄暮而返。省城福州府属县七，闽县附郭，附海者五，曰福清，曰长乐，曰闽县，曰连江，曰罗源。元年画界，自江口桥历仙岭（蒜岭驿、绵亭岭、渔溪铺、玻璃岭、松树岭、苍霞岭、锦屏松潭山、牛宅村、里美）至定军山，为福清边，边界以外斗入海八十里万安所、七十里牛头寨、五十里泽郎寨、四十里松下、十里镇东卫，附海五里海口桥、上迳镇、二里硋灶俱移，共豁田地四千六百三十四顷有奇，于海口桥东大石、渔溪

---

① 参《福建史稿》下册第25章第2节，福建教育出版社1985年。

铺、蒜岭驿因界设守。"又曰:(福清)其东南隅皆海也,故迁界自西南以抵于东北,自江口桥五里至仙岭,又五里下埔,又五里蒜岭,又五里棉亭,又五里苏阴,又十里渔溪,皆自南而北,由此折而东行,十三里玻璃岭,又十里洋尾,又二十里至县南门,又二十里海口桥,折而北四里牛宅村,又十里里美,又十六里定军山,接长乐境。蒜岭之外有硋灶村,有余坑山,有旗山、双屿,有峰头寨及江阴、壁头,渔溪之外有九龙山,玻璃岭之外有迳上里,皆邑西南附海界外地也。自邑南门渡江至锦屏山,南行二十里杞店、十里牛田场、二十里三山,路岐分为五:一西行十五里至薛店;一西南行三十里牛头寨;一东南诘屈,行六十里至万安所;一东行稍南二十里至白鹤寨;一正东行二十里泽郎司,皆邑东南界外地也。自海口桥循江而东一里至镇东卫,自里美折而东行过麒麟山,四十里至松下,为邑东界外地。凡各路岐分之间,皆有支海内入,故迁移独多。"①

另据海外散人《榕城纪闻》记载,康熙元年画界,"福清二十八里只剩八里"②。

兹查图志,杜臻所说的仙岭,当为今翁山,而下埔、蒜岭、绵亭岭、渔溪铺、玻璃岭、苍霞岭、松潭山、海口、牛宅村、里美各地,都可见之于图,唯定军山不知在今何处。

据上所述,是时之福清边应经今之下埔、蒜岭、绵亭岭、渔溪、玻璃岭,又东经苍霞岭、松潭山、海口各地,复由海口东朝向西北直过牛宅村、里美而至长乐边(见图11)。

### 11. 长乐边

杜臻接着说:"元年画界,自定军山历高岭山(小石山、石屏山、石龙山)至闽安镇,为长乐边,边界以外斗入海四十里梅花所、二十五里东山、十里海路俱移,共豁田地九百一十三顷有奇。"③

对此,孟昭涵《长乐县志》卷三《大事记》也载:"康熙元年壬寅,

---

①③ 杜臻《粤闽巡视纪略》卷五。
② 引自《清史资料》第一辑。

海寇又峰起,复命八寨居民内迁,北至鹤岭,南至六都井门为界,惟二、三、四、五都免迁。"

按杜臻所指的长乐边经由高岭山、石龙山,高岭山乃在鹿平山旁,石龙山则位金刚腿处。而县志所云康熙元年画界,界线系经鹤岭与井门,是时之迁界,应沿今之井门、鹤岭、鹿平山而至金刚腿。此说也合《榕城纪闻》康熙元年迁界"长乐二十四都,只剩四都"的记载①(见图11)。

### 12.闽县边

谈到闽县边,杜臻又曰:"长乐、连江二邑夹闽江之尾为境,而闽安镇居其中,绾毂海口,则闽县地也。自石龙山历象洋山至马门岭,为闽县边,边界以外十五里东岐、高楼,十里象洋俱移","共豁田地三百八十九顷有奇"②。是康熙元年画界,界线当在象洋以西十里和东岐以西十五里。

另是杜臻既谓康熙元年画界,闽县以马门岭为边,但当谈及连江的边界,却又声称马门岭是在馆头以东五里,馆头以东至马门岭各地,是至康熙八年后展界才复界至此的③,前后说法不一。有此矛盾,或因元年画界,马门岭各地百姓虽被迁移,但仍留有部队驻守于该地,依旧视之为边的缘故(见图11)。

### 13.连江边

上面说了,杜臻谈到闽县边有些地方交代不清楚,至述连江时,混误更多。即如杜臻既曰"元年画界,自马门岭山历浦口(麻岭、透岭)至棋盘山为连江边,边界以外斗入海九十里北茭、六十里奇达澳、三十里定海所,附海二十里马鼻、十五里大澳、五里馆头俱移,共豁田地二百三十四顷有奇,于浦口因界设守",接着又说:(连江)邑形东西绵亘,海在其东,闽安镇在西南,闽江之口经其南境,亦大海也。其东北境又有支海内入。故邑东偏之地如舌吐海中,北茭、定海

---

① 引自《清史资料》第一辑。
②③ 杜臻《粤闽巡视纪略》卷五。

为舌之端,小埕、黄崎为舌之腰,而浦口、马鼻舌之本也,初迁于此立界,自是以东远者百里,并在界外。"又谓:"自馆头而东五里至马门岭,又五里定安,又五里长沙,又三里大澳,又三里州岭,又十里小澳,邑之南境,八年展界也",复称:"马鼻山,插入海滨,以形似名,南行为玉楼山,有岭曰透岭,有屿曰鹤屿,皆设戍也,元年迁界也。自马鼻而西为棋盘、浮曦,亦设戍处,乃八年所展界。"①前后说法很多,相当混乱,且与民国《连江县志》的记载也有出入。县志卷三《大事记》:"康熙九年,琯头、大小澳、透堡等处复界";卷九《赋税》说:"顺治间,册载官民田园地池塘山一千六百三十四顷六十五亩零。十八年因调移,开除田地五百七十四顷五十五亩零。"

兹就二者所载,略加分析,作些剖判。

先谈杜臻"元年画界,自马门岭山历浦口(麻岭、透岭)至棋盘山为连江边"和"自马鼻而西为棋盘、浮曦,亦设戍处,乃八年所展界"的棋盘与棋盘山。

兹查地图,连江的棋盘与棋盘山是有很大区别的,一在定海所北十里,东去北茭仅约四十里;一在蓼沿少南,东去北茭超过百里。按杜臻所云"元年画界,自马门岭山历浦口(麻岭、透岭)至棋盘山为连江边",所指应是蓼沿的棋盘山;而后所说的"自马鼻而西为棋盘、浮曦,亦设戍处,乃八年所展界",指的则当是为定海所北的棋盘。盖因杜臻不知棋盘有二,一在马鼻之西,一在马鼻东南,于是遂误八年所展界的棋盘是为康熙元年画界的棋盘山。

另据杜臻《粤闽巡视纪略》谈到的"元年画界……边界以外斗入海九十里北茭、六十里奇达澳、三十里定海所,附海二十里马鼻、十五里大澳、五里馆头俱移",以今浦口去今北茭计之,正约九十里,透岭去今马鼻也正"附海二十里",此与杜臻元年画界,"于浦口因界设守","初迁于此立界,自是以东远者百里,并在界外"正相一致。所以由是可知,连江元年画界,界线应在馆头以西五里,然后北经今天的

---

① 杜臻《粤闽巡视纪略》卷五。

浦口、透岭而至蓼沿的棋盘山。而杜臻谈到"自馆头而东五里至马门岭，又五里定安，又五里长沙，又三里大澳，又三里州岭，又十里小澳"和"自马鼻而西（应作东）为棋盘、浮曦"，则都应属"八年所展界"的界线。正因如是，即杜臻不知棋盘与棋盘山并非同一，所以他在《粤闽巡视纪略》中才会将康熙八年展界后"共豁田地二百三十四顷有奇"，误认为是元年画界所豁出的顷数，而与县志顺治十八年"因调移，开除田地五百七十四顷五十五亩零"的记载有差异（见图11）。

**14. 罗源边**

杜臻谈完连江边，即曰："庚辰，行四十里至丹阳铺，又四十里止罗源县。元年画界，自棋盘山历岐阳铺（护国铺、乌坑山、界首岭）至白鹤岭，为罗源边，边界以外斗入海六十里濂澳门、五十里妆里、附海三十里大护、二十里迹头、十里松山皆移，共豁田地二百六十六顷有奇。"①

林春溥《罗源县志》卷八《城池》也载："罗源县有里十六，村三百七十二，迁界时一里全被割截，另有三里割截部分，凡迁荒五十三村。"

兹查地图，杜臻所说的岐阳、护国铺、乌坑山、白鹤岭都可得见，唯界首岭不知其处。

以此而观，是康熙元年罗源县所画的边界，当从连江的棋盘山直经罗源县的岐阳、乌坑山、护国铺，而至宁德的白鹤岭（见图11）。

**15. 宁德边**

杜臻说："辛巳，行三十里至叠石，又三十里至白鹤岭，止宁德县。福宁州（治今霞浦）领县二，曰宁德，曰福安，与州治俱傅海。元年画界，自白鹤岭历宁德县（铜镜河、溪漓、洋头、闽坑）至小留岭，为宁德边，边界以外斗入海八十里象溪、七十里梅溪、六十里飞鸾，附海三十里金埵河、二十里黄坑、十里三屿皆移，共豁田地一百六十顷有奇，丁闽坑岭因界设守"；又曰："出邑南门黄土岸陆行过铜镜，渡金埵河，历溪漓，至闽坑，接福安境，则为初迁内地之界，白鹤山在邑之西门，一都地也，南连白鹤岭，予行自此取道也"①。

---

① 杜臻《粤闽巡视纪略》卷五。

据此,康熙元年画界,宁德的边界应从白鹤岭经今宁德县城,然后北上铜镜、洋头、闽坑而至福安的小留岭(见图11)。

### 16.福安边

杜臻谈完宁德边,又曰:"壬午,行三十里至三屿渡,十里至金垂渡(沿海路少迁),又三十里逾大梨岭,又五里至白石司渡江,又二十里次湾坞,福安县地也。元年画界,自小留岭历廉岭(县前洋尾河、茶洋岭、大梅、柳溪)至杯溪村,为福安边,边界以外斗入海六十里衡洋、五十里白石司,附海三十里三江口,圯湾皆移,共豁田地四百八十四顷有奇,于大梅因界设守";复曰:"初迁内界,自宁德县至闽坑,皆自南而北,过闽坑则折而西,又过小留而至廉岭"②。

按杜臻言及边界地名的小留岭、廉岭、茶洋岭、柳溪和杯溪村,今尚有这些地名,唯其大梅不见于图。但《嘉庆重修一统志·福宁府》"山川"有载:"大梅溪,源出霞浦县西北五十里杉洋,西流经福安县东南四十里入长溪。"而查今图,有白梅岭,正是大梅溪所经之地,故疑白梅乃为大梅之转写。若是,则福安的边界应由小留、廉岭、茶洋、白梅和柳溪而经霞浦的杯溪(见图11)。

### 17.福宁州边

杜臻谈完福安的迁界,最后就谈福宁州边:"癸未,行四十里官岭渡河,又四十里止福宁州。……元年画界,自杯溪村历福宁州城(赤岸桥、杨家溪、店头)至与浙江分界沙埕止,为福宁州边,边界以外斗入海八十里沙埕、七十里水澳、四十里三沙、三十里圯湾、盐田,附海十里松山皆移,共豁田地一千七百九十七顷有奇";又曰:"按州境东西绵亘,自州西至于柳溪五十里接福安县界,自州东一百八十里至桐山(今福鼎县治)接温州界,其在西境者曰杨梅、杯溪、下场溪、官岭,皆边内"③。

此与光绪《福宁府志》卷四三《祥异》的记载略有不同。该志载:"至(顺治)十八年,督抚苏尚书、李部院疏请迁移,以绝接济(郑成功)之根,州治路旁一带编篱为界,滨海民人悉迁界内","东南北路

---

①②③ 杜臻《粤闽巡视纪略》卷五。

尽绝人烟,州地以大路为界,南路以州前岭为界,松山、后港、赤岸、石坝近城亦在界外,道旁木栅,牛马不许出入,每处悬一牌,曰:敢出界者,斩界外。田亩尽为荒丘"。

按杜臻既谓元年画界,福宁州是以杯溪、州城、赤岸桥、杨家溪、店头为界,且指盐田、坯湾离界三十里,又谓杨梅、杯溪、官岭都在"边内"。兹见地图,官岭乃在坯湾、盐田间,显与上面的说法相矛盾。另是府志又有明言,石坝是在"界外",石坝既邻杨梅,则杨梅属于"边内",也不可能。所以杜臻所称"其在(福宁州)西境者曰杨梅、杯溪、下场溪、官岭,皆边内"的"边内"自当是"边外"的误写。

再是杜臻既称沙埕离界八十里,又曰时之迁界乃以大路为界,则福宁州边经过杯溪、州城、赤岸桥、杨家溪和店头后,界线自当直入店头及桐山几个内湾的深处(见图11)。

## 二、迁界特点

由上所引资料可见康熙元年清廷对福建的迁界,具有以下特点:

1.后人谈论清初的迁界,常用《海上见闻录》和《泉州府志》的资料。阮旻锡《海上见闻录》卷一、卷二谓:"京中命户部尚书苏纳海至闽迁海,迁居民之内地,离海三十里,村社田宅悉皆焚弃","清廷乃议上自福宁,下及诏安,三十里量地险要,筑小寨,安守兵,限以界墙。由是滨海数千里无复人烟"。乾隆《泉州府志》卷二五《海防》也道:"顺治十八年,迁沿海居民,以垣为界,三十里以外悉虚其地。"从而认为,迁界的范围是在离海二三十里之内。

其实这一说法极不妥当,并非到处如是。诚如上面已作的考证,今之海澄、石码及其泉州至后渚一带,就都沿边设防,并无迁民的举动;安海的迁海,迁民移至内坑,离海也只十里;相反,更多的地方如漳浦、同安、惠安、莆田、福清、连江和霞浦各县,被迁地面则有七八十乃至九十里。

2.大致说,凡支海多、可供船舶进出的港湾多与渔民、海商多的地方，当时所迁的地面一般都较大，如漳浦、惠安、莆田、福清、长乐和霞浦各县，反之，迁幅就小，又如罗源和宁德各地。

3. 郑军活动频繁之地如同安、海澄、晋江等地，所迁地面也都较广。

4. 凡人口密集、经济发达的所在地，迁界都尽量不迁或少迁，如泉州周围不迁，安海少迁，各个县城也都不迁。

5. 为维护交通大道，时由诏安通往霞浦的干线除个别地段被迁外，多数地段都被直接作为边墙的界线，这也是另一显著的特点。

## 三、迁界带来的灾难

康熙元年清廷对福建的迁界，惨状不可名言。志书载，迁界时，使云霄"居民迁移失业，亡者不可胜数"①；长泰"流移载道，城内外饿莩僵尸枕藉"②；晋江"通海寇，迁都，沿海十里俱属界外……官廨民居一尽毁平"③；莆田"将边海居人尽移内地，燔其舍宅，夷其坛宇，荒其土地，弃数百里膏腴之地，荡为瓯脱，刻期十月内不迁，差兵荡剿"，"计去地三之一"④，"播迁之后，大起民夫，以将官统之出界，毁屋撤墙，民有压死者。至是一望荒芜矣"，"迁民流散失业，或饿死。……子女多转卖外省"⑤。霞浦也一样，"滨海民人悉迁界内，越界数步即行枭首，田庐荒芜，鱼盐失利，百姓流离，惨不可言"，"东南北路尽绝人烟……道旁木栅，牛马不许出入……敢出界者，斩界外，田亩尽为荒丘"⑥。那时，凡豁福建田地二万五千九百四顷零⑦，迁界令下，"即日挈妻负子，载道露处，放火烧屋"①，"福建迁民死亡八千五百余

---

① 嘉庆《云霄厅志》卷一九《灾祥》。
② 张懋建《长泰县志》卷一二《灾祥》。
③ 道光《晋江县志》卷九。
④ 余飏《莆变纪事·画界》、乾隆《兴化府莆田县志》卷一。
⑤ 余飏《莆变纪事·画界》、乾隆《兴化府莆田县志》卷三四《祥异》。
⑥ 光绪《福宁府志》卷四三《祥异》。
⑦ 杜臻《粤闽巡视纪略》卷四。

人"②,致使上自福宁,下及诏安,"滨海数千里无复人烟"③。

不仅如此,福建生态环境也惨遭破坏。清初迁界,漳浦梁山以南、旧镇以东皆为"弃土",界外森林被毁殆尽,水土流失变得严重。莆田迁界也下砍树令,"致多年轮囷豫章、数千株成林果树、无数合抱松柏,荡然以尽"④。

迁界还因滨海的百姓被徙,海堤无人治理,而使无数海堤被冲垮,埭田被冲毁。志书载,海澄自一至六都迁界,"皆为弃土","北则一、二、三都与邑隔海,各筑内埭以蓄淡灌溉,自顺治十八年迁移之后,沧桑变更;邑东二十里许过溪之丰田、留田、青浦三保,四、五都地也,海潮狂决,一望巨浸,迨展界以来,哀鸿渐集"⑤。惠安也因"国初迁界,埭(王孙走马埭)为海淹"⑥,曾垆庄、石埁、下江、崇福四埭共计田亩二千二百有奇,"国初迁界,埭为海浒"⑦。至于莆田,灾难更多,损失更大,"顺治十八年徙沿海,地弃为瓯脱,海水坏堤,直至内地。阅二年,兴筑界墙,自宁海东畔起至塘下为长堤,堤外尽为海荡。康熙八年展界,斗南、东埭等九乡同筑内堤,自东埭北接大孤屿,南抵邹曾徐,二十年,许民尽复故里","今虽许民复回,而里居寥落,野场芜塞,迥非旧观,民气殊未复也"⑧。

(原载《历史地理》第十九辑)

---

① 《榕城纪闻》。
② 《清圣祖实录》卷七。
③ 阮旻锡《海上见闻录》卷二。
④ 余飏《莆变纪事·画界》。
⑤ 乾隆《海澄县志》卷一六、卷四。
⑥ 《惠安县志》卷五《田土水利》。
⑦ 乾隆《泉州府志》卷九《水利》。
⑧ 乾隆《兴化府莆田县志》卷二、卷一。

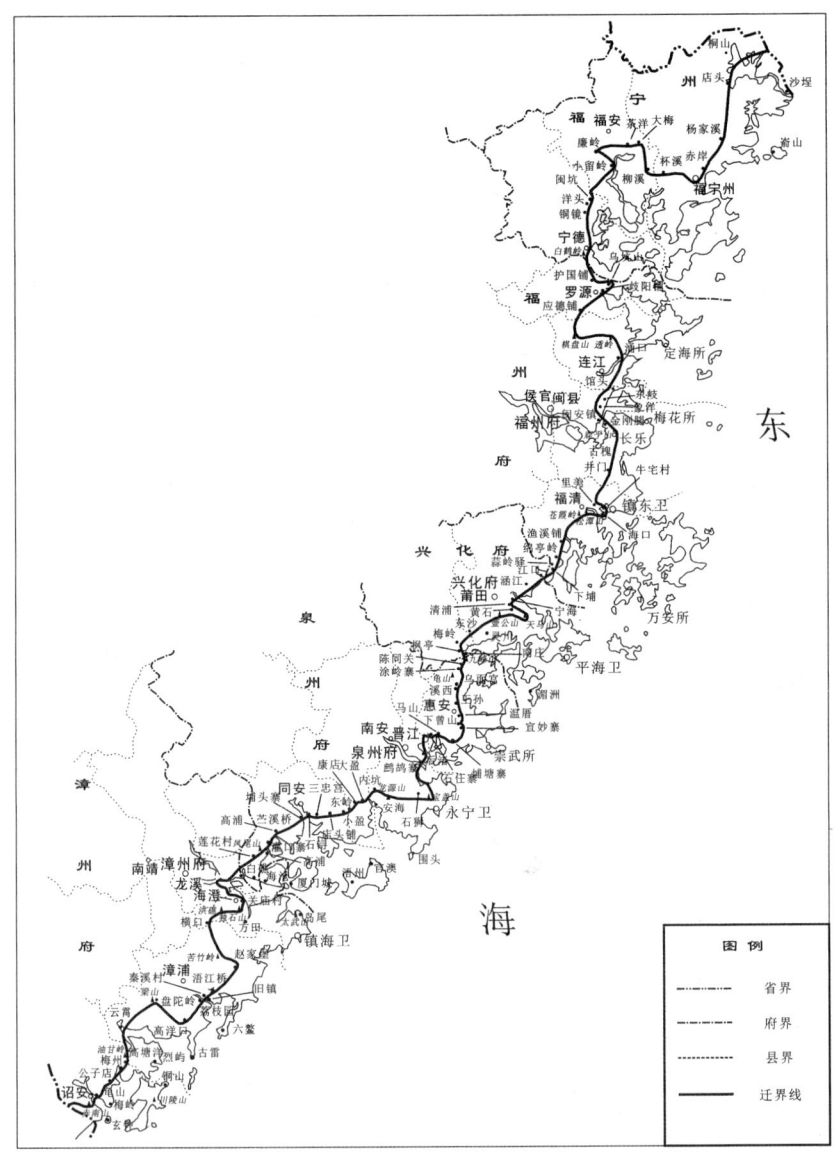

图 11　清初迁界图

# 福建古代陆路交通干线的开辟与变化

福建三面环山,一面临海,山区崇山峻岭密布,沿海的平原是至唐宋才得围垦,而在垦前,支海内入,所以早期的人们沟通内外,就连官路也需翻山跋涉,走的都是山间崎岖不平的小路。直至宋代,历经江苏、浙江、江西多次大规模的移民入闽,社会经济得到迅速发展,人们已有能力逢山开路、遇水架桥,才使一些地方的交通面貌开始得到较大的改善。兹分若干时期并按地区略述如下。

## 一、东越国时代省际交通道路问题

东越国时代,福建尚无交通道路建设,无论是省际或境内的交通,都受自然环境的深刻影响和限制,人们只能利用一些天然的隘口与谷地作为进出的道路,交通十分困难和落后,诚如史书所言,"限以高山,人迹绝,车道不通,天地所以隔外内也";即使是最主要的交通要道,"其入中国,必下领水(今江西信江发源于武夷山脉的一条支流)",也因"领水之山峭峻,漂石破舟",而"不可以大船载食粮也"①。正因如是,故东越王才敢凭其天险欲与汉廷相对抗,妄想割据一方。

那时,由今浙、赣进入闽地的省际交通道路,史书未曾明言,《福建公路史》②即依《史记·东越列传》汉军兵分三路进攻东越的记载,谓其杨仆一军出自武林,当由江西波阳县入攻福建崇安的分水岭;中尉王温舒军出梅岭,当由江西宁都东北进入闽西;越侯戈船、下濑二将军出若邪、白沙,当由浙江乐清占领闽东北(指今宁德地区),并以此作为福建沟通时之省外交通路线。

按《福建公路史》做出的这一判断,与当时汉军兵分四路入攻东越的用意和东越为御汉军所做的军事布防的作战形势不合,疑有问题。

是时汉廷为伐东越和闽越,早已下令诸校屯驻豫章梅岭待命。而据萧子开《建安记》,馀善为拒汉兵入境,也先在今邵武、建阳、浦城和崇安筑了六城,驻扎重兵加以固守。针对这一情状,元封元年(前110)冬武帝便派杨仆出军武林(在今江西鄱阳县东南),王温舒出军梅岭(在今江西广昌县西),并由此两支部队正面进攻馀善的都城(在今武夷山市南的城村)和守军。又为分散馀善的兵力和堵截馀善守军溃逃南去,而命韩说发兵浮海,直捣闽越王国的都城冶都(今福州市),以形成南北两面夹攻的态势。那时,杨仆一军出自武林,当由今天的光泽县杉关入攻东越。因为《史记集解》谈到白沙、武林有注:"此白沙、武林,今当闽越入京道"③;王琛《邵武府志》卷十三《关隘》也称:"杉关,在(光泽)县西北七十里杉岭上,石山崭绝,西去江西建昌府百二十里,为闽豫往来通道。"故若由此一路进入富屯溪上

---

① 《资治通鉴》卷十七汉武帝建元六年条。按胡三省注《通鉴》云:"领水,即赣水也,班志所谓彭水出豫章南壄县东入湖汉水,庚仲初所谓大庾峤水北入豫章注于江者是也"。此说不符文中所载形势。因为当时的越人欲为变,"其入中国必下领水","必先田余干界中",故此领水自当源于武夷山脉,是为信江(余水)的一支流,盖从这里经信江,而达余干界中。若为赣水(彭水)则非余干界,也同当时馀善驻扎重兵于闽北与汉对抗的形势不合。

② 《福建公路史》,福建科学技术出版社1987年。

③ 《史记·东越列传》。

游的西溪和北溪,再沿崇安九曲溪的谷地直攻馀善的都城,路途堪称最近。相反,若按《福建公路史》的说法,即由崇安的分水关入攻东越,不但进军路线迂回遥远,还需经由一片荒芜的广阔地带(那时贵溪、弋阳、上饶、玉山等地尚未设县)。盖因如是,所以当时的东越也就未在崇安的北部筑建军事城堡。

至若王温舒军出梅岭,《福建公路史》认为,是由江西宁都东北进入闽西,此说也当不是。因为梅岭位于唐的虔化(今宁都)东北百二十多里,是在现在的广昌县西①,广昌临近建宁,建宁有蓝溪,溪出百丈岭,南流入濉江,"旧传越王无诸尝筑台于此",越王所筑的六城之一乌坂城,也在邵武府东三里,且有黄土寨,地处邵武西南四十里,有路可通江西的广昌与南丰②。可见王温舒军出梅岭,应是由今江西的广昌进入福建的建宁,再经邵武而至建阳,然后会师杨仆的军队,以攻馀善的都城。

另是军出若邪、白沙的越侯军,《读史方舆纪要》卷九二会稽县有云:"汉遣戈船、下濑两将征闽越,盖亦由海道南征也";朱维幹《福建史稿》进而断称,白沙今在浙江乐清县东五里,是个水陆要害之地,"此两将同出若邪、白沙,盖由绍兴而乐清,以攻闽越之东北也"。这些说法也与《史记·东越列传》记载的汉兵征东越、征闽越,只派韩说一军"浮海从东方往"不相符合。是由陆路入占闽东北吗?也当不是。因为东越和闽越时未在这驻军防守,而在浦城却驻重兵,筑有许多重要的军事城堡,以防汉兵的入攻,汉廷想要剿灭东越,是不可能置此于不顾。所以我们认为,那时的越侯二将出兵若邪、白沙,应沿浙江的曹娥江与瓯江而上,先至丽水会师,然后从今龙泉市出击浦城,以与杨、王部队互相照应,形成多面包围东越王城的局面才是。何况志书有载:"仙霞未并以前,浙江入闽大路皆自处州龙泉逾柘

---

① 《史记·东越列传》正义引《括地志》谓梅岭位居虔化东北百二十里,《中国历史地图集》定在今广昌县西。

② 详见《读史方舆纪要》卷九八邵武府建宁县百丈岭、邵武县乌坂城、黄土寨条。

岭,达登俊、官田里,以至浦城"①;又说,古时的人们从今福州上通中原,都是率道浙西,由今崇安历铅、信,取衢,或由浦城取道金、处,至其由今福州北上温、台,道路虽称最近,却无奈路经连江、罗源、宁德抵福宁(今霞浦县),一路"山高岭峻,林木深阻,自昔罕辟",直到明代才被完全开通②。正因如是,即为不让守在闽北的东越军队溃逃南去,汉廷既已专令韩说率军"浮海从东方往",直攻闽越都城冶都(今福州市),以堵败军南窜,就无需再派越侯二将进占闽东北,因为攻此一地既无直攻的用意,也无包围的目的。故此一说也就自当非是。

再是《史记·东越列传》有谓:"元鼎五年(前112),南越反,东越王馀善上书,请以卒八千人从楼船将军击吕嘉等。兵至揭阳,以海风波为解,不行,持两端,阴使南越"。于是《福建公路史》据此又加断言:早在闽越国时代,福建由今福州经今泉、漳、云霄、诏安而达广东揭阳的这一省际陆路交通路线也当已开通。对此说法我们同样是持异议。因为时之馀善出兵南越,既"以海风波为解,不行",走的自当是海路。而从当时沿海的港湾处处深入内地,又无桥梁的架设推测,由今福州经今泉、漳而至揭阳的陆路,自当尚有许多路段不便通行(参见后述)。

至于境内交通,史书记载更少,仅见《汉书·朱买臣传》有云:"是时,东越数反复,买臣因言:'故东越王居保泉山(指今浦城东北的大福罗山),一人守险,千人不得上。今闻东越王更徙处南行,去泉山五百里,居大泽中。今发兵浮海,直指泉山(指今福州泉山),陈舟列兵,席卷南行,可破灭也'"。

根据这一记载,是当时的浦城已有道路可通福州,行程大约五百里。

按今浦城经今松溪、政和、屏南与今古田而达福州,里程正合此数,而由福州沿江而上,再由南平转建瓯而至浦城,里程则超七百

---

① 黄恬《浦城县志》卷十四《防守》。
② 邱景雍《连江县志》卷五《水利》所引《四明丰熙记》。

里。以此而观,是时之浦城应有捷径另通福州,这一捷径当从松溪、政和、屏南而至福州(参见后述)。

## 二、汉唐间晋京官路的开辟

《福建公路史》说:"据《新唐书·地理志》记载,唐代首都长安至福建的干线道路,是由长安至汴州,再由汴州南下,经扬州、杭州、睦州、衢州、江山,逾仙霞岭入闽,经浦城、建州至福州。在仙霞岭未开通前,则由睦州转处州、龙泉,逾柘岭至浦城,或由衢州转常山,经江西玉山、广丰,逾二渡关至浦城。这条大路称为'福州官路'"。

兹查新旧《唐志》,并无此言。而见其他志书,自汉迄唐福、泉、漳入京的官道,则有以下几条。

如上所引资料,东越王馀善发兵拒汉,入白沙、武林、梅岭杀汉三校尉,《集解》曾注:"此白沙、武林,今当闽越入京道。"按汉的白沙、武林,一在江西波阳县西南,一在东南。另据王琛《邵武府志》卷十三《关隘》载,"杉关,在(光泽)县西北七十里杉岭上,石山崭绝,西去江西建昌府(治今南城县)百二十里,为闽豫往来通道"。据此,是汉已有入京官道由今福州沿着闽江、富屯溪的谷地直上光泽的杉关出境,再沿江西的余水(今信江)经武林、白沙,然后渡越长江进入安徽和河南,而至当时的京城长安。

到了唐及五代,胡三省注《资治通鉴》,又曰:"自福建入贡大梁,陆行当由衢、信(今衢州市、上饶市)取饶、池界(今波阳县、贵池县)渡江,取舒、庐、寿(今舒城县、合肥市、寿县)渡淮,而后入梁境。"[①]这一言简记载应作唐末五代自闽入贡开封,是由衢、信经池州,或取杉关故道至饶州界渡江,再历舒、庐、寿渡淮,而后入梁境这样两支道路解,因为倘不若是,而解为经今上饶市、衢州市再转波阳县而至贵池县,道路迂回曲折,是难讲通的。盖杉关为旧道,早为人知,故胡三

---

① 《资治通鉴》卷二六七后梁太祖开平三年条。

省作注,行文便加省略。

那么,取衢、信路应经哪些地方呢?《读史方舆纪要》卷九七建宁府崇安县分水关云:"县西北分水岭上,接江西铅山县界,为江闽之襟要,五代至宋,皆置寨于此";又引旧志:"(分水关)商旅出入,恒为孔道。"是至唐末五代所取的衢、信路,走的应是沿今闽江及其建溪谷地的路线,再从崇安的分水关出境,经今铅山、上饶和衢州,然后北上池州,进入朱梁的东都开封府。

而取饶州路,则当仍从光泽的杉关或从新开的铁牛关出境。此由南朝陈周迪众溃,尚由东兴岭(在今江西黎川县东)直奔晋安(今福州市)、唐又置关杉岭、且置铁牛关可以推知①。故此道路应沿闽江谷地直上富屯溪,再从光泽的杉关出境,走的仍是汉道;或由铁牛关直上波阳,才转今天的舒城县、合肥市和寿县而至开封,及其唐代的都城长安。

此时,泉州入京官路也当开辟。"自宋以前,(泉州)郡城西北取延建路,道南安澄口驿、永春桃源驿、德化龙浔驿、上瓮驿,抵尤溪县,逶迤经西芹,至延平,盖以避大义江之险。然山岭高峻,卒不可行,自宋以来,西北之驿道遂废。"②就是说,盖至洛阳江尚未架桥之前和为避开大义江水(今福州市南乌龙江)的险恶,由今泉州晋京,是经此一途的。

此路曾有变化。《读史方舆纪要》卷九七延平府尤溪县分枝岭条引志云:"县城西南有小王岭,旧通泉、漳二府,岭道艰阻,邑人朱绂别开坦道,岭遂废。……又县西九十里有新岭,宋熙宁中,尝开新道于此。"《嘉庆重修一统志》延平府山川也道:"小王岭,在尤溪县西南七里,旧通漳、泉二府,峻绝难跻,邑人别开坦途,岭道遂废","又有新岭,在县西七十里,宋熙宁中尝开新道于此"。

---

① 详见《资治通鉴》卷一六九陈文帝天嘉四年条、《读史方舆纪要》卷九八邵武府光泽县杉关与王琛《邵武府志》卷十三。

② 《读史方舆纪要》卷九九泉州府德化县高镇条上瓮驿引志云。

兹查图志,澄口也作汰口①,当为今图南安县北水口的大口,桃源驿在今永春县城内②,龙浔驿在今德化县治东北龙浔山旁③,上瓮即今上涌,西芹即今西芹,小王岭当为尤溪西南的小黄岭,新岭不见于图,以志书记载里程计算,当在尤溪县西纪坑一带。据此,是至唐代泉州的晋京官路,应经南安县北的大口、永春县、德化县及德化县北的上涌,再经尤溪西南的小黄岭、南平市南的西芹,而至南平市,然后再经光泽的杉关、铁牛关,或由崇安的分水关北上京城。到了宋代熙宁间改走新岭,才从尤溪向西经管前,然后南折大田县,东转德化,而入泉州故道。

另是漳州也有入京官路,早期乃经朝天岭。张懋建《长泰县志》卷一《舆地》:"朝天路,在钦化里朝天岭顶,为往省朝天之路。"《读史方舆纪要》卷九九漳州府长泰县朝天岭:"县东南三十里,高峻特起,旁接群峰,旧为入京之道,因名";卷九七延平府尤溪县分枝岭条:"县城西南有小王岭,旧通泉、漳二府。"而见漳州府龙溪县,又载:"凤凰山,在府东二十五里。志云:在岐山右侧,与文山对峙,中有万松岭,旧名马岐,即郡之孔道也";又谓:"江东桥,在府东,即虎渡桥也,江东驿置于此。又东四十里,即泉州府同安县之深青驿,为往来襟要。"据此,是早在唐代当漳州九龙江海湾还很宽广,平原尚未围垦的时候,应先有一条山路绕过九龙江湾由今漳州历长泰的朝天岭、同安的深青驿而至泉州,再从泉州北上京城;迨至宋代,平原已得围垦,又造江东桥,才从漳州改走万松岭,经江东桥至深青驿而达泉州,再沿泉州的晋京官路直上京城(见图14)。

---

① 乾隆《泉州府志》卷四《封域》。
② 《嘉庆重修一统志》永春直隶州永春故城。
③ 《读史方舆纪要》卷九九泉州府德化县龙浔山条。

## 三、宋元明清仙霞岭路与分水关路的开通和修建

《旧唐书·僖宗纪》载:"黄巢之众再攻江西,陷虔、吉、饶、信等州,自宣州渡江,由浙东欲趋福建,以无舟船,乃开山洞五百里,由陆趋建州,遂陷闽中诸州。"《资治通鉴》卷二五三僖宗乾符五年(878)条:"黄巢寇宣州,宣歙观察使王凝拒之,败于南陵。巢攻宣州不克,乃引兵攻浙东,开山路七百里,攻剽福建诸州。"胡三省对此加注说:"自婺州至衢州界首一百九十里。衢州治所至建州七百五里。此路岂黄巢始开之邪!"翁天祐《浦城县志》卷四二《祥异》也谓:"乾符五年,黄巢破信、歙等州,转略浙东,因刊山开道七百余里,直趋建州,至仙阳镇,县尉文昭力御之,死其难。"《宋史·韩世忠传》谓韩世忠自衢、信追击刘正彦,也至渔梁驿与贼遇,黄巢所开的山路,当由今仙霞岭进入福建,与韩世忠追击刘正彦同路。翁天祐《浦城县志》卷三六引清陈元机《重修仙霞岭记》称:"仙霞为闽浙之交,山崇岭峻,悬崖削壁,势彻云霄,如天堑焉。考宋庆元中,仙霞未辟,出入多由处州龙泉逾柘岭,至绍兴初,史浩帅闽过此,始募人夫甃以石路,自是行者便之,计三百六十级,长二十余里,其间二十八曲危仄陡峭,仅通一线,飞鸟能度,匹马难旋,往来徒步者,固进足次,且而肩舆负担者,尤难于逾越,一失足,即有灭趾之象焉。"是仙霞岭路虽为黄巢所开辟,但因系属一时的军事行动,并未认真加以修筑,所以行军过后遂废不用,人们仍走柘岭道。直到绍兴初年,待史浩招募人夫甃以石路,才可通行。此后,南宋建都临安(今杭州市),元与明清又都北京,又因商品经济日益发展,官商由此出入更多,却为茶与杨姑地段"蹬步皆高"之所苦,故至清嘉庆间复由商人出资修路,在此"鸠工平基址,度高卑,去迫狭",才成康途①。

仙霞岭路凡有两支。1981年《浦城县地名录》说,其中一支东北

---

① 翁天祐《浦城县志》卷三六引清陈元机《重修仙霞岭记》。

行,过边境的王村,由安民关北上;一支西北行,过边界的上筋竹村,直达江山的下筋竹村,北出浙赣。二者都为宋元明清人们上京应试所走的道路。

闽北沟通浙赣的道路除仙霞岭路外,还有崇安分水关(大安站)一途。此路开通于唐五代,曾为闽王审知入贡大梁的交通要道①。迨至南宋建都临安与元明清定都北京,即由衢州转向杭州和北京,而与仙霞岭路同为晋京的官路。这一官路去今杭州要比仙霞岭路远七百余里,必须加设五个驿站。为此,元初福建宣慰司官高兴曾经建言,希望改走仙霞岭路②。尔后,山寇暴发,分水关路受阻,由京达闽也就由今浦城改走仙霞岭路,而使这一道路的铺驿渐废,兵夫裁撤无存③。

此时,为便利交通,已在福州——闽北的道路上设有许多驿站铺。如在浦城设有渔梁驿,崇安设有大安站、赤石驿、洴田站(疑为兴田站),建瓯设有叶方站、太平站,南平设有茶洋站(宋为金沙驿)、武步站,古田设有皇田站、水口站,闽清设有小若站,闽侯设有白沙站等;而为交通邵武和建阳二地,也置莒口、麻沙等驿站④(见图14)。

## 四、宋元明清邵武山路的开拓与驿站的设置

继汉杉关道路开通后,宋元间邵武各地的交通也有较大的发展。

杉关道路东通建阳,时置杉关驿、杭川驿、樵川驿和麻沙、莒口驿⑤,以通崇安、浦城的晋京官路;又置林墩马驿、水口站、王台站,南与泉、漳的晋京官路相连⑥。

---

① 《资治通鉴》卷二六七后梁太祖开平三年条。
② 《永乐大典》卷一九四一九引《经世大典》站赤四。
③ 郑丰稔《崇安县新志》卷十五《保安》。
④ 详见《经世大典》驿站二、站赤和《宋史·韩世忠传》及《读史方舆纪要》卷九七延平府、《嘉庆重修一统志》建宁府关隘。
⑤ 《经世大典》驿站二、站赤和《读史方舆纪要》卷九八邵武府。
⑥ 《经世大典》站赤、《读史方舆纪要》卷九八邵武府。

复开甘家隘路,沿途设置绥城驿、潍江驿,以通将乐的三华站、白莲站及其明溪站、玉华站、石牛站、馆前驿,而至长汀;又从三华站东经顺昌,南转王台站,而连泉、漳的晋京官路①。

甘家隘路西去江西梅岭,北至南丰、南城,即连杉关道路同上中原。这一道路与汉的王温舒率军入闽的路线相近。《史记·东越列传》载:"(汉)令诸校屯豫章梅岭待命",《集解》对此加注说:"(梅岭)当古驿道"。到了宋代,《宋会要辑稿》尚称:"凡陆运……福建自洪州(今南昌市)渡江,由舒州而至(京)。"②盖自汉唐建都长安以至北宋移都开封(今河南开封市),福建的晋京官路多由杉关或甘家隘路出境。但需指出,此路进入鄱阳湖区,先是取道武林、白沙,迨至唐代,随着鄱阳湖的南徙,已改饶州路,至宋,又从洪州北上中原;而至南宋迁都临安,并随分水关路、仙霞岭路的开拓,及其洛阳桥、江口桥等的建造,人们北上京城至是改走分水关路或仙霞岭路,不再经此一途,这一官路也就日渐衰落了。

另是《读史方舆纪要》卷九八汀州府宁化县有谓:"又石溪隘,在县北,路出建宁、广昌二县。"按宋元间长期战乱,曾有大批江西的难民由今邵武转迁闽西,是在其时也当有路可通宁化。

## 五、宋元明清福泉道路的演变

泉州最早的晋京大路是从泉州城西义成门经南安的汰口、永春的桃源驿、德化的龙浔驿和上壅驿、尤溪的小王岭、南平的西芹而至南平市,然后北上崇安的分水关或光泽的杉关;到了熙宁年代重开新岭路,改走上瓮经大田,北上尤溪的管前,而后东折尤溪县,复入故道。

这一大道崎岖难行,至宋嘉祐间已被废弃。废弃后,始经福州直

---

① 《经世大典·站赤》、《读史方舆纪要》卷九八《延平府将乐县》。
② 《宋会要辑稿》食货四八。

上京城。但由泉州北上福州,道路也曾屡易。道光《晋江县志》卷十:洛阳桥未建,人们为避洛阳江海潮的舟险,都由泉州北门"经朋山岭隔,迤白虹山,左入仙游,而至省城";叶春及《惠安政书》卷六也载:十五都古有驿传,"盖北取道驿坂,出柯溪岭,逾济龙桥,渡于谷口。自万安桥(即洛阳桥)成,驿迁而壤为僻矣";嘉庆《惠安县志》卷八也谓:谷口桥,"在邑西南三十里,桥滨洛阳江,旧有舟以渡,宋绍兴间建。宋时洛阳未桥,自枫亭往泉者经是,达陈三坝至晋江,今路由洛阳,此为小径"。

至入莆田,周瑛《弘治兴化府志》卷五二:"本府道路,南北洋未塍海时,皆循山而行。及既塍海,始就平地而行。然平地不数十里之内,为支海所隔者三,故乡人有事于上州(福州)者,往往由城北门历枫林、吴店、故迎仙驿出诸支海之外,以通于北。……后以虎祸,乃徙平地,自魏塘、涵头(今涵江)、佘埔历江口桥而北。"

而至福清、闽侯县地,宋梁克家《三山志》卷五则曰:"异时驿路出方山渡,江面弥漫,无风只二十里,有风七十里",要花很长时间过渡,"既有倾覆之患,又有候次之劳,加上风潮弗律,候潮或需一二日";迨至宣和六年(1124),俞提刑向命令本邑治道,改从玉泉院、浦尾、鼓山入新路,至峡江北岸亭渡枕峰,复自枕峰过常思岭而通旧路,至是才由方山(今五虎山)北铺横渡大义江(今闽江南支的乌龙江)之险,改经常思岭路由今枕峰北渡峡江(今五虎山东的乌龙江段)直达省城。但至明代,又因峡江"怒涛激浪","险若瞿塘",复由阳岐渡越乌龙江北岸的阴岐①。

由上可见,从今泉州北上福州,早时应走山路,盖自泉州北门历朋山、河市、马甲、罗溪、白虹山转仙游,北经游洋和永福,而至福州,以避洛阳江、莆田县的蒲田和大义江诸险;迄至北宋,随着福州湾不断的淤积和沙洲的连陆及其蒲田的围垦,才从方山北铺渡江,然后经今大田站,过常思岭,历太平驿、宏路站、渔溪驿、蒜岭站而至梧塘

---

① 《明经世文编》卷四六一《阳岐江改复旧路记》。

转莆田县,再经枫亭站、驿坂、谷口进入泉州;直到南宋,由于江口桥、洛阳桥等的兴建,又因莆田山区发生虎患,始由泉州过洛阳桥,经皇华驿(今惠安县城)、涂岭、太平驿(枫亭站)而至莆田县,再由莆田县城改经魏塘、涵江、迎仙驿、蒜岭站、渔溪驿、宏路站、太平驿、常思岭,然后从今枕峰渡峡江,历浦尾,而入福州府城[①](见图14)。

## 六、宋元明清泉漳道路的更改

南朝梁时已设龙溪县,隶属南安郡(治今南安县丰州),是至南朝已有道路可通泉、漳。此路先由南安丰州历罗田至同安。至宋架浮桥,才由泉州城西晋安驿(在肃清门内)过浮桥,由今晋江石龟改走南安的罗田,而至同安的大同驿。而当朱熹开通小盈岭,又从晋江的石龟直历南安的康店驿,复由小盈岭走今同安的沈井而至大同驿。迨至元代兴建下辇桥,始由泉州城南的顺济桥过下辇桥,再经晋江的冷水井,驲行而至南安的康店,转同安的沈井而至大同驿[②]。

至由同安进入漳州的道路,见于《经世大典》驿站二、乾隆《泉州府志》卷四,又当从同安(即宋的大同驿)经乌泥铺、新塘铺、苎溪铺、安民铺、鱼孚铺、深青铺、仙店铺、莲花铺而入漳州境。至入漳州境后,初时因受宽广的九龙江湾之所隔,乃先走今长泰的朝天岭,再沿山路进入府城。迨至宋代,漳州平原开始大规模围垦,又造虎渡桥,才由今天的莲花经今虎渡桥的江东驿入万松关,而至漳州府城的通源驿(见图14)。

---

① 《经世大典》驿站二、站赤与《宋会要辑稿》卷一七四九、乾隆《泉州府志》卷四、宫兆麟《莆田县志》卷一引宋朱熹《赴同安簿宿囊山寺》诗,《读史方舆纪要》卷九六福州府方山等。

② 详见乾隆《泉州府志》卷四、1989年人民交通出版社《厦门交通志》、光绪三十二年《二十世纪中外大地图》。

## 七、唐宋元明清漳潮道路的修建

由漳州南门出发，经今漳浦县城，历盘陀岭、云霄、诏安，而至广东的潮州，此路全线开通，当在唐代。到了宋元，沿途屡经修建，又设木绵庵、甘棠驿、临漳驿和云霄、南诏等驿站以维护交通①，才成通途。

《宋史·傅伯成传》："(傅伯成)出知漳州……由郡南门至漳浦，为桥三十五，治道千二百丈。"《宋史·奸臣四》："(贾)似道至漳州木绵庵，(郑)虎臣屡讽之自杀。"《读史方舆纪要》卷九九漳州府龙溪县："九龙岭，在府南三十里，两山夹峙，中萦石磴，凡十余里，路通潮州。岭下有木绵庵，宋郑虎臣诛贾似道于此"，是此路段曾经人们的修砌。

另是盘陀岭，陈汝咸《漳浦县志》也载："先是(陈元光)成闽者，屯兵于龙溪，阻江为界，插柳为营。永隆二年(681)，移镇漳浦，以拒潮贼，阻盘陀诸山为寨，其西北山洞之黎，卒依险阻，林木阴翳，不相通，乃开山取道，剪除荆棘，遣土人诱而化之，渐成村落，拓地千里。垂拱间，请置漳州，割泉州龙溪县属焉。"②《宋史·王大宝传》亦载："(王大宝)直敷文阁，知温州，提点福建刑狱。道临漳，有峻岭曰蔡冈，蓁薄蔽翳，山石荦确，盗乘间剽劫，大宝以囊金三十万，募民抉数甃道十余里，行者便之。"按大宝传中提到的"蔡冈"，后志多指为"葵冈"，即汉蒲葵关，今之盘陀岭。可见这一路段也经人们多次的治理，才可通行(见图14)。

## 八、唐宋元明清汀漳道路的更易

《读史方舆纪要》卷九九漳州府龙岩县适中驿引志云："县城南有登龙驿，西有驻车驿，俱宋置，今废"；又有迎龙桥，"在县西五里

---

① 《读史方舆纪要》卷九九《漳州府》、《嘉庆重修一统志·漳州府》等。
② 《漳浦县志》卷十九《杂志》。

……亦名龙门,与城南龙津桥东西对峙,道出汀、漳"。复查南靖县浮山条,有曰:"县北八十里,接龙岩县界,山当往来之路";而见汀州府长汀县何田市砦,也曰:"在府西南五十里,宋时为商旅辏集处。"按龙岩设县始于唐,初隶汀州,后属漳州,是早在唐代已当有路自今长汀南经何田,再通龙岩市,又从龙岩经今南靖西北的浮山而至漳州。

此路至明称汀漳"东路",成化间,因改走"西路",一度几废。明人田汝成《永定开路记》云:"汀漳,岩郡也,介于万山,鸟道盘行,毒草蒙密,为暴客通薮。先是按察司分两道,以领辖诸郡,而汀漳分隶,判不相统,视若边圉,使节罕历,故路废弗除。成化中,立漳南于上杭,以领辖汀漳,二郡始相联络。复立永定于西偏,去上杭百余里。自漳入汀者,东由龙岩,西由永定。东路险远,不若西路便,而驿传铺舍俱从东偏,故东为孔道,而舆夫之费,跋涉之劳,盖有年矣,是创始者卤莽于谋,而仍贯者惮于改作也。是年秋八月,侯公廷训以按察司金事分巡漳南,威立惠流,百坠具举,乃极封疆所履,达于四隅,诹求疾苦,父老咸言汀漳比邻之国也,缓急相援,往来之道非近易不可,且令永定新民频觐官府习法令仪度,不若开西路便。公以为然,白之巡按御史王公瑛,览而报可。乃令永定唐君灿、上杭令伍君边综理之,刈芟草木,堕高堙庳,而两山之阻夷为大途,改西平驿附县治,以空廨当鬻旧驿以建,御史行台迁铺舍于抚溪、太平、白沙、炉坪、连延、布实以给传送,比之东路,减其远三之一,又少险阻,既近且易,行者安之。"①(见图14)。

## 九、福州通往温州道路的置废与改建

据《三山志》卷五与其他志书记载,宋曾先后设置陀岭驿、四明驿、飞泉驿、宁川驿、盐田驿、温麻驿、倒流溪驿、桐川驿和分水驿,以维护福州至温州的交通。那时福州北岭"路通连江县,悬崖而跻,高几千丈",不便行旅,虽在宋代嘉祐三年(1058)已由侯官县令樊纪

---

① 引自曾日瑛《汀州府志》卷四一《艺文记》。

"夷高直曲,培凹续陷","岭失故险"①,但因一路港湾众多,山岭高峻,林木深阻,终难长期畅通下去。诚如《四明丰熙记》云:"闽为华东南陲,人文货贿,上通中原,率道浙西,由崇安历铅、信,取衢。最近稍缩,由浦城取金、处其故孔道。然皆怵剑溪激流,惟陟北岭陆路取温、台,为履实且捷。顾连江、罗源、宁德抵福宁(今霞浦),岭林木深阻,自昔罕辟,干霄蔽日,行者及舁中,如入坠蠢疠噬吞,魂销魄慓。罗源、连江之界曰朱公桥,尤险畏,非结旅百辈,晴日当午,则道无一迹。福宁南舍许曰盐田,支海载途,潮退舟胶,公私虽甚急,必坐以待。潘渡故有桥,久圮于涨,舟子索直获逞。始徙北岭,多歧涂族,剽掠倏忽,行旅相戒,宁就远道,一州诸县,几为荒服。"正因如是,故宋所设的驿,也都早废②。

此路再被开通,是至明代。《四明丰熙记》接着云:"嘉靖二年(1523),临海蔡公来参藩政,聿恫兹瘼,朱轮昉驻躬,历崎岖,募民屏伐,口授方略,居人竞劝断讼……盐田则循山麓垦蹊凡三十里,李园麂湾增置邮,乃行者无候潮之滞。又修潘渡、任溪二桥,成致可久,北岭、飞鸾云岭敷化,诸险镇设关斥堠讥察,惟饬惟谨,凡道上每五里作一亭,暑雨疲困之所假休,盖昔称魑魅魍魉之窟,尽为康庄,齿经涂矣,商旅取捷,晨夜弗惊,岩栖成聚,荒鄙湔涤,欢声交动。"③及至于清再修飞鸾岭路,才使这一道路更为畅通④。

此路开通后,遂由福州北岭经今连江的潘渡和丹阳至罗源县,又从罗源县北的起步经蒋店转宁德的飞鸾岭、焦门颏、宁川驿而至霞浦的盐田驿、温麻驿、牙城,再经福鼎的白琳、店头、桐山至分水关进入浙江界,复由温州至杭、苏、鲁各省入直隶,而达北京,"昔海舶未通,士子进京路皆由此"⑤,即至明清也成进京的另一官路(见图14)。

① 《读史方舆纪要》卷九六《福州府》。
② 《读史方舆纪要》卷九六《福州府》、《福宁州》。
③ 引自邱景雍《连江县志》卷五《水利》。
④ 卢凤琴《罗源县志》卷三。
⑤ 卢凤琴《罗源县志》卷二、徐友梧《霞浦县志》卷十九等。

## 十、其他道路概况

### 1.唐宋间闽西入赣的交通要道

《新五代史·闽世家八·王审知传》:"(王)绪率众南奔,所至剽掠,自南康(今江西南康县)入临汀(即汀州,治今长汀县),陷漳浦(指漳州,治龙溪县,今漳州市),有众数万",复自漳浦"军次南安"(治今南安县丰州)。至宋,《宋会要辑稿》卷九七九六又载:"(嘉定)八年(1215)七月十一日,知赣州杨长孺奏,汀赣连境,民习凶顽,不务农桑,易于为盗。近年赣盗颇稀,汀盗反为赣害……势须江西守臣得以兼福建之兵权……又,照得赣州瑞金县正汀盗出入之冲,而古州古城寨最近瑞金,若蒙朝廷以古城寨为两州界寨,使本州与汀州皆得统辖,则汀盗有所畏惮矣。从之。"而见《读史方舆纪要》卷九八汀州府长汀县古城寨条,也曰:"府西四十里,五代时,王延政筑此城以备江南兵,宋因置寨为戍守处。"可见由今江西南康经赣州、瑞金进入汀州古城至汀州的道路,早在唐宋已经开辟。而由王绪率军入闽,乃自汀州经漳州,又自漳州北上南安看,汀州也当有路可通漳、泉,所走路线如上所云,盖由长汀经今龙岩、南靖的孚山至漳州,复自漳州入同安,北接南安的罗田和丰州,而至泉州。

另据史书记载,南宋初年金兵渡江攻宋,径袭洪州(今江西南昌市),时由隆祐太后带领的部队和六宫卫士家属曾沿赣江河谷而上,逃入虔州(今赣州),金兵尾追至太和(今泰和县),跟随逃亡的难民大多没有北归,有的就在江西各地散处,或是转徙岭南和闽西[1]。到了宋末,文天祥复在汀、赣聚兵抗元,更有大批江西难民进入闽西避难,相传大多是以宁化的石壁作为中转站点,然后散处四方[2]。据此,是时之宁化也当有路可通江西各地。诚如《读史方舆纪要》卷九八

---

[1] 《建炎以来系年要录》卷三十建炎三年条。

[2] 罗香林《客家源流考》等。

汀州府宁化县所言:"又石溪隘,在县北,路出建宁、广昌二县,其相近者为紫云、岩塘、草桥等隘。又留西隘,在县西,通石城县。"而见《嘉庆重修一统志》汀州府山川,也曰:"严塘岭,在宁化县西北百里,路通江西广昌县,上有隘。"盖这些隘口早在宋代已成入赣要道(见图14)。

### 2.宋元间闽西沟通潮梅的道路

《宋史·食货志》谈到宋代走私盐,曾谓:"江西则虔州地连广南,而福建之汀州亦与虔接,虔盐不善,汀故不产盐,二州民多盗贩广南盐以射利。每岁秋冬,田事才毕,恒数十百为群,持甲兵旗鼓,往来于虔、汀、漳、潮、循、梅、惠、广八州之地。"《方舆胜览》卷三六谈到南宋的梅州,也曰:"业农者鲜,悉借汀、赣侨寓者耕焉。"可见宋代闽西与潮、梅间的往返,已经相当频繁和密切,但所经之路不见史书具体记载。盖沿汀江而下,先至上杭转武平,再入梅州,或由汀江直下永定进入大埔,而至潮州(见图14)。

### 3.福州通往闽北两条支路的兴衰

福州通往闽北的道路,不但有官道,还有两条值得注意的支路。官道如同上述,是从闽侯的白沙站经闽清的小若站、古田的水口站、皇田站、南平的武步站、茶洋站,然后北上建瓯和建阳,再由崇安的大安站(分水关)历铅信(今江西的铅山、上饶)而取浙江的衢州,或由南平转光泽的杉关,或走建宁县的甘家隘路,而至各代的京城。

支路有二。其一见于汪佃嘉靖《建宁府志》卷六《名宦》:"自浦城至松溪,路滨山溪凡二百余里(应作一百余里),崩陷崎岖,行者病之。(松溪县知县徐以贞)开辟甃砌,遂成坦途"。这一路段宋开禧元年(1205)曾立路碑,当在宋代以前已得开辟。

而见沈钟《叶生修路记》也称:"逾篁洲岭而上,直抵屏南第一亭,始入县界。由兹亭历梅花地以达甘棠,几二十余里,其间路径崎岖逼窄,不啻羊肠鸟道,行者苦之。予每过其地,常耿耿焉。岁戊午四月,米价稍昂,邑人太学生叶君雄声慨然任事,欲以膳谷数百斛减价平粜,鸠工修治,白于予。予甚嘉其义,并为牒之当道,当道咸加奖尝,已而,不数月告成……于是,荷担之夫往来称颂,啧啧于道。"①此路上连政和与松溪,下通古田,也当较早开辟。

按《汉书·朱买臣传》谓,时由浦城经今福州有一道路行程五百里。兹观上引记载,若从福州溯其闽江沿岸而上,至今古田的水口站,再沿古田大溪经今屏南的篙洲岭、梅花地、甘棠、屏南县而至政和、松溪和浦城,里程正合此数,是此道路早在闽越时代当已开辟。此后随着闽越人被徙江淮,道路荒废,直到宋代及其之后不断修筑,才再通行。

另见《三山志》,福州通往建瓯也有支路可经古田的鸣玉驿、通津铺及镇安驿。其中鸣玉驿废于绍兴七年(1137),废址在今古田县南的东、西溪合流处里许。兹参《读史方舆纪要》卷九六福州府古田县洗马池条所引的《闻见录》,此路当沿古田县的西溪而上,直入建宁府城的东门,"虽山溪环错,而路径稍宽,可策马而前也",较之晋京官路,同样可省许多里程(见图14)。

**4.闽东北通往闽北道路的开辟**

据志书记载,五代闽曾先在今政和县东南镇前村设置关隶镇,时属宁德县;至宋咸平三年(1000)升为县,移今治,改归建州,后又改名政和县②。按关隶既先隶属宁德,后又改归建州,是早在唐宋建州、宁德二地已当有路可以通行(见图14)。

## 十一、变迁特点

综观上述,福建最早的晋京官路,应是杉关大道;到了唐末五代以至于北宋,随着都城由长安移至开封,又辟崇安的分水关路,以与杉关同为晋京的大路。进入南宋,又因都城已迁临安,元明清又都北

---

① 沈钟《屏南县志》卷八《艺文》。
② 《元丰九域志》卷九福州宁德县、《读史方舆纪要》卷九七建宁府政和县沿革、《嘉庆重修一统志》建宁府古迹关隶废县、1981年《政和县地名录》。

京,复开仙霞岭路。至是杉关道路渐衰,才由分水关路和仙霞岭路所替代。可见福建的晋京官路乃随都城的东迁而东移,是深受都城的移迁所影响。另是境内交通,初期是以沟通福州至建瓯及其邵武的道路为主。盖福建古为闽越地,闽越人活动的中心是在福州和闽北;迨至闽越人被徙江淮后,地旷人稀,江浙赣人移居闽地,又先入住闽北,由是闽北最先得到开发,交通道路也先得到发展。直到唐宋以至于宋末元初,移民再次大批涌入,使福、泉、漳、汀和兴化的人口急增,地区开发迅速,交通道路也才由北向南不断延伸。此后,又因东南沿海的经济发展最快,而使东南沿海的交通道路修筑最多、最好,反超闽北。

交通道路的发展与地区社会经济的开发息息相关,这由元代出任福建闽海道肃政廉访副使的商中顺所说的话可见端倪。商中顺说:"福建行省所辖八路,每遇朝廷遣使颁降圣旨、诏条前来本省,必须经由建宁、南剑二路,亦有就地开读者,次至福州行省。其兴化、漳、泉、汀州等路,不系使臣经由去处,例从行省差人开读。今体闻差来使臣,每每自福州亲至兴化、泉州开读,方回赴江西者,经过邵武亦就地开读,汀、漳二路未尝亲去,且泉至漳,系是邻境,相离四站,驿程不及三百里,舍而不往者,盖有其由:泉南,乃舶货所聚之地,不无希望,汀、漳系烟瘴幽僻之方,遂惮其行"①。盖穷乡僻壤之地,既无经济能力自行修路,更难引起官方对道路建设的兴趣和重视,故而道路建设也就听任落伍了。

如上所述,又可看出,福建许多道路的更改变动,是深受地貌变迁和经济建设的影响,其中尤以福、泉、漳的道路最为明显。福、泉、漳道路最初都走山路,是受各地支海所隔的缘故;迨至各地港湾得到了围垦,垦后平原地区的经济又比山区富庶,人们就纷纷改从平原进出;而今为求经济效益,以适应经济高速的发展,道路需取直径,于是今天的福、泉、漳高速公路逢山凿洞、遇水架桥,又复以前所

---

① 《永乐大典》卷一九四一九、《经世大典》站赤四。

通行的许多山间路段的小路。这一事实告诉人们,路由人走出,很多道路都具有继往开来的延续性。

（原载《历史地理》第二十一辑）

## 福建古代陆路交通干线的开辟与变化 | 233

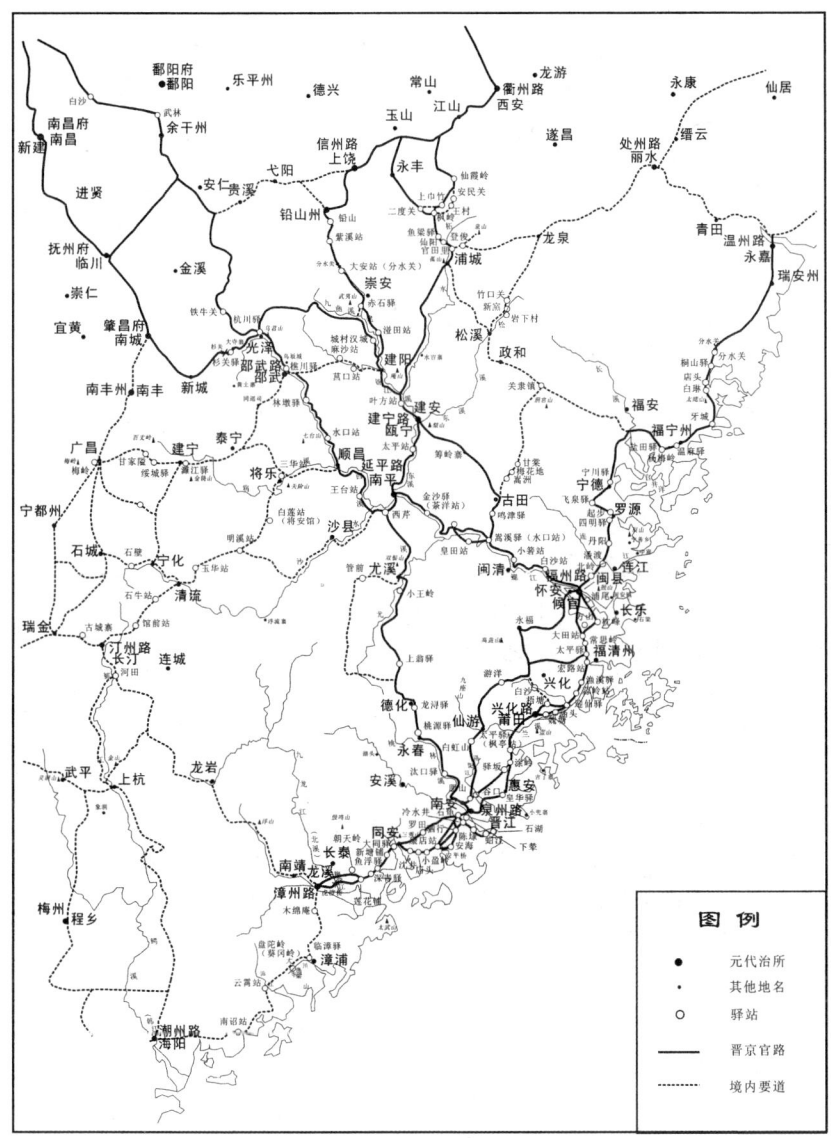

图14 古代陆路交通干线始辟图

审图号:GS(2015)3159号

# 对福建古代交通道路变迁的几点看法

1987年由福建科学技术出版社出版的《福建公路史》，对福建历代交通路线的变迁，作了全面的阐述，拜读之后，很受教益。但书中提出的一些问题，以我之见，尚可商榷。略陈如下。

## 一、汉兵进攻闽越路线的问题

书中谈到汉代的省际交通，称说汉兵进攻闽越，除由慈溪乘坐海船入闽外，其他三路分别为：杨仆出武林，由今江西波阳县入攻崇安的分水岭；中尉王温舒出梅岭，由今江西宁都县东北进入闽西；再是越侯戈船、下濑两将出若邪、白沙，由今浙江乐清县占领闽越的东北。

按该书所言汉兵进入闽西和占领闽东北，既无史料依据，与当时敌对双方布防的形势也不相合，我认为是有问题的。

兹查史书，汉廷为征闽越，早已下令诸校屯驻豫章梅岭待命，闽越为拒汉兵入境也先后在今邵武、建阳和浦城筑了六城，驻扎重兵加以固守。针对这一情况，元封元年（前110）武帝便派杨仆出军武林，王温舒出军梅岭，由此两支主力部队正面攻击闽越守军。又为分散闽越守军的兵力和堵截闽越守军溃逃南去,而命韩说率军浮海,直捣闽越王国的都城冶都(今福州市),以形成南北两面夹攻的态势①。那时,杨仆一军出自武林,当由今光泽的杉关入攻闽地②,王温舒一军出自梅岭,梅岭乃在虔化东北百二十多里,即在现在的广昌县西③。广昌临近建宁,建宁本属将乐、临川县地,蓝溪出其县北百丈岭,南流入潍江,"旧传越王无诸尝筑台于此",越王所筑的六城之一乌坂城,也在邵武府东三里,邵武西南四十里的黄土寨,有路可通江西的广昌、南丰二县④,可见当时的王温舒一军,应是由今建宁入闽,再经邵武,而与杨仆之军正面进攻东越王馀善的都城及驻闽北的守军。

另是越侯之军出若邪、白沙,若邪在今绍兴东南四十五里,《读史方舆纪要》卷九二会稽县条云,"汉遣戈船、下濑两将征闽越,盖亦由海道南征也";朱维幹《福建史稿》也称,白沙在今浙江乐清县东五里,是个水陆要害之地,"此两将同出若邪、白沙,盖由绍兴而乐清,以攻闽越之东北也"。要是此路军队入闽,"亦由海道南征",在《史记》东越传内,为何只提韩说一军"浮海从东方往"?是由陆路入占闽东北吗?当也不是。因为那时的闽东北还很荒凉,古人入闽,"率道浙西,由崇安历铅、信,取衢",或由浦城"取金、处",由今福州经闽东北,再取道温、台一线,是至明代才被开通的⑤,故以此而观,越侯两将入闽当由若邪、白沙分别沿着曹娥江和瓯江而上,至丽水会师,然后由今龙泉进击浦城地面的东越守军。此由《汉书·朱买臣传》所载"故东越王居保泉山,一人守险,千人不得上"一事也可为证。泉山临近龙泉,山顶有泉二派,一入浙江龙泉县,即瓯江的上源,过去的闽越多次入侵东瓯,都是走此路线,越侯两将发兵围困闽越,盖也由此进击之。

---

① 详见《史记·东越传》、《汉书·严助传》、《资治通鉴》卷二〇和萧了丌《建安记》。
② 蒋维铢《广信府志》卷五武备引李鸿《封禁考略》也主此说。
③ 《史记·东越传》《正义》引《括地志》谓梅岭位居虔化东北二十多里,《中国历史地图集》定在今天的广昌县西。
④ 详见《读史方舆纪要》卷九八邵武府建宁县百丈岭和邵武县乌坂城、黄土寨条。
⑤ 详见邱景雍《连江县志》卷五所引《四明丰熙记》。

## 二、汉唐进京官路不经仙霞岭道

《福建公路史》说,"据《新唐书·地理志》记载,唐代首都长安至福建的干线道路,是由长安至汴州,再由汴州南下,经扬州、杭州、睦州、衢州、江山,逾仙霞岭入闽,经浦城、建州至福州。在仙霞岭未开通前,则由睦州转处州(今丽水)、龙泉,逾柘岭至浦城,或由衢州转常山,经江西玉山、广丰,逾二渡关至浦城。这条路称为'福州官路'"。

兹查唐志,并无此言。而见《史记》东越传,《集解》注说馀善发兵拒汉道,入白沙、武林、梅岭杀汉三校尉,曾云,"此白沙、武林,今当闽越入京道"。胡三省也说,唐末五代"自福建入贡大梁,陆行当由衢、信(今衢州市、上饶市)取饶、池界(今波阳县、贵池县)渡江,取舒、庐、寿(今潜山县、合肥市、寿县)渡淮,而后入梁境"①。《宋会要辑稿》食货四八也谓,凡陆运"福建自洪州(今南昌市)渡江,由舒州而至京(东京开封府,今开封市)。

按《福建公路史》所谈进京官路经由仙霞岭道,当从南宋开始。1981年《浦城县地名录》说过,"官路,古为我县北出江、浙孔道。由此东北行,过边境的王村大队,去安民关北上,由此西北行,过边界的上筋竹村,直达江山县的下筋竹村,北出江、浙。宋、元、明、清几代都是闽北考生上京应试必经之路"。清陈元机《重修仙霞岭记》也谓,"考宋庆元中(1195—1200),仙霞未辟,出入多由处州龙泉踰柘岭。至绍兴初,史浩帅闽过此,始募人夫甃以石路,自是行者便之"。盖在此前京城设在长安、洛阳或是开封时,福建入京官路乃由崇安分水关或从光泽的杉关进出②,而后经今波阳或南昌市,再沿潜山而上;

---

① 《资治通鉴》卷二六七后梁太祖开平三年条。

② 《资治通鉴》卷一六九曾载,"甲申,周迪众溃,脱身逾(东兴)岭,奔晋安,依陈宝应","周迪复越东兴岭为寇","章昭达进军,度岭,趣建安,讨陈宝应"。按东兴岭在今江西黎川县东三十里,往东四十里为杉岭。王琛《邵武府志》卷一三关隘:"杉关,在(光泽)县西北七十里杉岭上……为闽像往来通道,相传唐广明元年置",可见杉关很早就是沟通南昌、迳达河南的要道。

到了绍兴初年开通仙霞岭道,又因南宋政府迁都杭州,仙霞岭路才成官道。然自元初经宣慰司官高兴奏议由其西路饶州等处驿站上京,比由分水关经由铅山州车盘站至汭口下船直上大都要远七百多里路程之后,进京官路又改从分水关出入了①。

## 三、泉州通往省城和进京道路的变迁

《福建公路史》称,"以前从泉州往福州的旅客,多由朋山岭隔到白虹山,西入仙游,再北上福州。由泉州晋京则走剑州路。就是由泉州出西门,经南安汰口、永春桃源和德化的龙浔、上壅,过尤溪后还有一段羊肠鸟道,然后由西芹渡溪到延平。洛阳桥建成后,泉州晋京的路,便改经莆田、福州到延平"。其实,经由以上两支道路,前后也有许多变迁,尚需深入再作交代。

《读史方舆纪要》卷九七延平府尤溪县分枝岭条引志云:"县城西南有小王岭,旧通泉、漳二府,岭道艰阻,邑人朱绂(田琐《嘉靖尤溪县志》卷一作朱缓)别开坦道,岭遂废。……又县西九十里有新岭,宋熙宁中,尝开新道于此"。就是说,此路先是经今小王岭,后才改走新岭一路。但此路"山岭高峻,卒不可行",故自洛阳建桥后,这一驿道也就"遂废"了②。

泉州北上福州的道路,线路变化更大。道光《晋江县志》卷一〇:洛阳未桥之际,人们为避舟险,都由泉州北门"经朋山岭隔,迤白虹山,左入仙游,而至省城"。叶春及《惠安政书》卷六:十五都古有驿传之迹,"盖北取道驿坂,出柯溪岭,逾济龙桥,渡于谷口。自万安桥成,驿迁而壤为僻矣"。嘉庆《惠安县志》卷八也说,谷口桥"在邑西南三十里,桥滨洛阳江,旧有舟以渡,宋绍兴间建。宋时洛阳未桥,自枫亭往泉者经是,达陈二壩至晋江,今路出洛阳,此为小径"。

而在莆田县境,周瑛《弘治兴化府志》卷五二也曾指出,"本府道

---

① 《永乐大典》卷一九四一九引《经世大典》站赤四。
② 《读史方舆纪要》卷九九泉州府德化县上壅条。

路,南北洋未塍海时,皆循山而行。及既塍海,始就平地而行。然平地不数十里之内,为支海所隔者三,故乡人有事于上州者,往往由城北门历枫林、吴店、故迎仙驿出诸支海之外,以通于北。……后以虎祸,乃徙平地,自魏塘、涵头、佘埔历江口桥而北"。

另是福州地段,梁克家也说,以前驿路乃出方山渡,此地江面弥漫,无风二十里,有风七十里,要花很长时间过渡,既有倾覆之患,又有候次之劳,加上风潮弗律,候潮或需一二日:宣和六年(1124),俞提刑向命令本邑治道,改从玉泉院、浦尾、鼓山入新路①,至峡江北岸亭渡枕峰,复自枕峰过常思岭而通旧路。就是说,由今泉州北上福州,早时是由方山(即今五虎山)横渡大义江之险,直到宣和六年,才改经常思岭路从今枕峰北渡峡江入省城。

### 四、闽北山路的修建与发展

西汉时候刘安上书劝阻武帝征闽越,曾说,"越,方外之地……自三代之盛,胡越不与受正朔","臣闻越非有城郭邑里也,处溪谷之间,篁竹之中,习于水斗,便于用舟,地深昧而多水险,中国之人不知其势阻而入其地,虽百不当其一。得其地,不可郡县也;攻之,不可暴取也"②。那时,福建尚未修建道路,境内外的交通只能沿着一些崎岖的山路艰难跋行。

福建有道路的修建,是从唐代开始的。先是闽江通航不便,船多沉溺,元和二年(807)陆庶铲峰淹谷,设渡船,筑栈道,乃自福州沿着闽江开出一条山路,以通延平③。乾符年间(874—879),黄巢引兵入闽,又"开山路七百里",自今衢州抵达建州④。由是,仙霞岭路也被开通了。

---

① 《三山志》卷五,并参见《读史方舆纪要》卷九六福州府方山条。
② 《汉书·严助传》。
③ 梁克家《三山志》驿铺篇小注。
④ 详见《资治通鉴》卷二五八僖宗乾符五年条、《旧唐书·僖宗纪》和翁天祐《浦城县志》卷四二。按《旧唐书》谓"开山洞五百里",五当为七之误。

仙霞山高岭峻,势彻云霄,道路开通后,仍不便于行走,人们由浙入闽,照旧多经龙泉逾柘岭。到了绍兴初年(1131),史浩帅闽过此,再募人夫甃以石路二十多里,才使"行者便之"①。

此时,由建抵延平,水行则"中流触石,人舟俱靡",陆行"沿冈险峻,步履艰难",于是李讹又在嘉定六年(1213)"倡民伐石为途",自承天寺至延平之高铜铺再开山路一万五千余丈,且筑桥梁四座。自是之后,"道路如砥,民免涉水之虞"②。

另是邵武通往江西南城的道路,宋代也得修建。志书载:"刘师岭,府南百二十里,路出建昌府,鸟道嶔崎,绵亘六七里,人以为病,戏名愁思,宋上官端义慕众甃路,行者便焉。"③

继宋之后,元开崇安黎岭道④:明砌崇安斗米岭,又自浦城修砌山溪道路至松溪⑤;至清嘉庆时(1796—1820),又再兴工重建仙霞岭路⑥。由是,才使闽北交通道路获得日益完善。

## 五、东南沿海地区桥梁的建造

福建东南沿海平原原是海湾之地,至宋才得大规模的围垦,由是河流港汊特多。随着地区经济的开发和泉州港的勃兴,为适应商品经济发展的需要,便在闽粤干道上架设大量的桥梁。如在福州建造南北港浮桥⑦,莆田建造江口桥、新港桥和延寿桥⑧,晋江建造洛阳

---

① 翁天祐《浦城县志》卷三六引清陈元机《重修仙霞岭记》。
②⑤ 汪佃《嘉靖建宁府志》卷六。
③⑥ 《读史方舆纪要》卷九八邵武府。
④ 《读史方舆纪要》卷九七建宁府崇安县蕉岭条、汪佃《嘉靖建宁府志》卷六。
⑦ 《三山志》卷五。
⑧ 详见道光《晋江县志》卷一一、乾隆《泉州府志》卷一〇、《宋史·蔡襄传》和《尤溪县志》卷24所引黄朴《虎渡桥记》。

桥、通济桥、顺济桥和安海的东、西桥,南安建造大盈桥,同安建造西安桥,龙溪建造虎渡桥等,这些桥梁除福州南北港浮桥晚至元代改建石桥外,其他都用巨石建造而成。

此时,泉州建桥尤多,还在晋东平原沿着海岸线建造陈翁桥、乘驷桥、苏埭桥、吴店桥、悲济桥、玉澜桥、龙尾桥、陈坑桥、普利大通桥、通济桥和蚶江桥,以通石狮、日湖、永宁、深沪、祥芝和蚶江各港口;至元,又建下辇桥、结砖桥等,以通安海;到了清初,又造东山桥;而在府北,宋时尚造凤屿盘光桥等[①]。

莆田平原的熙宁桥、宁海桥也是宋时建造的。厥后人物繁盛,财力渐巨,凡为渡口或乡下诸沟渠旁相贯处,"亦皆作石梁"[②]。

其他地方所造大桥也多,如福清龙江桥、龙溪流冈桥和惠安的屿桥、延寿桥等,也都同是建造于宋时。

## 六、闽东、闽西和漳州地区道路的开辟与建设

宋嘉祐三年(1058),曾对北岭"夷高直曲,培凹续陷",使福州、连江间的道路便于通行[③]。但自连江通往霞浦的道路,却长期处于艰难的状况。《四明丰熙记》云,福州上通中原,早时率道浙西,由崇安历铅、信,取衢;或由浦城取道金、处。唯陟北岭陆行,取温、台的道路最近,乃因路经连江、罗源、宁德抵达福宁,山高岭峻,林木深阻,自昔罕辟,干霄蔽日,行者及舁中,如入坠蟊疠噬吞,魂销魄慓。此中路经罗源、连江间的朱公桥尤险畏,非结旅百辈、晴日当午,则道无一迹。迨至福宁盐田地面,支海载途,潮退舟胶,公私虽甚急,必坐以待。潘渡故有桥,也因久圮于涨,舟子索值不已。加上沿途横遭剽掠,行旅无不互相告诫,宁就远道,而使一州诸县,几为荒服。直到嘉靖年间(1522—1566),募民屏伐,在今盐田循山麓垦蹊三十里,又修潘

---

① 详见道光《晋江县志》卷一一。
② 详见宫兆麟《莆田县志》卷三、周瑛《弘治兴化府志》卷五二。
③ 《读史方舆纪要》卷九六福州府北岭条。

渡、任溪二桥,且在北岭、飞鸾岭各地设关置堠讥察,沿途每隔五里再作一亭,以供行者遇到暑雨天气或疲困之时有地方休息,使"商旅取捷,晨夜弗惊,岩栖成聚,荒鄙湔涤",才化"魑魅罔两之窟"为"通途"①。就是说,由今福州取道温、台,而经杭、苏、鲁直达北京,路虽最近,但由于道路艰险,通行不易,人们只得长期绕道闽北,待至嘉靖年间开通此路后,人们才走这一捷径。

另是闽西,古为"蛮僚"地。这里是至唐代开山洞置汀州,设立长汀、宁化、龙岩三县后,才与外界有了交往。唐末,王绪率军入闽,曾自南康入临汀,陷漳浦②,其后延政又筑古城于今长汀县南何田,以备江南兵③,其时盖自漳浦已有道路可通何田、长汀和江西的瑞金与赣州。此路至宋更显重要,盐贩成群结队往来虔、汀、漳,或由汀州转向潮、梅各地,都是经此一途④。故为捕捉盐贩私相贩盐,宋乃迁建古城于今长汀县西古城置寨,以加戍守,又以古城原地位居交通要道,而置留村镇,使留村成为"商旅辏集处"⑤。

唐置汀州,沙县属之。沙县有一沙溪,源出宁化,"为往来通道"⑥。至宋,置九龙、石牛、馆前三驿,又置将安馆和明溪驿,由今长汀北上清流、宁化抵达江西的石城和广昌,或由清流转向明溪、将乐以及沿着沙溪经沙县而至闽北的道路,盖在唐宋期间也已通行⑦。

但是必须看到,闽西地处万山中。为岩郡,未经修建的道路,通行都较困难。而见志书记载,这里的道路建设,大多是从明代开始的,其中尤以永定路的开通最是值得一提。记云:"汀漳,岩郡也,介

---

① 引自邱景雍《连江县志》卷五。
② 《新五代史·闽世家王审知传》。
③ 《读史方舆纪要》卷九八汀州府长汀县。
④ 《宋史·食货志》。
⑤ 《读史方舆纪要》卷九八汀州府长汀府古城寨条。按1981年《长汀县地名录》谓今何田即宋留村镇。
⑥ 《读史方舆纪要》卷九七延平府沙县太史溪条。
⑦ 详见《读史方舆纪要》卷九七延平府将乐县、卷九八汀州府归化县宁化县所叙。

于万山,鸟道盘行,毒草蒙密,为暴客逋薮,先是按察司分两道,以领辖诸郡,而汀漳分隶,判不相统,视若边圉,使节罕历,故路废弗除。成化中,立漳南于上杭,以领辖汀漳,二郡始相联络。复立永定于西偏,去上杭百余里。自漳入汀者,东由龙岩,西由永定。东路险远,不若西路便,而驿传铺舍俱从东偏,故东为孔道,为舆夫之费,跋涉之劳盖有年矣"。于是,乃由当时的巡按下令永定、上杭二县修筑道路,"刈芟草木,坠高堙痺",沿途更置铺舍,开出一条"比之东路减其远三之一,又少险阻,既近且易,行者安之"的新路,才使汀漳二地有了密切的联系①。

  漳州地区的开发,为时也是较晚的。陈汝咸《漳浦县志》卷十九:先是陈元光戍闽,屯兵龙溪,阻江为界,插柳为营。永隆二年(681),移镇漳浦,以拒潮贼,阻盘陀诸山为塞,其西北山洞之黎,卒依险阻,林木阴翳,不相通,"乃开山取道,翦除荆棘,遣土人诱而化之,渐成村落,拓地千里。垂拱间,请置漳州"。然至于宋,这里仍是山村蔽翳,"民病瘴雾蛇虎之害",直到吕璹赴任,"教民焚燎而耕",才使其害"衰止"②。

  漳州地区有道路的兴建,是始自于宋。此时,傅伯成出知漳州,曾由郡之南门至漳浦,"为桥三十五,治道千二百丈"③。王大宝提点福建刑狱,路过临汀,看到蔡冈(应作葵冈)山高岭峻,蓁薄蔽翳,山石荦确,盗乘间剽劫,也解囊金三十万,"募民抉薆甃道十余里",使"行者便之"④。而更值得一提的是嘉定间(1208—1224)在今江东架设虎渡桥,虎渡"当溪海之交,飘风时至,篙师难之",架设后,才使商旅往来无阻⑤。入元,蔡公再治龙溪揭鸿寨古道,"于山腰开新岭,一名蔡公岭",使通龙岩、漳平和安溪⑥。到了明代,诏安的余甘岭路和

---

① 曾日瑛《汀州府志》卷四一引明田汝成《永定开路记》。
② 《宋史·奸臣传》。
③ 《宋史·傅伯成传》。
④ 《宋史·王大宝传》。
⑤ 吴宜燮《龙溪县志》卷二四引黄朴《虎渡桥记》。
⑥ 《读史方舆纪要》卷九九漳州府龙溪县。

长泰的朝天路又得修砌。朝天路,"为往省朝京之路,险峻盘曲,巨石环夹其旁,往来苦之。万历三十年(1602),令管桔倡民别开一径,平坦可通车舆,诸倾仄处悉为修砌,行人称便,忘其途之在复岭也"①。

## 七、古代交通道路发展的特点与影响

元朝时候,曾任福建闽海道肃政廉访付使的商中顺说过:"福建行省所辖八路,每遇朝廷遣使颁降圣旨诏条前来本省,必须经由建宁、南剑二路,亦有就地开读者,次至福州行省,其兴化、漳、泉、汀州等路,不系使臣经由去处,例从行省差人开读。今体闻差来使臣,每每自福州亲至兴化、泉州开读,方回赴江西者,经过邵武亦就地开读,汀、漳二路未尝亲去,且泉至漳,系是邻境,相离四站,驿程不及三百里,舍而不往者,盖有其由:泉南,乃舶货所聚之地,不无希望,汀、漳系烟瘴幽僻之方,遂惮其行"②。

由上可见,迄至元代,福建的汀、漳二地经济很不发达,交通也还十分闭塞。那时,造成汀、漳落后,盖因福建的开发是有赖于北方汉人入闽经营的缘故。北方汉人入闽,乃先闽北,再向闽江干支流散开,至晋才达晋江下游。由是交通道路的开辟也就先及闽北,然后延伸至今晋江流域和莆田地带。

到了唐宋,晋东平原、莆田平原最先围垦成功,经济最称富庶,交通道路的建设也就最多最好。并因交通便利,有利商品流通,便使泉州港得到迅速的勃兴。

而观汀、漳二地,古为"蛮僚"聚居地,人口极稀,直到唐宋才有较多汉民开始移入,所以交通道路的开辟和建设,便也相应较迟,从而显得后进了。

(原载《中国社会经济史研究》1994年第1期)

---

① 张懋迁《长泰县志》卷一、《读史方舆纪要》卷九九漳州府诏安县。
② 《永乐大典》卷一九四一九引《经世大典》站赤四。

# 两宋期间福建的矿冶业

福建的矿冶业初兴于唐,至宋极盛,成为全国重要的矿区之一。金的产地列表如下:

| 产　地 | 属县 | 出　处 | 今　地 |
|---|---|---|---|
| 古田金坑 | 古田 | 《元丰九域志》卷九 | 今古田县东北、旧县东北六十里 |
| 钟寮金场 | 上杭 | 《元丰九域志》卷九 | 今上杭县北中寮 |
| 金山金场 | 上杭 | 《舆地纪胜》卷一三二 | 今上杭县北紫金山 |
| 碌碌金场 | 归化 | 《元丰九域志》卷九 | 今泰宁县西北垒碌 |
| 归化金坑 | 归化 | 《宋史·牛冕传》 | 今泰宁县东少北金坑 |

古田金坑宋初已立,产量多少,不可得知。碌碌金场,史称端拱元年(988)置①,后因"虚有名额,并无坑井",每年"专付人匠千一百余人,配买金六百余两,百姓送纳不逮,以至弃命自刎",经牛冕建议,乃于至道元年(995)"停废"②。另是归化的金泉山,山在县南二百步,南枕溪,有细泉出沙,"披沙淘之,得金",为便输纳,唐末设归化

---

① 《宋会要辑稿》食货三三。
② 《宋会要辑稿》食货三四。

镇于此,五代立为场,后改为县①。至宋未闻淘金事,盖所得不多,早已停罢。此时,上杭的钟寮场和金山场产金最多,是全国十一个著名的产金地之一②,元丰元年(1078),缴纳税金151两③。

银的产地更多,分布如下:

| 产　地 | 属县 | 出　处 | 今　地 |
|---|---|---|---|
| 玉林银场 | 长溪 | 《元丰九域志》卷九 | 确址无考 |
| 宝兴银场 | 古田 | 《元丰九域志》卷九 | 今建瓯县东宝坑 |
| 王林银场 | 古田 | 《三山志》卷一四 | 今屏南县南王林 |
| 黄洋银场 | 永泰 | 《元丰九域志》九 | 疑在今永泰县西王洋 |
| 保德银场 | 永泰 | 《元丰九域志》卷九 | 今永泰县东银场 |
| 宝丰银场 | 宁德 | 《三山志》卷一四 | 今周宁县芹溪村附近 |
| 宝瑞银场 | 宁德 | 《三山志》卷一四 | 今周宁县南大郭洋 |
| 石舍银场 | 建安 | 《元丰九域志》卷九 | 确址无考 |
| 永兴银场 | 建安 | 《元丰九域志》卷九 | 今顺昌县东北高阳 |
| 丁地银场 | 建安 | 《元丰九域志》卷九 | 确址无考 |
| 永乐银场 | 建安 | 《元丰九域志》卷一〇一 | 今建瓯县北小松 |
| 黄沙银场 | 建安 | 《太平寰宇记》卷一〇一 | 今建瓯县南官焙 |
| 褚纸银场 | 建安 | 《太平寰宇记》卷一〇一 | 今建瓯县南、秦溪岭西北二十里 |
| 黄柏洋银场 | 建阳 | 《元丰九域志》卷九 | 确址无考 |
| 武仙银场 | 建阳 | 《元丰九域志》卷九 | 今建阳县西北武仙山 |
| 大同山银场 | 建阳 | 《元丰九域志》卷九 | 今建阳县西南大同山 |
| 瞿岭银场 | 建阳 | 《元丰九域志》卷九 | 今建阳县西南地岭 |
| 通德银场 | 浦城 | 《元丰九域志》卷九 | 今浦城县西北管查村 |
| 潘家山银场 | 浦城 | 《元丰九域志》卷九 | 今浦城县西北潘家场 |
| 余桑银场 | 浦城 | 《元丰九域志》卷九 | 确址无考 |
| 余生银坑 | 浦城 | 《元丰九域志》卷九 | 确址无考 |
| 焦溪银坑 | 浦城 | 《元丰九域志》卷九 | 今浦城县北银坑 |
| 勑竹银坑 | 浦城 | 《元丰九域志》卷九 | 今浦城县北下巾竹 |

---

① 《太平寰宇记》卷一〇一。
② 《宋史·食货志》。
③ 《宋会要辑稿》食货三三。

续表

| 产　地 | 属县 | 出　处 | 今　地 |
|---|---|---|---|
| 唐岱坑银坑 | 浦城 | 《宋会要辑稿》食货三四 | 今浦城县东塘岱 |
| 天受银场 | 关隶 | 《元丰九域志》卷九 | 今政和县东北银坑尖 |
| 东平银场 | 关隶 | 《太平寰宇记》卷一〇一 | 今政和县西东平 |
| 赤石银坑 | 关隶 | 《宋会要辑稿》食货五六 | 今政和县东南石壁 |
| 杉溪银场 | 松溪 | 《太平寰宇记》卷一〇一 | 今松溪县西杉溪 |
| 瑞应银场 | 松溪 | 《宋会要辑稿》食货五六 | 今政和县东北锦屏 |
| 洞宫山银场 | 政和 | 《元丰九域志》卷九 | 今政和县东南洞宫 |
| 龙崇银场 | 清溪 | 《宋会要辑稿》食货三三 | 今安溪县西北尚卿福林银场村 |
| 大演银场 | 剑浦 | 《元丰九域志》卷九 | 今南平市东大演 |
| 石城银场 | 剑浦 | 《元丰九域志》卷九 | 今南平市南石城 |
| 石牌银场 | 将乐 | 《元丰九域志》卷九 | 今将乐县西南石排场 |
| 安福银场 | 将乐 | 《元丰九域志》卷九 | 确址无考 |
| 宝应银场 | 尤溪 | 《元丰九域志》卷九 | 确址无考 |
| 安仁银场 | 尤溪 | 《元丰九域志》卷九 | 今大田县南造宝坑 |
| 漆坑银场 | 尤溪 | 《元丰九域志》卷九 | 确址无考 |
| 龙门银场 | 尤溪 | 《元丰九域志》卷九 | 今尤溪县南龙门场 |
| 新丰银场 | 尤溪 | 《元丰九域志》卷九 | 确址无考 |
| 小安仁银场 | 尤溪 | 《元丰九域志》卷九 | 确址无考 |
| 杜唐银场 | 尤溪 | 《元丰九域志》卷九 | 确址无考 |
| 梅营银场 | 尤溪 | 《元丰九域志》卷九 | 今尤溪县东北梅营 |
| 龙逢银场 | 尤溪 | 《元丰九域志》卷九 | 今永安市东北小龙蓬 |
| 洪面子坑银场 | 尤溪 | 《宋会要辑稿》食货三四 | 今永安市东南上、下洪坑 |
| 叶洋银场 | 尤溪 | 《宋会要辑稿》食货三三 | 今永安市东南下洋 |
| 杨营银场 | 尤溪 | 《宋会要辑稿》食货三三 | 确址无考 |
| 龙泉银场 | 沙县 | 《元丰九域志》卷九 | 今沙县东南龙泉 |
| 上宝银场 | 长汀 | 《元丰九域志》卷九 | 今长汀县东南银坑 |
| 归禾银务 | 长汀 | 《元丰九域志》卷九 | 确址无考 |
| 拔口银务 | 长汀 | 《元丰九域志》卷九 | 今长汀县西南八十里 |
| 黄培银场 | 长汀 | 《太平寰宇记》卷一〇二 | 确址无考 |
| 安丰银场 | 长汀 | 《太平寰宇记》卷一〇二 | 确址无考 |
| 龙门新银场 | 宁化 | 《元丰九域志》卷九 | 今长汀县东北龙门 |

续表

| 产 地 | 属 县 | 出 处 | 今 地 |
|---|---|---|---|
| 龙门旧银场 | 宁化 | 《元丰九域志》卷九 | 今长汀县东北银坑 |
| 长永银坑 | 宁化 | 《元丰九域志》卷九 | 确址无考 |
| 大庇银坑 | 宁化 | 《元丰九域志》卷九 | 确址无考 |
| 大济银场 | 龙岩 | 《元丰九域志》卷九 | 今龙岩市东五里 |
| 宝兴银场 | 龙岩 | 《元丰九域志》卷九 | 今龙岩市 |
| 黄土银场 | 邵武 | 《元丰九域志》卷九 | 今邵武县西南关上 |
| 邹溪银场 | 邵武 | 《元丰九域志》卷九 | 确址无考 |
| 寺城银场 | 邵武 | 《元丰九域志》卷九 | 今邵武县西金坑 |
| 太平银场 | 光泽 | 《元丰九域志》卷九 | 今光泽县北大银厂 |
| 江源银场 | 归化 | 《元丰九域志》卷九 | 今泰宁县南江家岭 |
| 青女银场 | 建宁 | 《元丰九域志》卷九 | 今建宁县西南银坑 |
| 龙门银场 | 建宁 | 《元丰九域志》卷九 | 今建宁县西南白云寺 |
| 蕉坑银场 | 建宁 | 《元丰九域志》卷九 | 今建宁县南蕉坑 |

此外，古田属下的垄溪、郑洋、游老、温洋、锥弯、猿溪、苕溪、五洋峰以及政和东南的洞宫山等地，也都产银[①]。总之，仅就所见，银坑、银场、银务不下七十余处。

这些银坑、银场置废有先有后，早的置于宋初。《太平寰宇记》卷一〇一云："龙焙监，建州建安县南乡秦溪里地，以本州地出银矿，皇朝开宝八年（975）置场收铜银，至太平兴国三年（978），升为龙焙监，凡管七场"，即永兴、永乐、黄沙、褐纸、大挺、东平和杉溪场。但有相当部分维持时间不长。如长溪的玉林银场（疑为王林银场之误）熙宁七年（1074）置，至绍兴三年（1133）已歇[②]。其他如宝丰银场，"元祐二年（1087）发，宣和中（1119—1125）歇，惟西南山一、二条坑户岁输银五十三两，绍兴二年（1132）罢"；宝瑞银场，"元祐中发，绍圣元年以监官……靖康中，宝山十八所停废，惟西六坑岁犹收千二百六十七

---

① 《三山志》卷一四、《嘉庆重修一统志·建宁府山川》。
② 《宋会要辑稿》食货三三、《三山志》卷一四。

两"①；宝兴银场，"天禧二年（1018）发，明道元年（1032），岁收银九百二十五两……绍兴二年（1132）罢"②；保德银场，"庆历二年（1042）发，佃户岁输银二十六两，元丰三年（1080）罢"；黄洋银场，"嘉祐四年（1059）发，熙宁四年，收银八百三十六两，铜二万三千八百七十五斤，以使臣监，五年，增置监官，七年，收铜四万斤……元丰三年（1080）罢"③；龙崇银场，熙宁三年（1070）置，元丰元年闭④；梅营银场，太平兴国中置，熙宁九年罢⑤；宝应银坑，熙宁四年置，五年罢；太平银场，八年八月置，十二月罢⑥。

按《宋史》食货志载，宋治平（1064—1067）中，全国产银州、军二十六，"银之冶八十四"，漳、汀、泉、建、福、南剑六州和邵武军都是银的重要产地；产银有三监，建州居其一。又云，"南渡，阬冶废兴不常，岁入多寡不同"，绍兴三十二年，湖南、广东、福建、浙江、广西、江东西凡设银冶一百七十四，至乾道二年，废者八十四。南渡后，福建银矿停歇虽多，但新发掘的也有不少。其开采情况，宋太祖开十场，太宗开九场，至英宗治平间，进入黄金时代。治平后，又兴发唐岱坑、瑞应、赤石、因浆、安仁、杜唐、洪面子坑等五十余所⑦。福建的官府银场，神宗元丰初年（1078）九十有余，占全国银场总数40%。南宋时，全国银矿趋向衰落，福建却因陆续发现新矿，新设矿场很多，而在全国占有更加突出的地位。由于经营规模较大，产量可观，神宗元丰元年，福建银课已居全国第一，约68000余两，占全国银课总额30%，依

---

① 《三山志》卷一四。
② 《三山志》卷一四。按《宋会要辑稿》食货三三谓嘉祐五年罢，《嘉庆重修一统志》谓绍圣二年罢。
③ 《三山志》卷一四。按《宋会要辑稿》食货三三称，庆历三年置保德场，嘉祐七年置黄洋场。
④ 《宋会要辑稿》食货三三、庄成《安溪县志》卷三。
⑤ 《宋会要辑稿》食货三三。
⑥ 《宋会要辑稿》食货三三。
⑦ 《宋会要辑稿》食货三三、三四、五六。

照课税率 20% 推算,产量当有 30 余万两。南渡后,在乾道年间(1165—1173)全国上供银 25 万余两,其中福建 16 万余两,更占总数约达 60%。可见终于南宋,福建都是全国产银最多的地方①。

铜矿的产地,也相当之多。列表如下:

| 产地 | 属县 | 出处 | 今地 |
| --- | --- | --- | --- |
| 宝兴铜场 | 古田 | 《三山志》卷一四 | 今建瓯县东宝坑 |
| 莒溪铜坑 | 古田 | 《三山志》卷一四 | 今宁德市西莒溪 |
| 王林铜场 | 古田 | 《三山志》卷一四 | 今屏南县南王林 |
| 铁马铜坑 | 古田 | 《三山志》卷一四 | 确址无考 |
| 小叶铜坑 | 古田 | 《三山志》卷一四 | 确址无考 |
| 保德铜场 | 永福 | 《三山志》卷一四 | 今永泰县东银场 |
| 黄洋铜场 | 永福 | 《三山志》卷一四 | 疑在今永泰县西王洋 |
| 新兴铜坑 | 宁德 | 《三山志》卷一四 | 今宁德县西北九曲岭 |
| 按岭铜坑 | 宁德 | 《三山志》卷一四 | 今宁德县北九十里 |
| 坑龙铜坑 | 宁德 | 《三山志》卷一四 | 今宁德县西七十里 |
| 天受铜场 | 关隶 | 《宋会要辑稿》食货三三 | 今政和县东北银坑尖 |
| 通德铜场 | 浦城 | 《宋会要辑稿》食货三三 | 今浦城县西北管查村 |
| 勔竹铜场 | 浦城 | 《宋会要辑稿》食货三三 | 今浦城县北下巾竹 |
| 余生铜坑 | 浦城 | 《宋会要辑稿》食货三三 | 确址无考 |
| 蕉溪铜坑 | 浦城 | 《宋会要辑稿》食货三三 | 今浦城县北银坑 |
| 因浆铜场 | 浦城 | 《宋会要辑稿》食货三三 | 今浦城县北船山 |
| 唐岱坑铜坑 | 浦城 | 《宋会要辑稿》食货三四 | 今浦城县东塘岱 |
| 武仙铜场 | 建阳 | 《宋会要辑稿》食货三三 | 今建阳县西北武仙山 |
| 瞿岭铜场 | 建阳 | 《宋会要辑稿》食货三三 | 今建阳县西南地岭 |
| 大同山铜场 | 建阳 | 《宋会要辑稿》食货三三 | 今建阳县西南大同山 |
| 蔡池胆水铜坑 | 建阳 | 《宋会要辑稿》食货三四 | 确址无考 |
| 大演铜场 | 剑浦 | 《宋会要辑稿》食货三三 | 今南平市东大演 |
| 石牌铜场 | 将乐 | 《宋会要辑稿》食货三三 | 今将乐县西南石排场 |
| 安福铜场 | 将乐 | 《宋会要辑稿》食货三三 | 确址无考 |
| 安仁铜场 | 尤溪 | 《宋会要辑稿》食货三四 | 今大田县南造宝坑 |

---

① 祝慈寿《中国古代工业史》宋代福建的矿冶业,学林出版社 1988 年 7 月。

续表

| 产　地 | 属县 | 出　处 | 今　地 |
|---|---|---|---|
| 漆坑铜场 | 尤溪 | 《宋会要辑稿》食货三三 | 确址无考 |
| 龙门铜场 | 尤溪 | 《宋会要辑稿》食货三三 | 今尤溪县南龙门场 |
| 杜唐铜场 | 尤溪 | 《宋会要辑稿》食货三四 | 确址无考 |
| 洪面子坑铜场 | 尤溪 | 《宋会要辑稿》食货三四 | 今永安市东南上、下洪坑 |
| 上宝铜场 | 长汀 | 《宋会要辑稿》食货三三 | 今长汀县东南银坑 |
| 黄焙铜场 | 长汀 | 《太平寰宇记》卷一〇二 | 确址无考 |
| 安丰铜场 | 长汀 | 《太平寰宇记》卷一〇二 | 确址无考 |
| 龙门铜场 | 宁化 | 《太平寰宇记》卷一〇二 | 今长汀县东北龙门 |
| 永丰铜场 | 宁化 | 《宋会要辑稿》食货三三 | 今宁化县北中沙 |
| 凤凰山铜场 | 宁化 | 《宋会要辑稿》食货三三 | 今宁化县北三十里 |
| 赤水胆水铜坑 | 上杭 | 《宋会要辑稿》食货三四 | 今上杭县北紫金山 |
| 洰村铜坑 | 上杭 | 《宋会要辑稿》食货三四 | 确址无考 |
| 宝兴铜场 | 龙岩 | 《宋会要辑稿》食货三三 | 今龙岩市 |
| 大济铜场 | 龙岩 | 《宋会要辑稿》食货三三 | 今龙岩市东五里 |
| 龙须铜场 | 邵武 | 《元丰九域志》卷九 | 今邵武县东南大炉际 |
| 邹溪铜场 | 邵武 | 《宋会要辑稿》食货三三 | 确址无考 |
| 黄齐胆水铜坑 | 邵武 | 《宋会要辑稿》食货三四 | 今邵武县东南王玢 |
| 太平铜坑 | 光泽 | 《宋会要辑稿》食货三三 | 今光泽县北大银厂 |
| 新安铜场 | 光泽 | 《宋会要辑稿》食货三三 | 确址无考 |

犹如上表所开列，仅见于《太平寰宇记》《元丰九域志》《宋会要辑稿》和《三山志》的记载，福建铜矿可得四十四处。这些铜矿置废的时间也不一致。《宋史·食货志》载，绍兴三十二年(1162)，全国有冶一百九，乾道二年(1166)，"废者四十五"。就全国言，铜冶是在衰微中，唯福建属于例外。史书云，绍圣元年(1095)，"建州浦城县唐岱坑银铜矿滋盛"[①]；建中靖国中，负责江南铜事的官吏游经，又在建州蔡池、汀州赤水和邵武的黄齐各地，推广胆水浸铜法[②]；到了嘉定间

---

①② 《宋会要辑稿》食货三四。

(1208—1224),浦城的因浆,尤溪的安仁、杜唐和洪面子坑等五十余所银铜矿大兴发,产铜更多,"大场月解净铜万计,小场不下数千,银各不下千两,为利甚博"[1],冶铜更是进入极盛的时代。根据史书记载,北宋熙宁间,福州辖区交纳的岁课,原额 32822 斤,建州 92493 斤,南剑州 125974 斤,汀州 35495 斤,漳州 46849 斤,邵武军 128564 斤,总共 462197 斤;元丰元年,福州收取 95308 斤,建州 71260 斤,南剑州 114051 斤,汀州 16472 斤,漳州 40936 斤,邵武军 42515 斤,总共 380542 斤。在此期间,所交岁课虽由全国的第二位降为第三位[2],但至南宋嘉定时,许多铜矿大兴发,岁课的数额当再提高。

再是铅的产地,分布也广。列表如下:

| 产　地 | 属县 | 出　处 | 今　地 |
| --- | --- | --- | --- |
| 王林铅场 | 古田 | 《三山志》卷一四 | 今屏南县王林 |
| 垄溪铅坑 | 古田 | 《三山志》卷一四 | 在今古田县旧县治东南 47 里 |
| 猿溪铅坑 | 古田 | 《三山志》卷一四 | 确址无考 |
| 新兴铅坑 | 宁德 | 《三山志》卷一四 | 今宁德县西北九曲岭 |
| 大挺铅场 | 建安 | 《宋会要辑稿》食货三三 | 今建瓯县南大平 |
| 石舍铅场 | 建安 | 《宋会要辑稿》食货三三 | 确址无考 |
| 永兴铅场 | 建安 | 《宋会要辑稿》食货三三 | 今顺昌县东北高阳 |
| 武仙铅场 | 建阳 | 《宋会要辑稿》食货三三 | 今建阳县西北武仙山 |
| 通德铅场 | 浦城 | 《宋会要辑稿》食货三三 | 今浦城县西北管查村 |
| 余桑铅场 | 浦城 | 《宋会要辑稿》食货三三 | 确址无考 |
| 蕉溪铅场 | 浦城 | 《宋会要辑稿》食货三三 | 今浦城县北银坑 |
| 勖竹铅场 | 浦城 | 《宋会要辑稿》食货三三 | 今浦城县北下巾竹 |
| 仁风铅场 | 浦城 | 《宋会要辑稿》食货三三 | 今浦城县西南铁场 |
| 天受铅场 | 关隶 | 《宋会要辑稿》食货三三 | 今政和县东北银坑尖 |
| 大演铅场 | 剑浦 | 《宋会要辑稿》食货三三 | 今南平市东大演 |
| 安福铅场 | 将乐 | 《宋会要辑稿》食货三三 | 确址无考 |
| 安仁铅场 | 尤溪 | 《宋会要辑稿》食货三三 | 今大田县南造宝坑 |

---

[1] 《宋会要辑稿》食货三四。
[2] 《宋会要辑稿》食货三三。

续表

| 产　地 | 属县 | 出　处 | 今　地 |
|---|---|---|---|
| 漆坑铅场 | 尤溪 | 《宋会要辑稿》食货三三 | 确址无考 |
| 龙门铅场 | 尤溪 | 《宋会要辑稿》食货三三 | 今尤溪县南龙门场 |
| 小安仁铅场 | 尤溪 | 《宋会要辑稿》食货三三 | 确址无考 |
| 杜唐铅场 | 尤溪 | 《宋会要辑稿》食货三三 | 确址无考 |
| 龙泉铅场 | 沙县 | 《宋会要辑稿》食货三三 | 今沙县东南龙泉 |
| 业津铅场 | 沙县 | 《宋会要辑稿》食货三三 | 确址无考 |
| 龙门新铅场 | 宁化 | 《宋会要辑稿》食货三三 | 今长汀县东北龙门 |
| 龙门旧铅场 | 宁化 | 《宋会要辑稿》食货三三 | 今长汀县东北银坑 |
| 长永铅场 | 宁化 | 《宋会要辑稿》食货三三 | 确址无考 |
| 赤水铅场 | 上杭 | 《宋会要辑稿》食货三三 | 今上杭县北紫金山 |
| 宝兴铅场 | 龙岩 | 《宋会要辑稿》食货三三 | 今龙岩市 |
| 邹溪铅场 | 邵武 | 《宋会要辑稿》食货三三 | 确址无考 |
| 黄分铅场 | 邵武 | 《宋会要辑稿》食货三三 | 今邵武县东南王玢 |
| 太平铅场 | 光泽 | 《宋会要辑稿》食货三三 | 今光泽县北大银厂 |
| 新安铅场 | 光泽 | 《宋会要辑稿》食货三三 | 确址无考 |
| 磜磜铅场 | 泰宁 | 《宋会要辑稿》食货三三 | 今泰县宁西北磜磜 |
| 青女铅场 | 建宁 | 《宋会要辑稿》食货三三 | 今建宁县西南银坑 |

按据《宋史·食货志》载,铅产汀、漳、南剑、建等十州和南安、邵武二军,治平中(1064—1087)全国有冶三十,绍兴三十二年(1162)增至五十二,乾道二年(1166)又废十五。这当指大的铅冶言。而就上引资料,福建有坑、场三十四,产地也较多。加以岁课论,元丰元年(1078)全国总额9197335斤,福建单是汀、漳、南剑、建四州所收,元丰时凡达1095459斤,倘若合计福州、邵武二地,岁课自当更多①。

冶铁一样发达,"福建路兴发八十三处,停闭三十三处"②,南剑、

---

① 《宋会要辑稿》食货三三。
② 《宋会要辑稿》食货三三。

汀、泉、建州和邵武军都是全国重要的矿区①,"泉州青阳铁冶大发",还置过铁钱务②。就连福州地区,虽未被列为全国产铁的要地,政和间(1111—1118)铁坑也多,单是长溪(今霞浦)一县就多至四十一所③。但是见于宋人记载,对矿点的交代极少,如泉州一地,唯见青阳、倚洋、赤水三铁场。实际上,那时晋江的石菌、卢湾、牛头屿、长箕头,惠安的卜坑、黄崎、许埭、港尾、沙溜、卢头、峰前、牛埭,永春的东洋、肥湖和德化的信洋、上田、邱埕各地也都产铁,就未被列在内④,南剑一州则更无一处提及。

兹就宋人记载,姑附若干矿点如下:

| 产　地 | 属县 | 出　　处 | 今　地 |
| --- | --- | --- | --- |
| 莒溪铁坑 | 古田 | 《三山志》卷一四 | 今宁德市西莒溪 |
| 保东铁坑 | 古田 | 《三山志》卷一四 | 确址无考 |
| 阳陵山铁坑 | 宁德 | 《三山志》卷一四 | 今宁德县北一百二十里 |
| 师姑洋铁坑 |  | 《三山志》卷一四 | 确址无考 |
| 新丰可段铁坑 |  | 《三山志》卷一四 | 确址无考 |
| 仁风铁场 | 浦城 | 《宋会要辑稿》食货三三 | 今浦城县西南铁场 |
| 倚洋铁场 | 永春 | 《元丰九域志》卷九 | 今永春县西北下洋 |
| 青阳铁场 | 安溪 | 《元丰九域志》卷九 | 今安溪县西北青洋 |
| 赤水铁场 | 德化 | 《元丰九域志》卷九 | 今德化县西北赤水 |
| 莒溪铁务 | 长汀 | 《元丰九域志》卷九 | 今连城县南莒溪 |
| 宝积铁场 | 邵武 | 《元丰九域志》卷九 | 今邵武县南宝积 |
| 万德铁场 | 邵武 | 《元丰九域志》卷九 | 确址无考 |
| 新安铁场 | 光泽 | 《元丰九域志》卷九 | 确址无考 |

除金、银、铜、铁外,福建也有水银、锡和矾,特别是锡和矾。《宋史·食货志》载,"锡产河南、南康、虔、道、贺、潮、循七州、南安军,有九场"。福建虽未被列在内,却也可见五场,分别产于建阳的大同山,

---

① ② 《宋史·食货志》。
③ 《三山志》卷一四。
④ 乾隆《泉州府志》卷二一。

尤溪的龙门、杨营,宁化的龙门新场和上杭的赤水①。锡的产量自当占有一定的分量。

矾的生产更是名闻全国。《宋史·食货志》载:"惟漳州之东,东去海甚迩,大山深阻,虽有采矾之利,而潮、梅、汀、赣四州之奸民聚焉,其魁杰者号大洞主、小洞主,土著与负贩者,皆盗贼也。"这里吸引着四州之民开采矾矿,产量也当可观。

水银产于邵武,曾经置过务②(见图15)。

两宋期间,福建的矿冶分布特点很多,主要有三:

从矿藏种类说,有金、银、铜、铁、铅,还有水银、锡和矾,凡是《宋史·食货志》开列的,几乎无一不有,品种最称齐备。

以产量言,则银位次全国第一,金、铜、铁、铅、锡也都占有重要的地位。

再是各种矿产的分布,都有相对的集中性:金产上杭、古田、归化,银以浦城、尤溪、松溪为多,铜也盛产于浦城和尤溪,铅在福、汀、南剑、建四州和邵武军各地,铁以泉州最有名气,锡产建阳、尤溪、宁化和上杭。其中银铜、银铅和铜铅共产的矿区特多,较之全国各地,也是少有的。

福建矿源丰富,铜、铅、锡齐全。宋真宗时,钱货匮乏,宰相张齐贤为此上书:"今之所患,钱货未多,望择使臣往逐处相度,添价及招诱人户淘采铅锡,仍按行铜山易得薪炭处,置监铸钱",遂设丰国监于建州③。"时铜钱有四监:饶州曰永平,池州曰永丰,江州曰广宁,建州曰丰国",四监"岁铸钱百三十五万贯"④。大中祥符后,"铜坑多不发逮。天禧末,所铸才一百五万。及蔡京为政,大观中(1107—1110)岁收铜乃六百六十万斤,江、湖、闽、广十监,每年共铸钱二百八十九万四百缗,计用铜一千一十五万斤",其中江州广宁凡铸二十四万缗,池州永丰三十四万五千余缗,饶州永平四十六万五千缗,建州丰

---

① ② 《宋会要辑稿》食货三三。

③ 《续资治通鉴长编》卷四七。

④ 《宋史·食货志》、《续资治通鉴长编》卷四七。

国三十四万四百缗,四监合计上供钱一百三十四万缗;另外六监所铸"逐路支用",凡得一百五十六万缗,以韶州永通监所铸为多,占了八十三万缗。那时,建州铸出的铜钱数,居十监中的第四位①。而至熙宁七年颁行新敕,"删去旧条,削除钱禁,以此边关重车而出,海舶饱载而回",泉州商船大量漏泄铜钱后,至元丰时,丰国监铸钱的上供额就只剩下二十万贯了②。

到了南宋初年,中原丧乱,"建炎经兵,鼓铸皆废",所铸铜钱"视旧才二十之一"。绍兴初,江浙又受金兵蹂躏,钱监因遭战祸蔓延,又罢废了不少③。正当钱监深受战乱的影响而致衰落,"比年公私上下并苦乏钱,百货不通,人情窘迫,谓之钱荒"④之际,福建却有因浆等铜场、大挺等铅场的兴发⑤,而使丰国监的铸钱业更加兴旺。

两宋期间铸钱业的发达,是商品经济发展的需要。那时,国家置舶官于泉、广,招徕外商,阜通货贿,"以金银、纸钱、铅锡、杂色帛、瓷器市香药、犀象、珊瑚、琥碧、珠玑、镔铁、鳖皮、玳瑁、玛瑙、车渠、水精、蕃布、乌樠、苏木等物",尽管政府多次重申,金银铜铁和铜钱入海为非法,但福建产银最多,铸钱又正兴盛,"法禁虽严,奸巧愈密。商人贪利而贸迁,黠吏受赇而纵释,其弊卒不可禁",商人来往频繁,金银、铜钱、铜器之类,照旧充斥外国,"蕃夷得中国钱,分库藏贮,以为镇国之宝。故入蕃者非铜钱不往,而蕃货亦非铜钱不售","铜钱之泄尤甚"⑥。泉州因有金银、铜钱可漏泄,对外贸易更得兴盛,也就获得最快的发展。

此时,中原战乱,北方人大批南渡入闽,使福建耕地显得不足,必须广泛开辟梯田和垦海围田,人们才能谋生。正当其时,福建的铁

---

① 《宋会要辑稿》食货一一。
② 《宋史·食货志》、《文献通考》九引《中书备对》。
③ 《宋史·食货志》、《宋会要辑稿》食货一一。
④ 《宋史·食货志》。
⑤ 《宋会要辑稿》食货三四。
⑥ 《宋史·食货志》下八互市舶法、《宋会要辑稿》刑法二。

冶大兴发，又为农业发展创造了有利的条件。不仅此，福、泉二州铁冶大发后，所铸铁器还能成批贩运两浙①，又促进了商业的繁盛。

宋代福建"矿石云涌，炉炭之焰，未之有熄"②，成为全国重要的矿冶之地，是有一个过程的。宋梁克家曾对福州辖区矿冶的发展，说过这样的话："坑冶自国初至祥符，闽惟建、剑、汀、邵有之；天禧中，州始兴发；至皇祐，银才两场尔，铁独古田苔溪仅有之；嘉祐之后，银冶益增；熙宁间，铜铅乃盛；崇宁用事者，仰地宝为国计，检踏开采，所至散漫；政和以来，铁坑特多；至于今，矿脉不绝，抽收拘买立数之外，民得烹炼，于是，诸县炉户籍于官者，始众之"③。就是说，福建的矿冶业最初是从闽北、闽西兴起的，迨至后来，才在闽东、闽南各地得到了普及，并且由于政府的重视，采取一些有效的措施，而日益繁盛。史书载，"景德初，(陈世卿)徙知建州。真宗知其材干，逾月，授福建转运使，规画南剑州安仁等银场，岁增课羡，诏奖之"④。皇祐间，葛宫又知南剑州，"并溪山多产铜银，吏挟奸罔利，课岁不登"，葛宫"一变其法，岁羡余六百万"⑤。因为矿税收入巨大，政府注意选用一些官吏任职其事，加上经营方式的多样，甚至允许私采，这样，就使矿冶业得到蓬勃的发展。特别是至南宋，金兵南下，中原丧失，长江流域也遭战乱，矿冶业破坏严重，政府尤需依赖闽粤，福建的矿冶业也就因此而得持续发展了。

福建矿冶业的兴旺，意义重大，既促进了本地区农业的飞跃，商业的繁荣，也带动了其他手工业部门的崛起，遂使素称荒僻之地的福建，步入全国最先进的行列。

但是必须指出，由于政府过分依赖矿税的抽收，加上"属吏贪残，积成蠹弊，诸处检踏官吏大为民殃，有力之家，悉从辞避"，到了

---

① 《三山志》卷四一。
② 李觏《直讲李先生文》卷一六《富国策第三》。
③ 《三山志》卷一四。
④ 《宋史·陈世卿传》。
⑤ 《宋史·葛宫传》。

后期,遂使许多坑源"废绝","矿条湮闭"①,从而又阻碍了经济的发展,而留下了后遗症。

(原载《中国社会经济史研究》,1992年第1期)

---

① 《宋会要辑稿》食货三四。

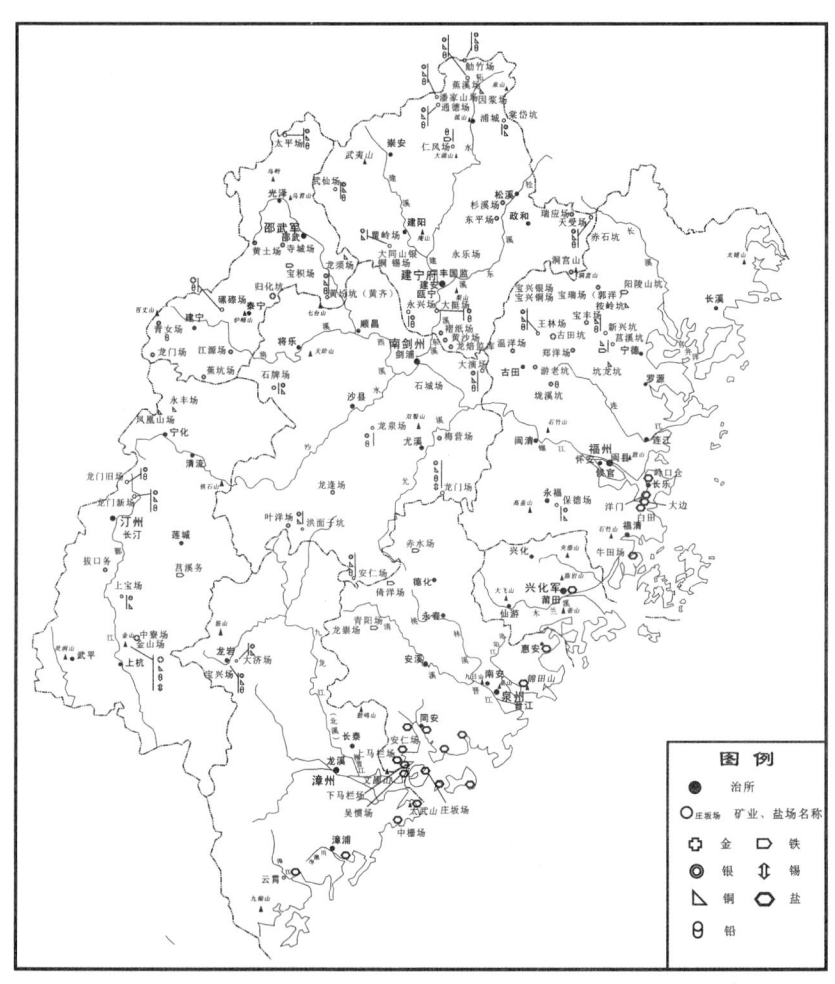

图 15 两宋福建矿业分布图

审图号:GS(2015)3159 号

# 明清福建经济作物的扩种问题

福建"地狭人稠",始于宋代①。时为耕地不足,住在沿海的人们已向滩涂要地,从事今天四大平原的围垦与建设②,"泉州人稠山谷瘠,虽欲就耕无地辟"③,垦荒规模最大④。住在山区的人们也为温饱"垦山陇为田,层起如阶级"⑤,"层山之颠苟可寘人力,未有寻丈之地不丘而为田"⑥。所垦之地,大多植稻,诚如《湘山野录》所云:"宋真宗以福建田多高仰,闻占城稻耐旱,遣使求其种,得一十石,以遗其民。

---

① 《宋史·地理志》。
② 详见林汀水《福建地区水陆变迁初探》《长乐县海岸线的变迁》《从地貌观点看莆田平原的围垦》《九龙江下游的围垦与影响》《泉州平原的围垦与水利建设》,分别载于《福建文博》1981年1期、《厦门大学学报》1981年文史增刊及《中国社会经济史研究》1983年1期、1984年4期、1987年1期。
③ 《舆地纪胜》卷一三〇引谢履《泉南歌》。
④ 据宋安溪县令黄锐诗说,就连当时位处晋江上游的安溪,也已"一岭复一岭,一巅复一巅,步丘皆力穑,掌地也成田"(引自《闽书》卷一一《方域志》安溪大小眉山条),可见泉州垦荒规模之大。
⑤ 方勺《泊宅编》卷二。
⑥ 《宋会要辑稿》瑞异二。

使莳之"①。由是,"水无涓滴不为用,山到崔嵬犹力耕"②,粮食尚能自给,仅遇"岁俭",才向广东籴粮③。然而,"闽地惟种水田,缘山导泉,倍费功大"④,"其人虽至勤俭,而所以为生之具,比他处终无有甚富者"⑤。故至明清,随着商品经济的进一步发展,栽培经济作物收入较多,人们便纷纷改变农业耕作,使其"闽地二千余里……多植茶、蜡、麻苎、蓝靛、糖蔗、离支、柑橘、青子、荔奴之属,耗地已三分之一。……今则烟草之植,耗地十之六七……闽田既去七八,所种秔稻、菽麦亦寥寥耳。由是仰食于江浙、台湾、延、建"各地⑥。这种耕作制度的演变,对当时福建社会经济的影响甚大。略述如下。

一

福建素称"八山一水一分田",地形复杂而多样。山地丘陵坡度大,壤质差,水源浅远,植稻"倍费功大"。但是地处中、南亚热带,气候暖热湿润,却对喜湿喜热的热带、亚热带经济作物生长有利。故为提高农业收入和充分利用荒地,人们便按各类耕地因地制宜地扩种各种经济作物。

福建茶蔗生产,至宋已有名气。甘蔗喜高温,需水量大,生长期长,气温低于10℃就会停止生长,若遇极端最低气温低于0℃,还会受到冻害。明清气候比今寒冷,宜蔗之地只有广东珠江三角洲与福建的东南沿海。那时,甘蔗"产繁闽广间,他方合并,得其什一而已"⑦。

---

① 黄仲昭《八闽通志》卷二五《福州府·谷之属》所引。复查其书原文,载曰:"真宗深念稼穑,闻占城稻耐旱……各遣使以珍货求其种。占城得种二十石,至今在处播之"(详见中华书局《湘山野录》1984年版《真宗求占城稻种》)。
②⑤ 方勺《泊宅编》卷三。
③ 《宋史·辛弃疾传》。
④ 《宋史·食货志》上四。
⑥ 郭起元《论闽省务本节用书》,《皇朝经世文编》卷三六。
⑦ 《天工开物·甘嗜》卷六《蔗种》。

由于宜蔗之地不多,遂使泉州"其地为稻利薄,蔗利厚",在市场经济的支配下,人们便"往往有改稻田种蔗者",甚至"垦辟硗确,植蔗煮糖",而使其糖"行天下"①。

茶是热带、亚热带多年生的常绿树种,对生态环境的要求同样很高,年平均气温需达 15℃ 至 25℃,年降水量需在 1000 毫米以上。高山地带气压较低,空气稀薄干净,云雾弥漫,多漫射光,尤适茶树的生长,"高山云雾出名茶","茶出武夷,其品最佳"②。于是,茶也先从闽北得到了发展,直至明代,福建最大的茶区仍在闽北,那时,建宁府属"八县皆出",且以建茶"为上"③。到了清代,茶商云集武夷,"因采买过广,所产不足供天下之需"④,故为扩大茶树的栽培和采制,以满足茶商大量购茶的需求,还将茶山租与赣人经营,每当茶季,"突添江右人数十万"⑤。由是,随着茶市的勃兴,其他地方也纷纷开山种茶,又在闽东、安溪形成两个新的茶区,而使霞浦"环长溪百里,诸山皆产茗,山丁僧俗半衣食焉"⑥。安溪更有大宗茶叶的出售,还育出乌龙茶的极品"铁观音",名闻于世⑦。

此时,纺织业发达,对蓝的需求量大。蓝耐旱,"闽人种山皆茶蓝"⑧,凡是引水不到的地方,都被开山引种⑨;又抗盐碱,沿海的盐滩栽培也多⑩。植区甚多,福州府属"诸县皆有,闽、侯官、长乐尤

---

① 陈懋仁《泉南杂志》卷上、何乔远《闽书》。
② 王应山《闽大记·食货考》。
③ 《八闽通志》卷二五《食货·建宁府》、《闽书》卷一三《方域志》。《八闽通志》尚称:"龙凤、武夷二山所出者,尤号绝品。"
④ 彭光斗《闽小记》。
⑤ 陈盛韶《问俗录》卷 。
⑥ 谢肇淛《长溪琐语》。
⑦ 张文福等《福建乌龙茶》,福建科学技术出版社 1994 年。
⑧ 《天工开物·彰施》卷八。
⑨ 乾隆《福州府志》卷二四。
⑩ 1983 年《安海志》卷一一《物类·土货》。

多"①,建宁"八县俱出"②,霞浦、宁德、永安靠蓝致富的也有很多③,"福州而南,蓝甲天下",蓝的外销量更大④。

热带、亚热带水果荔枝、龙眼和柑橘等,则多产于东南沿海,荔枝"闽中惟四郡(福州、兴化、泉州、漳州)有之",早期"福州最多,而兴化军最为奇特"⑤,闽县龙窟山的溪东"最盛"⑥,侯官凤岗周围的荔枝也曾相连数十里,"种类甚夥,不下数百万株"⑦。后因气候转冷,福州以北数县"皆不可种"⑧,乃以南部的长乐、莆仙和漳泉为多。长乐"山出果实贩四方,有荔枝、龙眼、青李之品",泉州"园有荔枝、龙眼之利,焙而干之,行天下",南安"荔枝之实,视晋江差胜"⑨。泉州的龙眼"诸县皆有,郡中尤盛"⑩,南安的龙眼也是到处"蔓生"⑪。莆仙的荔枝则以品优为贵⑫。迨入清代,气候更冷,荔枝屡受冻害⑬,就以漳州栽培为多。

橘"惟闽广地暖,即无损耗,而实甚佳,胜浙者十倍"⑭。柑橘的产地,主要是在泉、漳,福州的闽县、侯官、怀安、连江、福清五县所产也

---

①② 《八闽通志》卷二五《食货》。

③ 民国《霞浦县志》卷一八《实业》,乾隆《宁德县志》卷一《物产》,《永安续志》卷九《物产》。

④ 王世懋《闽部疏》。据《八闽通志》卷二六《食货》、1983年《安海志》卷一一载,明之同安、惠安、晋江也都产蓝。

⑤ 《泉南杂志》卷上。

⑥ 《闽书》卷一《方域志》。

⑦ 《闽书》卷三《方域志》。

⑧ 《八闽通志》卷二五《食货》。

⑨ 《闽书》卷三八《风俗志》。

⑩ 《八闽通志》卷二六《食货》。

⑪ 《闽书》卷九《方域志》。

⑫ 《八闽通志》卷二六《食货》。该志尚云,莆仙荔枝品种甚多,陈紫"色香与味,俱为第一",玉堂红,"今为莆之绝品"。

⑬ 有关荔枝冻害问题,详见林汀水《明清福建的自然灾害及对农业生产的影响》,载于厦门大学出版社1987年版《明清福建社会与乡村经济》论文集。

⑭ 徐光启《农政全书》卷三〇《论柑橘》。

多,山区极少,只有南平、沙县有些①。"柑橘之品,泉漳为盛",漳州的朱柑"色朱而泽,味甜而香,为诸柑之冠"②,闽县方山的橘柚,其味也是"特甘"③。

此时,又从海外传入花生与烟草。花生喜温、耐瘠,"性宜沙地",可榨油,可燕食,"利至大",传入福建后,沿海各地争先种植④,遂成重要的经济作物之一。

烟草也先传入漳州,"万历末(1573—1620),有携至漳泉者"⑤,"田家种之,连畛,颇获厚利"⑥,"关外人至,以匹马易烟一斤"⑦。因为得利甚厚,人们便用膏田种烟,更耗闽田"十之六七"⑧,而使时人发出惊呼:"烟之名,始于日本,传于漳州之石码。天崇间(1621—1644),禁之甚严,犯者杀无赦。今则无地不种,无人不食,约天下一岁之费,以千万计。金丝盖露之号,等于紫笋先春,关市什一之征,比于丝麻织帛,朝夕日用之计,侔于菽粟酒浆。不知数百年后,此种有消歇时否,又不知更数百年后,更有何物争新如烟等类否?"⑨

福建多山,山地资源富足,"闽山所产,松杉而外,有竹、茶、乌臼之饶。竹可纸,茶可油,乌臼可烛也"⑩,此时也被广泛开发利用。乾隆《安溪县志》卷四:"农,本务也,近于朴,而邑之业农者困矣。曩耕于田,今耕于山。曩种惟稻、黍、菽、麦;今耕于山者,若地瓜,若茶,若桐,若松杉,若竹,凡可供日用者,不惮陟巉岩,辟草莽,陂者平之,罅

---

① 《八闽通志》卷二五、卷二六《食货》。
② 《八闽通志》卷二六。
③ 《闽书》卷二《方域志》。
④ 檀萃《滇海虞衡志》卷一〇等。
⑤ 方以智《物理小识》卷九。
⑥ 王士祯《香祖笔记》卷三。
⑦ 王逋《蚓庵琐语》。
⑧ 郭起元《论闽省务本节用书》,《皇朝经世文编》卷三六。
⑨ 黎士宏《仁恕堂笔记》。
⑩ 《闽部疏》。

者塞之,岁计所入,以助衣食之不足。勤者加勤,惰者亦勤。盖缘邑半山溪,田畴狭隘,而升平户口蕃滋,人满而土窄,势不得不然也"。

福建山区,"苎诸郡有之,邵武、将乐、永春者佳"。建宁府属岁收四次,南靖岁收三次。惠安北镇所织苎布"行天下",将乐、永春、莆田织出的布,质量也不差①。葛以南安、同安、永春、德化、安溪、长泰、建宁、邵武为多②,安溪葛布"甲于他处"③。

竹的分布更广,用途更大。竹是造纸的原料,延平府属"各县俱有,出顺昌县者尤佳"④,顺昌"煮竹为纸,纸曰界首,曰牌,行天下"⑤;建宁府属之建阳、浦城、崇安三县也都产纸,以供建阳"图书府"刻书之用⑥。又可制为笋干,"闽中延平属邑,新笋出土经尺者,皆伐之,暴为明笋,岁千万斤,贩行天下"⑦。二者收入甚大,"利皆以万计","与茶之利埒"⑧。还可用之工艺,如编竹席、漆篮等,永春的漆篮造型美观,经久耐用,早在明代已经远销海内外⑨。

松杉的资源尤为丰富。"福建延、汀、邵、建四府出产杉木,其地木商将木沿溪放至洪塘、南台、宁波等处发卖",建安高阳的杉木"比于楚材,岁中所伐,以亿万计"⑩,永春、德化也有"杉木之饶"⑪,德化

---

① 《八闽通志》卷三《风俗》及卷二五、卷二六《食货》,《闽书》卷三八《风俗志》,清王沄《漫游纪略》卷三。按苎分别产于建宁府的建安、瓯宁、浦城、松溪、崇安、政和六县,延平府的将乐、大田,邵武府的邵武、泰宁,泉州府的南安、安溪、永春、德化,漳州府的南靖也有出产。
② 《八闽通志》卷二六《食货》,《闽书》卷二六《方域志》。
③ 乾隆《安溪县志》卷四。
④ 《八闽通志》卷二六《食货》。
⑤ 《闽书》卷三八《风俗志》。
⑥ 《八闽通志》卷二五《食货》。
⑦ 李世熊《宁化县志》卷二。
⑧ 乾隆《宁德县志》卷一、李世熊《宁化县志》卷二。
⑨ 1981年《永春县地名录》。
⑩ 《明季北略》卷五浙江巡抚张延登《请申海禁疏》,李默《群玉楼稿》卷七。
⑪ 《闽书》卷三八《风俗志》。

运销泉州、省垣的松杉,每年的收入都不亚于瓷、纸、铁①。

漆产清流和归化②,邵武、建宁二府也出③。建阳、崇安盛产桐油④。茶油则产建安山麓间,"已历汀、延、邵,逾益弥被山谷",安溪、永春、德化所产也多⑤。

## 二

明清时候,福建大种经济作物,占用耕地很多,曾使沿海各地缺粮更加严重。乾隆《泉州府志》卷二五引《闽书》:泉漳各处多山少田,"平日仰给,全赖广潮之米,海禁严急,惠潮商船不通,米价即贵矣";又引阳思谦语,时之泉州就连"丰岁",也需给哺于外省、三韩和日本⑥。福州也不例外,需靠延、建大米的南输⑦。而当战乱,交通受阻,粮荒更甚,灾难也就更大。如在嘉靖辛酉年(1561),泉州只因"倭贼交乱,向之耕牧壤土,变为荒翳,越岁壬戌,倭贼益横,粟米之由粤东至者益梗,斗米直百二十钱,饥饿民聚城闉,传染疾病",便"死相枕藉"⑧。

而随粮荒日益严重,万历中(1573—1620),恰从海外传来番薯。番薯"瘠土砂砾之地,皆可以种。初种于漳郡,渐及泉州,渐及莆,近则长乐、福清皆种之。……其初入闽时,值闽饥,得是而人足一岁。其种也,不与五谷争地,凡瘠卤沙岗皆可以长,粪治之则加大,天雨根益奋满,即大旱不粪治,亦不失径寸围,泉人鬻之,斤不值一钱,二斤

---

① 民国《德化县志》卷四。
② 《八闽通志》卷二六《食货》。
③ 《八闽通志》卷二五、卷二六,《闽书》卷二六、卷二七。
④ 《八闽通志》卷二五。
⑤ 《八闽通志》卷二五,《闽部疏》。
⑥ 乾隆《泉州府志》阳思谦序。
⑦ 《闽部疏》。
⑧ 道光《晋江县志》卷一八。

可饱矣"①。番薯不择地而生,不与五谷争地,且为高产作物,故当传入后,人们争开荒地,便处处加以种植,发展甚快。道光《晋江县志》卷七三:"此物明季始入中国……今大盛,功倍五谷";民国《霞浦县志》卷十一也说:"清初食薯少,今民间食米十之二,食薯十之八";施鸿保《闽杂记》卷七尤加称赞说:"今以闽土所出之利计之,若上诸府之茶竹、下诸府之甘蔗、花生,固已利总四方矣。至如地瓜一种,济通省民食之半,尤利之甚溥者"。

另外,又从海外传入玉米。玉米也叫包谷或番豆,"虽斜坡陡山,但得薄土,即可播种,夏间成熟,取以为米为面为酒,无所不可",性宜燥,无需灌浸,因此,也在山区广泛推广种植②。

番薯、玉米传入福建后,人们到处开山引种,虽使福建粮荒减轻不少,但又很快导致水土流失的严重。嘉庆《浦城县志》卷六:浦城"山头地角皆垦为陇亩,百工杂作,呈能献技……地无余利,民无余力,焚山而樵,掘根株,种苞谷,泉竭苗枯,土松溪积,旱潦可虞";嘉庆《惠安县志》卷五也道:"吾邑山川陡泄,陂流迅驰,经旬弗雨,则田龟裂矣。然淫潦衍期,又有崩压之患。故其为水利也,与三吴两浙有殊,善兴利者,使陂浚其流,塘汇其泽,则庶几焉。然今日之害,则在水源之泄。其故何也? 人采于山者旦旦,于是则山童,一霖雨,则山塌,而委沙于溪,沙填,则溪高于田,此旱潦所以两受病也"。晋江流域也因人们垦辟硗确,到处植蔗种薯,而使晋东平原水利惨遭破坏③。

福建地处中南亚热带,山地丘陵多属红壤,风化层深厚,结构疏松,抗蚀力不强。此时,随着人们到处开山种茶,水土流失也很严重。民国《建阳县志》卷二说,乾隆五十六年(1791)发大水,"溪辄涨作红色,田多推荡","总由茶山日辟"所引起。另据志书记载,福安、霞浦二县山洪屡发,山崩地陷增多,也因开山种茶种薯的缘故④。

---

① 周亮工《闽小纪》卷三。
② 李拔《福宁府志》卷一二、嘉庆《浦城县志》卷六、《清史稿·陈大受传》。
③ 详见林汀水《泉州平原的围垦与水利建设》,《中国社会经济史研究》1987年1期。
④ 光绪《福安县志》卷七、民国《霞浦县志》卷一一。

面对这种状况,时人曾就耕地如何充分合理利用,展开长期争论。争论的一方认为,民以食为天,应把有限的耕地用于种粮和植棉。此如陈懋仁见到泉州有改稻田种蔗,致使稻米益乏,需赖江浙的海贩,便坚决主张:"莅兹土者,当设法禁之"①。而在明初,按照朝廷的规定,全国各地都要栽桑植棉,否则将予处罚②。但无奈闽地之气候不宜桑棉,种稻也比植蔗的收入为差,终难推行。于是遂有反对者提出反对意见:"种植必辨土宜,而后天时可乘,人功可施",并以宁德为例,作辩说:"于今西乡未尝种桑麻,而所产之利,固几倍于桑麻也。其地山坡洎附近民居旷地,遍植茶树,高岗之上,多培修竹,计茶所收,有春夏二季,年获息不让桑麻。即所产竹,大小皆利用,其最小者犹可造纸,初出土者为笋,鲜者干之,并售贾贩,亦与茶之利埒。……其无茶竹之地,亦舍桑麻而种地瓜,利反胜于桑麻"③。两派争执不下,是因强调种粮的人,他们顾虑漳泉各地"多山少田,平日仰给,全赖广潮之米",若遇灾年或战乱,"惠潮商船不通,米价即贵矣,民何以存活乎?""盖漳民饥,则易动也"④。然若将耕地全都用来种粮,即以过去已有的教训看,闽田大多高确而下卤,再加水源浅远,植稻"倍费功大",产量不高,成本又大,"其人虽至勤俭",也难致富⑤,何况诚如时人所说,时之人均耕地比前更少,"设使以三代井田之法处之,计口授田,人当什七无田也"⑥,还要单靠以粮维生,自会更加困难。因此,必须另谋出路,使其有限的耕地更好地充分发挥效益。

---

① 《泉南杂志》卷上。
② 《闽书》卷三九《版籍志》。
③ 乾隆《宁德县志》卷一、清施鸿保《闽杂记》卷七《闽地利不在蚕桑》。
④ 《闽部疏》、乾隆《泉州府志》卷二五。
⑤ 方勺《泊宅编》卷三、《宋史·食货志上四》。
⑥ 谢肇淛《五杂俎》卷四。

## 三

明清时候,福建地少人多,单依粮食生产维持生计,已经困难。故为提高经济效益,以增加收入,人们便在一些引水不到的山地和初垦的海田因地制宜地广栽蓝靛,又在众多的丘陵山地培植松、杉、茶、竹和水果,及需水较少的花生、番薯与甘蔗,甚至利用良田大种烟草和甘蔗等。由于耕地面积的扩大和经济作物门类的增多,刺激着商品经济的发展,便使"闽西诸郡人,皆食山自足"①,"凡福之绸丝,漳之纱绢,泉之蓝,福延之铁,福漳之橘,福兴之荔枝,泉漳之糖,顺昌之纸,无日不走分水岭及浦城小关,下吴越如流水,其航大海而去者,尤不可计"②,而使缺地的人能够从事经商和依靠手工业,或受他人雇佣肩挑贩运,谋生的道路也就更加宽广了,此如志书所云:"福清辟在海隅,户口最繁,食土之毛,才十给二三,故其民半逐工商为生"③,"其人刚劲尚气,四方杂处,学不遂,则弃之习文法吏事,不则行贾于四方矣,以其财饶他邑"④;又如晋江其地,"富者上吴下粤,舟车所至,皆可裕生涯。贫者背负肩挑,里巷遍招,亦堪资贸易。而屯籴稻谷,鬻贩鱼盐,种种有之。濒海之民,又复高帆健舻,疾榜击汰,出没于雾涛风浪中,习而安之,不惧也。趋利之多,自昔为然。其小者如卖饧,卖饼,卖荔,卖柑,卖桃李,卖杨梅,卖甘蔗者,熙来掠往,声满街衢,朝暮不息。总之,不离乎商贾者近是"⑤。就连山区的永定,也是"民田作之外,辄工贾",将乐"乡有苎布之利,喜于为商"⑥,沙县的"商贾工技之流",也"视他邑为多"⑦。可见明清福建农业耕作的变

---

① ② 《闽部疏》。
③ 《古今图书集成》食货典卷一〇一《论本邑禁籴仓粮书》。
④ 《闽书》卷三八《风俗志》。
⑤ 道光《晋江县志》卷七二《风俗志》。
⑥ 《闽书》卷三八。
⑦ 《八闽通志》卷三《风俗》。

更，大种各种经济作物，曾对当时福建社会经济的发展，起着巨大的作用。但是此后随着战乱的增多和耕地的不足，又使许多经济效益好的经济作物的种植先后萎缩了。

先就糖蔗说，据统计，1979年广东、广西、福建、四川、云南糖蔗的产量每亩分别为6027斤、3977斤、9167斤、5139斤和5118斤，1980年浙江温州、湖南洞庭湖和福建中南部糖蔗和水稻亩产量之比又分别为7252斤比562斤、6735斤比520斤与9970斤比497斤[①]，这说明福建植蔗环境最优，经济效益最好。盖因如是，所以明代的泉州"其地为稻利薄，蔗利厚，往往有改稻田种蔗者"，在经济效益的驱动下，人们才都普遍植蔗，而成全国最大的蔗区，而蔗糖远销江浙各地，销路好，获利厚，遂使闽地的糖业成为福建重要的经济支柱之一。然因长期缺粮严重，又无奈战乱发生频繁，交通受阻，以糖易粮不易，以致米贵糖廉，人们也就只好弃蔗栽稻，而使糖蔗生产日减。

又如烟草。此物先由福建加以引种，获利甚丰，曾占闽田"十之六七"，也因烟草需水量大，对烟田的要求很高，除需壤质疏松、通风良好、土层深厚、富含有机质、排水不错外，还得合理轮作。这对耕地极少的福建来说，要长期维持大规模的种烟，难度就大。于是，也就只好让位于外省。

再如果、茶。明清福建也是全国最大的产区之一，然至清末和民国，由于连年战乱，茶果外销困难，又迫于口粮严重的不足，人们也就只好砍茶弃果，将果茶之地用于种粮，而使许多果茶招致毁灭。

因此，鉴于以上教训，我认为要因地制宜，充分发挥福建农业优势，就应注意以下问题。

1. 福建地处中南亚热带，气候暖热湿润，极为有利热带水果（龙眼、荔枝等）和其他一些中南亚热带水果的生长，但应侧重名、特、优及早熟品种的栽植，并使之连片，成为规模，以利产销联营，达到稳产、高产和高收入的经济效益。

---

① 详见孙敬之主编《中国经济地理概论》，商务印书馆1983年，395–396页。

2.福建山多田少,还有很多山地丘陵未被充分开发利用,应把农业发展更多地放在广大的山区。山区除应继续扩大松杉茶竹基地建设外,还应充分利用部分热力资源较好的低山丘陵发展热带果林;但应注意气候周期性的变迁和霜冻的影响,不宜超越气候地带性的界线,以免受到冻害等的摧残。而大面积开山种茶,曾经引发严重的水土流失,这一历史教训也应引以为鉴。

3.福建侨居海外侨民多,他们热爱家园,常从海外不断带进许多具有经济价值高的农业新品种,为家乡和全国的农业做出极大的贡献。今后也应多加鼓励,及时加以推广。

4.福建地少人多,沿海地区人均耕地尤为不足,故丘陵台地最早广泛被开辟,或是用于地瓜、花生、糖蔗等的栽种,或是用于茶果的培植。后随茶果难于销售,茶果树一度纷纷被砍掉,改种地瓜、花生或甘蔗等。而今随着水利设施多遭破坏,又因农不如工,务农不如进厂去做工,难以激发人们从事农业生产的兴趣,已使许多耕地抛荒,这是十分可惜的,也应引起有关部门的及时重视。

(原载《中国社会经济史研究》2000年第4期)

# 明清晋江流域山海经济的特点

　　晋江流域包括今福建省泉州市所辖晋江、惠安、南安、安溪、永春、德化、石狮七县(市)，背山面海，地势由东南向西北逐步抬升：东部沿海多平原和低丘，中部是高丘和低山的地带，西部的内安溪、永春西半部和德化则为戴云山脉的主体部分，山体庞大，巍巍壮观，德化地势最高，素有"闽中屋脊"的称号。山地、丘陵面积最大，丘陵大多是在山地的外侧和河流两岸，多为红壤，风化层深厚。晋江流贯其间，河床陡窄，地表易受冲蚀，河流含沙量大。

　　晋江有东西二源，出自永春西部和安溪的西北部，合于南安双溪口，东经泉州湾入海，总长 756 公里，流域面积 5629 平方公里。沿流分布着许多串珠状河谷盆地，以永春的城关、蓬壶、达埔、湖洋、岵山，南安的洪濑、梅山、千金庙、诗山、溪美、英都和安溪的湖头、城关、官桥为最大。泉州平原是经唐宋以来多次围垦成功的，现有面积 345 平方公里。

　　地形对气候的影响甚大。东部沿海地势低，气温高，基本无冬，粮食亩可三熟，发展南亚热带作物条件最好。但是降雨偏少，变率大，易受干旱的威胁，又多台风暴雨，由是涝灾也多。西部位居戴云山脉的东坡,地势高峻,气温偏冷,粮食作物年为两造,双季稻只能在些热力资源较足的山间盆地和邻近南亚热带而海拔较低的地方生产。而雨量充沛,湿度大,云雾多,又对耐寒、耐阴、喜湿的茶树和杉、竹的栽培与生长特别有利。

晋江流域山区与沿海地区的界线,大致可以惠安的西北部和南安的北部、西部为界。西部以中、低山和高丘为主,东部的丘陵也占较大的比例。宋时耕地不足,已成"地狭人稠"之地。时为解脱困境,先人已经注意因地制宜,"濒海者恃鱼盐为命,依山者以桑麻为业"[①]。到了明清,人口增多,迫于生计,人们更向山海要地,垦出大批农田,并按山、海各自的优势,进而调整生产布局和谋生手段,从而逐步形成各具特色的经济区。

一

明朝时候,户口记载不实,不易考究。至清,历经乾嘉盛世的休养生息,"户口之增倍于往昔"[②]。到了道光九年(1329年),晋江已有人口791026,惠安482797,南安334087,安溪254765,永春297341,德化也有109130口[③]。随着人口的激增,耕地更加不足,住在沿海地区的人们便再向海要地,垦海为田,住在山区的人们则从事梯田的开辟。

志书曰:泉州平原"凡诸港、浦、埭、塘,皆古人填海而成之"[④]。至明,又在今天的海尾、沉洲和仙石各地相续围垦筑埭[⑤],陈埭垦区也被扩大,筑了新的海堤[⑥],复在泉州府南筑永丰埭,"捍山水海潮,潴

---

① 《八闽通志》卷三引宋《图经》。
② 道光《惠安县续志》卷三。
③ 见陈景盛《福建历代人口论考》一书所引资料。
④ 《读史方舆纪要》卷九九。
⑤ 《八闽通志》卷二二、1983年《晋江县地名录》。
⑥ 《晋江县地名录》曾琴《晋江县地名与围海垦滩》。

广沟渠,以通灌溉,筑东西洲尾陡门六,以备蓄洩,溉外洲、下尾、御史桥、柴塔、大洲六都田"①。安海的西埭垦于宋,"清顺治十三年(1656)丙申焚毁,西埭废,康熙二十三年(1684)甲子复界,提督蓝理于四十六年(1707)丁亥占筑",至雍正元年(1723),黄永丰又筑外埭于西埭隔岸地方,名为"外围永丰埭",二埭凡垦农田1240亩②。

惠安的官埭、新埭、崇福埭和其他沿海民田,常受海潮的冲吃和人为的破坏,也得逐一的治理③,且为解决水源,还兴修了较大的水利工程。顾珀《邱侯陂记》:"吾泉郡属县有七,若晋江、南安、同安之田,有大陂塘之水溉之,安溪、永春、德化之田,有溪涧泉泽之水溉之,故常有获。惟惠安田多瘠燥,坐七都北坝乡者五千余顷,厥赋六百余石,又濒于海,涝则苦潦,旱则忧槁,稼弗奏功,民困逋负,至有转沟壑,甘流离而不返者,北坝之民之穷,不亦可大悯矣乎! 先时,有筑土陂,引大帽、石梯、涂岭之水以溉之者,第随筑随坏,疲民费财,讫无宁岁……邑侯邱台峰君……以石,高二丈,长二十丈余,糜白金二百五十两有奇,始功于嘉靖丙申(1536)年二月壬辰,毕于秋九月丁卯。由是蓄洩以时,旱涝有备,利兴而民忘劳,厥功懋哉!"④

此时耕地不足,恰好传入花生与番薯。花生"性宜沙地","利至大",番薯"瘠卤沙冈皆可植",不与五谷争地,于是,沿海的丘陵地也被广泛垦殖⑤。至是晋江的"山氓佃作……多凌层阜,而理钱镈耕穫,所获大率以人力胜"⑥。而丘陵地广泛被开垦,便导致水土流失严重,使溪渠陂塘迅速淤塞,人们又"因而田之",以扩充其耕地⑦。诚如志书所云:"郡中水利,其大者如东湖、尚书塘、烟浦埭等处,今皆填巨

---

① 李厚基《福建通志》水利志卷三。
② 1983年《安海志》卷一三。
③ 叶春及《惠安政书》九,道光《惠安县续志》卷三、卷五。
④ 乾隆《泉州府志》卷九。
⑤ 檀萃《滇海虞衡志》卷十、道光《晋江县志》卷七三、方鼎《晋江县志》卷一等。
⑥ 道光《晋江县志》卷七。
⑦ 《八闽通志》卷二二。

浸为平田,其佗所存,亦多淤浅,不能潴蓄"①。惠安沿海各地"村落繁多",为了扩大耕地,"人采于山者旦旦,于是则山童","随高下燥湿皆为田,旱月涓滴之水,以死守之"②,也把山地、丘陵几乎全都开垦了。

　　山区也因人口急增,而使梯田的建设迅速扩大。乾隆《安溪县志》卷四:安溪"田畴阡陇,多在崇冈复岭间","依山之户,垒土而耕"。乾隆《永春州志》卷七也说:永春"山无顽石,地尽沃壤,多山林、陂池、苑囿之利,土田膏沃,水泉灌溉,率一斗而收六七石",从而也得广泛开垦。惠安县西北多丛山,"有竹木果实薪炭之饶",且有"溪源通利,随高下可堰以灌田,田不苦旱,田之逸者,而岁又辄可获",也被招徕大批沿海之民和漳州的侨民至此"伐山为业"③。另是许多卫所进驻内地,在山区垦荒屯田,垦出的荒地也有千余顷④。

　　水利是农业的命脉,山区水利建设同样得到重视。如在安溪,詹源"捐金于安溪依仁里,上疏积水三十里溉田,至今为乡民利"⑤,永春的莲塘诸洋"每伤于旱,田之恶不减于邺,众苦之",也在永乐年间筑塍陂,"袤七八里许,溉田以顷计者六十有奇",而使黄坂和莲塘诸洋"饶洽倍于往昔矣"⑥。

## 二

　　而随农业发展与生产技术的进步,明清时候农业的商品化和专业化已有相当的提高,江浙成为蚕桑、植棉和丝棉织业的中心地,晋江流域受其影响,也对耕作制度作出许多新的调整。清初,郭起元说过,闽地二千余里,"多植茶、蜡、麻、苎、蓝靛、糖蔗、荔枝、柑橘、青

---

① 乾隆《泉州府志》卷首。
② 嘉庆《惠安县志》卷五、卷一四。
③ 嘉庆《惠安县志》卷三、卷一四、卷三二。
④ 乾隆《泉州府志》卷二一。
⑤ 道光《晋江县志》卷三八。
⑥ 乾隆《永春州志》卷一二引明温琇《黄德隆筑塍陂序》。

子、荔奴之属,耗地已三之一。今则烟草之植,耗地十之六七……闽田既去七八,所种秔稻、菽麦,亦寥寥耳。由是仰给于江浙、台湾、延、建"各地①。乾隆《安溪县志》卷四也作这样的描述:"农,本务也,近于朴,而邑之业农者困矣。曩耕于田,今耕于山。曩种惟稻、黍、菽、麦,今耕于山者,若地瓜、若茶、若桐、若松杉、若竹,凡可供日用者,不惮陟巉岩,辟草莽,陂者平之,罅者塞之,岁计所入,以助衣食之不足。勤者加勤,惰者亦勤。盖缘邑半山溪,田畴狭隘,而升平户口蕃滋,人满而土窄,势不得不然也"。又如明人所说,泉州"其地为稻利薄,蔗利厚,往往有改稻田种蔗者"②。盖因扩种经济作物收入较大,故为充分发挥有限耕地面积的经济效益和为迎合市场需要,该区经济作物遂得较快的发展。兹见记载,所种经济作物主要如下。

1. 烟草:本产吕宋,"万历末(1573—1620),有携至漳泉者"③。清代,"田家种之连畛,颇获厚利"④,"关外人至,以匹马易烟一斤"⑤,"安溪出者胜于漳浦、石码,近村民亦多以此占稻田,最失本计"⑥。

2. 糖蔗:"俱出晋江、南安、同安、惠安四县",外安溪也产⑦。何乔远《闽书》卷三八:"泉州枕山而负海……附山之民垦辟晓确,植蔗煮糖,黑白之糖行天下"。嘉庆《惠安县志》卷一三:"糖利甚多,种蔗田多,则妨稻","邑中出者多贩卖福州、涵头"。

3. 茶叶:"七县皆有"⑧,"清源山茶旧著名,可与松罗、虎邱、龙井、阳羡角胜","南安县英山茶,精者可亚虎丘",可惜"所产不多"⑨。此

---

① 《皇朝经世文编》卷三六《论闽省务本节用书》。
② 陈懋仁《泉南杂志》卷上。
③ 方以智《物理小识》卷九。
④ 王士禛《香祖笔记》卷三。
⑤ 王逋《蚓庵琐语》。
⑥ 乾隆《泉州府志》卷一九。
⑦ 《八闽通志》卷二六、《安溪县志》卷四。
⑧ 《八闽通志》卷二八。
⑨ 《泉南杂志》卷上、道光《晋江县志》卷七三。

时，安溪的茶叶兴起，成为茶的主产区。安溪气候温和，雨量充沛，山地红壤有机质含量高，又多云雾，栽茶得天独厚，产茶的历史悠久。明代"安溪茶产常乐、崇善等里，货卖甚多"，就连泉州城中所需的茶叶，也都"来自安溪"①。至清乾隆时候，育出乌龙茶的极品"铁观音"，遂负盛名。由是，茶的栽培更多②。永春也在咸丰年代（1851—1861）移入闽北的水仙茶种，试栽成功，而得发展③。

4. **花生**："性宜沙地"，可榨油，"利至大"，明传入于闽，晋江沿海各地多丘陵，多沙地，所种甚多，外安溪也有栽植，居民的饮食都用花生油④。

5. **蓝靛**："出同安、惠安二县"，晋江、安溪等县也产，"沿海亦有盐滩植靛"。"福州而南，蓝甲天下"，晋江流域栽植较早⑤。

6. **青麻、黄麻**："俱出南安、安溪二县"，晋江、惠安也有。永春、德化、安溪则产蕉、葛、苎⑥。

7. **荔枝、龙眼**："泉州枕山而负海，田再易。园有荔枝、龙眼之利，焙而干之行天下"⑦；晋江、南安的丘陵地土层深厚，气候暖热，最是适合荔枝、龙眼的生长，所以到处都有培植，安溪则产柿饼，"与他处异，名重色柿，价倍于常"⑧。

8. **桐油、茶油**：都产于山区各地⑨。

9. **松、杉、桧、柏和竹**："永春最盛，安溪、德化次之也"。明时，安溪湖头的李森"计山百区，出木数千万章"，德化县"万山中森林弥望皆

---

① 道光《晋江县志》卷七三、1982年《安溪县地名录》所引嘉靖县志。
② 庄晚芳等著《中国名茶》，浙江人民出版社，1979年。
③ 1981年《永春县地名录》。
④ 《滇海虞衡志》卷十、《晋江县志》卷七三、《安溪县志》卷四。
⑤ 《八闽通志》卷二六、《闽部疏》、《晋江县志》卷七三、《安溪县志》卷四、《安海志》卷一一。
⑥ 《八闽通志》卷二六、1983年《安海志》卷一一。
⑦ 《闽书》卷三八。
⑧ 乾隆《安溪县志》卷四。
⑨ 《八闽通志》卷二六、乾隆《安溪县志》卷四、《安海志》卷一一。

是，中以杉、松为最多，二者除供本邑需求外，运销泉州、省垣，每年所得不亚于瓷、纸、铁"①。由于松杉销路大，得利厚，人工植林已日渐增多②。

本区沿海多港湾，多岛屿，多滩涂，海产资源丰富，便于捕鱼，沿海的渔业也甚发达。志书载："惠，海国也，海滨人业船，或近而内外海捕鱼，或远而苏、台，甚且通于外洋夷国"，"鱼，聚而载之，以市于福、延、建诸邦县"③，崇武澳"澳中有朝出暮归小渔船二十余，又往浙采捕船十余"，下垵澳"有往浙采捕渔船三十余"，小岞澳"有朝出暮归渔船七十余"，辋川"有往浙采捕渔舟五六十"，獭窟更多，小舟二百余，大船百艘，"乘潮出入，往外海捕渔，昼夜往返，获利甚多"④，晋江更有人们侨居澎湖屿，专以"耕渔为业"⑤。

此时，沿海的经济作物扩种面积大，导致晋江的粮食经常告急，就连丰岁，也需给哺于外省、三韩和日本⑥，山区内地经济作物的扩种，则还限于荒山废地的利用，至于河谷盆地，一般仍以生产粮食为主，粮食尚是自给有余。如在安溪，洋田仍多植稻，还能"载粟入郡"⑦，惠安一县"稻米鱼盐颇可自足"，主要也靠本县山区粮食的输出，盖"山田称沃而人少"，"田不苦旱"，岁辄可获之故⑧。

总之，随着商品经济的发达，加之海上交通便利，栽种经济作物最是有利可图。于是，便使晋江流域沿海各地改变先前的农作制度，腾出大片的农田植蔗、栽烟和种蓝靛，并在丘陵台地上发展果业，而使沿海地区成为全国著名的烟草、糖蔗、蓝靛、水果的集中生产地，

① 《八闽通志》卷二六、《安溪县志》卷五、民国《德化县志》卷四。
② 《八闽通志》卷二六、《安溪县志》卷四、《永春县地名录》。
③ 嘉庆《惠安县志》卷二、卷一三。
④ 嘉庆《惠安县志》卷六、道光《惠安县续志》卷二。
⑤ 道光《晋江县志》卷七五。
⑥ 道光《晋江县志》卷二五、乾隆《泉州府志》阳思谦序。
⑦ 乾隆《安溪县志》卷四。
⑧ 嘉庆《惠安县志》卷一四、卷三二。

山区受其影响,也能发挥自身的优势,开始利用荒山扩栽茶树、蕉葛、油桐、油茶和杉竹,从而逐步形成各具特色的经济小区。

## 三

经济作物的扩种,有利相关部门手工业的发展。就以门类繁多的纺织业来说,此时生产的苎、葛、蕉布等,所需的原料就都是出于本流域。其时,本区"苎布七县皆有,北镇布织苎为之,极佳,出惠安县北镇,因名。蕉布、葛布俱出南安、同安、德化、永春、安溪五县"[1],"葛布、青麻布、蕉布等多出于山崎地方"[2],"蕉布用山蕉苞以灰,理之,织而成布,出山县"[3],就连安海所织的苎布,苎也来自永春、德化二县[4]。

至于丝棉织业,也用本区的糖霜换回江浙的丝棉。那时"不买布,而止买花衣以归,楼船千百,皆装布囊累累","缎也用湖丝",乃因宋元时候泉州的丝棉织业早有名气,至明仍设"染局"、"织造局"于此,不但"彼中自能纺织",且能织出为当代士大夫"恒贵尚之"的织物,所以泉州、安海各地的丝棉织业同样能得继续发展[5]。

志书谈到当时本区纺织业的盛况,曾说:"安海衿带江湖,商贾市廛水陆之货毕集,四方利市咸趋,是以同安之棉花日来数十担,乡人收买以卖四方,有可射利者。又从河南、太仓、温、台等州有棉之处,岁买数千包,方足一年之出入。至冬月,人闲则入安溪、永春、德化贩卖,换来米、籼、葛布、水纱等物","苎自永春、德化而来,织缕成布,富家收买千万匹,北上临清货卖,名曰'家机'。自福全出者名曰'福全苎'。……又有北镇布、青山布,皆出惠安北镇、青山。葛布出安

---

[1] 《八闽通志》卷二六。
[2] 万历《泉州府志》卷三。
[3] 乾隆《泉州府志》卷一九。
[4] 《安海志》卷一一。
[5] 褚华《木棉谱》、道光《晋江县志》卷七三、王潭《漫游纪略》卷一等。

溪",安溪大坪乡之葛布"甲于他处"①,北镇织苎为布,极佳,"北镇之布行天下"②,青山细白布"通商贾,辇货之境外,几遍天下"③。晋江"绢用湖州头蚕丝为上,柘蚕次之,有素织、花织、云织、金线织","纱亦用湖丝,好者有素纱,花纱,金绿丝",罗有软硬二样④。安海织业的发达,犹如诗云,安海"灵岩山下万人家,古塔东西日影斜,巷女能成苎麻布,土商时贩木棉花","南风一片孤帆入,泉布人夸欲斗量"⑤。泉州城乡内外也是"机声轧轧,古风存焉","城中缝女刺绣密针,助夫家盐豉。或采苹及藻,或翦采为花,或做北土缇缣,或效四方氍毹,色色俱工","下至老妪随婢,炊食瀚衣之暇,亦必向市中各店取帽,取鞋,取袜,携之在家互相卒业,以图末利,袖手闲谈,终未有也"⑥。惠安女红同样"人精细布……时得厚利,不待仰田而生自足"⑦。

干果、茶、蔗也因栽培的扩大,而得发展。其时,晋江流域的糖业不但能出大量的红糖,还能生产白砂糖及用白砂糖制成的冰糖和牛皮糖,所产糖货销路极大,几为洋商盘运殆尽⑧。安溪茶叶初充岩茶出售,后因地近厦门,出售容易,厦门出口茶叶遂被安溪所代替⑨。泉州"园有荔枝、龙眼之利,焙而干之行天下",也得到很快的发展⑩。

另是"滨海之地,产盐为饶"⑪,晋、惠、南三地位居低纬度,气温高,日照长,风力大,蒸发强,水碱,旱季明显,这对制盐十分有利。因

---

① 《安海志》卷一一、乾隆《安溪县志》卷四。
② 《闽书》卷八。
③ 嘉靖《惠安县志》卷三。
④ 道光《晋江县志》卷七三。
⑤ 乾隆《泉州府志》卷五一引何乔远《秋日安平八咏诗》。
⑥ 道光《晋江县志》卷七二。
⑦ 嘉庆《惠安县志》卷三二。
⑧ 详见林仁川《福建对外贸易与海关史》一书所引资料。
⑨ 庄晚芳《中国名茶》。
⑩ 何乔远《闽书》卷三八。
⑪ 道光《晋江县志》卷二二。

此,惠安沿海到处产盐,自"青山以南至凤山,民多业此,以盐为籍"①,"明初,邑附海产盐地置盐课司,属盐运使。司分为五团,曰西湖,曰埕边,曰柯槭,曰上仓,曰下仓,而设盐课司掌之,有仓九";乾隆时候,"盐丁共二千九百五十丁,内实在成丁一千八百八十三,未成丁一千六百七十。田地实在共三百五十四顷八十二亩七分二厘七丝。盐丘共四千七百七十五丘","署在青山铺门头乡","县境所辖惠安场⋯⋯管门头、东莲、山柄、社内、霞洋、洪山、后蔡共七馆","产盐每年定额一十一万担,年额销盐十万四千八百担"②。晋江设有丙州、浔美等场,盐产也极丰富③。

山区则有铁冶、竹木之利。志书载,永春的银瓶山、安溪的湖头和德化产铁,都有铁冶④,"若夫出铁之人,以入海货诸东南夷,人走死地如鹜",安溪的冶作都是来自汀、漳人⑤。另是植竹普遍,也为山区竹编工艺的发展创造了良好的条件。永春竹席的编制盛于明,至清道光时候,又有竹枕、提篮、吊篮、碟盘和灯笼等物的编织,除销江西、湖南、湖北、广东、上海外,还远销日本。漆篮也在正德年间开始生产,造型美观,经久耐用,博得人们的喜欢,畅销海内外市场⑥。

瓷业更加发达。据近年所作的调查,德化、安溪等县明有瓷窑数以百计,单是德化就有双瀚、上涌、南埕、石洛、奎斗等遗址。德化所烧的瓷"洁白可爱"⑦,"以烧造瓷仙、精巧人物玩好"闻名于世⑧,尤以制瓷家何朝宗制作的瓷观音,造型优美,神韵感人,更被中外人士视为珍宝,誉为"东方艺术"。其他地方如晋江瓷灶,安溪崇善、龙兴、龙涓的

---

① 嘉庆《惠安县志》卷一三。
② 嘉庆《惠安县志》卷一五。
③ 《安海志》卷一一。
④ 《天下郡国利病书》福建炼铁、乾隆《永春州志》卷二。
⑤ 乾隆《安溪县志》卷四。
⑥ 1981年《永春县地名录》。
⑦ 万历《泉州府志》卷三。
⑧ 宋应星《天工开物》卷中陶埏。

瓷器和永春的青白瓷,质量也都可以,出瓷灶乡者,"甚饶足,并过洋"①。

## 四

明清时候,我国的工农业生产已在许多地方出现专业分工的倾向,导致区域间相互依存的加强,由是商品经济和海外贸易也更加发展。那时,晋江流域的耕地大多转种经济作物,缺粮更加严重,就连丰岁也需"仰给于浙直海贩",给哺于外省、三韩和日本②。志书曰:"泉地米少","今所藉以裕地方者,全靠海商"③,"泉漳人满,每告籴于粤"④,"往者海道通行,虎门无阻,闽中白艚、黑艚盗载谷米者,岁以千余艘计,甚为广人大患"⑤。而"闽不蓄蚕,不植木棉",利用当地生产的糖霜,换回江浙的丝棉原料,数量也很可观⑥。贸易之盛,如《闽部疏》所言:"凡福之绸丝、漳之纱绢、福延之铁、福漳之橘、福兴之荔枝、泉漳之糖、顺昌之纸,无日不走分水岭及浦城小关,下吴越如流水,其航大海而去者,尤不可计"。

泉州其地素有经商习俗。明人说,安平俗类徽州,其地少而人稠,衣食四方者,十家而七,有新婚之别,聚以数日离者,至其归里,竟与其子互不认识⑦。又道,安平俗好行贾,自吕宋交易之路通,浮大海趋利者,十家而九⑧。道光《晋江县志》卷七二也说:"晋地斥卤而瘠,趋海多,力田少","富者上吴下粤,舟车所至,皆可裕生涯。贫者背负肩挑,里巷偏招,亦堪资贸易。而屯籴稻谷,鹜贩鱼盐,种种有

---

① 道光《晋江县志》卷七三。
② 《泉南杂志》卷上、乾隆《泉州府志》阳思谦序。
③ 《泉南杂志》卷上、下。
④ 王潭《漫游纪略》卷一。
⑤ 屈大均《广东新语》卷一四。
⑥ 王潭《漫游纪略》卷一、褚华《木棉谱》。
⑦ 何乔远《镜山全集》卷四八。
⑧ 李光缙《景璧集》卷一四。

之。濒海之民，又复高帆健舻，疾榜击汰，出没于雾涛风浪中，习而安之，不惧也。趋利之多，自昔为然。其小者如卖饧，卖饼，卖荔，卖柑，卖桃李，卖杨梅，卖甘蔗者，熙来攘往，声满街衢，朝暮不息。总之，不离乎商贾者近是"。惠安沿海各地，也"皆以舟楫为利"，"南北经商采捕，东通台湾"，商贸同样十分活跃①。

晋江流域最大的商港，过去是在泉州，到了明初，依然如是。其时，郑和率队七下西洋，仍在泉州寄碇，而后"满载陶瓷、竹绣、币帛，历漳潮琼崖至占城，沿暹罗湾柯罗丹、满加剌……至印度诸邦，达波斯湾，跃兵西洋……东西洋诸蕃震惧，入贡者屡多百余国，泉舟舵司，俱导之泉也，商舟泊泉"，泉州由是"盛于一时也"②。

迨至海禁，官商衰落，走私兴盛，海商为避官府禁制，乃将海船移入安海。安海远离府城，其地边海，"地近装卸，货物皆有所倚"，周围又多港澳，利于走私，泉州港口的地位遂被安海所代替。至是，安海海商勾结官吏，私造海船，自雇船工，满载货物，经往吕宋、交趾和日本，甚至集帮伙，结船队，置武装，载私货，横行于海上。那时，海商势力甚大，单是郑芝龙盘踞安海石井澳的海船，就有千百艘。芝龙受抚后，独霸一方，更使安海成为走私的主要贸易港口。此后迁界，夷为废墟，又被施琅加以重建，再获新生。至是，为应市场需求，手工业进而得到发展。其时，南洋各地喜穿葛布、水纱布，安海商人就纷纷深入安溪、永春、德化内地采购苎麻，又至河南各地贩运棉花，以供女工织缕成布，年产数千匹，远销南洋各地③。

明清屡行海禁，使商贸无法正常进行，海滨民众"生理无路"，"无所得食"，于是"惟利是视者"的人，便都"走死地如鹜，往往至岛外瓯脱之地曰台湾者，与红毛番为市。红毛业据之以为窟穴，自台湾两日夜可至漳泉内港。而吕宋、佛郎机之夷，见我禁海，亦时时私至鸡笼、淡水之地，与奸民阑出者市货。（泉漳）其地一日可至台湾，官

---

① 道光《惠安县续志》卷一、卷二。
② 蔡永蒹《西山杂志》（抄本）。
③ 《安海志》卷一二。

府即知之而不能禁①。那时,"浙人积货以资闽,假道以便闽"②,全国的许多货物也都集中在漳州月港和泉州的安平港,泉漳海商得此天时地利,中外商品贸易多被泉漳海商所控制。由是,更使晋江流域的商业得到迅速的发展。

此时,山区受到沿海商品经济和海外贸易的影响,"山镇田希多贾海,小村市闹亦成墟"③,也发生较大的变化,兴起许多新的墟集,旧城镇的面貌也焕然一新。如安溪湖头镇,"上达汀漳,下连兴泉",地处山海间,是山区物资重要的集散地,时为适应商品经济的发展,曾对蓝溪加以疏凿,以使舟楫能下泉州,继又开辟四条大路,使通泉州、同安、漳平、大田、永安、华安、龙溪、永春和德化,由是商旅辐辏,"民之环住其间者,绣错不绝,烟火相接,一带市肆,倍于邑内,土风文物,非别里所得而班也",而有"小泉州"之称④。安溪县城过去"邑城之列肆而居者竟寥寥也,布帛之细者,未尝鬻于市,海物之鲜者,未尝鬻于市,冠履服饰之工而丽者,未尝鬻于市,文房四宝以及珍奇玩好之可藏而可贵者,未尝鬻于市,乡有日中为市,亦大约服食器用之粗而贱者为多",而今则"自城至乡,致民聚货,屋相比,趾相错,逐末者多,而趋利者巧,始图什佰,继图倍蓰,甚至计毫厘算锱铢……五尺莫欺,不可得矣","坊市中尤事花鸟,击筑、弹筝之声,达于宵夜"⑤。

由是可见,明清泉州海港的地位虽已不及宋元,但海洋经济传统并没有被斩断,而以走私等形式继续曲折地发展。晋江流域山海经济的互补互动,对社会价值观念也产生了重大的影响。

(原载《中国社会经济史研究》1995 年第 2 期)

① 顾炎武《天下郡国利病书》福建。
② 王在晋《越镌》卷二一。
③ 乾隆《泉州府志》卷五。
④ 乾隆《安溪县志》卷二、卷十,1982 年《安溪县地名录》。
⑤ 乾隆《安溪县志》卷四。

# 《福建古市镇》序

福建至隋地旷人稀,在籍户数12420,然经历代移民,至宋元丰八年(1085)有户90多万,却已变成全国人均耕地最少之地。至是,迫于生计,住在山区的闽人只得"垦山垄为田,层起如阶级",所垦之田大多植稻;住在沿海的人们则从事滩涂的围垦。但如时人所云:"闽地惟种水田,缘山导泉,倍费功大","其人虽至勤俭,而所以为生之具,比他处终无有甚富者"。何况农田开垦,一些地方已经到了"虽欲就耕无地辟"的境地。故为求生和提高生活水平,人们不得不针对福建的自然特点,另谋出路,以期富裕。

福建地处亚洲大陆东南沿海的中、南亚热带,气候暖热湿润,土壤风化层深厚,山海兼备,矿藏不薄。但境内遍布高山、丘陵和台地,素称"八山一水一分田",独少易耕易垦的植稻农田,很难单纯依赖粮食作物维生,而有利于经济作物的经营。所以为了致富,早在宋代,人们就已注意因地制宜,纷纷利用高山、丘陵和台地种植茶、蔗、木棉、荔枝与龙眼,并使丝棉织业、制糖业、果茶业、陶瓷业、矿冶业、造纸业、印书业和造船业得到迅速的发展。于是,随着商品经济的发展,墟街市镇也就大批涌现,不但泉州港成为世界最大的商港,而且在许多交通要道上形成一些全国有名的大市大镇,在专业产品较为集中的产地,还形成若干具有很强专业特色的市、镇,从而使福建成为全国最先进的地区之一。

进入明清,福建人口增长更快,至清道光九年(1829)已达17339464人,耕地欠缺尤为严重,就连丰岁粮食也难自给。故为摆脱困境,人们便对耕地的使用重作调整,尽量多栽各种经济作物。如史书所云:"闽地二千余里……多植茶、蜡、麻、苎、蓝靛、糖蔗、离支、柑橘、青子、荔奴之属,耗地已三之一",种烟"颇获厚利","关外人至,以匹马易烟一斤",闽人更用膏田种烟,耗去闽田"十之六七",然后再将所得的利润换回江浙各地更多的粮食,以解粮荒。而无耕地或缺地之民则从事渔盐或工商各业,"不离乎商贾者近是",就连山区的安溪,也是"入海货诸东南夷,人走死地如鹜",导致"山镇田希多贾海,小村闹市亦成墟",更使福建的墟街市镇宛若夏夜繁星而纷纷兴起。此时,福建地狭人稠,因而大批闽人移民入台,促进台湾迅速开发,也使台湾的墟街市镇得到同步的发展。

但自宋代至清,福建曾经兴起哪些墟街市镇,这些墟街市镇又在今天的什么地方?

不先搞清这些问题,就难深入研究。这些问题乃是研究市镇兴衰最为基础的工程,却因资料搜集、整理和考证的工量繁、难度大,很少有人敢于问津,直到今天才由张在普、林浩二位先生勇挑这一重担,历经多年艰辛,而合撰成《福建古市镇》一书。此书广搜资料,对福建历代墟街市镇分布的地点一一详加考证,进而记载其基本情况,相信出版后,可为人们提供极大的方便,功德无量,故为此书的出版特作一序,以表欣慰之意。

写于 2007 年 12 月 28 日
(原载张在普、林浩《福建古市镇》一书,福建省地图出版社 2008 年)

# 略谈泉州港兴衰的主要原因

唐代的泉州港,已经汇集很多海内外的商人,同交州、广州和扬州并称为我国对外的四大贸易港。迄至宋元之际,更加兴盛,超过广州,被当时人誉称为"世界上最大之港"。摩洛哥著名的旅行家伊本·拔都他说:"刺桐港(即泉州港)为世界上各大港之一,由余观之,即谓为世界上最大之港,亦不虚也。余见港中,有大船百余,小船则不可胜数矣。"[1]但是到了清初却已衰落,而且一蹶不振了。

泉州港缘何能在宋元之际盛极一时?又何以会衰落下去呢?某些同志强调说,南宋时航海技术的进步和政治中心移到临安(今杭州),是促进泉州港繁荣的重要原因,而泉州港的衰落,则由元末的战乱和明初实行海禁以及泉州湾港口的淤塞所造成[2]。吴泰和陈高华同志的文章,考虑到的方面较多,除有上述相同的见解外,还指出了其他事项的作用[3]。

---

[1] 见张星烺《中西交通史料汇编》第 2 册。
[2] 艾力云、冯蔚然《古代世界最大港口——泉州港》,《航海》1980 年第 3 期。
[3] 《宋元时期的海外贸易和泉州港的兴衰》,《海交史研究》第 1 期。

以上这些论述对不对呢？当然是有一定的道理,但都没有抓住根本。我认为,决定泉州港的兴衰,关键应是福建和泉州地区本身经济的发展和变化。为说明问题,下面列举一些事实加以论证。

## 一、泉州港兴盛的缘由

泉州港之兴盛,绝非出于偶然,而是长期辛勤经营的结果。西晋永嘉之乱后,据说"衣冠士族避地于此,沿江而居"①,晋江流域就得到较好的开发。至唐,水利大兴,筑有东湖、尚书塘和仆射塘等,溉田皆达数百顷②,又修六里陂,也能溉田四万多亩③,同时,为了改造滨海咸地,还兴建了天水淮和其他海埭④。于是,随着水利的兴修、农业生产的发展,泉州遂由中州提升为上州⑤。继后,再经五代和赵宋王朝的努力,泉州又由上郡晋升为望郡⑥。特别是经靖康之乱,宋室政权南移,北方人口大量入迁,使福建得到大规模的开发,经济发展就更加迅速了。至此,不但晋江流域继续得到很好的建设,闽江流域和莆田等地区也都被出色地经营起来了。姑以莆田县为例,今天的莆田平原原先蒲草丛生,系属滨海的沼泽地,这片沼泽地就是在这一时期内围垦的,著名的南北洋水利工程,也是在此时得到了完善⑦。此外,长乐县过去"土瘠民稠……滨海者事鱼钓,附山者为工商",居民极少农耕⑧,这时候也因大规模的围海造田和兴修水利有了成绩,受到朝廷的表彰⑨。根据冀朝鼎《中国历史上基本经济地带与灌溉事

---

① 乾隆《泉州府志》卷三。
②④ 乾隆《泉州府志》卷九、《八闽通志》卷二二。
③ 乾隆《晋江县志》卷一六。
⑤ 《唐会要》卷七〇。
⑥ 《宋史》地理志。
⑦ 林汀水《从地学观点看莆田平原的围垦》,《中国社会经济史研究》,1983年第1期。
⑧ 《八闽通志》卷三。
⑨ 《宋会要辑稿》食货六一。

业》一书的统计，两宋时，浙江兴修的水利凡达 302 次，广东 44 次，福建最多，竟有 402 次。

大家都知道，水利建设既能扩大灌溉的面积，促进农作物的增产，又能防止水旱灾害，是发展农业的命脉。所以至宋，人们遂称"今之沃壤，莫如吴、越、闽、蜀"①。《宋史·地理志》更夸耀说，福建路"民安土乐业，川源浸灌，田畴膏沃，无凶年之忧"。于是，随着农业生产的发展，福建的各行各业也跟着俱兴了。

福建地处亚热带，气候湿热，最适合于木棉生长，现在已经发现距今三千多年前人们利用木棉织出的布料②。到了宋代，"闽广多木棉"③，遂成全国棉织业中心④。那时候国内许多地方缺需布匹，都到福建路来调运⑤。

福建的蚕桑事业历史一样悠久⑥。迄至宋元，更得发展。史书说，泉州生产的"绮罗不减蜀吴春"⑦，可与杭州并称一时之盛，甚至"较汉沙（今杭州）及汉八里（今北京）二城所产者为优"，产品远销到欧洲，深受各国的欢迎⑧。

茶叶尤多佳品，建安所产更是甲于天下⑨。《宋史》食货志载："茶有二类，曰片茶，曰散茶。片茶蒸造，实卷模中串之，唯建剑则既蒸而研，编竹为格，置焙室中，最为精洁，他处不能造。有龙凤、石乳、白乳之类十二等，以充岁贡及邦国之用。"又载："建宁腊茶，北苑为第一，其最佳者曰社前，次曰火前，又曰雨前，所以供玉食，备赐予。太平兴国始置，大观以后制愈精，数愈多，胯式屡变，而品不一，岁贡片茶二

---

① 王应麟《玉海》一七秦观语。
②⑥ 高汉玉《崇安武夷山船棺出土的纺织品》，《福建文博》1980 年第 2 期。
③ 方勺《泊宅篇》。
④ 参见张家驹《两宋经济重心的南移》，湖北人民出版社 1957 年。
⑤ 《宋会要辑稿》食货六四。
⑦ 苏颂《苏魏公集》卷七《送黄从政宰晋江》诗。
⑧ 见张星烺《中西交通史料汇编》第 2 册。
⑨ 《子安集·试茶录》。

十一万六千斤。"①其中上供的龙凤团茶品质最好,每斤价值黄金二两②。除上供外,更多的茶叶作为商品远销国内外,颇负盛名③。所以范仲淹对它极表称赞,曾经写下这样的诗文:"年年春自东南来,建溪先暖水微开,溪边奇茗冠天下,武夷仙人自古栽。"④

种蔗煮糖,全国至宋才得发展,福建也是最早产糖的一个要地⑤。

其他如陶瓷、冶炼和造船业,福建的地位更高,尤足一提。

福建的瓷业,宋代最称繁盛,瓷窑到处设立,沿海尤多⑥。建窑声誉最高,是全国的名窑之一,烧制的黑釉可与龙泉的青瓷相比美;德化的白瓷也相当有名气,马可波罗描述元初的德化时说,这里烧制的瓷器,既多且美,购价甚贱⑦;泉州出产的青瓷,其釉色的精致,也不亚于龙泉产品⑧,伊本·拔都他盛赞它是"真世界最佳者也"⑨。而为了有利于外销,除生产大量的日常用品外,还迎合某些国家的需要,制出一些特殊商品⑩。朱彧在《萍洲可谈》一书里写道,当时的舶船"货多陶器,大小套无少隙地"。可见外销的数量相当可观。而自陶瓷输入东南亚后,东南亚一带的人们竟以拥有瓷器的多寡,作为估量个人财富和声望的主要准绳⑪。宋末荷兰人从福建贩运瓷器到欧洲,价值也是每与黄金相等,"且有供不应求之势"⑫。据考古发掘和学者们的研究,福建生产的瓷器,销售的地区甚广,遍及全亚洲和非

---

① 《宋史·食货志》。
② 参见张家驹《两宋经济重心的南移》,湖北人民出版社 1957 年。
③ 《宋会要辑稿》食货三一、三七,《宋史·食货志》。
④ 《斗茶歌》,转引自《中国名茶》一书。
⑤ 《马可波罗游记》第 2 卷 81 章,并参见张家驹《两宋经济重心的南移》。
⑥⑧ 泉州海交馆、厦门大学历史系合编《古代泉州海外交通史》。
⑦ 《马可波罗游记》第 2 卷 82 章。
⑨ 见张星烺《中西交通史料汇编》第 2 册。
⑩ 日人三上次男《陶瓷之路》一书和叶文程《晋江泉州古外销陶瓷初探》,《厦门大学学报》1979 年第 1 期。
⑪ 菲律宾国立博物馆富斯著、许其田译《菲律宾发掘的中国陶瓷》。
⑫ 冯和法《中国瓷业之现状及其贸易状况》。

洲的东部,运往东南亚的尤多①。

　　矿山开采和冶炼事业也很发达。宋时,福建路有银铜铁铅矿,冶铜业即以江西、福建为最盛,"浦城之因浆,尤溪之安仁、杜唐、洪面子坑五十余所,多系铜银共产,大场月解净铜万计,小场不下数千,银各不下千两,为利甚溥"②。其他州军也都设有坑冶③。正因福建产铜甚多,复有炭薪之利,所以朝廷遂设铸钱监于建州④;建州的丰国监铸成的铜钱和别处铸出的铜锭,除部分上缴朝廷外,被私相偷运入海的,为数甚多⑤。史书载道:"福建之钱,聚而泄于泉之番舶。"⑥这对繁荣当时的泉州港,是有积极作用的。

　　宋代的福建不但以冶铜铸钱著称,银的开采量也列全国的前三位⑦。不仅有铜有银,还有铅和金子⑧。冶铁业也很发达,那时候全国著名的冶铁场共有二十五所,福建即占了三处⑨;泉州地区的特色则是冶铁点多,有永春的倚洋、安溪的青阳、德化的赤水和惠安的黄崎等场,青阳铁矿大发一时,也成全国有名的矿区⑩。

　　再则造船业,人们的评价更高。南宋时,明州、泉州和广州制造的海船,《三朝北盟会编》说:"海舟以福建为上。"⑪海船载客可容五六百名,载重二千斛,而且装有世界上最先进的罗盘针、矿石和转轴等⑫。到了元代,泉州的造船业更加发展,伊本·拔都他说,中国的商船皆造于刺桐(泉州)及兴克兰(广州)二埠,所有印度和中国之间的交通,都是操纵在中国人手中⑬。泉州具有特别先进的造船技术,这

---

① 日人三上次男《陶瓷之路》之《东南亚的中国陶瓷》篇。
② 《宋会要辑稿》食货三四。
③④⑦⑧ 《宋会要辑稿》食货三三、三四,《宋史·食货志》。
⑤ 《系年要录》卷一五〇绍兴十三年记事,《宋会要辑稿》刑法二《宋史·食货志》。
⑥ 《乐全集》卷二六《论钱禁铜法事》,引自王曾瑜《宋代铜钱出口》。
⑨ 杨宽《中国土法冶铁技术简史》。
⑩⑪ 宋史之《地理志》、《食货志》,《读史方舆纪要》卷九九、卷一七六。
⑫ 参见张家驹《两宋经济重心的南移》,湖北人民出版社 1957 年。
⑬ 见张星烺《中西交通史料汇编》第 2 册。

对发展泉州的海外交通,自有极大的益处。

总之,通过上引资料可以看出,宋元之际福建的经济得到了全面的发展,已经变成全国最先进的地区之一——这应是泉州成为当代"世界上最大之港"的根由。

谈到这,不妨将它再与浙、粤二地略作对比。

广东接受移民,开始于秦;汉代又有大批人口的徙入,使它得到较早的开发。福建则因闽越族反汉的缘故,居民被迁江淮。这样,广东的繁荣就先于福建。而至宋代,北方长年战乱,移民纷纷南渡,难民入闽最多,使福建人口很快超过广东。史书载道,南宋绍兴三十二年(1133),福建有2808851人口,广东只有784074人①。这时候,广东由于人口过分稀疏,人力不足,到处反成"弥望皆黄茅、白苇"②,"多系荒僻瘴疠之地,无人愿就"③。福建则因人力增多,改造自然的能力加强,水利勃兴,川源浸灌,田畴膏沃,民安土乐业,无凶年之忧④,而显得欣欣向荣。而福建的农业兴旺,又促进了各种手工业的迅速发展,使它在各行各业上都走在广东的前面。是时,国家设置舶官于泉州和广州,招徕外商阜通货贿,外国所缺的是瓷器、茶叶、金银、缗钱、铅锡和杂色帛,输入的是香药和犀象等⑤。即以上面所列的输出品说,福建生产的商品都比广东多而且好,海船也是福建制造的为优。这就为泉州在对外贸易中赶上并超过广州提供了条件。

再看浙江。浙江的粮食虽比福建富足,但在矿冶上却逊色得多。而在棉织业上,浙江生产的布匹也是不如福建织出的丽密⑥。其他如茶叶和造船业,福建也略占优势。所以在商品竞争上,浙江同样是处于劣势的。

---

①② 《宋会要辑稿》食货六九、五六。
③ 《宋会要辑稿》职官四七。
④ 《宋史·地理志》。
⑤ 《宋史·食货志》、《宋会要辑稿》刑法二。
⑥ 参见张家驹《两宋经济重心的南移》,湖北人民出版社1957年。

## 二、泉州港衰落的主要原因

上面我们就泉州港兴盛的缘由作了分析,下面再谈衰落的原因。泉州港极盛于宋元,到了清初已见衰落。衰落的主要原因是不是在于元末战乱和明初实行海禁以及港口的淤塞呢? 我们认为,元末的战乱对于泉州港的繁荣,自有一定的影响,但它未遭严重的破坏,要说是决定性的原因,那么我们不由要问:若论战争,广州所遭的次数要比泉州为多,破坏的程度也比泉州为大,广州为何不致衰落呢? 何况明初复设的三大对外贸易港口,泉州仍是其一①,而泉州港的安平镇,至明后期户数尚存十余万,其商人势力照旧足与徽州的商人相匹敌②,这能说泉州港的衰落是由元末战乱引起的吗? 再是明初的海禁,沿海到处无不实行,泉州港倒属特例,仍然被批准为对外的贸易港口。因此,要将这一事件归为主因,也是不近情理的。

至于说系因港口的淤塞,则更加不符事实。据史书记载,明时九日山下金鸡桥渡的晋江河段,水深尚有数尺,难以架桥③,泉州城南的江面,宽度也达二里多,海舶聚集地方仍在车轿④;甚至晚到清初,由三舫连成的方舟,照旧可溯江而上,直驶于九日山下⑤。所以泉州港发生严重的淤塞,应属后期之事,以今论古自当不妥。

那么,泉州港衰落的主要原因是什么呢? 我认为,追根到底,还是经济变化的问题。何以见得呢?

先从农业谈起。根据冀朝鼎《中国历史上基本经济地带与灌溉事业》一书的统计,赵宋时期福建兴修水利的次数最多,列于全国的第一位,浙江第二位,广东第五位;至元,浙江进入第一,广东第二,

---

① 《明史·食货志》。
② 傅衣凌《明代泉州安平商人史料辑补》所引资料,《泉州文史》1981 年第 5 期。
③ 乾隆《泉州府志》卷一〇所引《明朱鉴记》。
④ 乾隆《泉州府志》卷一〇所引《明顾珀记》和《隆庆府志》。
⑤ 乾隆《泉州府志》卷七所引《张云翼游记》。

福建退居第五位;至明,福建名列第六,浙江、广东二地则仍然保持着第一、二位;而到清初,时人对于福建的水利已经哀叹说:"今存者不能十之三矣!"①在封建社会制度的控制下,由于水利的荒废和人口的增多,早在朱明时代,福建的农业已经走投无路:"闽中有可耕之人,无可耕之地"②;到了清初,志书更称:"泉郡错山阻海,田不益,而生聚日繁,即丰岁,亦给哺于外省、三韩、日狡焉"③。于是,随着粮食生产的严重不足,也就影响着其他经济作物的栽培和一些手工业的发展。举例说,福建是最先成为全国产棉地区和织布业的中心地,江南一带则迟于宋末才渐次得到推广,但到明代,江南地区的植棉事业迅速发展,福建却是停滞不前,甚至日益缩减,导致棉花未能自给,须至江南和河南各地去贩运④,再加上此时福建棉织业的生产方式仍然十分原始落后,长期停留在分散的农家副业的生产水平上,敌不过江浙地区蓬勃兴起的集中性的工场,这样,福建的棉织业遂遭厄运,逐步衰落下去,以致清初反须"资衣于吴越"了⑤。

另据族谱资料,唐朝的泉州单是黄氏一家,便有桑园七里⑥。这说明当时福建桑蚕很多,它所生产的丝绸原料当能就地自给。可是到了明代,泉州要织较好的丝绢,已经需用湖州的头蚕丝,纱也以用湖丝者好⑦;兴化民间所织的纱帛,原料更是全靠吴中提供⑧。迨至清初,栽桑养蚕更少,除南安的翁山和安溪的湖头外,其他地方就一概不足以谈了⑨。

福建的制糖业虽然也在全国最早兴起,至明仍因国内外市场的

---

① 乾隆《泉州府志》卷九、《八闽通志》卷二二。
② 郑杰《虔台倭纂》下卷,引自傅衣凌《明清时代商人及商业资本》一书。
③ 乾隆《泉州府志》楚梅城阳黑谦序。
④ 《安海志》卷四。
⑤⑨ 乾隆《泉州府志》卷一九。
⑥ 《四安黄氏谱志》,引自《古代泉州海外交通史》。
⑦ 万历《泉州府志》卷三。
⑧ 万历《兴化府志》卷一。

需要量大,继续刺激着它的发展,诚如《闽书》和《泉南杂志》二书所云,泉州"植蔗煮糖,黑白之糖行天下","其地为稻利薄,庶(蔗)利厚,往往有改稻田种蔗者"①,然而也因耕地不足,占用稻田过多,导致"稻米益乏,皆仰给于浙直海贩"②,种植面积终受限制。待至珠江三角洲和台湾岛迅速地被经营起来,成为全国最大的蔗区后,福建糖业的地位就急剧下降了;后来更因爪哇糖业的兴盛,而遭到致命的打击。

烟叶始传于明,福建首先种植③,开始得利甚溥,往后推广甚快,地位也就日显逊色了。

再说茶叶,明代的建宁茶虽然仍称"最为上品",有探春、先春、次春、紫笋以及荐新等名号④,但到明末清初,茶农惨遭敲诈勒索,也一度衰落⑤。

同时,泉州地区的冶铁业,"旧有冶场,今惟安溪有饲户。然铁矿渐竭,安溪人时往他郡开之"⑥,已经濒临绝境。造船事业也逐步走向衰落,甚至不如漳州地区了⑦。

总之,迨至明末清初,特别是自清朝以来,福建和泉州原有的许多先进的手工业发展停滞了,已经是大大地落后于江浙和广东等地。为何会产生这种结局呢?这同当时中国的社会性质自有极大的关系。在中国的封建社会里,自给自足的自然经济占着主要的地位。在这种社会经济结构的支配下,耕地的安排首先要满足于粮食生产的需要,只有粮食富足了,其他经济作物的发展才能得到持续和稳定。这样,在人多地少的福建,许多经济作物的发展就极受限制,甚至受到排挤,与其相关的一些手工业部门如丝、棉和制糖业及其他

---

① ②　陈懋仁《泉南杂志》卷上、何乔远《闽书》卷三八。

③　王士祯《香祖笔记》和《茶余客话》卷二〇。

④　《明史·食货志》。

⑤　庄晚芳等著《中国名茶》。

⑥　乾隆《泉州府志》卷一九。

⑦　顾炎武《天下郡国利病书》卷九六等。

手工业,由于原料缺乏,商业资本难以投资,也就纷纷地衰退了。

## 三、泉州港衰退的历史教训

从上面引录资料可见,在泉州港最称极盛之际,福建和泉州地区的农业和手工业是相当出色的,而后福建和泉州地区的农业和手工业发展缓慢,一天天地比不上江浙和广东等地,泉州港也就走向衰落了。这说明农业和手工业是商业的基础,没有发达的农业和手工业,商业城市是难得持续繁荣的。不但泉州港如是,其他城市也不例外。即如自明以来,江浙地区的农业和手工业发展最快,兴起的市镇就最多,而且最称繁盛。广州也因珠江三角洲得到及时的开发,成为粮食、蚕桑和水果、蔗糖生产的基地,而得到进一步繁荣和发展。

决定城市的兴衰和港口的转移最主要的因素是农业和手工业的发展变化,从福建内部情况来看也如是。即以月港和厦门而论,正当泉州港逐步衰落,月港和厦门先后兴起。月港和厦门为何能够兴起?最主要的原因也是在于漳州地区农业和手工业的进步。月港和厦门地处九龙江下游,九龙江平原较大规模的开发,是从宋代开始的。迄至明代,农业更得发展,各种经济作物和手工业如纱绢、天鹅绒、蔗糖、造船和铸钱业,也有长足的进步[①]。而当九龙江流域日趋繁荣时,泉州又是怎样?乾隆《泉州府志》说,泉州地方土地贫瘠,必须资食于海外,资衣于吴越,资器用于交广,再也没有什么物力可以发挥了[②]。正是由于这一缘故,至明之后期,尽管安平镇的风俗大类徽州,商人最多,足迹遍天下[③],但终归因为粮食不足,手工业落后,以及清初实行较长时间的"海禁",国内外贸易难以开展,泉州这个已

---

① 王世懋《闽部疏》、乾隆《福建通志》卷五九和郑舜功《日本一鉴》,引自傅衣凌《清时代商人及商业资本》。
② 乾隆《泉州府志》卷一九。
③ 傅衣凌《明代泉州安平商人史料辑补》所引资料,《泉州文史》1981 年第 5 期。

经变成纯商业贸易性质的城市,也就一落千丈,甚至一蹶不振,而只得让位于厦门了。

我们说,决定泉州港兴衰的主要原因,是经济的发展变化,这从福州的兴盛过程,也可得到印证。

西汉初年,无诸被封闽越王,定都于今福州,闽越被灭后,西汉派兵入闽,作为东部候官的驻地;至晋,晋安郡的治所也设在这里①。泉州则是迟于李唐方才设治的。但是自唐开始,福州的地位已经不及泉州。这是何故呢?此中当是受着地理因素的制约。根据史书记载和地下发掘的资料,福州的原始地形是个半岛,闽江的江面非常开阔,江中的沙洲和沼泽地甚多,这些沙洲和沼泽地经常受到洪水和海潮的漫淹,发展农业相当困难。因此,福州的建置虽早,发达起来却十分缓慢。

福州的水利建设,最早见于西晋。那时候严高筑有东、西二湖,至唐,又有海堤的兴建。然而能够有力地改造闽江,并对闽江中的沙洲和沼泽地进行大规模的垦殖,却有待于五代、宋。其时北方战乱,人口大量入闽,征服自然的人力和物力方才具备。而至明清时期,再加整顿,经营出色,福州地区就比泉州富庶了②。此时,闽江整个流域的经济作物和工矿企业也有相当的进步。史书说:"闽山所产,松杉而外,有竹、茶、乌臼之饶"③。又说:"凡福之绅丝,漳之纱绢,泉之蓝,福延之铁,福漳之橘,福兴之荔枝,泉漳之糖,顺昌之纸,无日不走分水岭及浦城小关,下吴越如流水,其航大海而去者,尤不可计。"④其中特别值得一提的,是沙县"铁岭多产铁矿……动逾千人,鼓铸其间"⑤,是全国较大的一个冶铁点;福州的造船业也有飞速的进步,"福船"是全国有名的⑥;闽江沿江的瓷窑很多,瓷业兴旺,烧制的青

---

① 有关福州市的政区沿革,拟另文专述,于此从略。
② 有关闽江下游的地貌变迁和改造过程,拟专文论述,于此从略。
③④ 《闽部疏》。
⑤ 《沙县志》卷一。
⑥ 福州市政协文史资料工作组编《福州地方志》。

花瓷器主要供外销①;而福州的丝织业,经过一番技术改革,也大放异彩②。当时,福建设置的市舶司专门接待琉球商人,琉球所缺的是瓷器、铁釜和丝织物③,福州生产的物品正好对路。所以尽管早期的市舶司设在泉州,人们早就私相径从福州出入。于是,为了面对事实和便于加强管理,到了成化年间,遂将市舶司移置于福州。而自市舶司迁移到福州后,泉州港的对外贸易也就更快地衰落了。

(原载《厦门大学学报》1984年第1期)

---

① 《福建新通志》物产志和冯先铭《关于中国的青花瓷器》演讲,黄云山整理,载《抖擞》1979年第1期。

② 福州市政协文史资料工作组编《福州地方志》。

③ 《明史·琉球传》等。

# 海澄之月港港考

海澄因有月港的港道，又名月港。明朝时候为全国最大的走私港，"市镇繁华甲一方"，被称"小苏杭"[1]。这一港道有人指为今之海澄港口沿着南港向东直到海门岛的九龙江河段[2]。这一说法有误。

按今南港明清仍谓港口江、港口大溪，或名为圭海，也有迳称"南港"[3]。兹据志书记载，明之月港则指月溪下游的一段港道与过去的护城河。这由下面资料可作证明。

嘉靖《龙溪县志》卷一《地理山川》："月港，南接田尾港溪源，北接西溪上流，潮汐吞吐，通舟楫，溉田以万计，两涯商贾辐辏。"《嘉庆重修一统志》漳州府山川："月港，在海澄县西，南接南溪，东北通海潮。其形如月，故名。"

按志书所说的田尾港溪源，指的乃今月溪上游，西溪是经漳州

---

① 陈瑛《海澄县志》卷一五、卷一八。

② 详见1983年中共龙溪地委宣传部、福建省历史学会厦门分会所编《月港研究论文集》镇埔、陈敏、陈杰中等人所写的文章。

③ 顾祖禹《读史方舆纪要》卷九九漳州府海澄县海条、乾隆《龙溪县志》卷二《山川》、陈瑛《海澄县志》卷七《兵防下》。

市南的九龙江河段,南溪则为海澄南面的南溪。而见光绪《漳州府志》卷二二《兵纪一》附图,在今海澄镇西跨于月溪两岸确有一桥标注"月港桥",是为月溪下游明为月港之明证。这一港道待后筑城,遂为护城河。当地老人说,过去的城基建在今天的公路上,现在港道变窄,离开公路已远。

另是见于杜臻《粤闽巡视纪略》卷四:"海澄之为邑,即在月港之曲,故自来以险特闻也","海澄为寇据,沟通其四面,益成深阻……其地形北面阻海,即支海之内入者。城之北更筑土城,为提镇驻兵之所,外为总垣环之,穿其西北隅,为中权关。别作镇远楼城于东北,月港环其东,为桥,以属于东门"。

据上所引,月港既在海澄县西,于此又谓"别作镇远楼城于东北,月港环其东",可见当时的月港港道,也应包括城东的护城河,不然,就不可称"月港环其东"。正因如是,即志书所指的月港,系为东、南、西三面的护城河,所以海澄方能"即在月港之曲","其形如月","形同偃月"[①],又能"两涯商贾辐辏",成为避风良港,且由于"沟通其四面,益成深阻",而成战略要地。

海澄这一优越的地理环境,对走私活动十分有利。盖海城位居海口,海面开阔,月港又弯环内部,便于船舶的寄碇和避风,且可沟通南、中、北港和南溪,外面又有金门、厦门、大小担可作屏护。于是,每当走私商船开到金门、大小担,都先在此停靠,以观动静,然后移驻圭屿,再由月港的商人"诡秘"地"接济勾引"入内[②]。进港后,若遇官兵的追捕,又可潜避九龙江中,或是迅速逃入南溪。那时,九龙江中的南、中、北港已经形成,港汊甚多,且有嵩屿、长屿、渐尾、海沧、石马、许林、白石等澳,这些港澳"在在皆贼之渊薮",官兵围追他们,随处都可得到当地走私商人的保护[③]。正因海澄地近岛夷诸国,出洋

---

① 陈瑛《海澄县志》卷一六。

②③ 杜臻《粤闽巡视纪略》卷四。

通番最易,又具以上这些地理特点,便于走私活动,故继双屿之后,遂成另一最大的走私港口(见图16)。

(原载《中国社会经济史研究》1995 年第 1 期)

海澄之月港港考 | 301

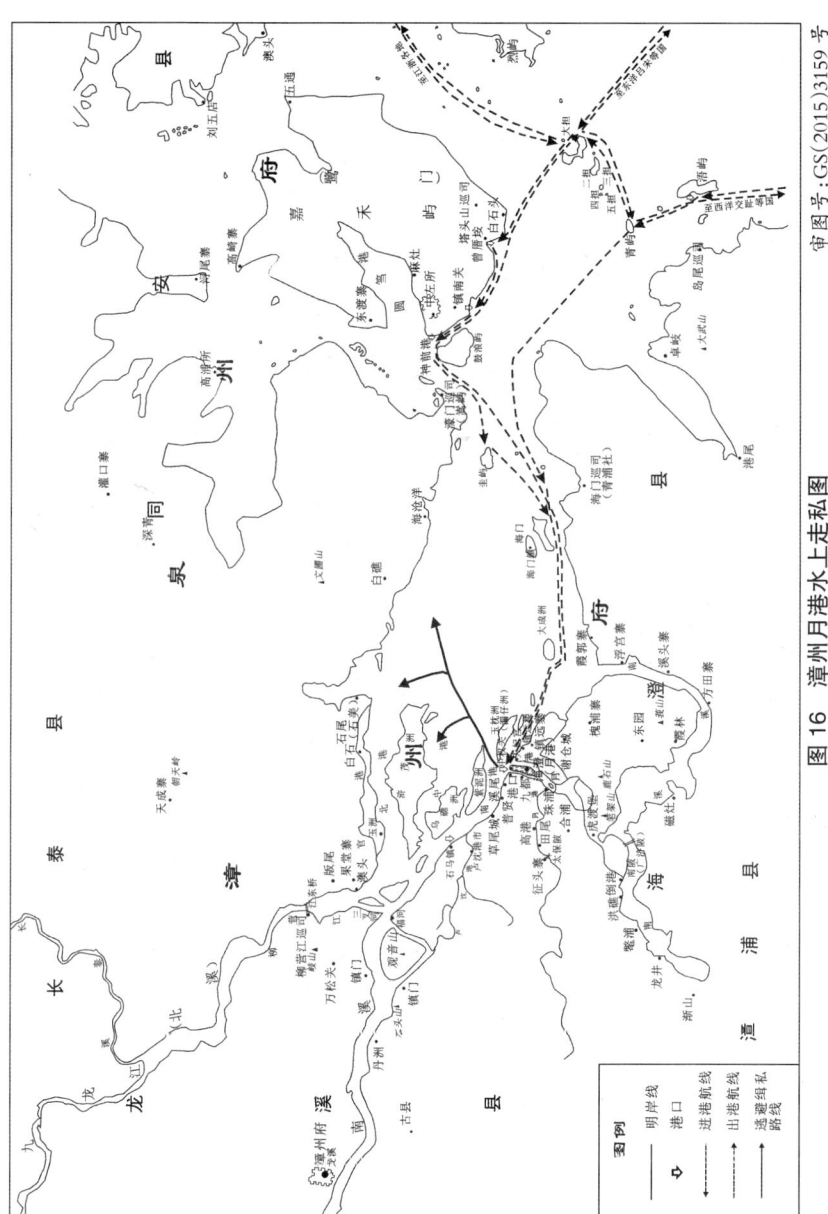

图 16 漳州月港水上走私图

# 也谈福建人口变迁的问题

## 一、移民与人口变迁的关系

福建古称"闽"。盖自楚威王灭越,"而越以此散",越人流散到今福建与当地原住民结合后①,人们便称住在这里的先民为"闽越人"。这是见于史书第一次移民入闽的记载。这次移民虽不知其数,但规模肯定不小。

迨至秦末,越王子孙无诸起兵参加反秦,接着助汉反项有功,刘邦封他闽越王,王闽中故地,都冶(今福州市)②。后馀善举兵反汉,兵败国灭,汉廷又将其民"徙处江淮间"。这次徙民,《史记》《汉书》和《资治通鉴》云,"遂虚其地"③,《宋书》州郡志仅说迁出部分居民。与此同时,汉廷为要控制闽越地,即设东部候官于今福州市,驻军看

---

① 《史记》之《越王勾践世家》、《东越传》。
② 《史记》之《东越传》。
③ 《史记》之《东越传》、《西南夷两粤朝鲜传》,《资治通鉴》卷二〇。

守①。这是第二次移民情况。

此后,孙吴为争闽越地,先后五次派兵入闽。占领闽地后,留下部分官兵和家属,分设五县,置建安郡以领之。又为发展其经济和造船事业,而将一些犯罪的官吏连同其家属流放到建安和东冶②。也有些人因不堪"公私苛乱"等原因,逃亡到今邵武的③。

而当侯景之乱,"是时,东境饥馑,会稽尤甚,死者十七八,平民男女并皆自卖,而晋安独丰沃。宝应自海道寇临安(应作临海)、永嘉及会稽余姚、诸暨,又载米粟与之贸易,多致玉帛子女,其有能致舟乘者,亦并奔归之,由是大致赀产,士众疆盛"④,移民入闽更多。正因如是,故至南朝陈,朝廷为此还专门下过诏书:"诏侯景以来遭乱移在建安、晋安、义安郡者,并许还本土,其被掠为奴婢者,释为良民。"⑤

北方汉人移住闽地,唐时再掀高潮。高宗总章二年(669),先是"泉潮间蛮僚啸乱"⑥,为强化对此地区的控制,朝廷命令陈政、陈元光率军入闽,随行58姓,这支部队连同其家属都被留住下来,成为泉、漳之人的始祖⑦。继后,王绪又率光、寿兵五千人⑧,这支部队和他们的家属"自南康入临汀,陷漳浦,有众数万"⑨,也都落籍闽地。另据志书记载,在此期间还有许多官吏和百姓为避中原战乱,或因贪恋闽山闽水,而陆续移居福建⑩。

到了宋代,尤其是南宋,金兵渡江南下,浙江、江西大批难民再

---

① 详见林汀水《秦汉闽中地名考析二则》,《厦门大学学报》1991年第3期。
② 《三国志》之《贺齐传》、《吕岱传》、《钟离牧传》、《张尚传》、《陆凯传》、《三嗣主传》第三及嘉庆《惠安县志》卷三〇《黄兴传》等。
③ 乐史《太平寰宇记》卷一〇一。
④ 《陈书·陈宝应传》。
⑤ 《陈书·世祖纪》。
⑥ 康熙《漳州府志》卷一九。
⑦ 陈汝咸《漳浦县志》卷一九。
⑧ 《资治通鉴》卷二五六僖宗光启元年条,《旧五代史·王审知传》。
⑨ 《新五代史》闽世家第八。
⑩ 详见林汀水《福建政区建置的过程及其特点》,《历史地理》第十辑。

次涌入,更使闽地人口急增。至是遂使素称地广人稀的福建,一变而为"土地迫陋,生籍繁多,虽硗确之地,耕耨殆尽"的地方①。

由上可见,先秦至宋福建人口的急速增加,与北方汉人多次入闽关系极大。

从此之后,福建又因地狭人稠,即开始向外移民。如周去非谈到宋代海南岛的情况,就曾指出,"熟黎多湖广、福建之奸民也"②。抗战期间,日本人也作过调查,福建乃是最早大批移民入海南岛的,现在该岛的居民由福建迁入的,约占63.9%③。另据浙江通志馆《重修浙江通志稿·民族考》的记载,浙南107族中,有43族来自福建,温州80%居民,祖籍都是福建人,他们的祖先迁此,同样始于宋代。

明清时期,福建连续发生战乱和饥疫,人们为求生路,移住台湾和远渡重洋到国外的更多。据估算,1683年台湾人口12万,1762年73万,1782年100万,1811年194万,1840年250万,1893年增至300万。"台湾多漳泉民,漳泉兵",岛上居民多数来自福建④。另是移居南洋各国谋生的,明时已经开始,清末更盛。据估算,自1886年至1911年这一期间,单由厦门、福州离去的,可能就达220万人⑤。由于人口大批外迁,人口增长的速度也就相对缓慢了。

## 二、天灾、战乱和迁界对人口增长的影响

志书载,宋宝庆元年(1225),福建已经有口3553079⑥,而到明初洪武间,才增至3916806口,万历六年(1578),减至1738793口,清初

---

① 《宋史·地理志》。

② 《岭外代答》卷二《海外黎蛮》。

③ 台湾总督府外事部《海南岛农村开发参考资料》,转引自司徒尚纪《海南岛历代民族迁移和人口分布初探》一文,《历史地理》第七辑。

④ 陈孔立《清代台湾移民社会研究》,厦门大学出版社1990年。

⑤ 陈景盛《福建历代人口论考》,福建人民出版社1991年。

⑥ 《宋史·理宗纪》。

又再下降,剩下140多万口①。明清之际福建人口锐减,固与户籍编审制度和漏报户口有关系,然此期间内户口不增,或增之甚微,也当属实。下面略举数事加以说明。

宋人梁克家云,福建邦民"皓首不识兵革,以故生齿繁毓"②。如果说宋代的福建人口急增是社会安定使然,则自明代人口增长缓慢,又与战乱频繁当有牵连。志书载,闽北地区的浦城,明时先遭矿工的骚乱,"迄无宁岁"③,清咸丰八年(1858),又因知县督率民兵抵抗太平军,而使"绅民殉难遇害者十数万人"④。崇安县先有邓茂七之乱,清初又遭王祁的洗劫,"所过为墟,民不耕种者几十载"⑤。建阳县先有邓茂七之乱,嘉靖四十年(1561),又遭袁三、黄凤的烧杀,"民死者无算",康熙十三年(1674)耿精忠之变,"大肆焚掠,人民逃散",及至咸丰十一年(1861),再经红巾之乱,人口骤减"二十倍"⑥。邵武府"明万隆间,累遭迁徙,荡析离居,生聚益少"⑦,光泽县咸丰二年(1852),"两遭粤匪,兵荒疾疫,生齿人耗"⑧。尤溪县先有邓茂七之乱,"大肆残害",嘉靖间屡遭寇乱,更使村村"萧然无烟"⑨。沙县也因战乱,"户残于奔窜,口毙于杀伤",至嘉靖时,户不满一万五千⑩。

闽西战乱尤多。连城"百年之间几经寇乱,且举其甚者言之,正统间则有贼首邓茂七之祸,成化年间则有贼首温文俊之祸,正德三年(1508)间则有贼首李四孜之祸……至正德九年二月内,又被江西

---

① 《明史·地理志》、陈景盛《福建历代人口论考》。
② 《三山志》卷一〇。
③ 翁天祐《浦城县志》卷三五引明钱溥《浦城县筑城记》。
④ 翁天祐《浦城县志》卷四二。
⑤ 郑丰稔《崇安县新志》卷一。
⑥ 赵模《建阳县志》卷二、卷四。
⑦ 王琛《邵武府志》卷七。
⑧ 邱豫鼎《光泽县乡土志·户口》。
⑨ 马传经《尤溪县志》卷八、田琐《嘉靖尤溪县志》卷一。
⑩ 民国《沙县志》卷五。

贼首叶芳越城本府地方杀戮之祸,视前尤惨",山寇、海寇入境,"掳人民,烧储积,侵扰无孑遗,辛酉之岁,民以大饥,死者相枕于道",迨至咸、同年间,再经战乱,"养活为艰,生女多不育"①。宁洋起自嘉靖,至咸丰时,屡经寇乱,"城外各乡村俱惨遭剥洗","田园荒芜,饥饿流亡不计其数","城郭圮墟,田庐弃废"②。清流、宁化、武平等地也都类是③。明赖希道《户口记》称,"永定创自成化,户二千二百五十六,口一万一千一百二十九,历至嘉靖间,户则减半,丁亦渐损"。原因何在呢?他在文中说,也是寇乱所致,经过寇乱,"民之死者不可胜纪"④。

闽东、闽南各地也因战乱而消耗着大量的人口。如在洪武间,古田有户一万五千多,口五万七百三十二,"嗣因兵荒屡见,至万历三十年(1602)……户几减其半,口减三之二";寿宁自经清初两次变乱,"人人沟壑,井井圮墟","生齿从此益消乏"⑤。连江经过战乱和海寇的"大肆焚掠","士民死无算"⑥。顺治间,海寇围漳城,城内人相食,"收颅骨,得七十三万;疫大作,死者无数";长泰"兵燹频仍",户口也"十去其五六,田园荒芜过半"⑦。嘉靖季年,倭夷入寇,"晋江兵火疠疫之余,户口十损六七",清初迁界,又使户"大半减耗焉"⑧。惠安自经元末兵乱,至嘉靖四十三年(1564)兵疫之后,户口也都"减耗"⑨。

另是迁界带来的灾难,同样惨不可言。清初迁界,福建"上自福宁(今霞浦),下及诏安、三十里量地险要,筑小寨,安守兵,限以界

---

① 曾日瑛《汀州府志》卷四〇、卷四二,陈一堃《连城县志》卷三。
② 陈天枢《宁洋县志》卷一〇、卷一二。
③ 详见王士俊《清流县志》卷一〇、李世熊《宁化县志》卷七、曾日瑛《汀州府志》卷一〇。
④ 曾日瑛《汀州府志》卷四一所引。
⑤ 曾元禧《古田县乡土志》户口、赵廷玑《寿宁县志》序及卷三。
⑥ 邱景雍《连江县志》卷三。
⑦ 吴宜燮《龙溪县志》卷二〇、张懋建《长泰县志》卷四。
⑧ 道光《晋江县志》卷六。
⑨ 嘉庆《惠安县志》卷四。

墙。由是滨海数千里无复人烟"①。其中龙海画界,"共豁田地三百八十二顷有奇"②,漳浦抛荒一千二百八十多顷③,晋江由安海迁至内坑④,惠安"图甲十减六七"⑤,莆田"计去地三之一"⑥,连江"开除田地五百七十四顷五十五亩零"⑦。由于迁界手段残酷,"离海三十里,村社田宅悉皆焚弃","越界者斩"⑧,遂使沿海居民"田庐荒废,鱼盐失利,百姓流离","饿莩僵死相望于道"⑨。

不仅此,此时的饥疫又是福建有史以来最多的,且连饥连疫和特大的饥疫接连不断,这样,就使人口增长的速度更受抑制了⑩。

## 三、也谈历代户口统计的问题

福建有户的记载,始于西晋,至南朝宋才有口数的登录,此前的数字都不具体,只能作些约略估计。即以闽越王国为例,可供参考的资料只有下面这些:

1.《汉书·严助传》载,建元六年(前135)闽越攻击南越,刘安上书谏阻武帝说"臣闻越甲卒不下数十万"。按刘安所说的"越",陈景盛先生认为,应包闽越、东瓯和南海⑪。然就《汉书》的上下文意看,指

---

① 阮旻锡《海上见闻录》(定本)卷二。
② 杜臻《粤闽巡视纪略》卷四。
③ 陈汝咸《漳浦县志》卷七。
④ 道光《晋江县志》卷九。
⑤ 嘉庆《惠安县志》卷四。
⑥ 廖必琦《兴化府莆田县志》卷一。
⑦ 邱景雍《连汀县志》卷九。
⑧ 阮旻锡《海上见闻录》卷一、徐友梧《霞浦县志》卷三。
⑨ 徐友梧《霞浦县志》卷三、吴宜燮《龙溪县志》卷二○、张懋建《长泰县志》卷一二。
⑩ 详见林汀水《明清福建的自然灾害及对农业生产的影响》,载《明清福建社会与乡村经济》,厦门大学出版社,1987年。
⑪ 详见陈景盛《福建历代人口论考》页76。

的也有可能是东瓯、闽越和南越。总之,这里所说的甲卒"数十万",绝非专指闽越一国而言。因此,很难由此推断闽越王国的口数。

2.《史记·东越传》云,元鼎五年(前112)南越反,东越王馀善上书"请以卒八千人"从击南越。陈景盛先生认为馀善发卒八千,不是闽越王国全部的兵力,最多只占总兵力的1/4或1/5,闽越王国的总兵力应有4万,如以十人出一兵计算,则闽越王国的口数可达40万①。但陈先生的这一推论与《史记·南越传》的记载不相符合。《史记·南越传》谈到陆贾至南越,尉佗曾为称帝辩解说,他是因为"其东闽越千人众号称王",故为"聊以自娱",才"妄窃帝号"。按《史记》所说的"千人众",《汉书·西南夷两粤朝鲜传》作"其众数千人"。以此而观,是馀善上书"请以卒八千人"从击南越,应是为向汉廷表忠心,表示愿意倾注全国兵力的意思。

而为供证闽越王国有口40万,陈先生又引瓯骆王国和汉阳一邑的民数,说道,瓯骆降汉,降口30多万,瓯骆的领地仅及闽越王国的近半,国力不如闽越,口数自当少于闽越。按秦汉之际,瓯骆散居在今两广南部和越南北部,秦时为了控制这一地区,曾迁大批军民来此实边,即以地域、人口论,都是不会亚于闽越的。何况陈先生自己还说过,闽越的领地、人口和国力,都是次于南越的。那么,南越的口数有多少呢?陆贾说过,南越的"王众不过数万"②。既然南越的"王众不过数万",闽越的人口又岂能达到40万?而单以汉阳一邑的民数论证闽越王国的人口之多,也是片面的。因为汉阳时为闽越王国的重镇,闽越王国为与汉廷相对抗,都把人口和兵力集中在闽北。

陈先生为证闽越王国有口40万,又谓东瓯降汉,单由广武侯率众迁居卢江郡,就有4万多人,若是包括未迁在内,应有五六七万口。而闽越王国能够打败东瓯,据他推论,要是没有几万兵力、比东

---

① 见陈景盛《福建历代人口论考》页77—78。
② 《汉书·陆贾传》。

瓯多 5 倍以上的人口,那是做不到的。这种推论不但没有丝毫的史料依据,且军事上成败的因素很多,并不都是取决于此,所以也是没有说服力的。

总之,由上所引资料可以推知,东瓯、南越的口数既都不满 10 万,则闽越王国也当在 10 万以内。此由刘安上书武帝所说的话,也可见其端倪。刘安上书说:"臣闻越非有城郭邑里也……得其地,不可郡县也"①。要是当时闽越王国果有 40 万,就周边乃至全国来说,应是属于人口较多之地,刘安何以会有这一言论呢?

另是关于汉代的口数,陈景盛先生说,闽越王国有口 40 万,被徙江淮后,留在闽北的人口估计还有 20 万,此后经过长期繁衍,至西汉末当有 40 万,而到东汉,又当增至 45 万②。这一估算前提是否正确,姑且置之不问,就以下列情况分析,也是讲不通的。按《汉书》地理志载,元始二年(公元 2 年)会稽辖县 26,总口 1032604,郡地领有今浙江、福建二省和江苏的太湖地面,要是冶县有口 40 万,岂不占了全郡人口的近半?很显然,这是绝不可能的。何况见于历代的地志,西晋的建安、晋安二郡户数 8600,刘宋的建安、晋安二郡口数 37524,而至隋代,历经各朝人口的徙入和统治的强化,户数也才增至 12420③。当然,以上的户口记载仅为当代政府所能掌握的数字,实际上是远过于此的,此由唐代开山洞置新县还在收编新口的过程,就可看出。但是到了唐代,福建已设五州,州县遍布各地,人口登记当已较近实际,然至建中年间,人口也才 536581。所以通过这些史实即可推断,要是西汉福建已经有口 40 万,历经 780 年这样漫长时间的人口移入和繁衍,为何人口才增 13 万!?

再是宋代的户口,陈先生引用大量资料说明,宋代的户数虚设多报的很多,口数则有少算漏报之嫌,主要是"黄、中、小、老"未计在

---

① 《汉书·严助传》。
② 见陈景盛《福建历代人口论考》页 32、78—80。
③ 详见《晋书·地理志》、《宋书·州郡志》和《隋书·地理志》。

内,此类人口应占总口的4成①。据他推算,如以嘉定十六年(1223)3230578口为修正数计算,人口应达5385374②。这一论证有根有据,是有一定说服力的。

至于元代的口数,陈先生纠正《元史》地理志福州路的数字,并依《闽书》记载,断定元初福建的人口只有2935014③,这一说法大致也是可取的。唯是没有说明元初的人口何故不见增加,反比宋代少了200多万口。原因何在呢?兹就上节所谈人口迁徙的状况看,盖因至宋后期,福建曾有大批人口迁出,除迁海南岛和浙南外,还有许多人移居潮汕和雷州半岛等地区的缘故。

最后,是明清二代的户口问题。

见于《明史》地理志,洪武二十六年(1393),福建编户815527,口3916806,弘治四年(1491),户506039,口2106060,万历六年(1578),户515307,口1738793。按明自正统以来,福建尚增归化、寿宁、永定、永安、大田、宁洋、漳平、平和、诏安和海澄10县,至清复升龙岩、永春二县为州,福宁为府,又置云霄厅和福鼎、屏南二县。这些新设的府州厅县,几乎全在闭塞的山区和较偏远的沿海地带,都是为着"治乱"或为征收赋税才立的④。故在正统以前,有许多地方的户口未被编入,洪武间实际的口数自应超过政府所收编的391万。

此后,历经长期战乱和饥疫,人口增长的速度受到抑制,增口不多是可以理解的。但是必须指出,要是单受战乱和饥疫的影响,到了万历六年,人口未见增加,也不致反而剩下173万多口。万历年间口数大减,当由其他原因所造成。万历《福州府志》曾就当时福州户口数字的失实发出责难,诘问说:"考历代草创,井邑萧条,盖百姓新去汤火故尔。及治平日久,则未有不滋殖者也。旧志载正德时户口,视

---

① 兹见《宋史·理宗纪》,宝庆元年福建有户1704186,有口3553079。这是见于《宋史》最高的人口数记载。
② 见陈景盛《福建历代人口论考》页90。
③ 见陈景盛《福建历代人口论考》页91。
④ 详见林汀水《福建政区建置的过程及其特点》,《历史地理》第十辑。

洪武间不能增十之二三,顷视正德又无所增矣。夫国家治平晏然无事二百年,于兹前古未有矣,休养生息涵濡沃衍,固宜数倍于国初,而民不加多,岂有是理哉! 抑或有司未稽其实,而奸胥蠹吏得为侥幸者也耳。旧志凡十载一籍其民,大抵足旧数而止,此敝政也。"①就是说,时之户口未见增加,乃因十年一籍大多作假,甚至官吏为吞赋税,而少报户口。对此,《罗源县志》也曾说过,时之户口"多减少增","盖弘治以前丁与税十年一役而已,其后输米以免役,丁一准米石,无田者亦税之,故其时之民,户口不乐登版籍"②。就是说,民不乐登版籍,也是造成户口锐减的原因之一。

那么,明时的户口应有多少呢? 陈先生认为明代的隐口很多,隐口当占25%,估计万历六年实际的口数可达2173491③。我认为这一推算基数太低,很难解决这样两个问题。先就陈先生自己的论考说,陈先生既定雍正二年(1724)福建的实际人口已有285万④,则自万历六年再经战乱、饥疫和迁界的消耗,至雍正二年,人口自当减少,为何反会增多? 另是根据陈先生所引资料,至清嘉庆二十五年(1820),福建的人口凡计1607万,要是雍正二年的实际人口只有285万,则相去仅隔96年,福建的人口竟又增长五六倍,这也违背一般人口发展的规律。

当然,乾嘉年间是个"太平盛世",有利于人口的增殖,又因"滋生人丁,永不加赋"和"摊丁入亩"政策的推行,使得百姓愿意实报户口,由是人口急增,这是很自然的。所以纵观福建人口的变迁,若不密切注意人口的移徙、政策的改变和社会安定的状况,那是不行的。以此而推,我认为元代的口数少于宋,盖是宋代后期人口大批外迁的结果;但是元代的口数也当多于政府所收编的293万口。到了明初,经过发展,可达四五百万口。后经长期战乱、饥疫和迁界的影响,人口虽有损耗,最少也当维持其数。迨至乾嘉年间出现"太平盛世",

---

① 该志卷二六《食货一》。
② 该志卷六。
③ 该书页97。
④ 该书页98。

有利人口的增殖,遂由雍正二年大约 500 万跃至 1600 多万口,即在 90 多年间,人口增加 2 倍,以此为基数,似较合理。

尔后,又经咸、同年间的战乱,闽西、闽北遭到摧残,全省又遇多次较大的饥疫,再加上东南沿海地区人口的大批外徙,至宣统三年(1911),人口又再下降。兹据时人汇编的资料,此时有谓人口仅达 12500266,有谓 14229963,也有称说可达 23157796 的①。今由民初做过两次人口调查的情况分析(民后元年有口 15809296、二年有口 16166176)②,显而易见,后者的统计当有浮夸之数,应以《清史稿》14229963 口的记载为近是。

谈到这,又使我们联想到陈先生提出的在新的王朝建立之初,接受旧的王朝覆灭的教训,使得人口发展,中期剥削加重,人口发展停滞,后期又使人口大衰降的人口发展规律③。这一结论对福建来说,是不符合实际的。因为福建人口的变迁,除受一般规律的制约外,还深深地受到人口迁徙的影响。另是陈先生提到宋代福建的人口已达"基本饱和的程度",至明更是"已感肩荷沉重",面临人口过剩的说法,也是值得商榷的④。再是陈先生为证福建人口增长特快,

---

① 见陈景盛《福建历代人口论考》页 99—100 所引资料及《清史稿》地理志。
② 见陈景盛《福建历代人口论考》页 100。
③ 见陈景盛《福建历代人口论考》页 9—10。
④ 见陈景盛《福建历代人口论考》页 7—8。该书说,"在唐代,福建还是待开发的处女地,有沿海四大平原和山区盆地,地力极其肥沃,可谓'川源浸灌,田畴膏沃,无凶年之忧'。只供五六十万人口是绰绰有余的,可谓'富庶盖至是矣'。南宋嘉定十六年人口数增到 323 万多,人均耕地约 3.3 亩,耕地的开发已近当时生产力所及的最高限度,社会提供人们生活所需的能力达到基本饱和的程度,到明代已接近面临人口过剩问题。洪武二十六年,全省已达到 391.68 万人……农业生产仍集中在已开发地区,已是'无不耕之地',对于供养三四百万人口已肩荷沉重。按陈先生书中所引资料,如所谓'川源浸灌,田畴膏沃,无凶年之忧',乃是《宋史·地理志》之言,"富庶盖至是矣",也是宋人的话,反映的是宋代的情况。而福建四大平原的大规模围垦和建设,是到宋代才开始的。另是所谓"无不耕之地",宋人早已说过,也不是至明方有此语。然至明代,漳厦平原尚是开发的新区,山区也还在继续开发,同样不像陈先生之所言。

以南朝宋有口 3715240 和光绪间有口 26833000 口这样两个人口数字为基准而得出增长的倍数,也是不科学的。因为陈先生自己说过,宣统三年福建的人口才有 1700 万,光绪间的这一数字是有浮夸的。既然明知这一数字颇有浮夸,又以此为基数计算,就不实事求是了。

(原载《中国社会经济史研究》1993 年第 2 期)

# 宋代福建"生子多不举"原因何在

现在福建的一些学者常据宋人的一些说法,即断宋代的福建已经人口过剩。我不赞同这一观点。他们所引资料主要如下。

乾道五年(1169),宋廷曾下诏书:"应福建路有贫乏之家生子者,许经所属县具陈,委自长官验实,每生一子,给常平米一石、钱一贯,助其养助……以臣寮言,福建路乃有不举之风,益缘贫乏,无以赡给。"①庆元元年(1195),余端礼、郑侨也称,"福建地狭人稠,无以赡养,生子多不举"。为此,福建提举宋之瑞再次上书朝廷,"乞免鬻建、剑、汀、邵没官田,收其租助民举子之费"。诏从之②。王鼎徙建州,史书也载,建州"其俗生子多不举,鼎为条教禁止"③。

如上所载,福建"生子多不举",原因似是"地狭人稠,无以赡养",即耕地少,人口过剩的缘故。那时,有此议论的,还有很多。如说"泉州人稠山谷瘠,虽欲就耕无地辟"④、邵武"地狭山多,田高下百

---

① 《宋会要辑稿》卷一七五四三。
② 《宋史·食货志》上一、《续资治通鉴》卷一五四庆元元年条。
③ 《宋史王鼎传》。
④ 《舆地纪胜》卷一三〇引谢履《泉南歌》。

叠"、建宁府"山多田少,溪峻水湍"①、安溪"掌地也成田"②;虽"闽山瘠狭,层山之颠苟可寘人力,未有寻丈之地不丘而为田,泉溜接续自上而下耕垦灌溉,虽不得雨,岁亦倍收;其有平地而非膏腴之田,无陂塘可以灌注,无溪涧可以汲引,各于田塍之侧,开掘坎井,深及丈余,停蓄雨潦,以为旱干一溉之助,炎云如灼,桔槔俯仰,不以为劳"③。故为解决缺地,还在皇祐二年(1050)和绍兴二十年(1150),拟迁闽人于两淮及京西各地④。

其时,福建的耕地是否真的开垦殆尽,已经到了人满为患,导致"无以赡养,生子多不举"的地步?我认为尚不致此。

按今福建全省面积约达121300平方公里,宋代略小一些,也有120000平方公里。南宋绍兴三十二年(1162),时有人口2808851,每平方公里平均23.4人;宝庆元年(1225),口数增为3553079,平均每平方公里也才29.6人⑤。福建地处南亚热带,气候优越,利于各种农作物的生长,水稻栽培早有名气,虽是山地多,却滨海尚兼鱼盐之利。在这之下,以当时的土地资源和生产水平养育其居民,完全是没有问题的。

那么,既是如此,时人何以会说"地狭人稠,无以赡养"呢?

福建多山,少平原,宋代又是全国人口密度最高的地区之一,相对说,人均耕地不如其他地方。因为多山地,住在山区的居民就只好"垦山陇为田,层起如阶级",甚至为了谋生,只好极尽其事,做到"水无涓滴不为用,山到崔嵬犹力耕"⑥。这是由其地形特点决定的。

耕垦山地固然辛苦,所付代价高,所得又较微,诚如黄悫上书

---

① 《方舆胜览》卷一一引邵武军风俗、建宁府风俗。
② 《八闽通志》卷三引宋黄锐诗。
③ 《宋会要辑稿·瑞异二》。
④ 《续资治通鉴》卷五一、卷一二九。
⑤ 《宋会要辑稿》卷一七五三一、《宋史·理宗纪一》。
⑥ 方勺《泊宅编》卷三。

言:"闽地惟种水田,缘山导泉,倍费功大。"①方勺也谓:"七闽地狭瘠,而水源浅远,其人虽至勤俭,而所以为生之具,比他处终无有甚富者。"②这对居住在北方平原上的人们来说,是不太上算的。因此,遂有地狭人稠和迁民的议论。

但山区地形复杂,适合多种经营,谷地肥沃,引水方便,也有自己的优势。《宋史·地理志》说,福建路"民安土乐业,川源浸灌,田畴膏沃,无凶年之忧",这是对福建土地资源和民生的总评价,自当包括广大山区在内。正因如是,所以时人又说,福建虽称土狭民稠,但只在"岁俭"之际,才向广东籴粮③。

再是"地狭人稠",也非到处如是。如时之漳州所管的地面,就"民有田以耕,纺苎为布,弗迫于衣食"④,"居人特鲜少"⑤;漳浦尤荒凉,尚是大象成群活动的地方⑥,直至吕璹出任县令,"教民焚燎而耕"后,才得较好的经营⑦。闽东、闽西和闽中各地,未被开垦的处女地,同样很多。

至如"山到崔嵬犹力耕",甚而"虽欲就耕无地辟",原因也是多方面的,并非真的人多地少已到那样严重的地步。首先,这是当时土地兼并的结果。王闽时代,"闽以福建六郡之田分三等:膏腴者给僧寺、道院,中下者给土著、流寓"⑧。到了宋代,"山路逢人半是僧"⑨,寺院不减,"良田大山"仍"多在佛寺"⑩。

---

① 《宋史》食货志上四。
② 方勺《泊宅编》卷三。
③ 《宋史·辛弃疾传》。
④ 《八闽通志》卷三引宋郭祥正净众寺法堂记。
⑤ 《漳州府志》卷四一引王安石《送李宣叔倅漳州》诗。
⑥ 《漳浦县志》卷一九引宋彭乘《墨客挥犀》。
⑦ 《宋史·列传奸臣一》。
⑧ 《宋史·食货志上一》。
⑨ 《方舆胜览》卷一一引谢泌《长乐集》福州题咏。
⑩ 《南涧甲乙稿》卷一五《建宁府开元禅戒坛记》韩元吉言。

另外,官僚、王室占地也多,单是福州一地,过去王氏占地就达千余顷,谓之"官庄"①。这些官庄至宋虽然变卖了,也多落入贵家豪右之手。

而地方豪右勾结权势,横行乡里,更使人们求生不易。绍兴六年(1136),有臣寮言:"两浙东西、江南东西、福建、广南东西路所管乡村户绝并没官及贼徒田舍与涨沙田、海退泥田,昨为兼并之家作弊"②。这些豪右占田之多,以崇安一邑为例,即可窥见一般。"崇安之为邑,区别其土田,名之曰都者五十,五十都之田上送官者,为粮六千石。其大家以五十余家而兼五千石;细民以四百余家而合一千石。大家之田,连跨数都,而细民之粮,或仅升合。有司常以四百之细民,配五十大家之役,故贫者受役旬日,而家已破。"③这里谈的虽是元代状况,宋又何能例外! 早在宋代,朱熹已经上奏朝廷,指出福建贵家豪右占田隐税、侵渔贫弱的严重性,建议"经界","经界为民间莫大之利,绍兴已推行处,公私两利,独漳、泉、汀未行"。"帝诏监司条具其事,且令公亮与熹协力奉行",结果推行不下去,朱熹为此还丢了乌纱帽④。面对兼并之风盛行,土地日益集中,百姓又要承担豪右转嫁的税役,人们迫于无奈,只好就近移徙,走向层山,而耕于崔嵬。

不仅此,还有所谓"丁身钱"。"先是,陈洪进发漳、泉丁男为馆夫,给负担之役。洪进既献地,转运使犹计佣取直。"⑤由于因循旧制,百姓负担不起,于是"民有子者",便"或弃不养,或卖为僮仆,或度为释、老"⑥。丁身钱也就成了"生子不举"的另一重要的原因了。

可见宋代福建"生子多不举",真正的原因并不在于"地狭人稠",而是土地兼并、赋役转嫁和丁身钱负担过重所引起。

---

① 《宋史》食货志十一。
② 《宋会要辑稿》食货五。
③ 《元史·邹伯颜传》。
④ 《续资治通鉴》卷一五二绍熙二年条。
⑤ 《续资治通鉴长编》卷二四太平兴国八年条。
⑥ 《续资治通鉴》卷二九大中祥符四年条。

谈到这，又使人想到若干件事。唐时，"诸道进私白者，闽中为多，故宦官多闽人"①。那时，掠卖人口和以口"饷遗"相当严重②，度为僧尼也已成风③。福建这种早已存在的风俗，对宋代生子多不举，盖也当有一定的影响。所以不加深入研究，就断早在宋代福建的人口已经过剩，是不符合情理的。

（原载《中国社会经济史研究》1991 年第 2 期）

---

① 《资治通鉴》卷二五〇咸通六年条。
② 《资治通鉴》卷二三七元和四年条、《全唐文》卷六〇《禁饷遗人口诏》。
③ 《资治通鉴》卷二四三长庆四年条。

# 福建人口迁徙论考

上古时候,福建地旷人稀,住的是闽越人。至宋,历经多次大规模的移民入闽,已成全国人口密度最高、人均耕地最少之地。至是,又开始大规模地向外移民。而移入福建的人,按照传统的说法,都是来自中原。但经细考,多数应属江淮两浙赣的原住民;即使部分移民祖先原住中原,他们的子孙大半也都已入江淮两浙赣数代,然后再辗转至闽,所以严格地说,也属江淮两浙赣人。了解这一点,对研究今福建民情风俗习惯和方言的形成及其发展农工商经济的特点,当有一定的帮助。

福建人口移徙十分频繁。总体说,前期是以入迁为主,南宋至元初,则有大规模的移进移出,而至明清,又以外徙为主。此外,尚有多次境内人口的流动。兹分若干时期,摘要分述如下。

## 一、战国时代越国人的入闽

《史记·越王勾践世家》:楚威王兴兵伐越,"大败越,杀王无疆,尽取故吴地至浙江,北破齐于徐州,而越以此散,诸族子争立,或为王,或为君,滨于江南海上,服朝于楚。后十世至闽君摇,佐诸侯平秦,汉高帝复以摇为王,以奉越后。东越闽君皆其后也"。《东越列传》:"闽越王无诸及越东海王摇者,其先皆越王勾践之后也,姓驺氏。秦已并天下,皆废为君长,以其地为闽中郡。及诸侯畔秦,无诸、摇率越归鄱阳令吴芮,所谓鄱君者也,从诸侯灭秦。当是之时,项羽主命弗王,以故不附楚。汉击项籍,无诸、摇率越人佐汉。汉五年,复立无诸为闽越王,王闽中故地,都东冶。孝惠三年,举高帝时越功,曰闽君摇功多,其民便附,乃立摇为东海王,都东瓯,世俗号为东瓯王。"

据此,是至战国时代楚威王兴兵灭越,曾有一支越国人在越王子孙的率领下,进入闽地避难。这支越人"滨于江南海上",诚如《山海经·海内南经》所云,"闽在海中,其西北有山,一曰闽中,山在海中",主要集中住在闽江下游的福州地区。迨至秦末,这支越人遂由越王子孙无诸率其部众参加反秦,并因反秦、反项有功,而在汉高帝五年(前202),使无诸受封闽越王,"王闽中故地,都东冶(今福州市)"。那时无诸能率其众举兵反秦,且先于摇受封闽越王,"王闽中故地,都东冶",当是战国时候由今江浙移入闽地的越人甚多,已在闽地居统治地位的缘故。这是见于史书由今江浙移民入闽的第一次记载。

## 二、西汉时期闽越人的被迁徙

自无诸受封闽越王,至汉武帝时馀善杀郢自立,汉封无诸孙繇君丑为越繇王,奉闽越先祭祀,又封馀善为东越王,"与繇王并处",闽越王国遂分为二。后馀善为与汉廷对抗,乃劫繇王居股等人,移师闽北,并在今武夷山市的城村另建新的都城①。到了元封元年(前110)冬,汉兵咸入东越,且由越衍侯作内应,反攻越军于汉阳,馀善被诛,"于是天子曰:'东越狭,多阻,闽越悍,数反复,诏军吏皆将其

---

① 详见林汀水《城村古城不是闽越国城》,《冶城历史与福州城市考古》论文集,海风出版社1999年。

民徙处江淮间。'东越地遂虚"①。

这次徙民,按照《史记》《汉书》与《资治通鉴》记载,都称"遂虚其地",而据《宋书·州郡志》云,仅迁部分居民,尚有一些闽越人逃入山谷中,未被迁走。所迁人数,据葛剑雄《中国移民史》第二卷的估算,当有十四五万人。

另是东越、闽越被徙后,汉廷未弃其地,即设东部候官于今福州市驻兵镇守②。东部候官时属会稽郡东部都尉,所派兵员自当来自江浙,主要是为镇守闽地。可惜派兵多少,不得而知。这是见于史书记载的第二次移民。

### 三、三国吴之移民入闽

进入东汉末,孙吴用心经营闽地,流放许多罪犯、官吏连同其家属至东冶发展造船事业③,也有些人因不堪"公私苛乱",由今江浙逃亡邵武的④。

此时未被迁徙的闽越人,纷纷走出山谷(史称"山越"),相聚闽北各地作乱。孙吴为定闽地,又先后五次派兵入闽,"料出兵万人"⑤,且为强化军事占领,还在今天的建瓯增置南部都尉⑥。迨至山越平定,即在闽北分设建安、汉兴、建平与南平四县,又在福州分设候官一县。此后又增将乐、昭武和东安等三县,并改南部都尉为建安郡,以领以上八县;又在福安市南增立罗江,另属临海郡统领⑦。

① 《史记·东越列传》。
② 林汀水《再谈冶都、冶县、东部候国与东部候官的沿革、治所问题》,《历史地理》第十五辑。
③ 《三国志》之《贺齐传》、《吕岱传》、《钟离牧传》、《张尚传》、《陆凯传》、《三嗣主传》第三。
④ 乐史《太平寰宇记》卷一○一。
⑤ 《三国志·贺齐传》等。
⑥ 《宋书·州郡志》。
⑦ 《晋书·地理志》、《宋书·州郡志》、《资治通鉴》卷七九晋武帝泰始五年条注引宋白语。

可见此时又有一批江浙人纷纷入闽,使闽北、福州二地人口急增,并在以上各地先设五县,再增三县。

## 四、永嘉之乱与侯景之乱的移民

永嘉之乱,中州板荡,引起北方人大规模的南迁。这次移民持续至东晋。其时,住在黄河下游及今山东、河北与今河南东南部的难民大多移入长江下游及淮河流域避难,以今江苏接受移民最多,曾在这里设置了大批的侨州郡县。之后,也有少量难民可能由今江浙各地辗转入闽。如见民国《建瓯县志》卷一九记载:"晋永嘉末,中原丧乱,士大夫多携家避难入闽,建为闽上游,大率流寓者居多。时危京刺建州,亦率其乡族来避兵,遂以占籍。"《太平御览》卷一七〇引《十道志》,清源郡下也云:"东晋南渡,衣冠士族多萃其地,以求安堵。"

而当侯景之乱,"是时,东境饥馑,会稽尤甚,死者十七八,平民男女并皆自卖,而晋安独丰沃。宝应自海道寇临安(应作临海)、永嘉及会稽余姚、诸暨,又载米粟与之贸易,多致玉帛子女,其有能致舟乘者,亦并奔归之,由是大致赀产,士众彊盛"①,由今浙东、浙南各地移入闽地的人更多。正因如是,故至陈代,朝廷为此尚下专门的诏书:"诏侯景以来遭乱移在建安、晋安、义安郡者,并许还本土,其被略为奴婢者,释为良民。"②

按汉移徙闽越人至江淮后,闽地人口极稀,只设东部候官于今福州市驻兵看守。直到东汉末加派部队平定山越,才在闽北和福州设置建安与候官等五县。后经孙吴用心经营,又有移民不断的进入,至晋,已设建安、晋安二郡,有县15,户8600③。后经永嘉之乱,特别是侯景之乱,又有大批浙民移入,至陈,又增丰州、南安郡,有州一、郡三、县十四,而到隋代,新罗虽已早废,邵武也入临川郡,但时之建

---

① 《陈书·陈宝应传》。
② 《陈书·世祖纪》。
③ 《晋书·地理志》。

安郡在籍户口不包闽西、邵武二地,户数已达12420①,增户还是较多的。增户除了自然增殖外,相当部分应是来自江浙的移民。移民路线水路大多移住沿海各地②,陆路"出入多由处州龙泉逾柘岭"③,也有经今赣东北辗转邵武④,多数留住闽北,少数再徙他处。

## 五、唐五代三次较大规模的移民入闽

迄至唐、五代,移民入闽更多,散居地方也扩大了。主要如下。

### 1.陈政率军入闽

唐高宗总章二年(669),唐派光州固始人陈政率军入闽,以镇压漳州地区"蛮僚"的啸乱,随行将士113员,府兵3600人。初战失利,又令其兄弟率领58姓军校前来支援。平叛后,这支部队连其家属就在漳州一带定居,成为漳州地区居民的始祖。

### 2.安史乱后的移民

唐天宝十四年(755),安史叛乱。为避战争灾难,黄河流域的百姓纷纷南逃,"四海南奔似永嘉"⑤,"多士奔吴为人海"⑥,"两京蹂于胡骑,士君子多以家渡江东"⑦。这次移民波及江西,也使江西中、北部接受大量的北方难民⑧。其时为避战乱,也有少数士人逃入闽中。如廖氏本居河东晋阳,安史乱后以其族家于延平山谷间;宋人徐务、李宏等人的祖先,也于天宝末避乱而迁莆田和长乐⑨。另据《元和志》

---

① 《隋书·地理志》。
② 《陈书·陈宝应传》。
③ 黄恬《浦城县志》卷一四、翁天祐《浦城县志》卷三六。
④ 《隋书·虞荔传》。
⑤ 《全唐诗》诗一六七《永王东巡歌十一首》。
⑥ 《全唐文》卷五二九《送宣歙李衙推八郎使东都序》。
⑦ 《旧唐书·权德舆传》。
⑧ 周振鹤《现代汉语方言地理的历史背景》,《历史地理》第九辑。
⑨ 《中国移民史》第三卷九章四节所引资料。

卷二十九记载,唐开元二十一年(733)置汀州,"检责得诸州避役百姓共三千余户",其中一些避役人也有可能是由江西赣南逃入闽西。但是此时避乱入闽不会很多,因为安史乱后数十年,时人仍说"岭外(指福建)峭峻,风俗剽悍,岁比饥馑,民方札瘥,非威非怀,莫可绥也"①,照旧是把福建视为原始落后的蛮僚地区。

福建接受移民较多的时候,应是始于肃宗上元之后。上元元年(760)刘展叛乱,分兵略取淮南与江南各地,唐派平卢兵马使田神功率精兵五千南下,在长江南北击败刘展军。"安史之乱,乱兵不及江淮,至是,其民始罹荼毒矣"②,遂使部分江南人南迁江西和福建,如居润州的诗人戴叔伦便因"淮汴初丧乱,蒋山烽火起",即与其姐夫带着亲族乘船避难江西饶州的鄱阳县③;原居上饶的杨宣和杨亿的祖先,则带族人迁于福建的浦城避乱④。

迨至乾符间,王仙芝与黄巢起义,接着军阀混战二三十年,战火燃遍黄淮流域,也波及长江地区,又使江淮各地成为移民的输出地,而远离战场的福建则成移民避难的安全区。黄滔在他的《福州雪峰山故真觉大师碑铭》中曾云,仅在一天内,入闽"僧尼士庶"便达5000多人⑤,《十国春秋》卷九七《闽八·黄岳传》也载,就连偏僻的感德场(今宁德市)在黄岳的帮助下,也使缺衣缺食的移民"从之者如市"。

鉴于社会动乱,北方与江淮战火连年,时在闽地当官的一些官吏为避战乱,就留闽地定居。如宋的陈长方、叶隅、邓密等人之祖先原为北方人,黄巢起义前曾在闽地当官,乱后即居福建;清河人崔忆原任建阳县令、荥阳人潘季荀任官福州,乱后也都留在闽中⑥。不在福建当官

---

① 《全唐文》卷三八七独孤及《送王判官赴福州序》。
② 《资治通鉴》卷二二二肃宗上元二年条。
③ 《全唐诗》卷二七四戴叔伦《抚州对事后上送外生宋垓归饶州觐侍呈上姐夫》。
④ 苏颂《苏魏公集》卷五一《杨公神道碑铭》、杨亿《信州玉山令府君神道志》、翁天祐《浦城县志》卷三七《墓表》。
⑤ 《全唐文》卷八二六。
⑥ 《中国移民史》第三卷九章四节所引资料。

的,也纷纷弃官入闽,如时之刘存,"光州固始人,中和初,巢寇乱,存率子弟避地入闽,居侯官之凤岗"①;"熊祕,乾符间官至右散骑常侍兵部尚书,因黄巢乱,自南昌避地入闽,至义宁,爱其山水,遂卜居焉"②。

### 3.王绪、王潮率军入闽

复至光启元年(885),移民规模更大。是年正月王绪、王潮"悉举光、寿兵五千人,驱吏民渡江"③,"自南康入临汀,陷漳浦,有众数万"④,次年攻占泉州,景福二年(893)入占福州,弥后审知受封闽王,建都福州。闽王审知执政,保境安民,发展经济文化,"作四门义学,还流亡,定赋敛,遣吏劝农,人皆安之"。当是之时,"中原乱,公卿多来依之",遂有杨承休、郑璘、韩偓等一批北方籍士大夫入闽避难,又有王淡、杨沂、徐寅等人入闽仕宦⑤。这些士大夫认为,时之天下大乱,"安莫安于闽越,诚莫诚于我公(审邽)",便都"东浮荆襄,南游吴楚",迁入福建⑥。还有许多豪商巨贾在审知招引之下,入闽经商⑦。

但自审知死后,诸子争权,导致二三十年动乱,又使境内部分居民外迁。先是审知少子延曦夺位,迫使闽王亲军逃至吴越⑧。接着民生扰困,又使泉州及其闽东北的许多人移居温州各地⑨。迨至后唐长兴四年,又有建州土豪吴光率众万余人入奔吴国⑩,而至南唐灭闽后,闽国的统治者王氏又再举族迁徙金陵⑪。

---

① 1933年《闽侯县志》卷一〇五《流寓》。
② 赵模《建阳县志》卷一二一《流寓》。
③ 《资治通鉴》卷二五六僖宗光启三年条。
④ 《新五代史》卷六八《闽王审知世家》。
⑤ 《新唐书》卷一九〇《王潮传》《王审邽传》、《新五代史》卷六八《闽王审知世家》、《十国春秋》卷九四《闽五·王审邽传》。
⑥ 《全唐文》卷八二五黄滔《丈六金身碑》。
⑦ 《新五代史·闽王审知世家》等。
⑧ 《资治通鉴》卷二八二天福四年条。
⑨ 《中国移民史》第三卷十三章六节所引资料。
⑩ 《十国春秋》卷二《吴四·睿帝纪》、卷九《吴九·将延徽传》。
⑪ 《十国春秋》卷九二《闽三·景宗纪》。

总之,在此期间内,凡有两次规模较大的移民入居闽地,是属军事性质的移民。移民路线陈军未详,王军当由江州进入鄱阳湖畔,而溯赣水,然后沿着汀州至漳州,陈政、陈元光一支主要定居于此,王绪、王潮一支则继续北上,直达泉州和福州,徙民大部分就在这里散处。

另是分散性的移民,人数应该更多。因为天宝时候在今闽地只设 5 郡 23 县,户仅 91226,口 411587,而至宋初已有 6 州、2 军、41 县,户 467811,若无大量人口的迁入,州县和户数是无法如此急增的。而从各州(郡)户数的增率看,唐开元时建州(包括南剑、邵武)的户数仅 22770,至太平兴国间,三州军户合计已达 195043;泉州(包括兴化)开元户也由 31600 增至 130285。其他三州(福、漳、汀)的比增,则分别为:34084 比 94470,15000 比 24003,4680 比 24007。倘以宋初各州军户数计,福州有户 94470,南剑州 56670,建州 90492,邵武军 47881,泉州 96581,漳州 24003,汀州 24007,兴化军 33707,其中又当以泉、建二州增户最多,次为南剑、邵武、福州和汀、漳与兴化[①]。以此而观,分散入闽的户数应以建、泉二州最多,次为南剑、邵武、福州和汀、漳与兴化。其时,流入建州的人口应以江浙为多,主要是由婺、衢、处三州经今浦城而入;迁入泉州也由此路转南剑,再沿当时的进京古道经尤溪而入泉州。另由海路乘船或经浙东陆路辗转福州、泉州和漳州,此路移民大多也当来自江浙。移入邵武、汀州二地的,则当来自江西,主要是沿信、赣二水分别进入的。

按今福、建、泉、漳与兴化早期所迁之民大多是为江浙人,此时又有光、寿二州之民的加入。光、寿二州地处江淮间,春秋战国时地属吴、楚,战国末,楚灭越,至西汉,又徙东瓯、闽越人于江淮,可见光、寿二州的方言,当受吴、楚语言深刻的影响。正因如是,所以遂使福、建、泉、漳与兴化此后的方言深受吴、楚语的影响,而形成相对统一的闽方言。而邵武其地,曾属抚州(或临川郡),早与江西关系密切,此时移民又多来自江西,于是后来也就形成赣语区。汀州自晋设

---

① 《旧唐书·地理志》,《太平寰宇记》卷一〇〇至卷一〇二。

新罗,至南朝宋废,即成蛮僚地,至唐开元再开福、抚二州山洞置汀州,始有政区的设置,这里地连江西,又为蛮僚地,迄唐才有较多江西人的进入,到了宋代,又有大批赣人的入住,深受江西的影响,于是也就使其后来形成与赣语关系密切的客家方言区。

## 六、靖康之乱与宋末元初大规模的移民入闽和闽人的外徙

历经唐五代再次较大规模的移民入闽,至宋太平兴国间,福州有户94470,南剑州56670,建州90492,邵武军47881,泉州96581,漳州24003,汀州24007,兴化军33707。到了元丰时候,各州军的户数又分别为:福州211519,建州186566,泉州201406,南剑州119561,汀州81454,漳州100469,邵武军87594,兴化军55837。至是福建自成一级政区,有州军8,县41,除鹫峰山、戴云山、博平岭等一些较高山地和较偏远的沿海地带外,都已有州县的设置,社会较安定,人力、物力富足,沿海的滩涂、山区的梯田纷纷被开辟,矿冶业、手工业、经济作物和商业也得到飞速发展,已使福建面貌大为改观,由地旷人稀、经济落后变为地狭人稠、经济发达的先进地区。诚如《宋史·地理志》所说,福建路"有银、铜、葛越之产,茶、盐、海物之饶。民安土乐业,川源浸灌,田畴膏沃,无凶年之忧",但又"土地迫陿,生籍繁多;虽硗确之地,耕耨殆尽"。至是,又使福建发生巨变,即开始既成全国接受移民最多、又成输出移民最众的地区。此时,最大规模的移民入闽可分两次。

### 1.靖康之乱至南宋初年的移民

北宋靖康元年正月,金兵攻到黄河北岸,京师告急,徽宗忙带亲信大臣南下避难,开封城内"男子妇人老幼,相携出东水门沿河而走者数万,遇金人杀掠者几半"①,"又旬日,上皇移幸而南(赴镇江)。自

---

① 《三朝北盟会编》卷二八靖康中帙三。

是京师士民来者日夕继踵"①。不久,宋军前来支援,金兵解围北撤,宋徽宗返京。八月,金兵复分东西二路大举进攻,宋军失利,两路金兵进逼开封,沿途的官吏多弃城而逃,百姓也纷纷逃至汝、颍、襄、邓,迨金兵进入开封,军民十数万夺门而出,"有得脱者,悉走京西,聚为盗贼"②。金兵占领开封后,徽、钦二帝被俘,赵构就在南京(今河南商丘县南)即位,重建南宋政权,改元建炎,是为高宗。

　　高宗即位,就把宋室移至江宁、镇江和扬州。隆祐太后也在军队护卫下,亲率六宫与卫士家属南迁江宁避难。此时,人心浮动,纷纷南迁,高宗原拟独留中原,与金人作战,只好也同百官登舟,沿着运河南下扬州。后金兵进入淮南,高宗渡越长江,"高宗南渡,民之从者如归市"③,便形成历史上规模最大的北方人口的第三次南迁。

　　高宗南渡,金兵南下,兵锋直指江南,逼使宋廷再次退避,一支由隆祐太后率退江西,一支另由高宗亲自带领,转向浙东。后金兵渡江,从大冶迳袭洪州,隆祐太后急沿赣江河谷而上,逃入虔州,金兵尾随其后,追击至太和;次年,隆祐返回两浙,跟随逃亡的难民多未北归,就都散处江西、岭南与汀州各地。而在金兵追击下,高宗一支也由越州退至明州,又从明州下海逃入温州,跟随东迁的百官家属和大批流民,部分留居温、台,部分继续南徙,流入福建④。

　　其时,还有大批溃兵流民南下,纷纷组成武装集团。其中,李成部进入江西,连陷数州军,几乎席卷江西整个地面⑤。进入江西的几支武装集团,也控制着不下百万的北方流民。金兵南下,先是平江府城被屠,浙西七州仅存湖州;浙东的明州和越州也遭屠城,"明州无噍类"⑥,又行搜山,"由是遍州之境,深山穷谷平时人迹不到处,皆为

---

① 王明清《玉照新志》卷三引胡舜申《乙巳泗州录》。
② 《三朝北盟会编》卷七〇靖康中帙四十五引《遗史》。
③ 《宋史·食货志》。
④ 《建炎以来系年要录》卷三〇建炎三年十二月己丑,《宋会要辑稿》刑法二之十三。
⑤ 《宋史·高宗纪》。
⑥ 汪藻《浮溪集》卷一《奏论诸将无功状》。

虏人搜剔杀掠,不可胜数"①。接着,流民武装为乱,马进长期包围江州(今江西九江市),给当地人口带来巨大的损耗②。"浙西七州,盗残者五,惟苏、湖独存"③,也使其经济受到严重破坏。那时,"天下县州残为盗区"④,只有四川四路与今闽广二地未遭战乱,特别是福建社会经济最称富庶。于是,遂使江浙赣大批难民再次来此避难。时由浙西涌入闽地的难民,大多是经衢、信二州越过仙霞岭、武夷山来到浦城和崇安,然后再向南剑和福、泉、漳各地分散;浙东难民则由温、台乘船而至福、泉,或走陆路由闽东北而至福州,或经处州龙泉进入建州,再由建州转往福、泉、漳和兴化。

这次移民人数相当可观,此由下面所列几州户数的增长可见一斑。北宋元丰时,福州有户211519,至淳熙间增至321284⑤,增加109765;泉州元丰时有户201406,至淳祐间增至255788,增加54382⑥;漳州元丰时有户100469,至淳祐间增至112014,增加11545⑦。倘若联系南宋初两浙路各府州军户数大减(详见《中国移民史》第4卷),而福建路的户数却由元丰时的993087至绍兴三十二年(1162)增至1390566,嘉定十六年(1223)又增至1599214⑧,再加上此间福建路已有大批人口开始外迁两广,又有返迁浙南各地(详见后述),则增户之多,就可看得更加明白。

我们说,金兵南下,福建的闽方言区(福、建、泉、兴、漳等)接受的移民,主要当是来自两浙的原住民,除两浙地与闽方言区相连,自古往来密切外,尚有以下事实可作其依据:一是现代的闽方言古属

---

① 《宝庆四明志》卷一一。
② 《建炎以来系年要录》卷八七绍兴五年三月丁丑。
③ 同上卷二二建炎三年四月丁巳。
④ 孙觌《鸿庆居士集》卷二一《慧山陆子泉亭记》。
⑤ 《元丰九域志》卷九、《三山志》卷一〇。
⑥ 《元丰九域志》卷九、乾隆《泉州府志》卷一八。
⑦ 《元丰志域》卷九、光绪《漳州府志》卷一四。
⑧ 梁方仲《中国历代户口、田地、田赋统计》。

吴语区,至今具有两个语言层次,即上古层的语音多见于口语词,中古音多见于书面语。按唐人谈到安史乱后江南的情况,曾经说过,"北人避胡多在南,南人至今能晋语"①,盖至唐五代胡人大批进入中原后,北方的方言已有极大的变化,只有南方尚存较多的上中古的口语词和语音,即江浙二地的方言仍与闽地较相近,正因如是,方使闽方言自唐以来能获相对的统一和稳定。另是从其人体特征看,据研究,中华民族乃是起源于古代两个不同特征的群体,大致约以北纬30度为界,北属北方型,南属南方型②。这一界线当最后形成于南宋时期。盖因远古时候,长江以南乃属越人最为集中的居住地,至汉又有大批越人被徙江淮间,后经北方三次大规模的移民,至宋江南与淮南已被北方人所占领,而使原住江浙二地的古越人不断退居闽地,才使今天的江浙人无论是在人体特征上,还是语言和风俗上,都较接近北方人,而闽地居民的个体绝大多数则都较矮小,且至今还保留许多古越人的口语词和语音。所以南宋间迁入闽方言区的难民,绝大多数自当属于江浙二地的原住民。

至于邵武和汀州,迁入的则多是江西之赣人。

邵武古为闽越地,隋属临川郡(治今江西抚州市)。安史乱后,已有较多的赣人移入。宋初置邵武军,元丰时有户87592,庆元四年(1198)增至142100户③。南宋增户急速,盖因其时江西各地战乱,曾有大批难民涌入,诚如《嘉靖邵武府志》卷五说:"宋都杭,入闽之族益众,(邵武)始无不耕之地。"到了宋末元初,蒙军南下,赣人移入邵武的更多。据陈遵统调查,"邵武的大部分人民是由中原移转而来,而迁徙的道路,十有八九由江西而来,考究它的年代,大部分是宋代,而宋代之中,南宋初期比北宋多,元兵围汴的前后,又比南宋初

---

① 张籍《永嘉行》。

② 赵桐茂、陈琦等《中国人免疫球蛋白同种异型的研究:中华民族起源的一个假设》,《遗传学报》18卷2期,1991年。

③ 陆游《渭南文集》卷二〇《邵武县修造记》。

期多"①。迁徙路线主要当从南昌经抚州,再由资溪、黎川、南丰转入光泽、泰宁、建宁和邵武。

汀州本来也属蛮僚地,唐开元二十一年(733)开福、抚二州山洞置,户4680,乾宁间还发生"黄连洞蛮二万围汀州"②。北宋元丰时,有户81454,南宋隆兴二年(1164),户数急增至174517,到了庆元间(1195—1120),又增至218570③。至是,也使汀州"地狭人稠,至有赡养无资,生子不举者"④。可见汀州人口急增,也从南宋开始。此时,金兵南下,迳袭洪州,跟随隆祐太后逃入江西的南宋官兵和家属沿着赣江河谷而上,退至虔州,部分官兵和家属即避难汀州。继后,又有溃兵流民武装集团进入江西,连陷数州军,又有大批江西难民纷纷逃入,或由江西退避邵武,再由邵武辗转汀州。正因如是,所以见之族谱资料都说,汀州的祖先原住中原,后迁江西,迨金兵南下,始入闽西⑤。

此外,尚有赵宋宗室与淮民的入闽。

赵宋宗室之入闽,有西外宗正司与南外宗正司二支。前者原在泰州、高邮二地,至建炎三年(1129),迁入福州,属其管辖的180名宗子也随迁至此,后一度转徙潮州⑥,"绍兴三年(1132),诏西外宗正置司福州"⑦,盖当不久复自潮州迁回福州。此后又有一些金朝的官吏被安置于此⑧。而南外宗正司原在镇江,也在建炎三年(1132)十二月被迁泉州,随行宗子349人⑨。还有一些士大夫如李诜、杨炳、傅伯

---

① 《福建编年史·前言》,1958年油印本。
② 《资治通鉴》卷二五九乾宁元年条。
③ 《永乐大典》卷七八九〇"汀"字引《临汀志》。
④ 杨蓉江《临汀汇考》卷一。
⑤ 详见罗香林《客家源流考》等。
⑥ 《建炎以来系年要录》卷三〇建炎三年十二月甲午。
⑦ 梁克家《三山志》卷七。
⑧ 《三山志》卷二四。
⑨ 真德秀《西山文集》卷一五《申尚书省乞拨降度牒添助宗子请给》、《宋史·真德秀传》、《续资治通鉴》卷一〇六建炎三年条。

成也来这里定居①。

而淮民之入闽,则在开禧兵变时,"自开禧兵变,淮民稍徙入于浙、于闽"②(见图17)。

### 2.宋末元初的移民

宋端平二年(1235)蒙军攻宋,荆襄、淮南重新沦为战场,"淮民避兵,扶老携幼渡江而南无虑数十百万"③。德祐二年(1276),元军兵临临安城下,南宋恭帝和太后降元,南宋灭亡。不愿降元的臣相陈宜中逃归温州,驸马杨镇等人奉度宗子益王赵昰、广王赵昺进入温州,文天祥、陆秀夫和张世杰也来温州。不久,这些人便自温州退入福州,立赵昰为宋主,改元景炎,筹划抗元事项,得到闽、浙、粤各地南宋残余势力的响应。后元军攻入闽地,陈宜中、张世杰等人即奉帝昺自福州乘坐海船经泉州、潮州、惠州逃入珠江三角洲的井澳,随行官兵和百姓约有二三十万人。

元军攻宋进入江南两浙后,又使这些地方许多难民逃入福建,如上所说蒙军攻宋,赣人入迁邵武"又比南宋初期多"。由是至咸淳七年(1271),便使邵武的户数比庆元四年(1198)增多7万余户④。那时,文天祥部集聚力量于汀、赣二州抗元,也当有许多难民避难汀州。如刘壎《水云村稿》卷四《赵抚州传》说,时抚州知州赵戊岊抗元失败,便在汀州隐居,即是其例。

福建多山,耕地有限,至宋元丰时有户992087,官民田数11091990亩⑤,户均亩数只有11.2亩,是南方各路户均亩数最少的。由于耕地不足,人们只得另谋出路。早在南宋初年,曾丰就说:"居今之人,自农转而为士,为道,为释,为技艺者,在在有之,而唯闽为多。闽地褊,

---

① 真德秀《西山文集》卷四二《李公墓志铭》。
② 叶绍翁《四朝闻见录》卷五《淮民浆枣》。
③ 杜范《清献集》卷八《便民五事奏札》。
④ 嘉靖《邵武府志》卷五谓是年户数增至212953。
⑤ 《文献通考》卷一一《户口考二》、卷四《田赋考四》。

不足以衣食之也,于是散而之四方,故所在学有闽之士,所在浮屠老子宫有闽之道、释,所在闤闠有闽之技艺。其散而在四方者固日加多,其聚而在闽者率未尝加少也。"①后经南宋初年及其之后再次大规模的移民入闽,至宝庆元年(1225),户数增至1704186,口3553079②,人均耕地更少,人们更难维生,便开始转向对外移民,并成全国输出人口最多的地方之一。由是至元时候,人口不见增多,户数反而减为700817,口2935014③。至是,人口纷纷外迁,主要如下。

(1)泉、漳之人入迁潮汕

《舆地纪胜》卷一一六引范氏《旧闻拾遗》:"闽人奋空拳过岭者,往往致富。"按潮、梅、汕地区唐天宝时有户4420④,至宋元丰间增至87054⑤,户数急增,盖因闽人大批入迁使其然。到了南宋,由于北人再次大批南渡,使福建人口急增,单是泉州一城"城内画坊八十,生齿无虑五十万"⑥,出于人口压力,当有更多的泉、漳之人移居潮汕。正因如是,所以遂使潮州"虽境土有闽广之异,而风俗无潮漳之分","土俗熙熙,无福建、广南之异"⑦,"土俗熙熙,有广南、福建之语"⑧,而使潮汕成为闽南方言的地区。

(2)汀州之人入迁梅州

《方舆胜览》卷三六谈到南宋的梅州,曾云:"业农者鲜,悉借汀、赣侨寓者耕焉。"光绪《嘉应州志》卷一二载客家先人的入迁,也说:"元世祖至元十四年(1277),文信国引兵出江西,沿途招集义兵,所向响应,相传梅民之从者极众。至兵败后,所遗余子只杨、古、卜三

---

① 曾丰《缘督集》卷一七《送缪帐干解任诣铨改秩序》。
② 《宋史·理宗纪》。
③ 《闽书》卷三九《版籍志》。
④ 《新唐书·地理志》。
⑤ 《元丰九域志》卷九。
⑥ 《舆地纪胜》卷一三〇引陆广《修城记》。
⑦ 《方舆胜览》卷三六《潮州事要》。
⑧ 《舆地纪胜》卷一〇〇《潮州·四六》。

姓,地为之墟。闽之邻粤者,相率迁移来梅,大约以宁化为最多,所有戚友询其先世,皆宁化石壁乡人。"据此,是宋元时候当有很多汀州之人入迁梅州。

(3)福、兴、泉人入迁钦、廉、雷、化、高、南恩各州与海南岛

《舆地纪胜》卷九八引丁樯《建学记》曾载:南恩州"民庶侨居杂处,多瓯闽之人"。《嘉靖龙海县志》卷八《黄朴传》:南恩州治所阳江县,"邑大豪多莆、福族"。

《舆地纪胜》卷一一六引范氏《旧闻拾遗》又载:"化州以典质为业者十户,而闽人居其九。闽人奋空拳过岭者,往往致富"。

周去非《岭外代答》卷三《五民》也谓,钦州之民凡分五类,"四曰射耕人,本福建人射地而耕也,子孙尽闽音"。

《大明一统志》卷八二引宋《图经》:廉州"俗有四民……二曰东人,杂处乡村,解闽语,业耕种";卷八四引宋《图经》:雷州话有三种,"官语可对州县官言,客语则平日相与言也,黎语虽州人或不能尽辨"。按《道光广东通志》卷九三《舆地略》有云,宋代的崖州"惟语言是客话,略与潮州相似",则"客话"当属闽南语。

另据李如龙在今海南与雷州半岛向当地人所作的调查,十有八九也说,他们的祖先都是莆田人,也有说来自潮州,而潮州人普遍认为,他们的祖先迁自莆田"荔枝村"和"甘蔗村",另外,"电白话至今还保留着许多莆田音的特音"[①]。

再是海南岛。周去非《岭外代答》卷二《海外黎蛮》说"熟黎多福建、湖广之奸民也";赵汝适《诸番志》卷下《志物·海南》也道"闽商值风飘荡,赀货陷没,多入黎地耕种之。归官吏及省民经由村峒,必舍其家,恃以为安"。

那时,闽人播迁以上各地,人数应该很多,所以到处才会"解闽语"、"尽闽音",且"惟语言是客话","客语则平日相与言","黎语虽州人或不能尽辨"。人数播迁之多,还可由南宋宝庆元年(1225)福建

---

① 《福建方言》第三章第一节,福建人民出版社1997年。

有户 1704186、口 3553079,至元减为户 700817、口 2935014,而钦、廉、雷、化、高、南恩和海南各州的户数却由北宋元丰时的 90506,急增至元代的 257063 窥见其端倪①。

(4)泉、兴、漳人移居广州、韶州与宝安大奚山各地

刘克庄《后村集》卷一二《城南》诗云,广州城"濒江多海物,比屋尽闽人"。

余靖《武溪集》卷一《送陈京廷评》:韶州永通监产铜矿,矿工都是"闽、吴、荆、广人"。

《宋会要辑稿》刑法二之一二一谓:大奚山(今香港大濠岛)自宋淳熙间始,"多有兴化、漳、泉等州逋逃之人,聚集其上",从事造船与走私食盐。

据上所载,是今广州、韶州和香港各地,也有闽人入居。

(5)闽东之人入迁浙南

《中国移民史》第四卷第六章第四节云:"据清人孙依言《瓯海遗闻》卷三一收集宋代以来温州籍人士文集中有关自己祖先迁移的资料,相当一部分人自福建迁入,迁入时间最早在唐末五代,历宋元明清都有;其中,宋代迁入的福建移民占相当部分,分布在北从玉环、南到平阳(其南部今为苍南县南)的各县。民国《重修浙江通志稿》第12册《民族志》提到近代温州主要氏族的来源,据此资料统计共得宋代迁入温州43族,35族来自福建,占总数的80%。换言之,即宋代温州外来居民的大多数来自福建。福建人民对温州的移民,至少在两宋间已经达到一定的规模。据民国《瑞安县志稿·氏族门》的不完全记载,仅瑞安一县便有鲍池乡鲍氏(宋初)、汀田尤氏(绍圣间)、上望乡林氏(哲宗时)、东山埭头何氏(绍兴间)诸姓。""宋代福建人民移民温州的高潮,发生在南宋孝宗乾道二年(1166)以后的数年间。乾道二年八月丁亥日,由于强台风登陆,带来狂风暴雨和大潮水,形成温州历史上最为严重的大水灾。据叶适《水心文集》卷二一《宜人郑

---

① 《宋史·地理志》、《元史·地理志》。

氏墓志铭》记载,不过吃一顿饭的时间,'并海死者数万人'。《宋会要辑稿》食货五九之四三记载此事,说温州滨海四县'人户'、田亩尽被海水冲汤。隆庆《平阳县志》、嘉靖《瑞安县志》、隆庆《乐清县志》等古方志,无不提到这次大水灾对这些县村镇、农田和水利设施的破坏情况。在温州沿海平原人民大量死亡、土地抛荒的背景下,福建东北部尤其是长溪县(即今霞浦县)的人民纷纷迁入垦殖。温州瓯海县永中镇张氏和今瑞安市沿海各乡的郑、林、詹、杨、任、翁、池诸姓,祖先均在乾道水灾后自福建迁入。平阳、乐清等沿海县分同为灾区,估计也有一定数量的福建移民迁入"。

(6)闽人移徙淮南与荆楚

南宋初年,因战争破坏,淮南之地"民去本业,十室而九,其不耕之田,千里相望"[1],闽人便视这里为"乐区","负戴而之者谓之反淮"[2]。荆楚"降为荒落之邦,北连许、汝,民居稀少"[3],时之蕲州蕲水"民杂江、闽"[4],也有部分闽人入居其地。

(7)闽人移居高丽

入宋,泉州港对外贸易十分繁盛,高丽"王城有华人数百,多闽人因贾舶至者,(王)密试其所能,诱以禄仕,或强留之终身"[5],是时之闽人也有入居于此。

(8)泉人移居澎湖列屿与福清等地人移居海坛岛

福建历经多次移民,至宋已经地狭人稠,人们为着生计,开始转徙广东和浙南各地。与此同时,也向区域内的一些荒岛转移。如见何乔远《闽书》卷七引宋方志就说:"澎湖屿在巨浸中,环岛三十六,人多侨寓其上,苫茅为舍……耕渔为业,雅宜放牧。"汪大渊《岛夷志

---

[1] 《建炎以来系年要录》卷四〇建炎四年十二月条。
[2] 叶绍翁《四朝闻见录》戊集《淮民浆枣》。
[3] 《宋史·陈亮传》。
[4] 刘挚《忠肃传》卷一六《长句送跂之官蕲水》。
[5] 《宋史·外国三高丽》。

略·澎湖》也载:"泉人结茅为屋,居之",元置巡司于屿上。

另是海坛岛,杜臻《粤闽巡视纪略》卷五说,宋初置牧监,皇祐中,许渔民耕垦,淳熙中有户三千,元户满四万,也是在此期间移民岛上的(见图17)。

## 七、明清时期闽人之外徙与内移

进入明代,"闽之福、兴、泉、漳襟山带海,田不足耕",又因倭乱和海禁,已使人们陷入困境[①]。到了清初又行迁界,"民田废弃二万余顷","沿海之庐舍畎亩化为斥卤,老弱妇子转沟壑,逃亡四方者不计其数"[②],而使人们更苦。山区因山多田少,谋生不易,加上连年战乱和饥疫,也难生存。故为摆脱困境,人们只好背乡离境,再次外迁。迁入之地,主要如下。

### 1.闽人之入川

明末清初,四川长期战乱,人口大耗。面对战后的四川"有可耕之田,而无耕田之民"的荒凉残破局面,清廷曾定许多优惠措施,鼓励各省的人们去川落户,从事垦殖[③],于是出现了清前期近百年"湖广填四川"的大规模移民运动。这次移民波及闽省,也使大批闽人涌入四川,以汀州府属最多,次为漳州府属各县与其龙岩州,再次是永春州与建宁、莆田、永安各县;迁入地则有四川的隆昌、云阳、南溪、合川、资中、德阳、内江、三台、中江、华阳、彭县、井研、金堂、成都、汉州、新都、遵义和大竹、宜宾、兴文、铜梁、壁山、乐至、广安、巴州、郫县、双流、灌县、什邡、新繁、安县与邛崃各州县[④]。据《中国移民史》一

---

① 《明经世文编》卷四〇〇许孚远《敬和堂集·疏通海禁疏》。
② 《清经世文编》卷八四范承谟《条陈闽省利害疏》。
③ 《清圣祖实录》卷三六。
④ 据刘正刚《清代四川的福建移民经济活动》(《中国社会经济史研究》1994年1期)与《中国移民史》一书所引方志及其族谱资料。

书的估算,乾隆四十一年(1776)入川的闽人当有 20 万。

### 2.闽人之入赣

宋元时候因战争和瘟疫,赣州人口人耗,至元,人口不到 30 万①。到了明初洪武间,大约也仅 40 万②。另据嘉靖四年(1525)《江西通志》载,洪武时赣南各县有口 44 万,而至乾隆间,总数已经达到 260 万;至嘉庆(1796—1820)又增至 397 万。由于人口急增,同治时已使赣南的许多地方"朝夕果腹多包粟薯芋,或终岁不米炊,习以为常"③。

明清时候,赣南人口急增,是因有闽粤之人大量的入迁。闽人入迁赣南,始于明代。初时,"春耕闽粤者,彼曰良民也,秋入赣、建(建昌府),翼然而虎,巨寇也"④,是在农闲季节进入的,尚未定居。到了中期,才有部分流人至此佃耕而留居下来。康熙时候魏礼曾说:"阳都(宁都县)属乡六,上三乡皆土著,故永无变动;下三乡佃耕者悉属闽人,大都福建汀州之人十七八,上杭、连城居二三,皆近在百余里山僻之产。……夫下乡闽佃,先代相仍,久者耕一主之田至子孙十余世,近者五六世、三四世……久历数百年。"⑤盖因这里地矿人稀,汀人视为乐土,便相招引于此搭棚开发,而成"棚民"。对此,《中国移民史》的作者广搜资料,并深入实地调查,曾对当时的移民分布作过较详的叙述。该书指出,汀民入迁赣南,主要是居宁都、石城、瑞金、兴国、赣县、零都各县,而南康、大庾、上犹与今崇义各县也有一些移民分布⑥。

至若赣中,《中国移民史》也据调查资料,指出建昌府的汀州客家人,主要是迁至广昌县的山区。这里的客家移民,早在明代已经进入,至清前期达到高潮。就山区而论,在山区的 649 个村庄里,闽籍

---

① 《元史·地理志》。
② 嘉靖《江西通志》卷三四—三六。
③ 同治《赣州府志》卷二〇《物产》。
④ 罗玘《罗圭峰文集》卷一《送都闽文君之江西任序》。
⑤ 《魏季子文集》卷八《与李邑侯书》。
⑥ 详见该书第六卷。

村庄198个,占全部村庄的30.5%。吉安府则以龙泉县为多。乾隆《龙泉县志·风物志》云:"泉山故多荒棘,康熙间粤、闽穷民知吾邑有山可种,渐舆只身入境,求主佃山","粤、闽之人比户可封,生齿益繁,而相继流至者愈多"。其他地方如遂川、永宁、宁冈、泰和各县,也都有较多汀州的移民,诚如光绪《吉安府志》卷一《地理志》言:"夫邑之有附氓,犹人身肉之有瘤,迩者闽广流户动以万计,据山而耕,盘结滋蔓。"

再是赣西北,康熙《宜春县志》卷一二《风俗》:"袁州接壤于南,为吴楚咽喉重地,百年以前,居民因土旷人稀,招入闽省诸不逞之徒,赁山种麻,蔓延至数十余万。"这支来自汀州的客家人,大致是在萍乡、宜春和分宜数县的北部与万载县的西部活动。因据同治《新昌县志·武备》有载:"天井埚者"……向多闽人种靛,搭棚以居。"天井埚正处以上各县之间。迨至康熙年代,实行招垦,又招徕大批闽西的客家人。此如同治《苏州府志》卷八二《人物·苏昭庭传》所说:"万载地险僻,山岭绵亘,有客民自闽粤来,居之累数十年,积三万余人,曰棚民。"

赣东北经过"三藩之乱",广信府属丁缺田荒,也行招垦。那时,也从永春、莆田各县移来大批的闽南人,而使上饶县至今还有闽南方言的存在①。

### 3.闽人移居浙南、金衢与浙西山地

继宋之后,又有大批闽人移居于浙省,地域已由浙南扩至金、衢及其浙西山地,移民来源不是原先的闽东,而是汀州和闽南。这些地方遭受"三藩之乱"后,"独衢之江(山)、常(山)、开(化)三县,温之永(嘉)、瑞(安)等五县,处之云(和)、龙(泉)等七县被陷三载,仳俪困苦,备极颠连。又如西安(今衢州市)城郭虽存,而郊原或为贼据,或筑壕堑,以作战场,较与受害各邑相等。……自闽回处,惟见百里无人,十里无烟"②,于是闽人乘此时机也就移徙进来。志书载:"括自甲寅兵燹,田芜人亡,复遭丙寅洪水,民居荡析,(刘廷玑)公……又招

---

① 详见《中国移民史》第六卷。
② 康熙《衢州府志》卷五。

集流亡,开垦田地,不数年土皆成熟,麻靛遍满山谷"①。又曰:"浙江各山邑,旧有外省游民,搭棚开垦,种植包芦、靛青、番薯诸物,以致流民日聚,棚厂满山相望。"②据《中国移民史》第六卷所引资料,如浙南之云和县、青田县、丽水县、松阳县、宣平县、龙泉县、遂昌县、景宁县、缙云县,温州府属之泰顺县及金、衢的汤溪县、江山县、西安县、龙游县与其浙西的淳安县等,大多应是来自汀州的客家人,而常山、开化二县则主要是邵武、建宁二府与泉州、兴化和永春州的迁民。

另据浙江省方言研究会傅国通等人的调查,今浙江南部沿海各地说闽南话的约近百万,主要分布在温岭县的石塘一带,玉环县的坎门镇,洞头县的本岛、半屏岛、元角、倪屿,瑞安县的北麂岛、东部沿海的西湾、墨城乡、中部的梅源、梅溪等24乡和苍南县的大部分地区与舟山群岛个别渔民的定居点,还有迁往江苏宜兴县定居的徙民,大多则在明清之际由其泉州沿海一带入迁,他们主要是渔民③。

总之,迁往浙省的闽人,汀民大多散处山区,泉民则住沿海各地。

此外,尚有部分卫所的军士与其家属移居浙地。《明史·兵志三》有云:"后三年(洪武二十年),命江夏侯周德兴抽福建福、兴、漳、泉四府三丁之一,为(浙江)沿海戍兵,得万五千人,移置卫所于要害处,筑城十六";又载:"闽浙苦倭,指挥方谦请籍民丁多者为军。寻以为患乡里,诏浙、闽互徙"。这些闽籍士兵被迁浙江镇守,也成移民。

**4.闽人之入粤**

自宋末元初大批汀民入居梅州后,至明又有众多汀州客家人移入粤地。成化间,梅州"流移错杂,盖客户愈盛",徙民仍以闽、赣为多④。由是,至嘉靖间遂分程乡、兴宁二县地置平远县;崇祯时,又析镇平县(今蕉岭县)。与此同时,"惠州壤邻汀、赣,奸民实繁"⑤。嘉靖间,永

---

① 雍正《处州府志》卷九。
② 张鉴《雷塘庵主弟子记》卷二。
③ 引自李如龙《福建方言》。
④ 光绪《嘉应州志》卷八《礼俗》。
⑤ 道光《广东通志》卷九三《惠州府风俗》。

安县(今紫金县)"山谷中多良田,流民杂居",迁入者大多也是闽、赣人①。而当和平县建县,有自闽地来者,操客家音②。万历间,博罗县也有来自闽漳之移民③。再是始兴一县,闽人占十之二④;韶州府正统间"主户少,而客户多","翁源、乳源尤甚",前来占籍的,也多"江、楚、闽汀之民"⑤;英德县也有闽人前来入籍⑥。

到了清初,沿海"迁界",使许多地方荒芜无人烟。复界后,梅、循人便先大批乘虚涌入广东沿海各地,"或以垦殖而开基,或以经商而寄寓"⑦。接着,潮、惠、嘉应州与闽赣人也都挈家赴垦广州府属的新宁、肇庆府属的鹤山、高明、开平、恩平、阳春、阳江等州县,"多与土著杂居。……遂谓为客家云"⑧。

那时,汀人大部分北迁川、赣、浙南,也有少部分跟随粤东、粤北的客家人移入广东沿海各地。

另是咸丰《琼山县志》卷二《风俗》有云:"洪武以来,军士初拨则多苏浙之人,继拨则河之南北,再拨则又闽、潮之产,厥后中原各处官吏充配者接踵而至。"是至明代,仍有闽人被迁海南。

**5.闽人移徙两湖**

志书载,在今湘阴、益阳、沅江各县的滨湖堤垸区内,明末清初尚属"狐狸之场",至乾隆间"生齿繁昌",其中"闽、广各籍人占其三"⑨。又载:"迩来闽粤之民侨居吴楚,自吉(吉安府)、袁(袁州府)至南楚,

---

① 《永安县三志》卷末《邑事》。
② 道光《广东通志》卷九三《惠州府风俗》。
③ 顾炎武《天下郡国利病书》卷一○○《广东·博罗》。
④ 《古今图书集成》卷一三二三《南雄府风俗》。
⑤ 《古今图书集成》卷一三二○《韶州府纪事》。
⑥ 道光《英德县志》卷四《风俗》。
⑦ 罗香林《客家源流导论》。
⑧ 《溪民迁居之始》,引自《中国移民史》。
⑨ 嘉庆《沅江县志》卷二九《艺文志》。

各郡县所在皆是。"①而从当时的湖北设有福建会馆 28 处,湖南设有 31 处,其中除湘阴、鄱县各 2 处,醴陵 7 处,其他每县都仅 1 处②看,是其迁民大多应入醴陵一县。移入醴陵的时间也在康熙与乾隆间,凡 121 族,157300 人③。这些移民来自闽西,此由《醴陵县志·氏族志》所云"元明之际,土著存者仅十八户,湘、赣接壤,故是时迁入者,以赣西、赣南一带之人为多。明末清初重罹浩劫,土旷人稀,播迁远来者,则什九为闽粤省汀江、东江流域之人"可见端倪。迁徙路线盖沿赣江支流而上,是由赣南经赣西进入。

### 6.闽人之入台

早在三国时代,吴主就派将军卫温、诸葛直入台④。至宋,已有泉人移居澎湖屿;元初更在屿上设巡司。明时,闽人开始大批涌入台湾岛,先有林道乾、颜思齐和郑芝龙等人率部入据台湾,泉、漳之人多来投奔,前后达数千人。崇祯之际(1628—1644)闽地大旱,福建巡抚熊文灿与郑芝龙合议,"招饥民数万人,人给银三两,三人给牛一头,用海舶载至台湾,令其芟舍,开垦荒土为田"⑤。清顺治十八年(1661),郑成功抗清失利,率部数万乘船 200 余艘退驻台湾,逼使荷兰军人投降,收复了台湾,并改赤嵌为东都明京,设承天府及天兴、万年二县。康熙元年(1662),清廷下令"迁界",闽粤之人难以为生,郑氏政权更是大招沿海居民不愿内徙者数十万人,"东渡以实台湾"⑥。康熙二十二年(1683),郑克塽降清,清在台湾设一府三县,"汉民已逾数十万"⑦,更有大批泉、漳之人与潮、汕人入居台湾。那时,泉人主要聚居台湾北部的台北、基隆、淡水和南部的台南、高雄一带,漳人则住中

---

① 同治《攸县志》卷七《户口》。
② 详见张国雄《明清时期的两湖移民》一书所作的统计。
③ 民国《醴陵县志》卷五《食货志》,《醴陵县志·氏族志》。
④ 《三国志》卷四七《吴书·吴主传》。
⑤ 黄宗羲《赐姓始末》,引自《郑成功收复台湾史料选编》。
⑥ 《台湾郑氏始末》。
⑦ 《清经世文编》卷八四福建巡抚吴士功《请开台湾携眷之禁疏》。

部的南投、嘉义和东北部的宜兰、苏沃各地。后又有福州之人东渡台湾，主要聚居淡水①。另是明清时候已将钓鱼等岛屿收入版图，并已成为闽、台之人的重要渔场。

**7. 闽人侨居海外各国**

闽人侨居海外，始于唐宋，至明更多。《明史·外国四·吕宋》说："吕宋居南海中，去漳州甚近。……先是，闽人以其地近且饶富，商贩者至数万人，往往久居不返，至长子孙"。《明经世文编》卷四〇〇许孚远《敬和堂集·疏通海禁疏》："漳人以彼为市，父兄久住，子弟往返，见留吕宋者，盖不下数千人"；《请计处倭酋疏》又曰："浙江、福建、广东三省人民被虏日本生长杂居六十六州之中，十有其三。"而见《明史》之《婆罗传》《三佛齐传》和《浡泥传》等，闽人侨居以上各地也有不少。到了清初，先因迁界，又使沿海大批的难民被迫逃亡海外谋生。雍正间（1723—1735），闽浙总督高其倬曾奏，那时人们出洋，"闽省居十之六七，粤省与江浙等省居十之三四"；鸦片战争前后，更有大批的华工出洋，单从厦门一地运出的就有30万人②。

而随闽西、闽南与福州府地人口大量的外徙，闽北和闽东北却因长期战乱与饥疫，人口大耗，又有很多浙、赣之人不断移入闽北和闽东北。

明清时候，闽北的延、建、邵三府和闽东北的福宁府饥疫和战乱特多，且十分严重。志书载，成化、万历间，福安"连荒"多年，顺治四至九年，邵武连续大饥六年，道光十六年（1836）建阳"大荒"、咸丰三年（1853）霞浦饥荒，这些都是历史上最大的饥年，且连饥两年以上屡见不鲜。大饥之年"饿殍载道"，"饿死者相枕藉"③，疫情一样严重。永乐六年（1408）"户部启，江西建昌、抚州及福建建宁、邵武等府，自五年至今年正月疫，人死七万八千四百余口"④，永乐八年（1410）邵武府

---

① 陈碧笙《台湾地方史》，中国社会科学出版社1982年。
② 引自杨力等《东南亚的福建人》，福建人民出版社1993年。
③ 详见林汀水《明清福建的自然灾害及对农业生产的影响》一文所引资料，《明清福建社会与乡村经济》，厦门大学出版社1987年。
④ 《明太宗实录》卷八三。

言,"比岁境内疫民死绝万二千余户"①,永乐十六年(1418)建安县张准又言"建宁、邵武、延平三府自永乐五年以来屡大疫,民死亡十七万四千六百余口"②。继后,志书又载,万历三十九年(1611)邵武痘疹,"小儿多死";洪武二年(1369)霞浦大疫,"死者相枕藉",嘉靖元年(1522)痘疹大作,"殇者甚众,二年,亦然",十四年大疫,"道殣相望";乾隆九年(1744)痘疹流行,始于三月,"越岁乃止";嘉靖元年福安痘疹大作,"瘗坎相望",三十八年(1559)大荒大饥,"死者二千人";道光四年(1824)痘疹大作,"死者不可胜数"③。

至于战乱,祸害更大。志书说,明时浦城县先遭矿工骚乱,"迄无宁岁",清咸丰八年(1858),又因知县督率兵民抵抗太平军,"绅民殉难遇害者十数万人";崇安县有邓茂七之乱,清初又遭王祁的洗劫,"所过为墟,民不耕种者几十载";建阳县先有邓茂七之乱,嘉靖四十年(1561),又遭袁三、黄凤的烧杀,"民死者无算",康熙十三年(1674)耿逆之变,"大肆焚掠,人民逃散",及至咸丰十一年(1861)再经红巾之乱,人口骤减"二十倍";邵武府"明万隆间,累遭迁徙,荡析离居,生聚益少",光泽县咸丰二年(1852)"两遭粤匪,兵荒疾疫,生齿大耗";闽东北沿海各地也因清初"迁界","田庐荒芜,鱼盐失利,百姓流离,惨不可言","东南北路尽绝人烟",山区内地的寿宁县两遭变乱,同样"人人沟壑,井井坵墟","生齿从此益消乏"④。由于饥疫、战乱频繁,人口大耗,邻近的浙赣之人便纷纷移入以上各地定居。诚如志书所言,浦城"自兵燹后,死亡转徙,土著愈稀,客籍愈众,城乡市镇列肆坐廛,客民十居八九,而以江右人为最夥;负贩食力之流,又大半皆浙江人,至挟赀远出,转运舟车,懋迁货物者,土人亦十无

---

① 《明太宗实录》卷一一一。

② 《明太宗实录》卷二一二。

③ 详见林汀水《明清福建的自然灾害及对农业生产的影响》一文所引资料,《明清福建社会与乡村经济》,厦门大学出版社 1987 年。

④ 详见林汀水《也谈福建人口变迁的问题》所引资料,《中国社会经济史研究》,1993年2期。

一二"①。

另据《崇安县新志·氏族志》云,崇安县47个姓氏中,有13个姓是明清迁入的,大多为浙赣人。光绪《光泽县乡土志·氏族志》也称,毛氏"明自铅山迁来,已历十二代",明季由漳、泉、汀、赣迁居北乡者,有"蔡、伊、吕、戴、林",清初由江西迁居四乡的,有"邓、邱、游、梁、饶、丁,居城厢;郊郭者,周、杨、朱、穆、裴、彭、欧阳",光泽县"有泉州民,有(江西)新城、泸溪、铅山、贵溪民,城居极多,视土著不啻十之三"。建阳县更因开山种茶,每逢茶季"突添江右数十万人"②。正因如是,所以遂使赣语进而波及邵武以外的顺昌、将乐、建阳和今武夷山市,吴语则成浦城县重要的方言之一。

闽东的寿宁县和屏南县也因地处山区,设县较迟,人口较稀,又遭战乱,而在明清移入许多省外的人口,这些移民主要也是来自浙江的景宁、丽水、括苍、安昌、桐山、平阳与庆阳各县③。

此外,尚有三次外省士兵的移民入闽。第一次是在明初为防倭寇,而命江夏侯周德兴经略海防,"置卫所以备防御"④;第二次是正统年间为镇压沙县邓茂七起义"大发兵讨之"⑤;第三次是在明末清初为清除郑氏集团而派重兵入闽。所派部队有因战事结束而返旧的驻地,也有部分被留下来看守,后子孙袭居其地,而成闽人。此中最值一提的有三件事:一是明正统十三年(1448)邓茂七起义,明廷"大发兵讨之",后有一支部队长期驻于南平,这支部队来自长江中下游,讲下江官话,于是遂使南平市城关与西芹一带形成今"土官话"的方言岛;二是清初在今长乐市洋屿乡琴江村筑城,清廷曾派一支"旗营"由山海关移驻于此,以镇福建海疆。这支部队都是满人,讲

---

① 翁大祐《浦城县志》卷六《风俗》。
② 陈盛韶《问俗录·建阳茶山》。
③ 详见寿宁县档案馆藏柳、许、胡、周各姓族谱与郑道居《屏南县志》第三篇《人口》,引自陈支平《明清时期福建人口的三向流动》,载《中国古代社会研究》一书。
④ 崇祯《崇武所城志·城池》。
⑤ 黄瑜《双槐岁钞》卷六。

"京都话"，于是也在今长乐市形成"旗下话"的方言岛；再是明初在今武平县设置武平千户所，让军人与家属在这屯垦与守卫，这些人自称"军家人"，从他们所保存的族谱看，许多人的原籍应是江西抚州、南城人，于是又在武平形成"军家话"的另一方言岛。

与此同时，省内之间移民也较频繁，主要是向地旷人稀的山区和较偏远的沿海地带转移。

上面说了，明清闽北地区（包括延平府）及闽东的福宁府地，此时曾受饥疫和战乱的严重打击，人口死亡很多。于是，遂有大批闽南人移住于此。光绪《光泽县乡土志·氏族》曾载："蔡氏，明自泉州迁北乡，已历十代"，又说，光泽县"有泉州民，有（江西）新城、泸溪、铅山、贵溪民，城居极多，视土著不啻十之三，而客主异势"。另是今南平市夏道镇的大洲村，太平乡的杨厝、曾厝村，赤门乡的大科村；顺昌县城关镇的吉舟、文新、井龙等村，大干乡的石湖村和埔上乡、富文乡；建阳市麻沙镇的竹洲村；武夷山市武夷乡的天心村；浦城县盘亭乡的上黄厝村；邵武市拿口镇的部分乡村；沙县青州镇的洽湖村、高桥乡的上洋村，富口乡的罗溪村等，都属闽南方言岛，其中顺昌县方言岛民计有3万余人，邵武市拿口镇的岛民约有2000人，相传顺昌县埔上乡的岛民是在清道、咸间由永春、德化迁来的，其他岛民的祖先早在明清就已移住①。

而在闽东北，泉州移民更多。据宁德地名办调查，今福鼎市的沙埕、前岐、店下、白琳、点头、管阳、贯岭、南溪和桐城等13个乡中，都属闽南方言岛，凡有人口13万，其中沙埕是在清乾嘉时候从永春各地移入；霞浦的水门、牙城、下浒等乡与三沙镇也有100多个自然村约近4万人是讲闽南话，其中三沙是由闽南迁来的，多以打鱼为生；宁德市飞鸾乡的碗窑村、礁头村凡有3000多人讲的也是闽南话，早在乾隆间他们的祖先也已定居于此。

福清市渔溪镇、东张镇、一都乡、镜阳乡、上迳乡、音西乡、阳下

---

① 引自李如龙《福建方言》一书。

乡以及宏路镇所管的地面,也有数万人是讲闽南话。连江、罗源与闽侯各县,也有一些闽南话乡村的分布。这些乡村的移民,大多也当始于明清①。

莆仙方言岛福清分布最多,凡有数十村庄数万人;次为永泰县、平潭县、福鼎市和福安市等,多至五六千人,少的也有千余人。

再是闽客方言岛,则多散在大田、沙县和寿宁县。以上这些方言岛的移民时间,大多也当始于明清。另据民国《云霄县志》卷六、《龙岩县志》卷四《氏族志》,云霄县80多个姓氏中,就有18个姓是在明清由今漳浦、平和各县移入,龙岩的主要姓氏约110姓,其中也有54姓是在明清自本省其他府州而来。此外,尚有畲族在此期间内由今潮、漳向闽东、浙南各地的迁移②(见图18)。

## 八、小　结

总之,福建人口的迁徙,可归纳七个时期,凡十次。其中以战国末越国人的入闽、西汉武帝时闽越人的被迁徙、三国吴的移民入闽和陈政、王绪、王审知的率军入闽影响最大。移民入闽规模最大的时间是在靖康之乱和宋末元初,而大规模的移出,是在宋末元初和明末清初以至于整个清代。大致说,前期是以入徙为主,后期则以迁出为多,转折期是在宋末元初。盖至靖康之乱后,历经多次的移民入闽,福建已经由地旷人稀变为地狭人稠,社会也由安定转为动乱,于是人们迫于生计,便开始大规模地向外移民。移民入闽地区,主要是江浙与赣省,移出的地面则甚广,有广东、海南、浙东、赣省、四川、台湾省和海外各国。移民形式有军队和有组织的移民,但多数是在战乱中分散进行的。

---

① 引自李如龙《福建方言》一书。
② 详见蒋炳钊《畲族史稿》,厦门大学出版社1988年。原载《中国社会经济史研究》,2003年第2期。

应该说,福建自宋能成全国经济、文化最称发达地区,主要是靠历代大规模的移民入闽,而福建人大规模的外徙,对各移入地的贡献也相当突出,是功不可没的。

(原载《中国社会经济史研究》2003年第2期)

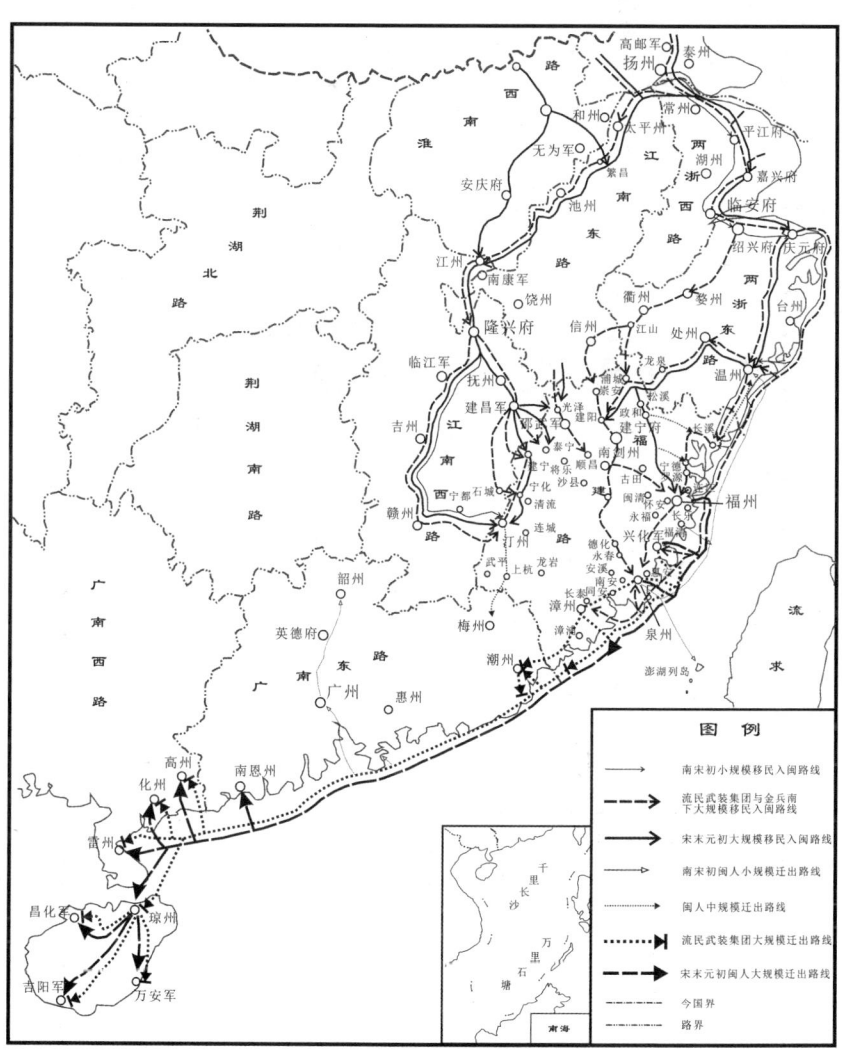

图 17 宋元人口迁徙图

审图号:GS(2015)3159 号

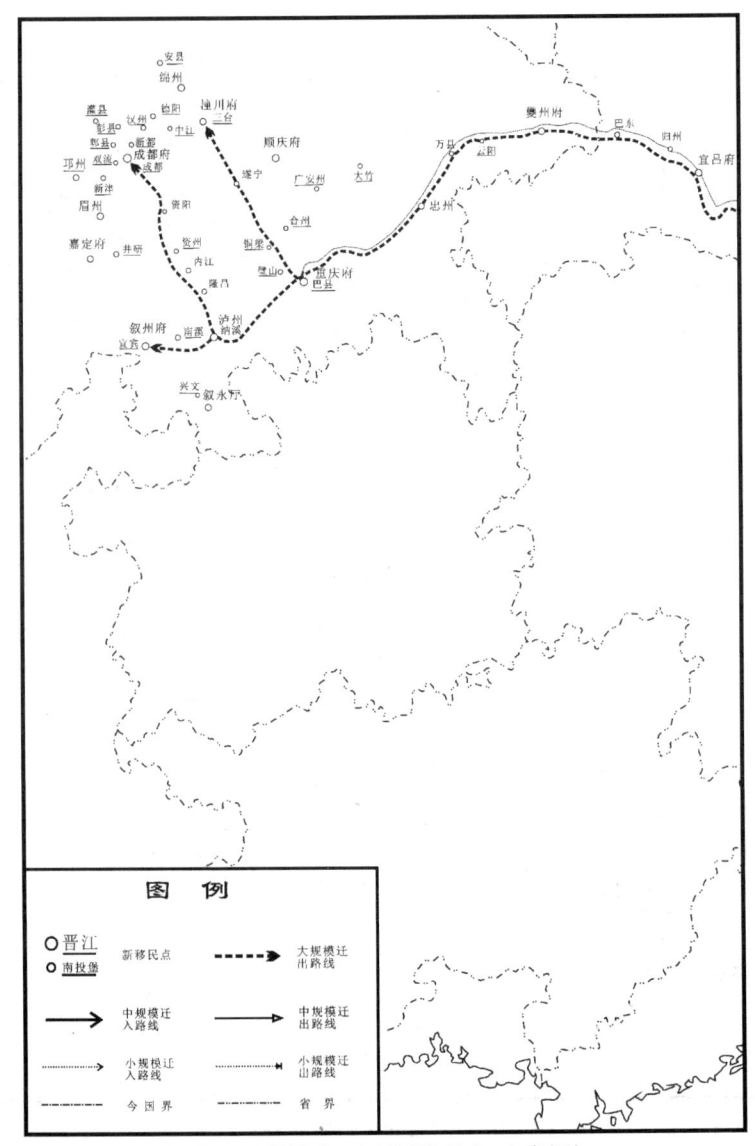

图 18 明清人口迁徙图(放大,左半幅)

审图号:GS(2015)3159 号

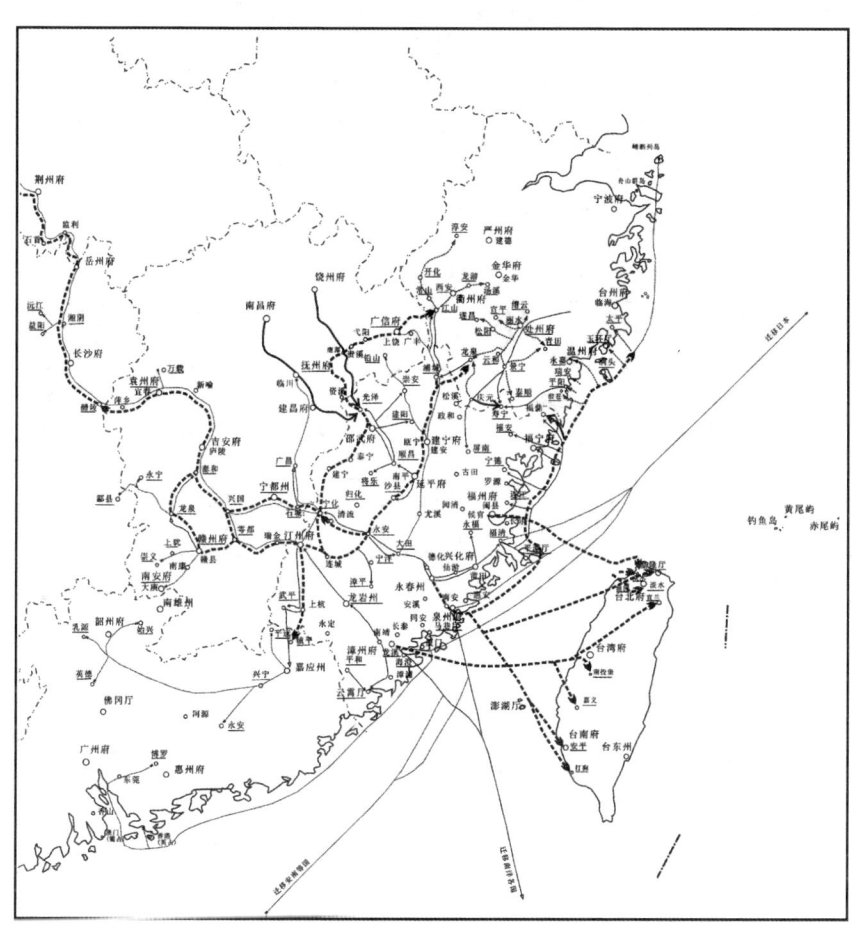

图 18　明清人口迁徙图(放大,右半幅)

审图号:GS(2015)3159 号

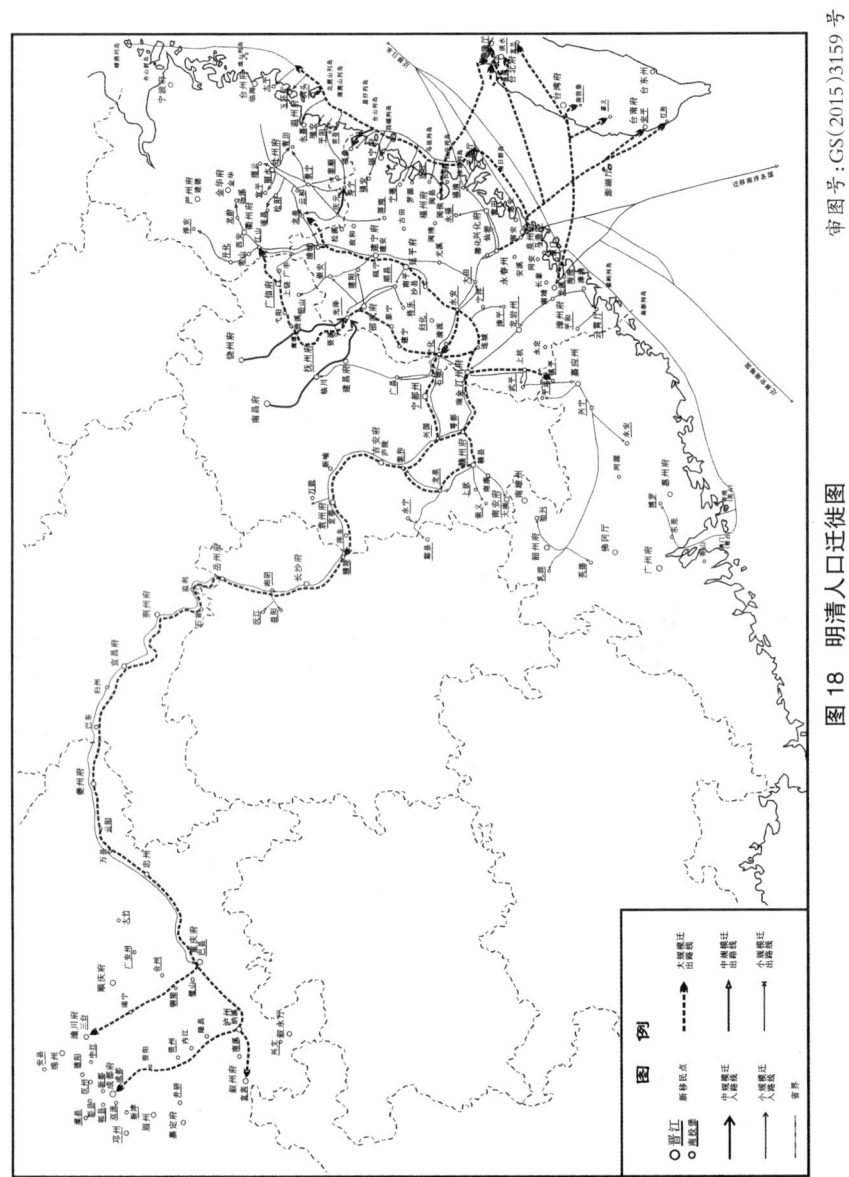

图 18 明清人口迁徙图

# 闽人主体当由闽越土著与
# 江淮两浙赣人所构成

福建是个移民社会。许多学者据族谱资料与史书的一些记载，论证福建的移民都是来自中原；有些人虽较谨慎，也仅认为，今天的福建居民其主体应由古代中原移民与古代当地土著的后裔所构成。我有不同看法。略述如下。

## 一、福建的移民概况

史书曰，战国末楚威王兴兵伐越，大败越，杀王无彊，尽取故吴地至浙江，越以此散，诸族子争立，滨于江南海上，其中已有一支越国人逃亡闽地避难①。这是最早见于史书记载的故越国人的移民入闽。

秦末，无诸举兵参加反秦，后又佐汉反楚有功，刘邦封他闽越王，王闽中故地，都冶（今福州市）。至汉武帝时馀善反汉，兵败国灭，汉廷复以"东越狭，多阻，闽越悍，数反复，诏军吏皆将其民徙处江淮间"，而在今福州市设立东部候官，由东部都尉派兵入闽镇守，以防

---

① 《史记》之《越王勾践世家》《东越列传》。

未被迁走的闽越人的反抗,实行长期军事占领①。那时东部都尉系属会稽郡,来闽士兵及其家属自是会稽郡人。到了东汉末,山越纷纷走出山谷,相聚闽北各地作乱,为了强化军事占领,汉廷先在今建瓯市增立南部都尉②;接着孙吴为定山越,又先后五次派兵入闽,"料出兵万人"③。迨至山越被平定,山越人纷纷走出山谷,又因孙吴流放不少罪犯、官吏连其家属来闽发展造船事业,还有许多不堪"公私苛乱"等原因由今江浙逃亡邵武的人④,就在闽地陆续分设建安、汉兴(吴兴)、建平、南平、候官与将乐、昭武和东安各县,并改南部都尉为建安郡,以领上列8县,才结束了长期以来的军事管制。可见在此期间又有很多江浙人入闽,使福建人口急增,至晋太康初年在籍户数已有8600⑤,这些人基本上仍都是由闽越土著与江浙之人所构成。

永嘉之乱,中州板荡,引起北方人大规模南迁。这次移民持续至东晋。那时,住在今山东、河北与河南南部的难民大多移入长江下游和淮河流域避难,以今江苏接受移民最多,曾在这里设立了大批的侨州郡县。之后,虽有难民可能由今江浙辗转入闽,但为数极为有限⑥。直到侯景之乱,"东境饥馑,会稽尤甚,死者十七八,平民男女并皆自卖,而晋安独丰沃。(陈)宝应自海道寇临安(应作临海)、永嘉及会稽余姚、诸暨,又载米粟与之贸易,多致玉帛子女,其有能致舟乘者,亦并奔归之,由是大致赀产,士众彊盛"⑦。这次移民曾经引起过后陈世祖高度的重视,且下诏书,"诏侯景以来遭乱移在建安、晋安、义安郡

---

① 《史记·东越列传》;林汀水《再谈冶都、冶县、东部侯国与东部候官的沿革、治所问题》,《历史地理》第十五辑。
② 《宋书·州郡志》。
③ 《三国志·贺齐传》。
④ 《三国志》之《贺齐传》、《吕岱传》、《钟离牧传》、《张尚传》、《陆凯传》、《三嗣主传》第三,乐史《太平寰宇记》卷一〇一。
⑤ 《晋书·地理志》、《宋书·州郡志》、《资治通鉴》卷七九晋武帝泰史五年条注引宋白语。
⑥ 详见后述。
⑦ 《陈书·陈宝应传》。

者,并许还本土,其被略为奴婢者,释为良民"①,移民数量当甚可观。但是这些移民照旧还是浙东、浙南人。

及隋,闽地在籍户数增至12420,却因仅留建安1郡及闽、建安、南安、龙溪4县,九龙江以西所设的绥安、兰水2县皆已被废,造成朝廷对该地区统治势力的空虚,遂成"南蛮杂类"之地,"俱无郡长,随山洞而居"②,常相引援,"出没无常,岁为闽、广患"③,唐初啸乱愈演愈烈。鉴此,为了"靖边方",唐总章二年(669)朝廷便派陈政率军入闽镇压,此即人们所称的中原人第二次大规模移民入闽④。

安史之乱,黄河流域的百姓纷纷南渡,这次移民仅及江西中、北部,只有若干士人逃入闽中。肃宗上元元年(760)刘展兵乱,逼使部分江南人再迁福建⑤。乾符间(874—879)又有王仙芝与黄巢起义,军阀混战二三十年,战火燃遍淮河流域,且波及长江地区,使江淮各地成为移民的输出地,而远离战场的福建更成移民避难的安全区。自是各地移民入闽日多。黄滔在他的《福州雪峰山故真觉大师碑铭》中云,仅一天之内入闽"僧尼士庶"多达5000余人⑥,《十国春秋》卷九七《闽八·黄岳传》也道,就连偏僻的感德场(今宁德市)在黄岳的帮助下,也使缺衣欠食的移民"从之者如市"。而鉴于社会动乱,北方与江淮皆成战场,时在闽地当官的就多留住于闽,不在闽地当官的也纷纷弃官入闽⑦。但总的说,在此阶段内移民入闽仍以江淮两浙为多。

而福建人口再次急速增长和社会又有明显进步,是至王氏兄弟的率军入闽,即史书所指的光启元年(885)王绪、王潮"悉举光、寿兵

---

① 《陈书·世祖纪》。
② 《隋书·南蛮传》。
③ 《白石丁氏古谱》。
④ 详见后述。
⑤ 林汀水《福建人口迁徙论考》,《中国社会经济史研究》,2003年第2期。
⑥ 《全唐书》卷八二六。
⑦ 葛剑雄《中国移民史》第三卷第九章第四节所引资料及1933年《闽侯县志》卷一〇五《流寓》等。

五千人,驱吏民渡江","自南康入临汀,陷漳浦,有众数万"①,此即人们所称的中原人第三次大规模移民入闽。此后,审知在闽执政,建都福州,保境安民,因有一批得力人士来闽参政,社会经济文化得到较快的发展,又使当时深受战乱之苦的江淮两浙等地人不断继续入闽避难,到了宋初福建有户467811,已比唐天宝间的91186户约多5倍②。迨至宋元丰八年(1085)随着户口的增殖,户数更达992087,官民田数仅11091990亩③,户均亩数11.2亩,成为南方各路户均亩数最少的。至是,反使福建地狭人稠,开始向外移民。

及至靖康之乱,形成中国历史上规模最大的北方人口的第三次南迁。此时,金兵南下,兵锋直指江南,逼使宋廷退让,一支由隆祐太后率避江西,跟随逃亡的北方难民就多散处江西、岭南与汀州各地;另由高宗亲领的一支转向浙东。金兵南下,先屠平江府城,浙西7州仅存湖州;浙东也遭屠城,由是江浙之人遂又再次大规模避难入闽。此次战乱,还有大批溃兵流民南下,纷纷组成武装集团,他们控制着停留在今江西不下百万的北方流民。其时,唯有四川四路与今闽、广未遭战火波及,特别是福建社会经济最称富庶和安定,也使大批赣人涌入闽地。到了宋末元初,元军南下,江浙赣人入闽更多④。可见福建历代的移民,主要应以江浙为主,他们大多经由柘岭或沿海路移迁福、建、泉、漳、兴各州;次为赣人,他们则由各地的山隘分别转徙汀、邵二府。

我们这样讲,不但具有以上诸多史实为据,且有许多事实还可资证明。福建古称闽,是东南方越族人的聚居地,所讲方言基本上同属古吴越语言⑤,与吴、越人交往也最频繁。据研究,西晋永嘉前江南

---

① 《资治通鉴》卷二五六僖宗光启三年条、《新五代史》卷六八《闽王审知世家》。
② 《太平寰宇记》卷一〇〇、《新唐书·地理志》。
③ 《文献通考》卷一一《户口考二》、卷四《田赋考四》。
④ 详见林汀水《福建人口迁徙论考》,《中国社会经济史研究》,2003年第2期。
⑤ 韦庆稳《试论百越民族的语言》,《百越民族史论集》,中国社会科学出版社1982年;李如龙《福建方言》,福建人民出版社1997年。

各地讲的仍是清一色的吴语,永嘉后大部分地区依旧[①]。甚至到了五代初当吴越王钱镠用了北方的雅言唱《还乡歌》,在座的吴越人都还听不懂歌词的意思,为此,吴越王只好"高揭吴喉唱山歌以见意",才使大家清楚明白。对此,北宋释文莹在《湘山野录·梁太祖封钱镠为吴越王》一文中曾就山歌的一些歌词加注说:"吴人谓侬为我","呼'味'为'寐'",名词中可带"子"字作后缀。这些歌词与今闽方言的口语词仍相近似。故当大批江浙人先后进入闽地,对古属吴语区的闽方言冲击不大,还能使各地的闽方言保持长期的相对统一和稳定。而古闽方言的汀、邵二府,则自宋元赣人大批涌入后,而使汀、邵二府另成客家的方言区与闽赣的方言地[②]。

另据人们研究,中华民族乃是起源于古代两个不同特征的群体,大致约以北纬30度为界,北属北方型,南属南方型,这一界限当形成于南宋时期[③]。盖因远古时候,长江以南系属百越人最为集中的聚居地,至汉又有大批越人被徙江淮,后经北方三次大规模移民,至宋江南与淮南地已被北方人所占领,而原住江淮两浙的古越族人不断被迫南迁闽、广,才会导致今天的江淮两浙人无论是在人体特征或是语言、风俗上都较接近北方人,而个体矮小、且至今尚能保留许多古吴越语言的闽、广人则成古越族人后裔的集中地。所以南宋期间迁入闽方言区的难民,绝大多数仍应是属江浙二地的原住民。

此外,《宋史·地理志》载,福建人"其俗信鬼尚祀,重浮屠之教,与江南、二浙略同"。越人信巫,巫觋文化突出,这一残遗至今留在闽地仍重,这一特点也能佐证今之福建人当以古越族人后裔为多。

---

[①] 周振鹤、游汝杰《方言与中国文化》,上海人民出版社1986年。

[②] 林汀水《福建人口迁徙论考》《也谈闽方言的形成与发展变化》《对闽南文化的形成与发展变化的几点不同看法》,分别载于《中国社会经济史研究》2003年第2期、《百越研究》(第一辑)、《闽南文化交流》2007年第1期及李如龙《福建方言》。

[③] 赵桐茂、陈琦等《中国人免疫球蛋白同种异型的研究:中华民族起源的一个假设》,《遗传学报》18卷2期,1991年。

## 二、有关族谱与中原的三次大规模移民入闽问题

截至目前福建学术界绝大部分人认为，福建是个移民社会，中原曾有三次大规模移民入闽，今闽人主体应属中原人遗留下来的后裔。所指三次移民一是永嘉之乱八姓（或四姓）的南渡，另是陈政、陈元光与王氏三兄弟的率军入闽。这种说法与我的闽人主体说应属闽越土著和江淮两浙赣人的后裔的看法不尽相同。为此，再辩如下。

先谈永嘉之乱。持此一说的人，他们所据大凡有二：一是宋人路振《九国志》载："晋永嘉二年（308），中州板荡，衣冠始入闽者八姓：林、黄、陈、郑、詹、邱、何、胡是也"；此说尚有唐人林蕴在为《林氏族谱》作序中所言为证："汉武帝以闽数反，命迁其民于江淮，久空其地。今诸姓入闽，自永嘉始也。"另是宋代陈振孙《直斋书录解题》引唐人林谞《闽中记》曰："永嘉之乱，中原士族林、黄、陈、郑四姓先入闽。"他们说，林蕴、林谞皆唐人，上距永嘉之乱为时并不太远，所讲应该可信。然见唐人著作《开元录》，却道，其中林、黄、陈、郑等五姓是为"蛇种"，指出其中五姓乃为闽越人土著。三说二样话，同是唐朝人之言，究竟应以何说为是？相比之下，我认为当从《开元录》说较为近是。因为《开元录》承认其中有不少土著人的成分，并非全是外来人。很显然，林蕴作序所称闽中"久空其地"（即闽越人早被汉廷军吏全部迁走）一语是不符合事实的。而查《陈书·陈宝应传》，有曰："陈宝应，晋安候官人也。世为闽中四姓"。其中"世为闽中四姓"与《闽中记》所云"中原士族林、黄、陈、郑四姓先入闽"一语极相类似，是否为《闽中记》之所本？若是，则按《陈宝应传》一文分析，陈宝应一家本乃闽中土著，是至陈世祖嗣位后，为拉拢陈宝应为他所用，"命宗正录其本系"，才被"编为宗室"。因此，以上资料既难当真，要作中原人八姓（或四姓）第一次大规模入闽的证据，就不可靠。我们这样讲人们可能不服气，会问，现存福建各姓族谱中都称"福建的始祖皆来自中原"，又当作何解释？我无否定福建族谱真实性的意思，只对始祖来

源说有怀疑。因为福建现存各姓族谱的编修，受到郡望或门阀思想的影响，先后将其始祖尽量定为中原人，或为达到其他的目的，然后再经联宗与合谱，而共推一位历史上的大名人作为一姓的共同始祖，以使同姓人增强荣誉感和凝聚力，于是土著人深怕受到歧视，有样学样，也就去寻觅一位中原名流作为祖先以与别姓相抗衡，这样一来，就使今天的福建族谱中找不到有一姓的始祖是出自于本土。诚如唐人颜师古注《汉书·睦弘传》所言："私谱之文出于间巷，家自为说，事非经典，苟引先贤，妄相假托，无所取信，宁足据乎"；又如宋人郑樵在其《家谱后序》也说："吾祖出荥阳，过江入闽，皆有源流，孰为光州固始人哉？闽人称祖，皆曰自光州固始来，实由王潮兄弟从王绪入闽，审知因其众克定闽中，以桑梓故，独优固始。故闽人至今言氏族者，本之当审知之时重固始也，其实谬滥。"因此，论证福建历代的移民来自何方，若单凭族谱资料的始祖来源说，同样也是不行的①。

再是乐史《太平寰宇记》福州、泉州条有曰："东晋南渡，衣冠士族多萃其地，以求安堵。"于是精灵人顾名思义，遂加发挥说，晋有晋安郡、晋安县，就因永嘉之乱有大批中原人移住于此"以求安堵"而得名。其实，晋安郡县的得名早在西晋太康初年，与此并无关联，所以也是一样不能作为永嘉之乱曾有大批中原人南渡入闽的依据。

何况再参《晋书·地理志》福建有户8600，到了刘宋《宋书·州郡志》仅有5885户，基于晋宋户数不增反降，我认为更能证明永嘉之乱曾有大批中原人南渡入闽的说法，其所依据的资料和所作的判断应有问题。

至于陈政、陈元光和王氏三兄弟由固始率军入闽，我们则以固始地处江淮间，江淮古属扬州，春秋战国地归吴、楚，住民是为吴、楚人，汉又有一批东瓯、闽越人移徙其地，唐属淮南道，从未划入古人所称的"中原"范围，而不将固始人两次的移民入闽视为中原人第二、三次大规模移民入闽。再是江淮古属吴、楚，住的是吴、楚人，汉时又徙东瓯、闽越人于此，居民原先讲的自是古代的吴、楚语，应有

---

① 参见陈支平《福建族谱》，福建人民出版社1996年。

许多底层语言可通上中古的闽方言。正因如是,故当丁儒跟随陈政入闽,才会在他的《归闲诗二十韵》中云"土音今听惯",只是语音略有差别,不把闽方言看成"南蛮鴃舌"之语①,这也说明古时的江淮人与中原人确实是有很大区别的。

### 三、闽越人汉化的过程与特点

最后尚需解决一个问题,即中原人未曾大规模入闽,闽越人及其后裔又如何汉化? 我认为,闽越人的汉化主要当受江浙古吴越人所带来的影响。盖住江浙的古吴越人较早兴起,他们早在春秋战国时候已能北上与中原列强争雄,因受中原文化影响最早最大,而早已汉化。后为楚国所灭,部分子孙被迫入迁闽地,也就开始影响闽越土著。迄至秦末无诸举兵参加反秦和助刘反项,在这漫长战争中,他们频繁交往楚、汉人,再次开拓眼界,汉化又加深。只是到了汉武帝时馀善反汉,兵败国灭,汉廷为防逃遁山谷中的闽越人的反抗,在今闽地设置东部候官,并由东部都尉派兵入闽镇守,实行长期军事管制,才使他们的汉化止步。直到三国吴和西晋取消军管,并陆续在闽各地增设郡县,才在增设郡县的地域内使他们逐渐再次接受汉化。然自宋齐梁陈由于王朝势力削弱,土著势力渐兴,加上隋代省并州郡县过头,使土著势力复兴,纷纷摆脱王朝统治,又使广大地区的汉化遭遇停顿,致唐初期福建到处仍成"蛮僚"地。

面对这种状况,唐王朝对"蛮僚啸乱"的地方最初实行军事镇压,但事与愿违。后改"恩威并济"和推行土人任官制的策略②,效果不错,遂继平息九龙江流域的啸乱,置了漳州,又在汀州和古田、尤溪各地先后"开山洞"立了一批新的州县③,复使这些地方返归王朝统治。

---

① 参见林汀水《也谈闽方言的形成与发展变化》,《百越研究》(第一辑)等。
② 《资治通鉴》卷二〇一总章二年条。
③ 新旧《唐书·地理志》、《元和郡县志》、《嘉庆重修一统志》。

接着为了强化中央王朝对地方的管理,唐王朝又采取不少措施,如先后在闽各地兴办州县学,灌输封建政治文化和宣扬儒、道、释等思想,并在全国推广汉语标准音,使许多闽人便于沟通各地人,从中消除隔阂与障碍,而进一步加速了汉化。

迨及王审知在闽执政,引来一批北方籍士人辅佐参政,继续推广古汉语标准音,使闽方言形成文、白两套的读音,又带来许多中原的宗教、音乐戏曲等,就使闽人更加汉化。

进入宋代,特别是南宋,中原丧乱,引起中国历史上规模最大的人口南迁,更有大批的浙赣人移民入闽,还有一批赵氏宗室也入闽避难。那时,江浙赣的经济文化最称发达,由于江浙赣人再次大批进入闽地,带来许多先进技术,使福建的农工商业勃兴,得到全面的大发展,从而步入全国最先进的行列。至是,随着经济的振兴、文化的普及,闽人"喜讲诵","登科第者尤多"[1],还出了大文人朱熹等,使福建成为儒学研究的中心地之一,名噪天下,人们也就不敢再把福建视为落后的蛮僚地和蛮僚之人了。

故由上述可见,闽越人及其后裔的汉化当具以下特点:1.受汉化影响虽然较早,但受诸多因素的限制,屡屡受挫,经常反复,致使汉化显得十分缓慢,直到唐代仍被时人视为落后之地,唐王朝还不得不将它作为少数民族的特殊地区事事另作处理[2]。2.各地的汉化有先有后,进程差异大。大致说,各地设州置县较早较稳定和移民较早较多的地方,汉化一般都较早较快,而中央较难掌控的边沿山地和地形复杂的地区,汉化一般都较晚,反复也多。3.在汉化过程中,江浙移民最早最多,所起的作用最大,因此,福建的经济、文化类型也与江浙最相近。

以上所言,或属谬论,敬请专家学者加以批评指正!

(原载《历史地理》第二十七辑)

---

[1] 《宋史·地理志》。
[2] 《资治通鉴》卷二〇一总章二年条。

# 也谈闽方言的形成与发展变化

《礼记·王制》说:"五方之民,言语不通,嗜欲不同。"西汉刘向《说苑·善说》也用汉字记音录下了春秋时代榜枻的《越人歌》,并以汉文作意译,说明当时的越语不同诸夏,不经翻译不可相通。兹据壮语学家韦庆稳研究,这首《越人歌》所用的语言和语法,都与今天的壮语非常相近①。可见古属百越分布地的吴、粤、闽方言区,早先应有很多共同语言。

语言的核心是它的语音和语法的结构与其构词的特点。现就人们研究,住在今天的江、浙、闽、粤各地的古越族人,他们的语言确实也应相近。先从语法结构说,闽方言的语法是与汉语不同的,而与壮语一样,修饰语在后,中心语在前,如公鸡说鸡公,母鸡说鸡母,干鱼说鱼干,客人说人客,等等。而在语音上,古吴越语言也是多音节的,与汉语的单音节有异,如扬雄记载的"爱",古吴越语说"怜职","热"谓"煦煅","短"谓"短耀"。另对人、地名称之命名,也都有冠首字的发语词,且多类似,如见春秋战国至秦汉的吴越地区(包括楚、齐、

---

① 韦庆稳《试论百越民族的语言》,见《百越民族史论集》,中国社会科学出版社 1982 年。

鲁)都有于越、于陵、句章、句容、句潋、姑苏、姑蔑、乌程、乌伤、余杭、余姚、余干、无锡、无湖和夫椒等的地名称谓;人名则有勾践、余祭、夫差、无壬、无疆等。古岭南地区(包括越南各地)也有句町、苟漏山、姑幕、无功、无编和余发等地名。而在福建,同样是有无诸和馀善诸王的名字。另是今之福建与广西,还有拿口、拿坑、拿厝、那龙、那隆、那桐、古山、古雷和古田等地名。此类地名称谓虽不见于春秋战国与秦汉的记载,然属古越之人的底层语言,也都已被专家所肯定[①]。

百越民族中最早接受华夏文化的,乃是原住江浙一带的古吴越人。这里地近中原,早与中原有了频繁交往,而当吴王夫差与越王勾践兴起时,还与中原列强争霸。秦统一六国后,"书同文",借用中原的词汇已多,多音节的语言也改变不少。此等变化对日后闽方言的形成,自会产生极大的影响。下面先谈闽方言的形成。

## 一、闽方言的形成

福建古称闽,是东南方越族人的聚居地[②]。越人因住闽地,也称闽越人[③]。迨至战国后期楚威王兴兵伐越,杀王无疆,越以此散,诸族子争立,或为王,或为君,滨于江南海上,服朝于楚,其中已有一支吴越之人逃入闽中地。到了秦末,曾由越王子孙无诸率众参加反秦反项的斗争,并因有功而在汉高帝五年(前202)受封闽越王,"王闽中故地,都东冶(今福州市)"[④]。那时能由无诸率众参加反秦反项,并王闽中故地,当是战国时候由今江浙移民入闽的吴越之人甚多,且与原住民取得融合,彼此间所用的语言已可相通了。

---

① 周振鹤、游汝杰《方言与中国文化》,李如龙《福建方言》。
② 《山海经·海内南经》\许慎《说文解字》。
③ 《春秋集览》注闽越地。
④ 《史记·越王勾践世家》与《东越列传》。

此后，闽越王国反汉，兵败国灭，其民被徙江淮间，汉廷乃设东部候官于今福州市驻军镇守①。东部候官时属会稽郡东部都尉，所派官兵自当来自江浙。

到了东汉末，孙吴用心经营闽地，流放许多江浙罪犯连其家属至东冶发展造船事业②，也有不堪"公私苛乱"等原因，由今江浙逃亡邵武的③。后为镇压山越的反抗，又再五次派兵入闽，"料出兵万人"④，且为强化其军事占领，而在今天的建瓯市增设南部都尉⑤。迨至山越平定后，人口急增，即在闽北各地先设建安、汉兴、建平、南平四县，又在福州分设候官一县。此后再增将乐、昭武和东安三县，并改置南部都尉为建安郡，以领上面所列八县；又在福安市南增立罗江，另隶临海郡⑥。至是，由今江浙移民入闽的更多。

永嘉之乱，中州板荡，引起北方人大规模南迁。这次移民持续至东晋，时住黄河下游及今山东、河北与今河南东南部的难民，大多移入淮河流域和长江下游避难，以今江苏接受移民最多，于此设了大批侨州郡县。那时北方的移民虽未进入闽地，然至侯景之乱，"东境饥馑，会稽尤甚，死者十七八，平民男女并皆自卖，而晋安独丰沃。宝应自海道寇临安（应作临海）、永嘉及会稽余姚、诸暨，又载米粟与之贸易，多致玉帛子女，其有能致舟乘者，亦并奔归之，由是大致赀产，士众彊盛"⑦，由今浙东、浙南各地移入闽地的人却相当的多。

由上可见，是自战国后期至魏晋南北朝期间，福建已先接受来自江浙四次规模较大的移民。至是江浙之人在闽已占多数，且居统治地

---

① 林汀水《再谈冶都、冶县、东部候国与东部候官的沿革、治所问题》，《历史地理》第十五辑。

② 《三国志》之《贺齐传》、《吕岱传》、《钟离牧传》、《张尚传》、《陆凯传》、《三嗣主传》第三。

③ 乐史《太平寰宇记》卷一〇一。

④ 《三国志·贺齐传》等。

⑤ 《宋书·州郡志》。

⑥ 《晋书·地理志》、《宋书·州郡志》、《资治通鉴》卷七九晋武帝泰始五年条注引宋白语。

⑦ 《陈书·陈宝应传》。

位,故其闽地的语言,自当是属古吴越方言。但因无诸曾率众走出闽地参加反秦反项的斗争,在与楚人和中原汉人频繁交往的过程中,已经接受了一些古楚语与中原的古汉语的影响,于是也就使其当时正在形成中的闽方言,也融合着许多古楚语与古汉语的底层语言①。

另据专家研究,此时的闽方言上古层语音多见于口语词,轻唇读为重唇,舌上音读为舌头音。此即所谓"古无轻唇"、"古无舌上"。

现在这些古语词与古语音大多已经失传于吴、楚,而仅在闽方言中继续广泛被使用②。

## 二、闽方言的发展变化

进入唐初,漳州"蛮僚"啸乱,先有陈政、陈元光率军入闽平叛,随行将士 113 员,府兵 3600 人。初战失利,又令其兄弟率 58 姓军校前来支援。平叛后,这支部队连其家属被留漳州地区,遂成该地居民的始祖③。这支部队来自光州固始。

安史乱后,黄河流域的百姓为避战乱,纷纷南逃,"四海南奔似永嘉"④,"多士奔吴为人海"⑤,"两京蹂于胡骑,士君子多以家渡江东"⑥。这次移民规模甚大,已经波及江西的中、北部,但移入闽地的仍少,福建照旧被称地旷人稀,"风俗剽悍,岁比饥馑"的落后之地⑦。

---

① 据李如龙《福建方言》和周振鹤、游汝杰《方言与中国文化》二书所引资料,今闽方言中尚被广泛使用的侬、椀、藻、健、鲑、堞、掜、扚、敦、澳等语词,都是古吴越语;夥、蜀、箸、奶、喳、潭、锪、拌、嬉、差为古楚语;豨、槭、濑也属吴楚通语;鼎、汤、喙、跛、涂、骸、新妇、胡蟳、箸等乃上古汉语之遗存。

② 详见李如龙《福建方言》第一章第一节。

③ 漳州《颖川开漳族谱》、《重纂福建通志》卷一二一《陈元光传》。

④ 《全唐诗》诗一六七《永王东巡歌十一首》。

⑤ 《全唐文》卷五二九《送宣歙李衙推八郎使东都序》。

⑥ 《旧唐书·权德舆传》。

⑦ 《全唐文》卷三八七独孤及《送王判官赴福州序》。

直到乾符间,王仙芝与黄巢起义,接着军阀混战二三十年,战火燃遍黄淮流域,并波及长江地区,使江淮各地也成移民的输出地。至是,远离战场的福建遂成移民避难的安全区。黄滔在他的《福州雪峰山故真觉大师碑铭》中曾云,仅一天之内,入闽僧尼士庶就达5000多人①。《十国春秋》卷九七《闽八·黄岳传》也载,就连偏僻的感德场(今宁德市)在黄岳的帮助下,也使少衣缺食的难民"从之者如市"。

至僖宗光启元年(885),又有王绪、王潮"悉举光、寿兵五千人,驱吏民渡江"②,"自南康入临汀(今长汀县),陷漳浦,有众数万"③,次年攻下泉州,景福二年(893)入据福州,弥后审知受封闽王,并在福州建都。审知执政,保境安民,发展经济文化,"作四门义学,还流亡,定赋敛,遣吏劝农,人皆安之",那时"中原乱,公卿多来依之"④,又使当时的福建人口剧增,社会经济再得进一步迅速的发展。

综上所述,是自唐初至唐末,又有三次规模较大的移民入闽。其中两次来自光、寿,一次来自江浙。光、寿二州地处江淮,春秋战国时候地属吴、楚,西汉武帝间曾迁东瓯、闽越人至该地,当有很多底层语言可通上古的闽方言,不会造成太大的语言障碍。正因如是,故随陈政入闽的丁儒才会在他的《归闲诗二十韵》中云:"土音今听惯。"只是语音略有差别,很快就能听懂闽南话了。

而在江南,西晋永嘉前讲的仍是清一色的吴语。永嘉之乱后,北方汉人大批南渡,虽在建康府附近设了许多侨州郡县,已使吴语的北区形成了"半官话",但广大的江南仍纯属吴语区,致令东晋宰相王导时为联络南方的士族,还得常说吴语。甚至晚于五代初,情况基本依旧。北宋释文莹《湘山野录·梁太祖封钱镠为吴越王》说:"开平

---

① 《全唐文》卷八二六。
② 《资治通鉴》卷二五六僖宗光启三年条。
③ 《新五代史》卷六八《闽王审知世家》。
④ 《新唐书》卷一九〇《王潮传》《王审邦传》、《新五代史》卷六八《闽王审知世家》、《十国春秋》卷九四《闽王·五审邦传》。

元年(907),梁太祖即位,封钱武肃镠为吴越王。(镠)拜受之。……为牛酒大陈乡饮……镠起,执爵于席,自唱《还乡歌》以娱宾……时父老虽闻歌进酒,都不之晓。武肃觉其欢意不甚浃洽,再酌酒,高揭吴喉唱山歌以见意,词曰:'你辈见侬底欢喜,别是一般滋味子,永在我侬心子里。'歌阕,合声赓赞,叫笑振席,欢感闾里。"文中还加附注说:"吴人谓侬为我","呼'味'为'寐'",指出那时的吴语还与北方的雅言尚存较大的差异,一般老百姓是听不懂北方语言的。其中尤值一提的,是当时吴语的第一人称的单数"侬"和"我侬",以及名词中可带"子"字作后缀,与今闽方言的口语词还极为相似①。

盖因如是,即当时南迁的光、寿之人与江南人,他们讲的方言还与当时的闽方言差别不大,所以尽管这一时候由江淮两浙入徙闽地的人数甚多,且居统治地位,也还仍能继续保存着很多闽方言的上古语词和语音。诚如唐人谈到安史之乱后的情况所说:"北人避胡多在南,南人至今能晋语。"②同时又能在新的融合中,再创一批新的闽方言的中古语词与语音③。

此后,社会长期安定,直到宋代靖康元年(1126)正月,金兵攻至黄河北岸,京师告急,徽宗忙带亲信大臣南下避难,开封城内"男子妇人老幼,相携出东水门沿河而走者数万,遇金人杀掠者几半"④,"又旬日,上皇移幸而南(赴镇江)。自是京师士民来者日夕继踵"⑤。迨至高宗即位(1127),赵构将宋室移至江宁、镇江和扬州,隆祐太后也在军队的护卫下,亲率六宫与卫士家属南迁江宁避难,引起人心浮动,人们纷纷南逃。后金兵进入淮河,高宗就由扬州渡越长江。"高宗南渡,民之从者如归市"⑥,便形成历史上规模最大的北方人口的

---

① 详见周振鹤、游汝杰《方言与中国文化》第八章《方言与民俗》。
② 张籍《永嘉行》。
③ 详见李如龙《福建方言》第一章第二节《中原汉人入闽和闽方言的形成》。
④ 《三朝北盟会编》卷二九靖康中帙三。
⑤ 王明清《玉照新志》卷三引胡舜申《乙己泗州录》。
⑥ 《宋史·食货志》。

第三次南迁。而当金兵南下,江南也成战场,大批江浙之人又再移徙福建避难①。至是,江淮两浙地多被北方人所占领,福建遂成江淮两浙古越族子孙最为集中的聚居地,而使比较原始的古吴越语言能够长期较多地被保留在今福建。

但是方言也随社会的发展和人口的迁徙与融合,并受政区分设等方面的影响,而不断引起变化。福建方言的变化,主要是从唐宋开始的。到了这一时候,原先较为统一的闽方言当因政区的分置和移民来源的不同,而出现比较明显的分异。

福建有其政区建置,严格地说是从东汉末年开始的(以前先为闽越王国,后属会稽郡东部都尉东部候官的军管区)。那时,由今江浙移民入闽的,大多是先住在福州和闽北,所以福建早期的郡县设置,也都在此二地。至晋增设晋安郡,遂由建安郡分领清的建宁、延平与邵武的三府地,又由晋安郡分领福州、福宁、兴化和泉、漳、汀六府与永春、龙岩二州地。至是政治中心有二:一在建瓯,一在福州。迄至南朝梁,再增梁安郡(后改南安郡),治今南安丰州,分管兴化、泉、漳三府及永春、龙岩二州地,便开始形成三个政治、经济、文化中心。盖在这一期间内浙东、浙南大饥,大批难民多数移住晋安、梁安和义安郡,与早期的移民地闽北有异,并受政区较长时间的分割,建安郡地的方言就先与晋安、梁安和义安三郡的方言发生分离。

到了唐初,又因先有光州固始人陈政、陈元光率军入闽,这支部队连其家属主要定居漳州,也有部分散处泉州;接着黄巢起义和军阀混战二三十年,战火波及江淮两浙地,又有大批江浙人避难闽东各地;唐末,又有王潮和他的兄弟再次率军入闽,这支部队连其家属大多进驻福州。由于前后三次移民相差 200 年,且因各地移民带来的语言有差异,又使泉、漳的方言也与福州的方言开始发生分离。至是便先形成闽东、闽南、闽北这样三个闽方言的大区格局。

及至宋元,当赣人与住赣的北方人大批涌入闽西和邵武各地

---

① 林汀水《福建人口迁徙论考》,《中国社会经济史研究》2003 年第 2 期。

后,又使原属闽方言的闽西逐渐蜕变为客家的方言区,邵武府属则成闽赣的方言地。

进入明清,闽北长期战乱,饥疫连年,人口大耗,赣人再次大批涌入,又使闽赣的方言进一步影响到崇安、建阳、将乐和顺昌各县地,浦城北部则因浙人涌入,而成吴语区。

另是闽中的沙县和永安,东连闽南,西接闽西,此时入迁很多闽西、闽南人,也使该地的方言发生变异,由原属闽北方言变为闽中方言。

兴化府最初是讲闽南话,至宋增置兴化军,不再隶属泉州管辖。后因地处福、泉间,常与福州交往,必须学习福州话,就掺和使用闽东方言,而成另一语言,形成莆仙话。

此时又因驻军的缘故和省内人口的移徙,复在这一期间内形成许多方言岛。至是遂有闽东、闽北、闽中、闽南和莆仙五个闽方言的次方言区,另有客家、闽赣两个方言地,及属闽、客、赣方言过渡带与浦城北部的吴语区。其中闽南方言区占有清的泉、漳二府与永春、龙岩二州及属延平府的尤溪县地,闽东方言区占有福州、福宁二府地,莆仙方言区占有兴化府地,客家方言区占有汀州府地,而原属比较统一的闽北方言区,则自宋代开始逐步蜕化,至清也已变成闽赣的方言区与属闽北、闽中两个次闽方言地。其中闽北方言区占有清的建宁府地与延平府城附近的部分地区,闽赣方言区占有邵武府地,闽中方言区占有延平府属的沙县、永安二县地,还有别属闽、客、赣方言过渡带的将乐、顺昌及属汀州府的归化(今明溪)三县地[①]。

可见福建方言的形成与发展变化,是深受政区设置和移民来源及移民时间的不同所影响的。盖福建政区的设置十分稳定,二级政区基本上是按流域的地貌单元划分辖县的,区域内彼此间的交通较方便,府、州治所也多长期不变,都早已形成各自的政治、经济和文

---

① 李如龙《福建方言》第二章第四节。按该书附图将尤溪县划为闽东、闽南方言过渡带。本人疑当形成于明清之后,以前应属闽南方言区。

化的中心地,有利于消除各自区域内各县方言的差别,而使各县方言都向府、州治所靠拢,形成相对统一的区域方言的特点。另是福建的移民,早期大多来自江浙,入宋至清,除闽西与闽北的一些地方主要来自赣省,其他仍多为江浙人,因为移民来源较单一,这又有助于各地方言的长期稳定。

福建方言,特别是闽方言,至今尚留有很多古吴越语言与古楚语的底层语言,又叠置着很多上古汉语与中古汉语,至宋已成全国各地最为难懂的方言,而有"南蛮鴂舌"之称。可以说,闽方言在继承前代语言成分方面是最保守的,故被汉语史专家视为研究古汉语的"活化石"。我认为福建是个移民社会,研究福建方言的形成与发展变化,首先应从福建的移民时间和移民来源去作认真的探讨,才能真正摸清其中的奥秘。

(原载《百越研究》第一辑,广西科学技术出版社2007年)

# 对闽南文化的形成与发展变化的几点不同看法

闽南文化原是指今福建南部泉、漳、厦的文化。这一地域文化最主要的特征是讲闽南话,且兼有许多现在中原已无的中原文化和产生于本土的一些独特文化。这些文化的形成和发展变化,都与福建的移民及福建的地理环境有密切关系。后随闽南人的外迁,又有泛闽南文化。下面拟就这一问题略作几点试探。

## 一、福建的移民与方言的变化

福建古称闽,是东南方越族人的聚居地。因越族人住闽地,亦曰闽越人。战国末,楚灭越,已有一批越国人避乱移居闽地。据韦庆稳等人的研究,古属百越分布地的方言,其语法结构、语音和语词,都与古吴越方言的底层语言十分相近,故应同属古吴越方言[①]。
越国地处江浙一带,是百越民族中地理位置最近中原的地方,

---

[①] 韦庆稳《试论百越民族的语言》(《百越民族史论集》),周振鹤、游汝杰《方言与中国文化》,李如龙《福建方言》。

早与中原有了频繁交往。盖自秦代统一六国后,"书同文",借用中原的词汇已多,多音节的语言也当早有一些变化。此等变化对日后闽方言的形成,自会产生较大的影响。

迨至秦末,越王子孙无诸率领闽越人出兵反秦,后又助刘反项有功,受封闽越王,王闽中故地,都冶(今福州市)。在这漫长的战争过程中,闽越人与楚、汉人经过频繁交往,其方言自当又会受到更多的影响。

此后,闽越反汉,兵败国灭,部分闽越人被徙江淮,汉廷就派会稽郡东部都尉出兵入闽镇守,并设东部候官于冶(今福州市)加以管理①。

东汉末,孙吴用心经营闽地,流放许多江浙罪犯连其家属至冶发展造船事业,还有不堪"公私苛乱"等原因,由今江浙逃亡邵武的人。后为镇压山越的反抗,又五次派兵入闽,"料出兵万人",且为强化军事占领而在今天的建瓯市增设南部都尉。待至山越平定,人口急增,即在闽北各地先设建安、汉兴、建平、南平四县,又在福州分设候官一县,接着再增将乐、昭武和东安三县,并改南部都尉为建安郡,以领上面所列的八县;又在福安市南增立罗江,另隶临海郡②。至是,由今江浙移民入闽的更多。

永嘉之乱,中州板荡,引起北方人大规模南迁。这次移民持续至东晋,时住黄河下游及今山东、河南、河北的难民,大多移入淮河流域和长江下游避难,以今江苏接受移民最多,于此设了大批的侨州郡县。那时,北方的移民虽未进入福建,然至侯景之乱,却有一批由今浙东、浙南各地的饥民再次迁徙福建③。这些人讲的仍是古代的吴越方言④。

---

① 林汀水《会稽东、南二部都尉的设置》《再谈冶都、冶县、东部侯国与东部候官的沿革、治所问题》,分别载于《厦门大学学报》1995年第2期、《历史地理》第十五辑。
② 林汀水《福建政区建置的过程及其特点》,《历史地理》第十辑。
③ 《陈书·陈宝应传》。
④ 周振鹤、游汝杰《方言与中国文化》。

由上可见,是自战国末期至魏晋南北朝期间,福建已先接受来自江浙四次规模较大的移民。至是,江浙之人在闽已占多数,福建的方言自属古代的吴越语言。但因无诸曾先率众参加反秦反项,在与楚人和中原汉人的频繁交往中,已经接受了一些古楚语与中原的古汉语的影响,也就使当时正在形成中的闽方言,融合了许多古楚语与古汉语的底层语言。而今这些古楚语与古汉语的语词和语音已经失传于吴、楚和中原,仅在闽方言中被继续广泛使用,遂成今天的闽方言具有很多上古层的语词和语音的特点①。

进入唐初,先有陈政、陈元光率军入闽,这支部队连其家属来自光州固始,被留漳州地区,成为该地居民的始祖。安史乱后,又在乾符间发生王仙芝与黄巢起义,接着军阀混战二三十年,战火燃遍黄淮流域,并波及长江地区,使江淮各地也成移民的输出地。此时,福建因为远离战场,遂又成了这些地方移民避难的安全地。随后,又有王潮、王绪悉举光、寿兵连其家属入据闽地,并由王审知在闽执政,建都福州。

由上所述,是自唐初至唐末,先后又有三次规模较大的移民入闽,其中两次来自光、寿,一次来自江浙。光、寿二州地处江淮,春秋战国时候地属吴楚,西汉武帝间迁东瓯、闽越人于江淮,当有很多东瓯、闽越人被徙于此。以此而推,这里当有很多底层语言可通上古的闽方言,故当这些人入据福建后,时随陈政入闽的丁儒才会在他的《归闲诗二十韵》中云"土音今听惯",只是语音略有差别,语言障碍不大,很快就能听懂当地人的话了。而在江南,晚至于唐,"北人避胡多在南,南人至今能晋语"②;及至五代初,吴人尚是"谓侬为我","呼'呋'为'寐'",名词中多带"子"字作后缀,一般老百姓都还听不懂北方的雅言③,却与闽方言的口语词仍相类似。故当这一时候由江淮两

---

① 李如龙《福建方言》。
② 张籍《永嘉行》。
③ 北宋释文莹《湘山野录·梁太祖封钱镠为吴越王》所引《还乡歌》及注。

浙地入迁福建的人尽管很多，且居统治地位，很多闽方言中的上古语词与语音，也还能够被继续使用，同时随着新时代人口的入迁与融合，又能使其闽方言再次接受一批新的中古语词和语音①。

此后，社会长期安定，直到宋代靖康之乱金兵南下，引起中国有史以来北方人最大规模的南迁。而当金兵南下，江南成为战场，又使大批江浙之人再度南徙福建，遂使比较原始的上、中古时期的中原汉语与吴越方言能够较多地被长期保留在今福建，特别是宋廷的南外宗正司的移入泉州，使中原文化能在泉州生根发芽和壮大，影响尤大②。

但是方言也随社会的发展和人口不断的移徙与融合，而不断发生变化。福建方言内部的变化，主要是从唐宋开始的。到了此时，原先较为统一的闽方言因受政区的分置与移民来源的不同，而出现较为明显的分异。

福建有其政区建置，严格地说是从东汉末年开始的（以前先为闽中虚郡、闽越王国，至汉武帝灭闽越，才有东部候官军事机构的设立，始属会稽郡东部都尉的管理）③。那时，由今江浙移民入闽的，大多先住福州和闽北，所以早期福建郡县的设置，也都在此二地。至晋增设晋安郡，才由建安郡分领清的建宁、延平和邵武的三府地，另由晋安郡分领福州、福宁、兴化、泉、漳、汀六府与其永春、龙岩二州地。至是，政治中心有二：一在建瓯，一在福州。迄至南朝梁，再增梁安郡（后改南安郡），治今南安丰州，分管兴化、泉、漳三府及其永春、龙岩二州地，才有三个政治、经济、文化中心地的形成。稍后，浙东、浙南大饥，大批饥民移住晋安、梁安和义安三郡，与早期移民地大多是在闽北已经有异，并受政区较长时间的分割，建安郡地的方言便先与

---

① 李如龙《福建方言》第一章第二节《中原汉人入闽和闽方言的形成》。
② 林汀水《福建人口迁徙论考》，《中国社会经济史研究》2003年第2期。
③ 林汀水《再谈冶都、冶县、东部候国与东部候官的沿革、治所问题》，《历史地理》第十五辑。

其晋安、梁安和义安三郡的方言发生分离。

到了唐初,先有光州固始人陈政、陈元光率军入闽,这支部队连其家属主要定居漳州,也有部分散处泉州;接着黄巢起义和军阀混战二三十年,战火波及江淮两浙地,又有大批江浙之人避难闽东各地;唐末,复有王潮和他的兄弟再次率军入闽,这支部队连其家属大多进驻福州;五代时,又有三支割据势力分占闽东、闽北和闽南三地。由于三次的移民前后相差二百年,且因各地的移民带来的语言有差异,并受地方割据的影响,又使泉、漳的方言也与福州的方言发生分离,就开始形成闽东、闽南、闽北这样三个闽方言地的大区格局。及至宋初另立兴化军,莆、仙脱离泉州管辖,又使本讲闽南话的莆、仙人,也慢慢自成莆仙方言地。

谈到这,尚需述及唐代推广汉语标准音对闽方言的影响,时为使得全国语言能得统一,曾大力推行过中古汉语的标准音。那时,福建经济文化尚较落后,照旧地旷人稀,文人甚少,虽未能得及时广泛推广,但自王审知在闽执政,保境安民,发展经济文化,"作四门义学",又引大批中原公卿文人来闽[①],面貌已有大的改观,这套中古汉语标准语音当已得到较大范围推广。而自这套标准语音成了现在闽南方言的文读音,而与先前的闽南方言的白读音相区别,闽南话也就具有两套各成系统的语言和语音了。

## 二、宋元明清闽南人的外徙与闽南文化的向外播迁

截止于唐,福建仍是地旷人稀之地,自宋再次接受北方和江浙的大批移民后,才变得地狭人稠,农工商业也得飞速的发展,已成全国最为先进的地区之一。而随经济的发展与人口的激增,具有今闽南文化特色的许多文化,也就纷纷滋生和形成。

---

① 《新唐书》卷一九〇《王潮传》《王审邦传》、《新五代史》卷六八《闽王审知世家》、《十国春秋》卷九四《闽五·王审邦传》。

福建原属百越地,越人是以信巫闻名于世的。秦汉后传入了道、佛教,二教开始在闽得到传播。到了唐宋及其之后,又有天妃妈祖、保生大帝、清水祖师及祭陈元光的威惠庙等具有本土特色的宗教神的产生。待至泉州港的兴起,又有摩尼教、伊斯兰教、基督教和天主教等多种外来宗教的传入。至是,遂使闽南地区信教泛滥,并成各种宗教都能相处融合的地方。出现这种状况,当与福建是个移民社会、闽南地区又地处沿海,海商贸易十分兴盛有关系。

而随中原人的入闽,特别是南宋初年南外宗正司的进驻泉州,宗正司可至京城教坊请来乐司教授音乐歌舞,泉州的南音也就应运而兴。南音原称弦管,初见于晋,习用于唐,是源自中原的千年古乐。这种古乐传入泉州,或当始于唐代,至五代王延彬出任泉州刺史,他"多艺,工诗歌",家中招徕不少北方的艺人,当使泉州的弦管又得进一步的发展。其后,詹敦仁应留从效之邀前来泉州,曾写下"万灶貔貅戈甲散,千家绮罗管弦鸣"的诗句,是泉州的弦管至是已当日趋完善。这种宫廷音乐至宋南外宗正司的迁泉,引来一批宫廷艺伎奏演,更达艺术高峰。迨至宋亡,南外宗正司的乐工舞伎四散,泉州的弦管和相关的梨园戏、高甲戏及其傀儡、布袋戏便向民间传播,遂使具有地方特色的南音与各种戏曲艺术能在闽南各地继续流传[①]。而今漳州的芗剧(俗称歌仔戏)也在稍后形成起来。

以前福建是个移民输入地,由于福建多山,耕地欠缺,至宋元丰间有户 992087,官民田数仅 11091990 亩[②],户均亩数只有 11.2 亩,是南方各路户均亩数最少的,特别是泉州人口的密度最高,缺地更加严重。由于耕地不足,人们只得另谋出路。早在南宋初年,曾丰就说:"居今之人,自农转而为士,为道,为释,为技艺者,在在有之,而唯闽为多。闽地褊,不足以衣食之也,于是散而之四方,故所在学有

---

① 郑国权《略论泉州南音何以是"中国音乐历史的活化石"》,《闽南文化研究》(下),海峡文艺出版社 2004 年。

② 《文献通考》卷一一《户口考二》、卷四《田赋考四》。

闽之士,所在浮屠老子宫有闽之道、释,所在圜闠有闽之技艺。其散而在四方者固日加多,其聚而在闽者率未尝加少也。"[1]后经南宋初年及其之后再次大规模的移民入闽,至宋宝庆元年(1225),户数复又增加到1704186,口3553079[2],人均耕地更少,人们更难维生,便开始转向对外移民,并成全国输出人口最多的地方之一。这些移民主要是向潮、汕、钦、廉、雷、化、高和南恩州与海南岛及澎湖屿各地徙移。进入明清,移民规模更大,除向台湾和南洋各地移出外,次为川、赣、浙、粤、两湖和日本,还有移至闽北、闽中和闽东北各地的[3]。这些移民离开闽南后,都将闽南方言和一些闽南文化向外广泛传播。

## 三、对闽南文化分期的几点不同看法

"闽南文化发展研究"课题组将闽南文化的发展历史划成孕育、成熟、灾难、播迁与转型五个阶段[4],我不完全赞同这样的划分。而对文中所述史事,我认为也有一些地方值得重新研究。

课题组说:"汉族对福建的开发,始于秦汉,而闽南地区的大规模开发则在晋代。"此说不妥。兹查福建诸多史实,《史记》虽有闽中郡的记载,但秦的势力未及闽中,所设的闽中郡仅属虚郡[5]。至汉,汉廷虽派士兵入闽镇守,且设东部候官直属会稽郡东部都尉管理,东部都尉、东部候官乃为军事机构,士兵也当来自浙东各地的越人[6],对闽越人的汉化和地区的开发,所起的作用不会太大。至于所谓晋代大开发,也与史实不符。因为至晋只在闽南地区设了晋安、同安二

---

① 曾丰《缘督集》卷一七《送缪帐千解任诣铨改秩序》。
② 《宋史·理宗纪》。
③ 林汀水《福建人口迁徙论考》,《中国社会经济史研究》2003年第2期。
④ 详见该组发表的《闽南文化现状与发展初探》,《闽南文化研究》,2005年11月。
⑤ 林汀水《秦汉闽中地名考析二则》,《冶城历史与福州城市考古》论文集,海风出版社1999年。
⑥ 林汀水《会稽东、南二部都尉的设置》,《厦门大学学报》1995年第2期。

县,且同安旋设旋废,最多只能说是属地区开发的初始阶段。

课题组又曰:"晋安郡的设立标志着闽南作为一个独立的区域的开始,也标志着闽南文化开始了它的孕育期。"

此说也误。因为晋安郡管辖的地面甚广,包有今天的闽东、闽南、闽西各地,且其政治中心是在闽东的福州,怎么可说已经标志着闽南文化孕育期的开始?

课题组复称:"从晋至唐、五代七百年间,中原有三次向闽南大规模移民。"

此说也与史实相背。因据史书记载和人们的考证,永嘉之乱中原人的南迁,仅及淮河流域和长江下游地区,以今江苏接受移民最多。至于个别史书此后有言:"东晋南渡,衣冠士族多萃(晋安)其地,以求安堵",不过是当时人受到郡望思想的影响与望文生义所致。盖东吴立了东安,晋太康时候改名晋安,后人就以晋安为晋人南渡于此,以求安堵得名。然晋安的县名乃是出于西晋,与东晋南渡"以求安堵"并无关系,所以此说纯属附会甚明。而类似此类附会之事,至五代间仍在福建各地继续流行。如见当时人为了贪占便宜和攀亲,都把自己说成是光州固始人;要不,也将自己的祖先追溯为中原的某个望郡或望族人,以提高自己的身价。其实,东晋南渡尚无大批中原人入闽,此由西晋福建的建安、晋安二郡户数只有 8600,至隋也才 12420 户[①],此中倘若包括以前的江浙已有多次移民入闽,还有原先未被迁走的部分原住闽地的闽越人留下的后裔,户数已当足够有余,怎么还会有永嘉之乱曾有大批中原人入闽的可能?

至若光州固始或光、寿二州,乃地处江淮,本属吴、楚,也非中原之地,故将陈元光、王绪的率军入闽,说成中原人的移居福建,同样也不可取。

因此,课题组在其文中接下所云"中原这三次大移民,带来了大量的中原文化。闽南文化正是在从晋到唐播传入闽的中原文化的基

---

① 《晋书·地理志》、《隋书·地理志》。

础上孕育起来的",说法就欠史实依据。而正确的结论应该是:闽南文化是本土文化通过江浙一带的古吴越之人在移居福建的同时,不断传播中原文化,并在中原文化长期影响之下不断产生变异,才最终形成一种独具特色的地域文化。

而对分期问题,我的看法也与课题组的意见不太一致。课题组将闽南文化分为孕育、成熟、灾难、播迁与转型五个阶段,说闽南文化是由晋唐时代三次大规模的中原文化与闽越文化相互撞击孕育而成,至五代进一步发展,达到成熟阶段。我的看法则是:闽越文化受中原文化的影响,早在战国末年越王子孙的入闽及由无诸率众参加反秦反项战争就已开始,后经江浙与光、寿的多次移民入闽,不断带来新的中原文化,又使中原文化的影响不断加深,至唐推行中古汉语标准音,五代得到较好推广,使今闽南方言的两套文读、白读音得以成形,至是,闽南文化最主要的特征才得基本定型。但闽南文化包括的方面甚广,还有宗教、音乐、戏曲、艺术等,这些方面的大发展,还有待于宋元时候,所以不能说五代的闽南文化已经"成熟",而只能说已开始"形成"。据此,我认为应把孕育、成熟阶段云云,改为"形成"、"发展",即把五代定为形成阶段,再将宋元划为发展时期。

谈到这尚需指出,课题组将元划为"灾难阶段",这样的划分也十分不当。此乃因为元代时候,还有一些外来文化和元杂曲的兴起,这些文化对当时的闽南文化还有一定的影响,尚给闽南文化继续注入新的因素,而泉州的经济也得到发展,进而成为世界上最大的商港,故应并入宋代,同作"发展阶段"。

另是播迁阶段,课题组指谓闽南文化大规模的文化播迁始于明清时代。这种说法也有极大的片面性。此如宋元时候已有大批的闽南人入迁广东和海南,造成潮州"虽境土有闽广之异,而风俗无潮漳之分"[①],"土俗熙熙,有广南、福建之语"[②],化州"闽人居其九"[③],钦州

---

① 《方舆胜览》卷三六《潮州·事要》。
② 《舆地纪胜》卷一〇〇《潮州·四六》。
③ 《舆地纪胜》卷一一六引范氏《旧闻拾遗》。

民分五类,"四曰射耕人,本福建人射地而耕也,子孙尽闽音"①,廉州"俗有四民……二曰东人,杂处乡村,解闽语,业耕种"②,雷州更是"官语可对州县官言,客语(指闽南话)则平日相与言也,黎语虽州人或不能尽辨"③,海南的熟黎也多是福建和湖广人,一样多讲闽南话④,只是这些入迁以上地方的闽南人,不像徙居台湾与南洋各地那样,仍能继续保持着与祖籍地密切的关系,又因迁徙较早,后继无人,很少再有闽南人入迁其地,日后复受强势的粤语与其他方言所包围,才使这些地方的闽南话发生很大的变异,而面目全非。所以应把播迁闽南文化地区的文化转型再加细分,并对各地转型文化变化的不同原因加以探讨。

由是以观,我认为可将闽南文化的形成、发展和变化,略分三个阶段,即把五代定为形成阶段,宋元作为发展阶段,另将明清以来视为播迁与转型阶段。而叙播迁与转型,我也认为应先述及宋元时期的播迁,然后再对现今的闽南文化具有几种类型作出比较的说明。

(原载于《闽台文化交流》2007年第1期)

---

① 周去非《岭外代答》卷三《五民》。
② 《大明一统志》卷八二引宋《图经》。
③ 《大明一统志》卷八四引《图经》。
④ 周去非《岭外代答》卷二《海外黎蛮》等。

# 福建地区开发及对政区设置的影响

对福建地区开发与如何影响福建政区设置的发展变化,福建学术界不同观点尚多,但多未曾深入讨论。兹就个人所见,略谈几点看法。

## 一、先秦时代的闽越

《禹贡》将扬州土类列为"涂泥",并非到处如是。《汉书·地理志》云,"东南曰扬州,其山曰会稽,薮曰具区,川曰三江,寖曰五湖",主要应指江南之地,这里"厥土涂泥","谷宜稻"。而据考古发掘,距今7000年前河姆渡人水稻的种植已有相当规模[1],且已扩展到长江下游各地[2]。稻乃高产作物,聚居于此的人们"饭稻耕鱼",《史记·货殖列传》称,江淮以南"地执饶食,无饥馑之患","无冻饿之人"。因自然条件尚优,经济发展较快,早在春秋战国时吴、越已能先后北上与列强争雄;到了秦汉更有一批郡县的设置。反观同属扬州之域的福建,

---

[1] 严文明《冉论中国稻作农业的起源》,《农业考古》1989年第2期。
[2] 游修龄《稻作史论集》,中国农业科技出版社1993年。

未经围海造田以前却无"涂泥"可言,虽经考古个别遗址也有些许稻谷的遗存发现,但见史书并无任何稻作经营的记载,只有"东越海蛤"片言只语的交代①。

福建位居中国东南部,东濒东海,省内山岭耸峙,山地、丘陵面积约占全省土地95%以上,被称"东南山国"。又处中、南亚热带,气候温暖湿润,土壤风化层深厚,有利林木生长,到处长满着南亚热带季雨林和中亚热带常绿阔叶林。在生产力还很低下的早期社会,发展农耕十分困难,所以无论生活在闽西北山区或东南沿海的人们,主要仍当以狩猎采集经济维生。这种面貌直到西汉前期也当改观不多,如《汉书·严助传》和《贾捐之传》等书之所言,闽越"处溪谷之间,篁竹之中","行数百千里,夹以深林丛竹,水道上下击石,林中多蝮蛇猛兽,夏月暑时,欧泄霍乱之病相随属",闽越乃"方外之地……自三代之盛,胡越不与受正朔",没有城郭邑里,"得其地,不可郡县也"。然见《史记·东越列传》秦时却有闽中郡之设。对此,后人大多认为秦并天下,未见秦兵入闽,也无无诸举兵反秦曾在闽地遭遇秦兵的反抗,何况贾捐之和田蚡还曾说过,秦之地"南不过闽越",闽中地"自秦时弃不属"②,既不属秦,最多仅属虚郡。我是赞同这一说法的③。

## 二、汉唐间地区开发迟缓的福建与政区设置的特点

先秦时代受自然因素制约的闽越地开发迟缓,进入秦末,天下大乱,战事未及闽中,但由于闽越人未能抓住时机用心经营闽地,始终皆以越国继承人自居,企望早日恢复越国故地,遂由无诸率众举兵参加反秦。当大功告成后,刘邦封他为闽越王,他的野心更大,为

---

① 《逸周书·王会解》。
② 《汉书》之《贾捐之传》《严助传》。
③ 参见林汀水《秦汉闽中地名考析二则》,林汀水《历史地理论文选》,香港人民出版社2005年。

了扩大闽越王国的版图,又再出兵瓯越、南越,甚至不听汉廷劝阻,馀善竟刻"武帝"玺自立为帝,公然对抗朝廷,而遭灭国。国灭后,汉廷因忌"东越狭,多阻,闽越悍,数反复",乃将其民徙处江淮间①;又因考虑到闽越地尚未得到开发,没有城郭邑里,"得其地不可郡县",就在闽越故地姑设东部候官(治今福州市),由会稽郡东部都尉派兵入闽镇守,以防逃窜山谷中仍在反抗的山越人②。这种军事管制严重影响经济建设,一直维持到东汉末孙吴5次派兵入闽镇压,平定了山越,才在建安年代于今建瓯市、浦城县、建阳市、南平市和福州市分别设立建安、汉兴、建平、南平和候官5县,然仍改由会稽郡南部都尉代领③;直到三国吴永安三年(260)"以会稽南部为建安郡"④,长期军事管制方告结束,而使闽越地真正步入正规的政区建制。

至是,闽越社会安定,成为三国吴与曹魏争夺天下的后方基地,吴才开始用心经营。那时,福州濒临福州古湾内部,就将一批罪犯、官吏连其家属流放于此造船,又在今霞浦县南古县设立温麻船屯⑤,以发展吴的水军力量。而山越平定后,闽北地区先设4县,山民纷纷走出山谷,也使山区的一些河谷盆地得到开垦。另有一批不堪"公私苛乱"等原因逃入邵武的江浙人⑥,吴也在此增立将乐、昭武2县以利于他们从事农业生产。晋江流域山海兼备,气候宜人,自然条件更优,有许多串珠状河谷盆地,原住民较多,吴也在今南安市东的丰州,即当时晋江的入海口加设东安县,以控制闽南地区。

---

① 《史记·东越列传》。
② 参见林汀水《秦汉闽中地名考析二则》《再谈冶都、冶县、东部候国与东部候官的沿革、治所问题》,林汀水《历史地理论文选》,香港人民出版社2005年。按《汉书·地理志》有冶县,《后汉书·东夷列传》等有东冶县,乃是东部候官的俗称,实无此二县的建置。
③ 《三国志·贺齐传》。
④ 《三国志·吴书·三嗣主传》第三。
⑤ 参见林汀水《历史时期"福州古湾"的变迁》,《历史地理》第二十三辑。
⑥ 《太平寰宇记》卷一〇一。

正是由于福建历史的发展具有特殊性,中央王朝对今福建的开发就先以闽北、福州二地作为重点。东汉末设 5 县,4 县在闽北,1 县在福州;吴增 3 县,有县 8,其中闽北 4 县,闽西北 2 县,闽东、闽南各 1 县,统领 8 县的建安郡也是设在闽北的建安县。

及至西晋太康初年在籍户数增至 8600①,时为开疆拓土,朝廷便升温麻船屯为县,还设原丰、新罗、宛平、同安四个新县并在福州增立晋安郡,这些郡县全都设在闽东、闽东北、闽南和闽西各地,闽北仅增东平 1 县。至是乃由建安郡分领建安、吴兴(汉称汉兴)、东平、建阳(汉称建平)、将乐、邵武、延平(汉称南平)7 县,另由晋安郡分领原丰、候官、新罗、宛平、晋安(吴称东安)、同安、温麻及由临海郡度属晋安郡的罗江 8 县。这一郡县增设的据点布局,显然是为日后扩建各地郡县所作的安排。然至永嘉之乱,中土尽弃,晋室迁都建邺,王朝势力已遭重创。及至东晋,虽有北方人大规模南渡,但难民大多移至长江下游和淮河流域避难,辗转入闽不多,所以福建仅增绥城、沙村 2 县;而到刘宋,随着王朝势力的削弱与户数的减少,建安郡又废东平、延平 2 县,晋安郡也废宛平、新罗、同安 3 县,2 郡仅存 12 县;至梁,晋安郡再弃罗江 1 县,只有闽南地区当因人口复有增长,才在晋安县治另立梁安郡(一作南安郡),以领晋安及由梁所设的龙溪、兰水 3 县②。盖至侯景之乱,"东境饥馑,会稽尤甚,死者十七八,平民男女并皆自卖,而晋安独丰沃,(陈)宝应自海道寇临安(应作临海)、永嘉及会稽余姚、诸暨,又载米粟与之贸易,多致玉帛子女,其有能致舟乘者,亦并奔归之,由是大致赀产,士众彊盛"③,这些灾民多被安置于今福建东南沿海,因此才会增设梁安一郡以加强对灾民的管理。此次移民数量自当不少,故而引起南朝陈的高度重视,乃下诏书:"诏侯景以来遭乱移在建安、晋安、义安郡者,并许还本土,其

---

① 《晋书·地理志》。
② 《宋书·州郡志》。
③ 《陈书·陈宝应传》。

被略为奴婢者,释为良民。"①徙民路线陆路"出入多由处州龙泉逾柘岭"②,水路则多迁往福建东南沿海。由是到了隋代福建有户12420,遂比刘宋5885户约增1倍多③,陈时也因这一缘故复在今福州增立丰州,而使闽地独自形成一个一级政区的单位。

永嘉之乱,中土尽弃,晋室迁都建邺,引起北方人大规模南渡,"中州士女避乱江左者十六七"。为了安置这些"侨人"并争取南逃士族的支持,朝廷就在南方士族势力较弱之地滥设大批侨州郡县,使地方官吏大增,导致财政负担过重,选拔人才困难。故当隋统一天下,杨尚希便向朝廷提出州郡县"存要去闲,并小为大"的建议。于是朝廷即罢天下诸郡,改州郡县三级政区为二级政区制(后又改为郡县制),并依"存要去闲,并小为大"的原则,再省一批州(郡)县,以免"十羊九牧"的困境重现。那时福建虽无侨州郡县之设,却有1州3郡13县,由于经济落后,在籍户数只有12420,因此也只留下建安1郡(治今福州市)与闽、建安、南安、龙溪4县。至是,福建的政治、经济重心开始逐渐移动,不再偏居闽北。而在政区调整中,邵武1县历属于闽,此时却被划归临川郡,当是至唐福建仍被人们视为蛮僚之地,其民强悍,为防闽人作乱才作这样的安排。因为邵武地处杉关,是中央派兵入闽平叛最佳的首选路线④。

但隋在闽省并州郡县显然过头,不利于中央对闽的统治。故至唐初,马上又在今天的福州、泉州与建瓯市分设闽州、丰州及建州,同时再增一批新老之县,还特下命令允许"其黔中、岭南、闽中县官不由吏部,委都督选择土人补授"⑤,企望借助土人合作共事,以祈一些地方能得早日安宁。唐王朝深恐闽地发生动乱,并非杞人忧天,因自隋代废弃绥安、兰水2县,已使这些地方皆成"南蛮杂类"之地,

---

① 《陈书·世祖纪》。
② 黄恬《浦城县志》卷一四、翁天祐《浦城县志》卷一六。
③ 《隋书·地理志》、《宋书·州郡志》。
④ 林汀水《福建陆路交通干线的开辟与变化》,《历史地理》第二十一辑。
⑤ 《资治通鉴》卷二〇一总章二年条。

"俱无郡长,随山洞而居"①,这里的人们"可耕乃火田之余","所事者菟狩为生",他们常相引援,"出没无常,岁为闽、广患"②,唐初啸乱愈演愈烈。面对这种状况,为了"靖边方",总章三年(669)朝廷只好速派陈政率兵入闽专征,但陈政实行武力镇压,未能平息叛乱。鉴此,其子陈元光承袭父职,乃采"恩威并济"的策略,亲率士众"辟地置屯,招徕流亡,营农积粟",还兴陶铸,"通贸易",改变当地土人单一的渔猎生计,以提高他们的物质生活,并按朝廷指令,重用当地土人,复遣土人到处去诱化当地人,以化解仇怨,才使各地渐成村落,"拓地千里"③;接着上表请建州县,并于垂拱二年(686)增立漳州,方使这些地方重获稳定。可见唐在闽地所推行的土人任官制,是颇受土人欢迎的。而至开元间由于这种政策得以继续推行,收获更大,那时各地土豪纷纷率众前来归顺,又先后"开山洞"置了长汀、杂罗、黄连和古田、尤溪各县④。至是随着洞民纷纷来归,加上人口的自然增殖,至天宝间闽地有户91186,口410587,已比隋代12420户多出数倍⑤,州(郡)县的设置也比隋代多了数倍,盖隋仅有1郡4县,而至天宝间已增至5郡23县,其中福州长乐郡领县8,建州建安郡领县5,泉州清源郡领县4,汀州临汀郡、漳州漳浦郡也各领县3。不仅此,随着经济的发展,各州都有许多土贡和金、银、铜、铁的开采。而水利兴修较好的闽县、候官、长乐、连江、福唐、晋江、南安、莆田及物产丰富的建安、浦城、建阳皆已上升紧、上等级的县,泉州和建州也得上州的称号。但与先进地区相比,总的说闽地仍然地旷人稀,开发落后。犹如志书云,唐代福州的户口衰少,"耘锄所至,迤迄城邑,穷林巨

---

① 《隋书·南蛮传》。
② 《白石丁氏古谱》。
③ 《隋书·南蛮传》。
④ 新旧《唐书·地理志》、《元和郡县图志》、《嘉庆重修一统志》。
⑤ 《新唐书·地理志》、《隋书·地理志》。

涧,茂木深翳,少离人迹,皆虎豹猿猱之墟"①,"建安人山中种粟者,皆构棚于高树以防虎"②,就连当时的晋江县也还有象在其境内活动③。

唐天宝间闽地一级政区增至 5 个州郡,有县 23。然纵观全局,各县的地域仍都普遍过大。如时之南安县所辖的范围就有今天的同安、长泰、安溪、永春数县之广;长汀、龙溪、漳浦 3 县也各辖有今数县;长溪 1 县更甚,竟包有今福鼎、柘荣、寿宁、周宁、政和、福安、宁德各县市的地面。这样难免鞭长莫及,不利地方治安和赋税的征收与地方的建设,于是就沿唐初个别地方已有场、镇增设的制度,再在其他各县的内部析出一些地盘另立一批新的场镇,以对距县偏远的地方加强管理。志书载,今安溪县时因"民乐耕蚕,冶有银铁,税有竹木之征……地实富饶",便在咸通五年(864)另分南安西界两乡地置小溪场④;贞元十九年(803)也在今同安县析出南安四乡置大同场;又因长泰去南安县治更远,而在乾符三年(876)再析大同场西界六里置武德场,以便当地百姓的"输纳"⑤。至于镇,《新唐书·兵志》云"唐初,兵之戍边者,大曰军,小曰守捉,曰城,曰镇",镇设镇将,最初只掌边防戍守,品秩同于县令。而闽地所设的镇则多设在尚属蛮僚之地和"莫徭之民"所居的边防上,除了防边外,有些镇去郡遥远,民难输纳,也代行征收赋税⑥。那时场镇分设颇多,主要有梅溪场、小溪场、将水场、上杭场、感德场、武德场、大同场、桃林场、归德场和怀恩镇、延平军永平镇、黄连镇、归化镇、武平镇、南安镇等 9 场 6 镇⑦。

---

① 《三山志》卷三三《寺观类·僧寺》。
② 《太平广记》卷四三二《食虎》。
③ 乾隆《泉州府志》卷六《山川》。
④ 詹敦仁《议建县记》,引自乾隆《安溪县志》卷一一艺文上《五代初建安溪县记》。
⑤ 《太平寰宇记》卷一〇二泉州长泰县、《读史方舆纪要》卷九九《漳州府长泰县》。
⑥ 《太平寰宇记》卷一〇一邵武军建宁县、泰宁县等。
⑦ 参见林汀水《略谈唐宋期间福建场镇的设置与变化》,孙进己《东北亚历史地理研究》,中州古籍出版社 1994 年。

随后安史之乱,黄河流域的百姓纷纷南渡,这次移民仅及江西中、北部,只有少数士人逃入闽中。肃宗上元元年(760)刘展兵乱,逼使部分江南人再迁福建①。安史乱后福建虽有福建观察处置使的增立,统管福、建、泉、漳、汀5州,又有一些移民入闽,但见《元和志》卷二九,由于社会动荡,中央王朝势力削弱,福建在籍户数受此影响,却不增反减,所置州县也因此仍同天宝间,且仍被时人视为"风俗剽悍,岁比饥馑,民方札瘥,非威非怀,莫可绥也"的地方②。

福建人口再次急速增长和社会又有明显进步,是至王氏率军入闽,并在闽地执政。至是随着人口的增加及对各地的开拓,唐所设置的场镇也才进而陆续被升为县。

### 三、五代宋元间福建的勃兴与政区设置的大发展

继刘展兵乱,乾符间(874—879)又有王仙芝与黄巢起义,军阀混战二三十年,战火燃遍黄淮流域,且波及长江地区,使江淮各地也成移民输出地,而远离战场的福建更成移民避难的安全区。自是各地移民入闽日多。黄滔在他的《福州雪峰山故真觉大师碑铭》中云,仅在一天之内入闽"僧尼士庶"多至5000余人③,《十国春秋》卷九七《闽八·黄岳传》也说,就连偏僻的感德场(今宁德市)在黄岳的帮助下,也使欠衣缺食移民"从之者如市"。而鉴于社会动乱,北方与江淮都成战场,时在闽当官的就多留住闽地,不在闽地当官的人也纷纷弃官入闽④。复至光启元年(885)王绪、王潮"悉举光、寿兵五千人,驱吏民渡江","自南康入临汀,陷漳浦,有众数万"⑤,次年攻占泉州,景

---

① 林汀水《福建人口迁徙论考》,《中国社会经济史研究》,2003年第2期。
② 《全唐文》卷三八七独孤及《送王判官赴福州序》。
③ 《全唐文》卷八二六。
④ 葛剑雄《中国移民史》第三卷第九章第四节所引资料及1933年《闽侯县志》卷一〇五《流寓》等。
⑤ 《资治通鉴》卷二五六僖宗光启三年条、《新五代史》卷六八《闽王审知世家》。

福三年(893)进据福州,弥后审知受封闽王,建都福州。这次移民规模尤大。审知在闽执政,保境安民,发展经济文化,"作四门义学,还流亡,定赋敛,遣吏劝农,人皆安之",不但引来许多北方籍士大夫入闽仕宦和避难,各地僧尼入闽之多更使福建出现"山路逢人半是僧"的奇观①。

审知执政后,即令士卒在今霞浦县东赤岸一带垦辟斥卤地,以赡军需,又在福清海旁筑大塘和占计塘,以溉潟卤地,使之变成良田②,复令散处各地的驻军军屯。对寺院僧尼也颇多优惠,赐给很多荒地令其开垦维生。同时定赋敛,派遣官吏四出劝农。不仅此,还开甘棠港于今福安市南,"招徕海中蛮夷商贾"进行贸易③。由于采取以上诸多有利措施,福建得到较快开发,唐代所设的场、镇陆续升县,而一时未能晋升的少数镇,也被先后改置为场。后又增设剑州。迨至闽国分裂为闽、殷,复被南唐、吴越所灭,又有永安节度使、彰武节度使和清源节度使的增立。至是,永安节度使凡领建、剑、汀3州及所属建安、浦城、建阳、松源、邵武、将乐、剑浦、延平、沙县、顺昌、尤溪、长汀、宁化13县;彰武节度使凡领福州及所属闽、候官、长乐、福清、连江、长溪、古田、永泰、永贞、闽清、宁德11县;清源节度使凡领泉、南2州及所属晋江、南安、清溪、长泰、永春、德化、同安、莆田、仙游、龙溪、龙岩、漳浦12县。所置政区已有6州36县,比唐又多了1州13县,其中新设的县以泉州最多,福州次之。

审知在闽执政,保境安民,因有一批得力人士来闽参政,福建社会经济文化得到较快发展,遂使当时深受战乱之苦的人不断继续入闽避难。到了宋初福建有户467811④,已比唐代约多5倍。此后社会安定,人口发展迅速,迨至元丰八年(1085)户数更达992087,而官民

---

① 《方舆胜览》卷一一引谢泌《长乐集》福州题咏。
② 徐友梧《霞浦县志》卷五、卷八,《三山志》卷一六。
③ 《新五代史》之《闽王世家》《王审知传》。
④ 《太平寰宇记》卷一〇〇。

田数却仅 11091990 亩①,户均亩数只有 11.2 亩,反成南方各路户均亩数最少之地。至是,出于耕地不足,住在沿海各地的人们纷纷围海造田②,住在闽北山区的人们则"垦山垄为田,层起如阶级","层山之颠苟可寘人力,未有寻丈之地不丘而为田","水无涓滴不为用,山到崔嵬犹力耕"③。那时为使农业稳产高产,还大兴水利,项目之多位居全国之首④,且有许多闻名于世的大型水利工程如木兰陂和六里陂等。

然因"闽地惟种水田,缘山导泉,倍费功大","其人虽至勤俭,而所以为生之具,比他处终无有甚富者"⑤,何况农田开垦许多地方已经到了"虽欲就耕无地辟"的境地⑥。又因靖康之乱难民再次大批入闽,绍兴三十二年(1162)有户 1390566,嘉定十六年(1223)又增至 1599214⑦,人口早已转向外徙。故为求生和增加财富,人们只好改变生产方式,针对福建的自然特点并充分利用充足的人力资源另谋出路,以祈富裕。福建地处亚洲大陆东南沿海的中、南亚热带,气候暖热湿润,土壤风化层深厚,山海兼备,矿藏不薄,有利经济作物的扩种和矿业经营。于是为了致富,早在宋代人们遂加注意因地制宜,纷纷利用高山、丘陵和台地扩种各种经济价值更高的茶、蔗、桑、棉、荔枝和龙眼等经济作物,使之成为全国植棉最多最早之地,且所织棉布最称"丽密"⑧;泉州织出的绮罗"不减蜀吴春",也可与杭州并称一

---

① 《文献通考》卷一一《户口考二》、卷四《田赋考四》。
② 参见林汀水《福州市区水路变迁初探》《历史时期"福州古湾"的变迁》《长乐县海岸线的变迁》《从地学观点看莆田平原的围垦》《晋东平原水利考》《九龙江下游的围垦与影响》《从泉州地理环境的变迁联想泉州的田野风光旅游》等,林汀水《历史地理论文选》及《历史地理》第二十二辑。
③ 方勺《泊宅编》、《宋会要辑稿·瑞异二》。
④ 冀朝鼎《中国历史上基本经济地带与灌溉事业》。
⑤ 《宋史·食货志上四》、方勺《泊宅编》卷三。
⑥ 《舆地纪胜》卷一三〇引谢履《泉南歌》。
⑦ 梁方仲《中国历代户口、田地、田赋统计》。
⑧ 《宋会要辑稿》食货六四、张家驹《两宋经济重心的转移》。

时之盛①；茶叶尤多佳品，建安所产更是甲于天下②；蔗糖业因得先机，也成全国最大的产糖基地之一③；而闽中所产荔枝比起巴蜀、海南"尤为殊绝"，"其于果品卓然第一"④。矿冶业快速兴起，地位同样甚高，有银、铜、铅、锡、铁、矾、金、银、铜产量列居全国前三位，并置建州丰国监，成为全国四大铸钱机构之一⑤；瓷土丰富，瓷窑遍布，建窑声誉最高，是全国名窑之一，可与龙泉青瓷相比美，德化的白瓷很有名气，泉州的青瓷也不亚于龙泉产品⑥。渔、盐业发达，在全国一样占有突出地位⑦。另是造船业，时之海舟"以福建为上"⑧，泉州、福州都是全国造船业中心地。由是，又使泉州迅速崛兴，成为"世界上最大之港"⑨。那时，福建的富足和兴旺已如《宋史·地理志》言："有银、铜、葛越之产，茶、盐、海物之饶。民安土乐业，川源浸灌，田畴膏沃，无凶年之忧。而土地迫陋，生籍繁多，虽硗确之地，耕耨殆尽，亩直寖贵，故多田讼。其俗信鬼尚祀，重浮屠之教，与江南、二浙略同。然多向学，喜讲诵，好为文辞，登科第者尤多。"

　　由于宋代福建取得以上诸多成就，福建政区建置也因此再得较大的发展。宋时吸取藩镇割据之害的教训，乃行路制，路设三司，三司三权分离，互相牵制，时之路治三司分设在今福州和建瓯市二地。路辖府、州、军，时增邵武、兴化2军，凡有福、建、南剑、泉、漳、汀6州及邵武、兴化2军，被称"八闽"。府、州、军统县、监，有县49、监1，

---

① 苏颂《苏魏公集》卷七《送黄从政宰晋江》诗。
② 《子安集·试茶录》。
③ 张家驹《两宋经济重心的转移》。
④ 《三山志》卷四一《土俗类三》。
⑤ 林汀水《两宋期间福建的矿冶业》，《中国社会经济史研究》1992年第1期。
⑥ 泉州海交馆、厦门大学历史系合编《古代泉州海外交通史》。
⑦ 《宋史·地理志》。
⑧ 《二朝北盟会编》、张星烺《中西交通史料汇编》第2册。
⑨ 张星烺《中西交通史料汇编》第2册引伊本·拔都他言。

比五代后周显德元年(954)又多了2军和14县、监。分别是:福州领闽、候官、福清、古田、永福、长溪、长乐、罗源、闽清、宁德、怀安、连江和福安13县,建州(建宁府)领建安、瓯宁、浦城、建阳、松溪、崇安、政和和丰国8县、监,泉州领晋江、南安、同安、惠安、安溪、永春和德化7县,南剑州领剑浦、将乐、顺昌、沙县、尤溪5县,漳州领龙溪、漳浦、龙岩、长泰4县,汀州领长汀、宁化、上杭、武平、清流和莲城6县,邵武军领邵武、光泽、泰宁、建宁4县,兴化军领莆田、仙游、兴化3县。其中崇安、政和、上杭、武平、光泽、泰宁、建宁即由五代的场、镇直升为县。这一政区制度维持至元,除改路制为行省、改州为路和升福州的福清县、长溪县为州及新增南靖县隶属漳州路外,其余皆未变动。至此,除鹫峰山、戴云山、博平岭等一些高山和较偏远的沿海地带,福建都已有了州、县的设立,八闽辖区基本上也已按照大的山川形便划定,直到明代成化九年(1473)再升福宁县为直隶州直属于福建承宣布政使司,大的政区格局才有变化。

  宋代福建地区开发与各地经济的发展甚快。时福州属下13县中人力富足,有的出于农田水利建设好和荔枝、龙眼种植多收入大(如闽、候官、怀安、福清、长溪、连江)①,有的则因矿业发达(如古田、永福),已有望县8。建宁府各县人力充足,普遍大兴梯田、矿业兴旺,又有很多茶叶栽培,所领7县中的建安、浦城、崇安、瓯宁、嘉禾(建阳)5县皆已升级望县,松溪、政和也为紧县②。泉州的晋江有盐亭

---

① 参见林汀水《福州市区水路变迁初探》《历史时期"福州古湾"的变迁》《明清时期福建的严霜大雪及对农林果畜业的危害》,分别载于林汀水《历史地理论文选》及《历史地理》第二十三辑、《中国社会经济史研究》2004年第1期。另据民国《福建通志·水利志》卷九及《嘉庆重修一统志》福宁府津梁载,宋修营田陂"溉田万顷";民国《甘棠堡琐记》卷下也云,时属长溪县的今福安市也筑甘棠海堤,垦田10300亩。连江县本有东湖塘,"溉七里民田四百余顷",到了宋代,民国《连江县志》又称,宋代鳌江港两岸也开始围垦。福清垦田更多,据《三山志》卷一六、民国《福建通志·水利志》卷一载,时之福清"并海筑岸"琵琶洋,又修祥符陂,使该片上地"转瘠卸卤",复在渔溪"万工填巨海,千古作良田"。

② 《宋史·地理志》、林汀水《两宋期间福建的矿冶业》。

161,又有较多糖蔗和水果的种植,并有六里陂等水利设施兴建①,惠安也有盐亭129,又有承天埭、孙府埭等的围垦及糖蔗、海产,同样被升为望县②。南剑州属下5县虽无望县,却因矿业甚多和农业较佳被评上县,剑浦还有许多茶焙而得紧县③。漳州开发晚,到了北宋初仍是"弥望皆崇冈叠阜,榛荆莽翳,象兽之所窟宅,可耕之田绝少"④、"地连潮阳,素多象,往往十数为群"⑤,但经吕璹为漳浦令,"璹教民焚燎而耕",开荒不少⑥,面貌焕然一新;龙溪居九龙江下游,两岸已有许多埭田围垦和水利建设⑦;长泰兴筑洋溪陂,"溉田一万余顷"等⑧,也都富裕了起来;龙岩则多银矿,由是漳州所属4县一概晋升望县。汀州与邵武军历经移民,到南宋庆元间(1195—1200)户数分别增至218570和142100,已成"地狭人稠,至有赡养无资,生子不举者",而致"始无不耕之地"⑨,同样矿业发达,于是汀州所属5县也有长汀、宁化2县步入望县,邵武4县则都全升望县。至于兴化军的莆田、仙游2县,乃是全国重要的荔枝、龙眼和蔗糖产地,又有水利极佳的莆田平原垦区,更称富庶,自然也都晋升望县⑩。不仅此,此时福建商品

---

① 参见林汀水《晋东平原水利考》,林汀水《历史地理论文选》。
② 《宋史·地理志》,叶春及《惠安政书》五。
③ 《宋史·地理志》。
④ 沈定钧《漳州府志》卷四三引宋俞亨宗《访求民瘼碑记》。
⑤ 宋彭乘《墨客挥犀》。
⑥ 《宋史》卷四七一《吕惠卿传》。
⑦ 参见林汀水《九龙江下游的围垦与影响》,《中国社会经济史研究》1984年第4期。
⑧ 嘉庆重修一统志》漳州府隄堰。
⑨ 《永乐大典》卷七八九〇"汀"字引《临汀志》、杨蓉江《临汀汇考》卷一、陆游《渭南文集》卷二〇《邵武县修造记》,《嘉靖邵武府志》卷五。
⑩ 林汀水《从地学观点看莆田平原的围垦》,《中国社会经济史研究》1983年第1期;方大宗《铁庵文集》卷二二;陈迁《弘治仙溪志》卷一引《宝祐仙溪志》等。

## 四、明清福建的战乱与政区设置的新特点

然至明清,福建内忧外患频繁,战乱不断,又使蓬勃发展的社会为之一变。明初厉行海禁,片板不许下海,这对福建社会经济的发展打击极大。福建早在宋代已经地狭人稠,人们为了提高物质生活和增加财富,已能注意因地制宜,多植收入较高的经济作物,以换取更多的粮食,商品经济比重较大,从事海商的人也多。进入明代,"泉地米少","今所借以裕地方者,全靠海商",就连丰岁亦需"仰给于浙直海贩",给哺于外省、三韩和日本②。实行海禁后,人们"生理无路","无所得食"③,故为谋生与致富,遂即从事走私贸易。志书载,"晋地斥卤而瘠,趋海多,力田少","富者上吴下粤,舟车所至,皆可裕生涯。贫者背负肩挑,里巷偏招,亦堪资贸易。而屯籴稻谷,鬻贩鱼盐,种种有之。濒海之民,又复高帆健舻,疾榜击汰,出没于雾涛风浪中,习而安之,不惧也。趋利之多,自昔为然"④,那时,晋江的安平(今安海镇)地少人众,衣食四方者,十家有七,俗好行贾,自吕宋交易之路通,浮大海趋利者,十家有九⑤;漳州"顾海滨一带,田尽斥卤,耕者无所望岁,只有视渊若陵",更因营商致富较易,而使"饶心计与健有力者往往就海波为阡陌,倚帆樯为耒耜,凡捕鱼纬萧之徒咸奔归之。盖富家以赀,贫人以佣,输中华之产骋彼远国,易其方物以归,博利可十倍,故民乐之"⑥;就连山区的安溪县也是"山镇田希多贾海,小村

---

① 林汀水《略谈唐宋期间福建场镇的设置与变化》;张在普、林浩《福建古市镇》,福建省地图出版社 2008 年。
② 《泉南杂志》卷上、下,乾隆《泉州府志·阳思谦序》。
③ 顾炎武《天下郡国利病书·福建》。
④ 道光《晋江县志》卷七二。
⑤ 何乔远《镜山全集》卷四八、李先缙《景璧集》卷一四。
⑥ 张燮《东西洋考》卷七《饷税者》、崇祯《海澄县志》卷一五《风俗志》。

闹市亦成墟","入海货诸东南夷,人走死地如鹜"①。

福建沿海地区走私猖獗,引起朝廷高度的重视而加镇压,走私者们便勾引倭寇入犯,到处烧杀抢掠,造成社会更大的破坏与动荡。此时适逢福建的疫疠和自然灾害较多较重②,朝廷无力顾及山区内地,就使许多内地山区的治安失控。后为加强山区的管理,遂即陆续增设永安、寿宁、归化、漳平、永定、平和、诏安、大田、宁洋、海澄 10 个新县。这些新县大多系因"山民素恃险僻,不供徭赋,民梗难治","平居则以势相凌,有事则恃刃相杀,治理难周","民多聚盗"、"为土寇窟穴",或因"流民窃采"矿藏,"往往啸聚为盗",或因走私贸易盛行,地方不宁,主要是为社会治安而不是出于地方经济的发展而置,所以就连县的取名也多冠以安、定、宁、化、平、靖以为义③。其实恰好相反,这些地方皆乃福建开发最差和最称贫困之地。犹如志书云,"宁洋东西界为坑源,有疆域而无村落,多鸟声而少人迹",农业"火耕水耨,地瘠民贫","城市皆为榛莽","其致民聚货亦落落星辰矣"④;"归化邑万山中,为四塞之区……不通舟楫……其中山多土狭,民皆田于溪之趾,山之巅,合田园数十区,仅足亩计,暵则山田焦,潦则溪田溺,其他物产,地之所出,不足以供民间日用之需。以故富商大贾不入其地,而民亦不眩于商贾之利"⑤;寿宁县"终岁之资,咸取办于谷粒,秋成一失望,群踵而糊口于浙"⑥;而永定置县时,"户二千二百五十六,口一万一千一百二十九。历至嘉靖间,户则减半,丁亦渐损"⑦,同样十分落后。至是,时之福建承宣布政使司统辖 8 府 1 州 57 县。分别是:福

---

① 乾隆《泉州府志》卷五、乾隆《安溪县志》卷四。
② 林汀水《明清福建的严霜大雪及对农林果畜业的危害》《明清福建的疫疠》,《中国社会经济史研究》2004 年第 1 期、2005 年第 1 期。
③ 参见《嘉庆重修一统志》及各府州县志。
④ 陈天枢《宁洋县志》卷二、卷三、卷一〇。
⑤ 王国脉《归化县志》卷首图说。
⑥ 赵廷玑《寿宁县志》卷三。
⑦ 曾曰瑛《汀州府志》卷四引明赖希道《户口记》。

州府领闽、候官、长乐、福清、连江、罗源、古田、闽清、永福 9 县,兴化府领莆田、仙游 2 县,建宁府领建安、瓯宁、建阳、崇安、浦城、松溪、政和、寿宁 8 县,延平府领南平、将乐、沙县、尤溪、顺昌、永安、大田 7 县,汀州府领长汀、宁化、上杭、武平、清流、连城、归化、永定 8 县,邵武府领邵武、光泽、泰宁、建宁 4 县,泉州府领晋江、南安、同安、惠安、安溪、永春、德化 7 县,漳州府领龙溪、漳浦、龙岩、长泰、南靖、漳平、平和、诏安、海澄、宁洋 10 县,福宁直隶州领宁德、福安 2 县。其中漳州府属增县最多,延平、汀州 2 府次之。但州县增设虽多,却因战乱频繁,山区内地仍未很好开发,而使福建社会经济的发展复又迟缓下来。

及至清初,为断郑军的兵粮,康熙即位(1662)复派兵部尚书苏纳海来闽迁界,"自省城闽安镇始,北抵浙界之沙埕六百七十里,南抵粤界之分水关一千一百五十里,通为闽边一千八百二十里,筑寨固守,禁民外出",被迁地面有福州、兴化、泉州、漳州和福宁直隶州所属 19 个县,"原迁界外田地共二万五千九百四顷零",沿边开沟筑墙,以垣为界,界外村庄室庐尽被焚弃,强令居民移入内地,驻军看守,严禁人们越界外出,违者斩首①,致使上自福宁州(今霞浦县)下及诏安县,"滨海数千里无复人烟"②,"迁民死亡八千五百余人"③。迁界使得海堤无人维修,埭田大量被冲毁,"埭为海滓";不属埭田的田亩与被砍伐殆尽的森林果园也成荒丘。而更严重的是沿海迁民流散失业,无家可归,有的向内流徙,有的被迫逃亡南洋与台湾各地④。接着闽北、闽西北与闽东北又遭战乱,且饥疫连年,人口损耗甚大,同样呈现一片凄凉景象⑤。加上当时少有新兴工业建设,剩下茶、杉尚可争点名气。然

---

① 杜臻《闽粤巡视纪略》卷四、光绪《福宁府志》卷四三《祥异》。
② 阮旻锡《海上见闻录》卷二。
③ 《清圣祖实录》卷七。
④ 林汀水《康熙元年清廷对福建沿海的迁界及其灾难》,《历史地理》第十九辑;林汀水《福建人口迁徙论考》,《中国社会经济史研究》2003 年第 2 期。
⑤ 林汀水《明清福建的严霜大雪及对农林果畜业的危害》《明清福建的疫疠》《福建人口迁徙论考》,《中国社会经济史研究》2004 年第 1 期、2005 年第 1 期、2003 年第 2 期。

茶、杉系属商品之物，深受市场影响，价格很不稳定，时而大面积开山种茶，复毁茶山栽杉，每当松杉滞销，人们弃之，又使丘陵山地变成荒山秃岭，造成水土流失严重，进而导致下游地区农田水利的毁坏①。自是，福建社会经济一落千丈，遂难再与全国先进地区相比了。

此时福建唯值庆幸和安慰的是，自明清长期战乱以来，有大批闽人移居台地，而自郑氏收复台湾，先在台湾设置承天府及天兴、万年2县，至康熙二十二年(1683)清廷平定了台湾，复在台湾设立1府3县，更有大批泉、漳与潮、汕之人入台经营与开垦，使台湾得到迅速的进步。继后续增台南府、台北府，并将在台所设的3府1州11县划归福建省，直至光绪间才独自建省。至此，福建的行政区划屡经调整，领有9府2直隶州4厅58县，即福州府的闽、候官、长乐、福清、连江、罗源、古田、屏南、闽清、永福10县及平潭厅，福宁府的霞浦、福鼎、福安、宁德、寿宁5县，延平府的南平、顺昌、将乐、沙县、永安、尤溪6县，建宁府的建安、瓯宁、建阳、崇安、浦城、松溪、政和7县，邵武府的邵武、光泽、建宁、泰宁4县，汀州府的长汀、宁化、清流、归化、连城、上杭、武平、永定8县，漳州府的龙溪、海澄、南靖、漳浦、平和、诏安、长泰7县及云霄厅，龙岩直隶州的漳平、宁洋2县，兴化府的莆田、仙游2县，泉州府的晋江、南安、惠安、同安、安溪5县及厦门、马巷2厅，永春直隶州的德化、大田2县②，实际上只增屏南、福鼎2县及平潭、云霄、厦门、马巷4厅。但当时所增设的厅、县，其实也与明代基本一样，主要是为治安，并非经济发展的结果。此如志书云，屏南系因"雍正九年(1731)古田县知县赵琳以古田界连四府九县，地方辽阔，跨有六百余里，鞭长莫及，且又中多层峦叠嶂，深林密箐，最易藏奸，比岁如积匪高松香竖旗倡乱，数为民害，乃议请分隶"③。而所设的厅，或谓海防厅，或谓抚民厅，也都是为了治安。其中平

---

① 林汀水《明清福建植被的破坏与水土流失》，《中国社会经济史研究》2003年第3期。
② 《福建省志·地理志》附录林汀水《建置沿革及其考证》一节，福建方志出版社2001年。
③ 沈钟《屏南县志》卷一。

潭、云霄、厦门是至民初废府、州、厅方改为县,马巷则被废除。总之,福建历经长期战乱,至清一蹶不振。则一直要到新中国成立后改革开放,而再步入全国先进的行列中,政区建设又有新的重大发展变化,也待此时。

(原载《历史地理》第二十六辑)

# 再谈两汉未置冶与东冶二县

《汉书·地理志》会稽郡有冶县。《宋书·州郡志》建安郡沿革:"汉武帝世,闽越反,灭之,徙其民于江淮间,虚其地。后有遁逃山谷者颇出,立为冶县。"而在候官县云:"前汉无,后汉曰东候官。"于是《旧唐书·地理志》闽县下据此遂称:"武帝诛东越,徙其人于江淮,空其地。其逃亡者,自立为冶县。"进而指出,冶县乃由民之所自立,并非政府正式设置的行政机构。我认为,《旧唐书·地理志》作此论断,是有道理的。述之如下。

先从汉廷出兵灭闽越、东越及闽越设县的经过说起。

盖自汉高帝五年(前 202)封无诸为闽越王,王闽中故地,都冶(亦曰东冶),至孝惠帝三年(前 192),又封闽君摇为东海王,都东瓯,而使闽越王国失去今天的浙东、浙南封地后,就引起闽越王对汉廷的不满。故至武帝建元三年(前 138),闽越发兵围东瓯,曾企图重占故秦闽中郡的东瓯地。东瓯使人告急于天子,武帝即遣严助发兵浮海救之。兵未之,闽越引兵返。事后,东瓯即请举国徙中国,乃悉与众处江淮①。

---

① 《汉书·西南夷两粤朝鲜传》。

到了建元六年(前135),闽越兴兵击南越,南越守天子约,不敢私发兵,汉廷又遣王恢进军豫章,以示征伐,兵未逾岭,闽越王郢发兵距险,以作对抗,其弟馀善深恐天子兵来诛,遭致国灭,复与宗族谋而杀郢,并将郢首奉报天子以求宽恕,武帝也借此罢兵,且以馀善诛郢,"师得不劳",立馀善为东越王,与无诸孙越繇王丑并处闽越地①。

面对闽越人屡次反复的挑衅,应采何种措施加以处置,汉廷中的大臣主张不一。当闽越举兵围东瓯,汉武问田蚡,蚡以越人相攻击,乃属常事,又数反复,不足朝廷兴兵去救护,何况自秦放弃闽越地,闽越早已不臣于中国。严助听了,不以为然,便加反驳道:"特患力不能救,德不能覆,诚然,何故弃之……又何以子万国乎?"汉武认为田蚡的说法不足与计,就遣严助以节发兵会稽救东瓯。而当闽越出兵击南越,汉武遣派两将军将兵诛闽越,也遭淮南王的劝阻,谏曰:"越,方外之地,劗发文身之民也,不可以冠带之国法度理也。自三代之盛,胡越不与受正朔,非彊弗能服,威弗能制也,以为不居之地,不牧之民,不足以烦中国也。"又说:"臣闻越非有城郭邑里也,处溪谷之间,篁竹之中,习于水斗,便于用舟,地深昧而多水险,中国之人不知其势阻而入其地,虽百不当其一。得其地,不可郡县也;攻之,不可暴取也。……且越人愚戆轻薄,负约反复,其不用天子之法度,非一日之积也。一不奉诏,举兵诛之,臣恐后兵革无时得息也。"针对这一言论,严助不服,复又驳斥道:"然自五帝三王禁暴止乱,非兵,未之闻也",并且指出,"今闻闽越王狼戾不仁,杀其骨肉,离其亲戚,所为其多不义,又数举兵侵陵百越,并兼邻国,以为暴彊,阴计奇策,入燔寻阳楼船,欲招会稽之地,以践句践之迹",若不加以遏制,"则会稽、豫章必有长患"②。故为攻打闽越,当东瓯举国徙处江淮,元鼎元年(前116),汉廷便在山阴先立东部都尉,以作会稽一郡的分治机构,让它分管东越人住地,兼为日后进攻闽越作准备③。到了元鼎五

---

① 《汉书·西南夷两粤朝鲜传》。
② 《汉书·严助传》。
③ 《三国志·虞翻传》注引《会稽典录》。

年(前112),南越反,馀善上书请以卒八千从楼船将军击吕嘉,兵至揭阳,不行,阴持两端,汉廷看透他的用意,就令诸校留屯豫章梅岭待命。而馀善得知楼船将军杨仆请诛己,随时进攻东越,便发兵距汉道,号将军驺力等人为"吞汉将军",入白沙、武林、梅岭,杀汉三校尉,且刻"武帝"玺自立为帝。至是,汉武乃下决心,派遣横海将军韩说出句章,浮海从东方往;楼船将军杨仆出武林,中尉王温舒出梅岭,粤侯为戈船、下濑将军出如邪、白沙,至元封元年(前110)冬,咸入东越。及横海军至,故越衍侯吴阳遂以其邑700人反,攻越军于汉阳。接着越建成侯敖与繇王居股谋,又杀馀善,以其众降横海军。东越国灭后,汉武就以"东越陿,多阻,闽越悍,数反复"而下诏书,诏军吏皆将其民徙处江淮间①。但被徙走的人实际只有部分,尚有众多闽越人逃入山谷中,继续坚持反汉,闽越地仍不太平。于是,汉廷为了社会治安,就在闽越故都冶(也称东冶)设立东部候官,由东部都尉继续派兵入闽镇守②。

东部候官隶属会稽郡东部都尉,为一军事机构,与县同级。初时,汉廷用兵闽越,是为平定闽越人反复的叛乱;东越、闽越国灭后,虽徙其民于江淮,但未被迁而遁入山谷的闽越人仍多,他们坚持反汉,致使汉廷所设的东部候官必须时时备战,丝毫不能放松。

闽越本乃方外之地,不守国法,"为不居之地,不牧之民"。而自汉高封无诸为闽越王,闽越王国野心更大,日夜幻想勾践之迹,更是迷恋征伐,四出打仗,根本不把地区开发放在心上,致使社会经济长期难得发展,仍无城郭邑里,处溪谷之间,篁竹之中,"不可郡县"。待至汉军入闽,为了继续平息叛乱,也使汉廷无法集中精力从事社会

---

① 《汉书·西南夷两粤朝鲜传》。

② 《后汉书·郑弘传》注引《谢承书》云,郑弘曾祖父少子武帝时曾任会稽郡东部侯。今据王国维《观堂集林》卷一二《后汉会稽郡东部候官考》的考证,汉未封侯于今福建,当为东部候官之讹,简称东候官,后又省称为候官。是早在汉武帝世今福州市已有东部候官之设。另据王先谦《后汉书集解》郡国志东部侯国条的考证,也称郡国志的东部侯国及谢承书中的东部侯,应是东部候官之讹。

经济建设,加上人口被徙和长期战乱的破坏,反使社会更显荒凉。这种状况直到东汉永和间,汉廷在今建瓯市增设南部都尉,之后孙吴5次派兵入闽镇压,山越叛乱被平定,山越人纷纷走出山谷转事农业生产,社会日趋稳定,始得改观。接着才在建安年代以东部候官地在今建瓯市、浦城县、建阳市、南平市和福州市分立建安、汉兴、建平、南平与候官5县,交由南部都尉代领①;至吴永安三年(260)"以会稽南部为建安郡"②,才使闽越地结束长期军管,步入正规政区的建制。

我们这样讲,人们或许会问,《宋书·州郡志》建安郡沿革不是已经说过,"汉武帝世,闽越反,灭之,徙其民于江淮间,虚其地。后有遁逃山谷者颇出,立为冶县"?而《后汉书·东夷列传》不是也有东冶县的记载?怎可谓晚至东汉建安年分东部候官地为5县,才使闽越地有了县的分设?我认为要讲清这一问题,又得另从其他方面认真思考而作释疑。再辨如下。

兹见《汉书·严助传》载有"闽王以八月举兵于冶南",苏林对此加注说:"山名也,今名东冶,属会稽";又见《汉书·西南夷两粤朝鲜传》谈到闽越国"都冶",颜师古对"冶"也加注说:"地名,即侯官县是也。"但二者却都未提已有冶县或东冶县之设。要是两汉间果有冶或东冶县,苏林注冶为山名,也名东冶,就该说"属冶县"或"属东冶县",而不能说"属会稽";而颜师古注冶为地名,同样只能说"属冶县",也不能说"即侯官县是也",因为候官县是迟至东汉建安年才由东部候官地所分设。

至于《后汉书·东夷列传》虽有东冶县,然查《后汉书·郡国志》却仅见"东部侯国",而见《太康地志》与《宋书·州郡志》候官县条的记载,也只是说"武帝名东冶,后改为东候官"和候官县"前汉无,后汉曰东候官",根本不提前汉有冶县、后汉有东冶县的设置。

---

① 《三国志·贺齐传》、《资治通鉴》卷七九晋武帝泰始五年条引宋白语及翁天祐《浦城县志》卷一等。

② 《三国志·三嗣主传》第三。

兹据王国维与王先谦的考证，郡国志中的东部侯国实乃东部候官之讹，东候官则是东部候官的简称①。据此，郡国志将东部候官列入东汉政区表，就很值得我们注意。盖东部候官始设于汉武帝，与县同级，初为军事机构，后遁逃山谷间的闽越人频出，为管好这些逃民，才由候官兼理民事，使候官具有一定县官的职能，于是时人以县视之，就将东部候官列入政区表。又因东部候官置于冶（或称东冶），冶与东冶本为闽越王都，久负盛名，当地人喜欢之，而厌恶东部候官这一军管机构的称谓，于是便私相约定成俗，多叫它为冶或东冶县。正因如是，即前后汉实无冶与东冶县之设，所以后来的《旧唐书·地理志》也才会有"其逃亡者，自立为冶县"的言论。又因如是，即东部候官是官方所设的正式机构和所定的官名，冶与东冶只是民间自取的称号，所以编修《后汉书·郡国志》的作者，才会将东部候官而不把其冶或东冶县列入政区表。

我们说，两汉间官方未曾正式设置冶与东冶县，冶与东冶不外是民间对东部候官的一种俗称，还可由下面的一些史事加以说明。

大家知道，已由官方定下的郡县名称是不能随意更改的，如冶县就是冶县，东冶县就是东冶县，二者不能随便称呼与书写。而今所见的两汉、三国等史书，冶与东冶却始终长期并存共用，且都没有特殊含义的区分②，这只能说是因史书所载的冶与东冶是属小地名，因

---

① 《后汉书·郑弘传》注引《谢承书》云，郑弘曾祖父少子武帝时曾任会稽郡东部侯。今据王国维《观堂集林》卷一二《后汉会稽郡东部候官考》的考证，汉未封侯于今福建，当为东部候官之讹，简称东候官，后又省略为候官。是早在汉武帝世，今福州市已有东部候官之设。另据王先谦《后汉书集解》郡国志东部侯国条的考证，也称郡国志的东部侯国及谢承书中的东部侯，应是东部候官之讹。

② 如《史记》、《太康地志》西汉有东冶，《汉书》有冶与冶县，《后汉书》有东冶与东冶县，《三国志》有冶与冶县。而读《三国志·吴书》，也屡见有东部候官与候官长的记载。可参见林汀水《秦汉闽中地名考析二则》、《再谈冶都、冶县、东部侯国与东部候官的沿革、治所问题》二文所引的其他资料，分别发表于《冶城历史与福州城市考古》论文集（海风出版社1999年）及《历史地理》第十五辑。

为只有小地名方可不必受此严格的限制。

退一步说,倘若两汉真有冶与东冶二县,当建安年由东部候官分设建安、汉兴、建平、南平与候官五县,而冶与东冶二县的名称仍存见用,有些史志为何会说汉兴、建安等县是由东部候官北乡地置,而不称说这些新设的县原是属于冶或东冶的县地?再是,若有冶与东冶县,分设候官县时,二县名称尚且见在,为何不用冶与东冶的原名,而偏要把它改为属于官名的"候官县"?对此也只能说,盖因那时的冶与东冶无非仅属东部候官的俗称,不是真正的县名,所以政府才会保留原来已经使用过"候官长"一名的官方名称,而定名候官。

(原载于《历史地理》第二十九辑)

# 福建县名取名的特点与更定名称必须注意的问题

福建县名取名都有一定含义,许多地方的县名取名具有时代和地域特征。定名后又复更改的也有不少。先谈各县的取名含义。

## 一、取名含义

建安:本汉东部候官北乡地,东汉建安年析置,系以置县年号为名。
瓯宁:本建安、建阳县地,宋治平三年(1066)析置,盖因其地古有西瓯之称,设县为求安宁,乃名瓯宁。
建瓯:1913年建安、瓯宁合并,取二县首字为名。
建阳:汉建安十年(205)析建安桐乡置建平县,晋太元四年(379)改建阳,"因山之阳为名"。宋景定元年(1260)县生嘉禾,又曰嘉禾。元复旧。
浦城:汉建安十二年(207)析东部候官北乡地置,盖因设于汉代,故曰汉兴。吴永安改名吴兴。唐武德时更曰唐兴;武周天授又名武宁;神龙复口唐兴;天宝元年(742)始以徐善筑城临浦,而名浦城。
崇安:南唐保大间改温岭镇为崇安场,宋淳化五年(994)即以场名升县。

　　**松溪**：五代天德间置松源镇，后周广顺元年（951）升县，因沿溪两岸皆乔松，有百里松荫之称得名。宋开宝八年（975）改曰松溪，又以溪水为名。

　　**政和**：五代闽立关隶镇于今政和县东南镇前村，宋咸平三年（1000）升县，仍以关隶为名。政和五年（1115）移今治，遂以年号改名。

　　**邵武**：吴永安三年（260）置昭武县，意即地处武夷山之南。晋元康元年（291）避司马昭讳，改作邵武。

　　**光泽**：唐武德间析邵武北乡置洋宁镇，辖光泽、鸾凤二乡，宋太平兴国四年（979）升县，改以光泽为名。

　　**建宁**：吴永安三年（260）置绥安县，晋义熙元年（405）避帝讳，改名绥城，后废，地入邵武。唐乾符间又分绥城故地置黄连、归化二镇，并表义宁军。南唐保大复以黄连镇改名永安，后为场；中兴元年（958）升县，乃以建州、义宁军的合称，并兼"永安"为"宁"之义定名建宁。

　　**泰宁**：唐置归化镇，南唐中兴元年（958）升为归化县。宋元祐元年（1086）应乡人之请，乃以孔子家乡阙里府号"泰宁"二字改今名，寓"泰平、安宁"为义。

　　**南平**：本汉东部候官北乡地，东汉建安初析置，以汉兵入闽平定南疆得名。晋太康初改称延平，南朝宋废。五代置延平镇，后升为龙津县，旋改剑浦，相传古有莫邪宝剑跃入延平津与干将剑会而得名。元大德六年（1302）复曰南平。

　　**顺昌**：本将乐县地，唐初析置浆水场，景福时改名永顺。五代龙启元年（933）升县，即以顺阳溪定名顺昌。

　　**沙县**：晋延平县地，太元四年（379）置戍，谓之沙戍，义熙（405—418）中升为沙村县。唐武德四年（621）复以沙丘名沙县。

　　**将乐**：吴永安三年（260）分建安县置，以无诸校猎地、汉校乡得名。

　　**尤溪**：唐开元二十九年（741）开山洞置，以洲多尤姓，故名溪又名县。

　　**永安**：本沙县地，明正统间置永安千户所，景泰三年（1452）升为县，相传系因县西80里聚沙成岸，水涨不颓，或因舟出九龙至此始安而名。

**长汀**：晋立新罗县，南朝宋废。唐开元二十一年（733）开山洞置汀州，因长汀溪以为名；二十四年（736）复增长汀为倚郭县，也以长汀溪为名[①]。

**宁化**：唐乾封二年（667）于黄连洞置黄连镇，开元十三年（725）升县，以地产黄连得名。天宝元年（742）因洞蛮骚乱不断，为祈安宁，遂以"宁靖归化"改今名。

**连城**：宋元符间设莲城堡，绍兴三年（1133）升县。元至正六年（1346）讨平"草贼"罗天麟，即以去草之义，改作连城。

**清流**：本长汀、宁化二县地，宋元符元年（1098）置，治清流驿，因名。

**明溪**：明成化六年（1470）以该地山民素恃险僻，不供徭赋，民梗难治，析清流等县地置归化县。1933年因与绥远的归化同名，乃以宋代曾设明溪驿于此，其地两岸又有大小阜如日月而改明溪。

**上杭**：唐析龙岩县置上杭场，宋淳化五年（994）升县，仍以场名为名。

**永定**：本上杭县地，因地方宽阔，地僻山深，人民顽梗，平居则以势相凌，有事则持刃相杀，治理难周，乃于明成化十四年（1478）析置，以祈永远安定而名永定。

**武平**：唐置南安、武平二镇，南唐并为武平场，宋淳化五年（994）升县，即以场为名。

**候官**：汉初无诸受封闽越王，都冶（或曰东冶），都城在今福州市。汉武平闽越，即设东部候官于此驻兵镇守，后兼理民政，俗称冶或东冶县，东汉建安年改置为县，即省东部二字，直谓候官。隋并候官、原丰为闽县。唐复置，亦作侯官，盖因候官本为官名，后人疑误，乃改侯官。五代长兴四年（933）改名闽兴，清泰二年（935）复旧[②]。

**闽县**：隋并候官、原丰为闽县，盖今福建古称闽，其地又滨闽江，

---

[①] 有关新罗的沿革与方位，详见林汀水《汀州与新罗、杂罗、长汀三县考》，《厦门大学学报》1998年第1期。

[②] 有关候官县的沿革，详见林汀水《再谈冶都、冶县、东部侯国与东部候官的沿革、治所问题》，《历史地理》第十五辑。

由是名县。五代初改曰长乐,旋复旧。

闽侯:1913年合并侯官与闽二县,即以二县之首字名县。

长乐:唐武德六年(623)析闽县置,取《书经》"宅新邑,宁厥止"以为义而名新宁,旋以"地名长乐,居者安之",改曰长乐。

福清:唐圣历二年(699)析长乐县置万安,因乡为名。天宝元年(742)改称福唐。五代又谓永昌,长兴四年(933)始以"山自永福里,水自清源里会于治所"的地理特征而取"福"、"清"二字定名福清。

平潭:本福清县地,清嘉庆三年(1798)于海坛岛平潭地方置平潭厅,1912年改县,仍以驻地为名。

连江:唐武德六年(623)析闽县置温麻县,治今霞浦县南古县,旋迁连江之北,改名连江①。

罗源:唐大中时候析连江一乡置罗源场,五代龙启元年(933)升县。宋天禧五年(1021)避皇太子讳,改名永昌,乾兴元年(1022)复以罗源溪名县。

古田:唐开元二十九年(741)开山洞置,因古昔田亩垦辟得名。

屏南:清雍正十二年(1734)析古田县置,卜治双溪之汇、屏山之南,世宗以此赐名屏南。

永泰:唐永泰二年(766)析侯官、尤溪县置,以年号为名。宋崇宁初避哲宗陵讳,改曰永福。1914年复旧。

闽清:五代乾化元年(911)析侯官梅溪场置县,寻改闽清,以梅溪之水流入闽江,江水浊而溪水独清名县。

霞浦:晋太康四年(283)以温麻船屯置温麻县,隋废。唐武德复,旋迁连江,改名连江。长安二年(702)又于温麻船屯复置温麻县,天宝元年(742)迁今霞浦,改曰长溪,因长溪之水以为名。元升福宁州,清雍正十二年(1734)升府,乃置霞浦为倚郭县,以境内有霞浦山、水得名。

宁德:唐开成中分古田县置感德场,又划长溪县宁川属之。五代

---

① 有关连江县的沿革,详见林汀水《武德六年末置长溪,长溪始名于天宝》,《厦门大学学报》1998年第1期。

长兴四年(933)升县,即取宁川的"宁"与感德场的"德"二字名县。

福安:宋以长溪县西北乡去治辽远,难于制驭,请于朝析置,淳祐五年(1245)理宗御批"赐尔多福,以安一县",因以为名。

罗江:三国吴置,治所当在福安市南罗江,属临海郡。晋度属晋安郡。盖废于南朝齐之后①。按今福建以"罗"名县的尚有新罗、杂罗等,据专家考证都为古越族人留下的古县名称。

福鼎:清乾隆四年(1739)析霞浦县置,以境内福鼎山取名。

寿宁:明景泰六年(1455)析政和、福安县置,盖以"欲斯民之寿且宁"为义命名。

周宁:1935年析宁德县置周墩特种区,治周墩,故名。1945年又分宁德县的部分县地置县,乃取周墩、宁德的首字为名。

柘荣:宋为长溪县地,1935年置柘洋特种区,以地多产柘树为名。1945年改县,名柘荣,乃因"荣"与"洋"谐音,又具欣荣的寓意。

莆田:隋析南安县置,旋废。唐武德五年(622)复,以当时的平原是片蒲草丛生的盐沼地,为明艰食而名。

仙游:唐圣历二年(699)析莆田县置清源县。天宝元年(742)复,因县西有仙游山而改今名。

兴化:宋太平兴国二年(971)太宗阅《游洋图志》,念游洋洞地险,欲以德化之,乃析其地置兴化县。明废。

南安:吴永安三年(260)析候官县置东安县,盖祈东吴板图安定为意,故入晋初即改晋安。梁置梁安郡治此。陈改梁安为南安郡。隋废郡,县改南安,当以南安江为名。

晋江:本南安县地,唐开元八年(720),析为泉州治,因晋江得名。

石狮:1987年析晋江东部地置为省辖县级市,治石狮,因名。

惠安:宋太平兴国六年(981)析晋江县置,乃取"以惠安民"之义名县。

安溪:本南安县地,唐咸通间置小溪场,南唐保大十三年(955)

---

① 有关罗江县的沿革、方位,详见林汀水《罗江县沿革与治所考》,《福建省志·地理志》附录《建置沿革及考证》。

升为清溪县,以"山峻水洌,澄泓凝聚"取名。宋宣和三年(1121)睦州清溪洞盗起,恶其同名,又以溪水安流为义,改名安溪。

同安:晋太康三年(282)析晋安县置,寻废。唐贞元间又析南安县置大同场,五代后晋天福四年(939)升为县,复名同安,盖以县东有同山得名。

厦门:宋曰嘉禾屿,因产嘉禾得名。明有禾岛、禾屿和鹭岛、鹭门等称谓,地处九龙江口,为漳州月港的门户,江浙商人常至此,盖闽南话的禾门、鹭门与江浙话的厦门、夏门音近,遂有厦门、夏门见于记载。明设中左所于此。清顺治十二年(1655)郑成功置县,以思明为名,康熙间废。雍正二十五年(1686)改设厦门厅。1912年复为思明县;1935年升市,仍称厦门。

金门:1914年析思明县大小金门岛置,因以为名。

永春:唐长庆间析南安县置桃林场,五代长兴四年(933)升为桃源县,以境内峰峦特秀,林壑茂美,一水洄旋,㶁㶁浅碧,过者如入武陵深处之义取名。天福二年(938)复因境内有乐山,草木繁盛,四季如春,而改今名。

德化:唐贞元中析永泰县置归德场,五代长兴四年(933)升为县,盖采归德的近义词而名德化。

大田:明嘉靖十四年(1535)以山隘险阻,民多聚盗而析尤溪等县置,治大田里,因以为名。

龙溪:本晋安县地,梁大同六年(540年,一作天监中)析置,因九龙戏于龙溪,以是名县。

海澄:明嘉靖间漳州月港的海上走私贸易猖獗,地方不宁,为安定社会秩序,乃议割龙溪、漳浦二县地置县,于隆庆元年(1567)立,赐名海澄。

龙海:1960年龙溪、海澄二县合并,取二县之首字定名。

漳浦:唐垂拱二年(686)析龙溪县置,以漳水为名。

长泰:本南安县地,唐乾符三年(876)置武德场,文德时候改名武胜,又改武安,南唐保大元年(943)升县,即以"崇武常(长)胜,德政安泰"之义取名。

华安：本龙溪县地，清初县丞分驻华崶，1928年正式立县，拟割安溪崇信、龙涓等地并入，乃取华崶、安溪二县的首字为名。

南靖：梁置兰水县，以地产兰花为名，隋废。元为平定畲族的反抗，复立南胜县于今平和县的南胜，至元间迁今平和旧县，至正十六年（1356）再移兰陵（今靖城），即以其地乃处南陲，寇乱不靖，而改南靖。

诏安：唐垂拱二年（686）陈元光平定蛮僚之乱后，于今诏安设立怀恩县，盖以感念朝廷之恩命名，开元间瘟疫，人口逃散，废为镇。宋置南诏场，明嘉靖九年（1530）升县，即以"南诏安靖"之义名县。

云霄：晋置绥安县，隋废。元设云霄驿，清嘉庆三年（1798）析漳浦、诏安等县地立厅，1913年改县，即以驿名县。

东山：明洪武间于东山置铜山守御所，1916年升县，复因江苏有铜山，乃改今名。

平和：明正德十四年（1519）以南靖芦溪、平和等处盗窃时作，乃析南靖、漳浦县置，"取盗平民和"之义名县。

龙岩：唐开元二十四年（736）于杂罗口置杂罗县①，天宝元年（742）复以城东龙岩洞改名龙岩。

漳平：明成化七年（1471）析龙岩县置，以其地据漳州上流，在万山之中独为平衍的地貌特征名县。

宁洋：明隆庆元年（1567）析龙岩等县置，以居东西二洋、寇乱平定，皆已■宁为名。1956年撤销，地入漳平。

## 二、取名特点

归纳上列史实，是今福建县名取名乃以安、定、宁、化、平、靖一类最多，倘若加上以场、以镇、以驿、以所命名的县，则几乎已过大半。次为源于山川水文地貌和植被的自然实体。另有一些系以气候、

---

① 有关新罗的沿革与方位，详见林汀水《汀州与新罗、杂罗、长汀三县考》，《厦门大学学报》1998年第1期。

特产、传说或以治地的名称名县。还有一些是属古越族人分布并用当时的古吴越语言命名的县。合并则多采用二县名称的首字为名,也有一些是因析置时候割地兼有两县的若干地方,同样采用二县名称的首字为名。更名则多系因朝廷更替,或因社会动乱,或为避讳,或因取名不当(同名、带有歧视性)的缘故。

福建县名取名以安、定、宁、化、平、靖为义的最多,此与地区开发的特点和古代居民的民族特性有关。

福建古称闽,是东南方越族人的聚居地,因住闽地,亦曰闽越人。盖自汉武平闽越,设东部候官驻兵镇守,由于"东越狭,多阻,闽越悍"[①],一直无法在今福建置立郡县,直到孙吴多次派兵入闽镇压,平定了山越的反抗,复又用心经营闽地,才在东汉末的建安年间在今闽北先立四县,另在福州和福安各置一县。

福建民风剽悍,晚于李唐照旧一样[②]。于是设县只能先在一些较易控制的地方陆续进行。正因如是,故自东吴以来新增的县便多取以"安"、"宁"为义命名,以祈设县后社会能够得到安宁。

而自唐五代,为加强地方控制,并因经济已得初步的发展,此时,又在许多地方分设场、镇。这些场和军镇随着日后人口的增加和经济的继续发展,至宋已全都由各自的母县分出,独自升置为县,县也多沿场镇的名称命名。

进入明清,不少山区"山民素恃险僻,不供徭赋","人民顽梗,平居则以势相凌,有事则持刀相杀",甚至阻山依谷,摽掠旁县,他们不可制服,"实因地方宽阔,治理不周",僻远的沿海地带也因"寇乱"频繁,走私猖獗,故为治安和赋税的征缴,又在这些僻远难治的地方再次集中增设一批新县,县也更多采用安、定、宁、化、平、靖等字命名。

福建县名取名选字以上述为多,又多沿用过去的一些场镇名称取名,这是福建县名取名最主要的特点。至于其他类型的县,则都按

---

① 《史记·东越列传》。
② 详见《全唐文》卷三九〇李琦文、卷三八七独孤及文等。

照全国各地取名的一般规则,因受篇幅限制,于此不再赘叙。

## 三、地名更名、定名应需注意的问题

如上所说,福建县名取名都有一定含义,因此要改县名就需了解原先县名取名的意思,然后再予斟酌有否改名的必要,并根据该县名称的特点起用合适的新名。

县名具有含义,大多是由其字体现的,字变了,所含意思也会随之变。如今侯官,原作候官,是从东部候官演变而来。东部候官本为军事机构,后被改置为县,为了省称,并区分二者性质的不同,乃去东部二字。而今被改侯官,既失沿革脉络,含义也就荡然无存了。又如禾门、鹭门,现被转写厦门、夏门,取名原义既失,同样也就产生多种不同含义的释疑①。所以县名一旦定下,就应严格用字的规范化。

县名最忌经常变动,取名应加格外慎重。取得好,会有诸多积极作用。如今莆田,取名时候充分反映当时地理环境的恶劣,是片蒲草丛生的盐沼地,水患危害最大,指出重视水利建设的必要,便将"蒲田"的"蒲"字去掉三点水,定名"莆田",借以提醒人们注意去除水患、明其艰食之意,激励人们艰苦奋斗,创建美好的明天。相反,县名要是取不好,却会麻烦多多,引起不断的更名,而使县名难得稳定。此又犹如今天的浦城,汉代设县出于狭隘的政治考量即名汉兴,至吴遂改吴兴,唐又先后改为唐兴、武宁,复名唐兴,直到天宝间去除狭隘的政治性,最后定名浦城,才沿用至今。又如泰宁初名归化,因含歧视性,引起当地人的不满,直至更改今名,才得稳定。

故为今后能使县名得到稳定,取名时候就应注意以下若干事项:
1. 忌用浮虚空洞而富狭隘政治色彩的名称;
2. 多多利用地理实体相关位置的相互关系和景观特点命名,因为

---

① 厦门、夏门是为禾门、鹭门的转写,详见林汀水《"厦门"不是"下门"辨》,林汀水《历史地理论文选》,香港人民出版社 2005 年。

这样做较能使县名稳定,还能为相关方面的科研提供历史依据;

3.注意历史的沿袭性和继承性,适当恢复古代取名较佳的个别古县名;

4.忌取不利民族团结、社会和谐的县名;

5.可改可不改的县名,原则上一律不改;

6.定名后,严格县名用字的规范化,不许转写或借字,以免县名含义被曲解,并使邮政、交通、信访造成困难。

(原载《闽台文化交流》2008年第4期)

# 福建政区沿革治所考

据本人参与编绘《福建历史地图集》的心得，现就本人也曾参与的、由谭其骧先生主编的《中国历史地图集》中，福建政区沿革治所存在的一些问题，提出若干不同意见，供以后修订时参考。

## 一、建安与瓯宁县

建安本候官北乡地，汉建安初年置；一曰设于建安十二年（207）。自后因之。民国二年（1913）与瓯宁合并。瓯宁，原为建安县地，宋治平三年（1066）置，并析建阳、浦城二县地益之，熙宁间（1068—1077）省。元祐四年（1089）复分建安县地之半立，民国二年（1913）与建安合并，即取二县的首字定名建瓯。

按建安置县始于建安初年，《宋书·州郡志》不载，然建安郡沿革有云："吴孙休永安三年（260），分南部立为建安郡。领县七。"所列七县仅吴兴、将乐、昭武、建阳、绥成和沙村，唯缺建安一县。兹观《宋书》之《刘粹传》《殷孝祖传》有建安县侯，《晋书·地理志》《南齐书·州郡志》建安郡下也有建安县，是刘宋仍当有建安，《宋书·州郡志》不载,自属脱漏之误。

另是治所问题。汪佃《嘉靖建宁府志》卷八公署云:"建安县治,在府治西从化坊……按旧志,汉末析置建安县,建治黄华山下,即今行都司。唐大历中为建州寓治,县治化迁,莫知其处。或云,在府城平肆坊大葛巷内,旧为茶场……宋熙宁中,瓯宁县省,即其故址为县治,在宁远门。则建炎中燬于兵,长吏假民居治事。绍兴二年(1132),知县石廉仍旧址重建……元至正二年(1342),县尹徐属移建今所",又谓:"瓯宁县治,在府治西从化坊……熙宁中县省,以其址为建安县治。元祐四年(1089)复置,乃别建治于城北朝天门外,今包城中。后毁于兵,寓治于丘坑寺数年。绍兴四年,知县范璿重建治,徙于谯楼内……国朝洪武初,知县长鑑即朝天门旧地重建。十二年(1379),知县王迪迁建今所。"据此,是建安县治最初应在黄华山下,至唐大历中(766—779)移徙大葛巷内,熙宁中(1068—1085)省瓯宁,又以瓯宁故治为治,迄元至正二年(1342)再迁从化坊。而瓯宁县治最初则在宁远门,元祐四年复置,移徙城北朝天门,绍兴四年(1134)再迁,移就谯楼内,洪武初复以朝天门为治,至十二年(1379)复徙从化坊。兹按图籍,黄华山系在建瓯县治东北三里,其余故治则都在今县城内。然见《中国历史地图集》,三国与西晋的建安却仍定于建瓯松溪江岸之南,东晋、刘宋图则不见建安。建安设县,初治应在今县东北三里黄华山下,是至于唐才迁今理。

## 二、南部都尉、建安郡与建州

汉永和六年(141年),立南部都尉于今建瓯。吴永安三年(260),又以南部都尉改置建安郡。隋平陈郡废,地属泉州(后改建安郡,治所都在福州)。唐武德四年(621),复置建州于建安县。宋绍兴三十二年(1162),又以孝宗潜邸之故,升为建宁府。元改建宁路,明清复为府。《读史方舆纪要》卷九七建安城:"三国吴永安三年(260),郡守王蕃始筑城于溪南覆船山下;刘宋元嘉初(424),迁于溪北黄华山下,梁末毁,太守谢竭栅木溪西为治所;陈刺史骆文广复徙于覆船山北,而以黄华山麓为建安县治;唐大历中(766—779),州寄治县城内,建中初(780),刺史陆长源改筑县城为州治,周九里有奇;天祐中(904—907),刺史孟威增筑南罗城。五代晋天福五年(940),伪闽王延政增筑郡城,周二十里。寻入南唐,城复故址。宋绍兴十四年(1144),为洪水所圮,寻复修筑;二十年(1150)以后,屡经营缮。元季城毁;至正十二年(1352),红巾入寇,郡守赵节因旧址修筑……明洪武二年(1369),拓城西南隅;十九年(1368),复增筑城西,包黄华山于城内。"东瓯城条复谓:"又府东南三里有故府城,相传汉会稽南部都尉治所也。又府东北有古长城,相传五代时王审知据闽,曾迁郡城于此,乡人呼其地为党城。"据上所云,是汉永和六年(141)所设的南部都尉,其治应在建瓯东南三里,吴永安三年(260)改置建安郡,移就溪南覆船山下,永嘉初,又徙溪北黄华山下,梁末又迁溪西,陈时再治覆船山北,至唐大历中,始移建安县城内,王闽时,又徙党城,寻复故,方与建安同城而治。而查之于志,覆船山乃在县治西南三里,黄华山、党城则在县东北。今见《中国历史地图集》,东汉永和五年(140)为标准年代,永和六年所置的南部都尉未绘,吴永安三年所立的建安郡定在建瓯溪南,两晋也是,而自刘宋则以今建瓯为治,与上述记载至唐方与建安同治于今建瓯不合,疑误。

## 三、汉兴、吴兴、唐兴与浦城县

汉献帝建安年(196—220)分候官北乡地置汉兴县,吴永安三年(260),改为吴兴,隋省。唐武德四年(621)复,更名唐兴,寻废。载初元年(689)又设,天授二年(691)改曰武宁,神龙元年(705),复称唐兴,天宝元年(742),始名浦城。自后因之。黄恬《浦城县志》卷四:"今距县五里东乡后阳,土人云,即故浦城县地,城基及县治教场遗址犹存,非数百年间迭有迁徙欤。"1981年《浦城县地名录》云,故城在今浦城东北后阳,天宝元年(742)方移今治。《中国历史地图集》县治皆作同今处理,误。

## 四、昭武与邵武县

三国吴永安三年(260),分建安县地置昭武县,以地处武夷山南得名。晋太康三年(282)避司马昭讳,并取无诸用武之地的意思,改名邵武。《读史方舆纪要》卷九八邵武县乌坂城:"府治东三里……亦曰故县城,北依山麓,南滨大溪。"又引旧志:"今府城宋置军时所筑。"王琛《邵武府志》卷三:"泉山,距城五里,其地为故县。"据此,是宋以前县治当在今邵武市东三里故县街,迄宋置军筑城,才移今理。《中国历史地图集》皆作古今同治,误。

## 五、罗江县

《宋书·州郡志》:吴立罗江,初隶临海郡(治章安,在今浙江临海市东南),晋武帝时分设晋安郡(治候官,在今福州市),"度属"。既是先归临海郡,后属晋安,其地必居二郡之间。按唐沙门道世《法苑珠林》卷七一《祈雨篇》引《冥祥记》,有云:"晋安罗江县有霍山,其高蔽日";《三山志》也载,霍山乡,在宁德县北七十里,乡以霍童山得名。据此,是宋霍山当为今之霍童山。

兹查地图,福安市南赛岐镇西、甘棠以北有一"罗江",正处霍山之旁,且位二郡之间,故疑罗江旧治在此。《中国历史地图集》未绘。

## 六、长溪县

《旧唐书·地理志》:"连江,武德六年(623)分闽县置温麻县,其年,改为连江。""长溪,武德六年置,其年并入连江。长安二年(702),分连江复置。"

《新唐书·地理志》所载同。《中国历史地图集》盖依这一说法于今霞浦县治绘出长溪县。然查《元和志》卷二九,有曰:"连江县,本汉冶县地,晋分立温麻县。武德六年(623年),移于连江之北,改为连江县。"《太平寰宇记》卷一〇〇、《唐会要》卷七一也曰,长安二年,又在温麻故县复置温麻县,天宝元年(742)改名长溪。据此,是武德六年所置的温麻县,初治同晋,都在霞浦县南的古县,后因移迁连江之北,才改连江县。到了长安二年,又在霞浦县南的古县复置温麻,直到天宝元年,始改长溪。故《中国历史地图集》开元图中所绘的"长溪",应为"温麻"之误,治所也应改定于今霞浦县南的古县①。

## 七、绥安县

晋义熙九年(413)置绥安县,属义安郡。宋因之。齐尝为义安郡治。梁、陈复旧。隋开皇十二年(592)并入龙溪。陈汝咸《漳浦县志》卷一九引《湖阳志》:"绥安,晋属义安郡,即今云霄也。"兹据当地人实地考察,应在今云霄县北的西林,这里尚有遗迹存在。按《中国历史地图集》定绥安故治于今云霄,应改。

## 八、漳州与漳浦县的初治

吴宜燮《龙溪县治》卷二三引宋吴舆《图经序》:"皇唐垂拱二年(686)十二月九日,左玉钤卫翊府左郎将陈元光平潮州寇,奏置州县。敕:割福州西南地置漳州。初在漳浦水北,因水为名。寻以地多瘴疠,吏民苦之,耆寿余恭讷等乞迁他所。开元四年(716),敕:移就李澳川置郡。"卷二四引朱熹《漳州守臣题名记》:"开元四年徙治李澳川,在旧治北八十里。"《元和志》卷二九作县西八十里。复查《读史方舆纪要》卷九九漳州府漳浦故城,则谓:"县南八十里,唐初置县于此,为漳州治,在梁山之下,地名云霄,其南漳水出焉,因名漳浦。开

---

① 参见林汀水《武德六年未置长溪,长溪始名于天宝》,《厦门大学学报》1998年第1期。

元四年,州民俞其讷等以地多瘴,请徙李澳川,从之,即今县治。"兹据当地人实地考察,漳州、漳浦的初治应在云霄县北西林村,至开元四年迁今漳浦县治。盖以上所说的旧治北八十里、西八十里或南八十里,应为西稍南八十里方是。这里古居漳水海口,背靠山地,森林茂盛,南面的海湾狭长,历经淤积,两岸当有许多沼泽湿地,易生瘴气,较合"以地多瘴,请徙李澳川"的记载。

## 九、兰水县

梁置兰水县,隋开皇十二年(592)并入龙溪县。《读史方舆纪要》卷九九漳州府龙溪县九龙溪条:"又南溪,在府城南。溪有二源,本曰双溪,自南靖县合流……或以为即古之兰水,梁所取以名县者。"按1981年《南靖县地名录》云,今南靖县东北的靖城古称"兰",或称"兰陵",盖以其地地处丘陵,又产兰花,因以命县。据此,则兰水废县或当治今靖城。《中国历史地图集》未将该县入图。

## 十、怀恩县

《元和志》卷二九漳州废怀恩县:"在州西南三百一十里。垂拱二年(686)置,属漳州。开元二十九年(741)废。今置镇。"1982年《诏安县地名录》:今诏安县西门内帝君庙巷壁上古石刻有"怀恩古井"四字,系一千三百年前置怀恩县时所凿。据此,是怀恩县治当在今诏安县城内。《中国历史地图集》注记县北,不定点,似可依此加以改定。

## 十一、龙溪县

龙溪一说设于梁天监,一说是在大同六年(540),相传系以九龙戏于溪(今九龙江)而得名。吴宜燮《龙溪县志》卷一:"按县始于梁大同,州始于唐嗣圣,是置县在置州之先矣。古县在十二三都,而迁移年代历志缺不书。考《柳少安传》，少安为刺史，按部至龙溪，顾谓别驾陈谟曰：'此县可建州治，大江南旋而东注，诸峰北环而回顾，且本州属地也。'或其时建州于县境，而非建州于县治，州治建而县治并移耶。"据此，是龙溪初治于今龙海市西的颜厝（古县），盖至贞元间（785—805）始移今漳州市内。自后因之，直到1960年合并龙溪、海澄为龙海县，才再迁今石码镇。《中国历史地图集》梁、陈间的县治与唐的定位稍有差异。

## 十二、东平、松源与松溪县

《晋书·地理志》建安郡有东平县，《宋书·州郡志》无，当是废于刘宋。五代又立松源县，宋开宝八年（975）改名松溪。《读史方舆纪要》卷九七松溪县沿革：本建安县地，五代初属吴越，为处州东乡地，寻属闽，立松源镇，周广顺元年（951），南唐升为县，宋开宝末改名松溪。复查1980年《松溪县地名录》，也谓：松源镇置于东平乡，即今松溪县东北旧县。据此，是东乡乃即东平乡，晋所置东平县当治于此。

另据汪佃《嘉靖建宁府志》卷八载，松溪移徙今理，时在开宝八年。《中国历史地图集》晋无东平县，疑作无考论，应补。

## 十三、建平与建阳县

汉建安十年（205），吴析建安桐乡置建平县，治今建阳市东南三贵里（也作三桂里），属建安郡。晋太元中（376—383）改名建阳，移治市东北建忠里（今回潭）。隋省入建安县。唐武德四年（621）复，八年废；垂拱四年（688）又设，移于大潭城，即今理，属建州。宋景定元年（1260），以县生嘉禾，改名嘉禾县，属建宁府。元复旧，明清因之。按《中国历史地图集》定西晋的建平县于今建阳市的东北，误，定东晋的建阳于今建阳市东北，位置有所偏差，而定隋的建阳废县于今建阳市，也误。

## 十四、绥城与建宁县

绥城,也作绥成。晋义熙元年(407)析邵武县地置,属建安郡;或曰:吴永安三年(260)置绥安县,义熙初改名绥成,治所在今建宁县西里心,隋废。唐武德四年(621年)复,贞观三年(629)省,治所在今建宁县西南三里。至宋建隆元年(960)又置建宁县,治所同今。按《中国历史地图集》皆定绥城于今建宁县南,误,应改①。

## 十五、温麻县

晋太康四年(283)以候官县温麻船屯置县,隋开皇九年(589)废,入闽县,故治在今霞浦县南古县。唐武德六年(623)复,旋迁连江之北,改名连江。长安二年(702年)又设,仍治古县。天宝元年(742)徙今霞浦,改名长溪②。《中国历史地图集》晋图未绘温麻,盖因后置,唐图未绘,而以长溪入图于今霞浦,则误,应改。

## 十六、清源与仙游县

唐圣历二年(699),分莆田县西界置清源县,天宝元年(742)因与清源郡同名,遂以县西有仙游山,改名仙游。自后因之。《元和志》卷二九泉州仙游县:旧治县北十五里,天宝元年"移于今理"。按今仙游县西北金奎乡离县十余里有古城皇庙遗存,地势开阔而平坦,清源旧治疑当在此。《中国历史地图集》所定位置,与此略有偏差,是否可酌改定于此。

---

① 详见林汀水《绥城县、建宁县、义宁军与黄连、永安二镇治所的变迁》,《厦门大学学报》1998年第1期。

② 参见林汀水《武德六年未置长溪,长溪始名于天宝》,《厦门大学学报》1998年第1期。

## 十七、关隶县与关隶镇

五代晋天福六年(941),王闽立关隶镇,宋咸平三年(1000)升为县,属建州。政和五年(1115),改名政和。《嘉庆重修一统志》建宁府古迹关隶废县:"在政和县东南七十里。"又引旧志:"关隶旧县,在天王寺北,废址犹存,王闽置镇,宋升为县,移治感化里东岸口黄熊山麓,后改曰政和,即今治也。"兹查 1981 年《政和县地名录》,关隶旧县乃在今县东南镇前村。《中国历史地图集》北宋图关隶县定在今政和县治,又有关隶镇定于宁德市北,故疑关隶镇所定位置有误。

## 十八、惠安县

《太平寰宇记》卷一〇二泉州惠安县:"去州四十五里",太平兴国六年(981)置。《舆地纪胜》卷一三〇泉州惠安县:"在州北七十里。《寰宇记》云,本晋江县地。《图经》云,淳化五年(994)析晋江县地置。《国朝会要》云,太平兴国六年析晋安县地置。不同,当考。"

据上所引,是惠安置县的时间与其治所皆有二说。

兹查叶春及《惠安政书二·地理考》及《惠安政书四》,有曰:"县距郡五十里","宋太平兴国六年,始割晋江东乡十六里置县。然六都有古县遗址,若始基于彼,后乃迁之,则今署非六年建矣。"《嘉庆重修一统志》泉州府古迹惠安故城也谓:"在今惠安县东北。"又引通志:"旧县治在县东北六都龙窟岭下,故址尚存,后徙于螺山之阳,即今治。"惠安东北龙窟岭下有古县曾作惠安县治,此说历经张家瑜的实地考察,也可得到证明。这里正处泉州北偏东七十里,而距古县不到一里的西北山麓有官厅、城门和城内尾各地名称谓,再向西北行,还有"社仔",与今城内"社仔埕"相类,且有古道可通古县,是今惠安曾先设治于此甚明①。

至若迁移今治是在何时，史志皆未明确载及。然见《古今图书集成》泉州府公署考，有曰："元至元十三年（1276），凡县治之屋宇俱毁于寇"；《嘉庆重修一统志》泉州府县学也载："惠安县学，在县治东，元元贞初（1295）建。"是徙今治或当其时。

按《太平寰宇记》云，惠安是在太平兴国六年（981）置，《图经》则称，时在淳化五年（994），二者说法不同，疑是决定增县时在太平兴国六年，最初选址虽拟州北四十五里，但未立即动工兴建，可能迟至淳化五年改断于今古县，故后《图经》才说是在淳化五年。《中国历史地图集》惠安县治自古皆作同今处理，疑误。

### 十九、桃林场、桃源县与永春县

唐长庆二年（822），析南安县西界两乡地置桃林场，五代长兴四年（933），王延钧升为桃源县，晋天福三年（938），改名永春，清雍正十二年（1734），升为州，直隶福建布政使司，1913年废州制，复为县。《嘉庆重修一统志》永春州古迹永春故城："今州治"，又引府志："桃林场，在县西南魁星山下，今名上场村。"乾隆《永春州志》卷三公署载："永春州治，在大鹏山之南，宋开宝二年（969），令林滂建，淳熙六年（1179），令林丛重建。"

据上所云，是唐的桃林场、五代的桃源县皆治于今县西稍南的桃场村（也称上场村），晋天福改名永春，迄宋开宝二年，始移今理。按《中国历史地图集》已将五代闽的桃林定于今治，误，应改。

### 二十、上杭场与上杭县

本晋新罗县地，唐大历四年（769）析置上杭场，宋淳化五年（994）

---

① 张家瑜《一个被遗忘的惠安古县城址》，《福建地方通讯》1986年第3期。

升县,割长汀南境属之,隶汀州,自后相沿不改。《读史方舆纪要》卷九八汀州府上杭县上杭旧城引旧志:"唐析龙岩县胡雷下堡置上杭场,其地在今永定县东四十余里;南唐保大十三年(956),徙场于艺梓保,在今永定县东北六十里,宋升为县。至道二年(996)徙治鳖沙,在今(上杭)县东北三十里,地名白沙里,旧曰鳖沙里;咸平二年(999)又徙县于语口市,东去鳖沙不及一里;天圣五年(1027),复徙钟寮场,在今县西北二十里,其地坑冶大兴,商旅辐辏;乾道三年(1167)又徙郭坊,即今县治"。曾日瑛《汀州府志》卷二"艺梓"作"秋梓","钟寮"作"钟寮"。兹查1981年《永定县地名录》,胡雷下堡为今永定湖雷,秋梓为今永定高陂北山,且称,今北山尚有"西门排"各地名见在。复查1980年《上杭县地名录》,又曰:鳖沙为今上杭碧沙坑,语口为今上杭旧县的全坊,钟寮即今中寮,郭坊为今县治,唯其秋梓无考。然据曾日瑛《汀州府志》卷二云,秋梓"即今(永定县)太平里"验之,则《永定县地名录》所称的秋梓在今北山,应无问题。

按今上杭唐已设场,至宋升县,治所移徙不定,《中国历史地图集》仅标两宋县治,未及唐、五代的场,兹依上引资料略作文字上的补充说明。

## 二十一、黄连与宁化县

本晋绥城县地,唐乾封二年(667),析置黄连镇,开元二十六年(738),因有居民罗令纪的请求而升为县,以地产黄连得名。天宝元年(742),改曰宁化。李世熊《宁化县志》卷二《古迹志》:"旧县,在县东五里,旧名黄连镇,今废为民田"。曾日瑛《汀州府志》卷二《建置》:"梁同光三年(925),迁镇西之竹条窝(即今治),宋、元、明仍旧"。《中国历史地图集》唐图的黄连县定在县东黄连,宋为今治,五代图不见。今据上引资料略作补充说明。

## 二十二、新罗县

晋置,刘宋废。故治在今长汀县北五里的东坊口[①]。《中国历史地图集》晋图标在连城县南,作不定点注记,误,应改。

## 二十三、新宁与长乐县

本闽县地,唐武德六年(623)置新宁县,是年又以长安乐之意,改名长乐。元和三年(808)省入福唐,五年(810)复。五代梁乾化元年(915),改为安昌,唐同光初(923)复旧。龙启元年(933),因改侯官为闽兴,遂以长乐为侯官县,三年(935)复故。自后因之。《嘉庆重修一统志》福州府古迹新宁故城引县志:"故城在县南十五里,唐上元元年(674)移置六平山吴航头,即今治。"按县志所指的故城,即今长乐县东南的古槐。《中国历史地图集》唐开元图仍置唐的长乐县于今古槐,误,应改。

## 二十四、永贞与罗源县

本连江县地,唐大中元年(847),观察使韦岫割连江一乡置罗源场,咸通中(860—874)又割怀安县地益之,置永贞监,五代闽龙启元年(933)升为县,属福州。宋天禧五年(1021),避皇太子讳,改名永昌;乾兴元年(1022),又以其溪之名复改罗源县。自后因之。梁克家《三山志》卷一:"初治水陆寺西双溪之间,地卑潦,官物陷溺……(庆历八年)乃移今治于旧县东北。"兹查《嘉庆重修一统志》福州府古迹永贞废县,载曰:"在罗源县南";又引邑人陈祚《罗源县记略》:"旧治

---

[①] 参见林汀水《福建政区地名考六则》《汀州与新罗、杂罗、长汀二县考》,林汀水《历史地理论文选》,香港人民出版社 2005 年。

在水陆寺西隅,界双溪之间,水潦时至,庆历八年(1048),迁于戴坑……即今治也。"按《嘉庆重修一统志》福州府寺观载有圣水寺,在罗源县南莲花山下,说是绍兴中建,疑即水陆寺。《中国历史地图集》五代图中未见永贞或罗源县。

### 二十五、福安县

本长溪县地,宋宝庆元年(1225),长溪县令范夔以县西北乡去治辽远,难于制驭,议析为县,择韩阳坂为县治,不果;淳祐四年(1244),邑人重申前议,请于朝,许之。次年(1245)乃析长溪县西北乡六里、灵霍乡三里于今福安市韩阳镇置,赐名"福安",盖以"锡尔多福,以安一县"为名,属福州。兹查《方舆胜览》卷一〇,也有福安一县。《中国历史地图集》南宋图未绘,可据此补作后置县。

(原载《历史地理》第二十四辑)

# 与《福建省行政区划地图集》
# 作者共商几个问题

由福建省民政厅主编的《福建省行政区划地图集》,是福建图集中最具权威性的一部著作[①]。但见该图所附的《福建省建制沿革》的文字说明,无论是总序、分序和县的写法及对若干府州郡县的论述,却存在着不少问题仍需共同研究。分述如下。

## 一、总序、分序及县应该如何写

《福建省建制沿革》的写作架构遵从惯例,先写总序后写分序,先分序再谈县的设置。这样安排是正确的。问题是彼此分工不明确,体例不够统一,显得零乱不完整,又嫌重复较多,且难从中了解各个时代政区建制的完整性及其变迁概况。按照一般惯例,编写总序应先抓住全省的建制大事,包括各个时期全省各地的重要建置与政区制度的演变。如秦统一全国后,推行郡县二级政区制,郡设守、尉、监三官。汉初废监,缺乏监官,于是到了武帝时,便再增设十三刺史部

---

① 见福建省地图出版社 2007 年 12 月版。

（又称十三州），由扬州刺史部分领会稽等郡的监察工作。而至灵帝时，"以九卿出使州牧"，州有自己固定的治所，便让州的长官统管地方军、民、财政，成为地方最高的行政机构，地方就由郡县二级变为州、郡、县三级的政区制度。那时，福建是受扬州会稽郡南部都尉东部候官分领的（西汉武帝时曾先置立东部都尉于浙南，分管东部候官地，及至后汉永和六年（141），在今建瓯市增立南部都尉，东部候官才归南部都尉管辖）。所以谈到两汉的建制，总序应及扬州和郡的都尉，才能将当时的政区制度表述完整。

尔后，在魏晋南北朝期间，各代也都实行州郡县制。但见总序，仅称"吴立建安郡，西晋再增晋安郡，属扬州，陈析晋安郡置闽州，改晋安郡为丰州"；另在福州分序云，"元康元年（291）属江州，梁普通六年（525）属东扬州"；又在泉州分序中云，"梁天监间（502—519）置南安郡，属东扬州"。而在其他分序则全无州的提及。这样表述不但显得零乱不完整和体例不一，还会使人产生许多疑问：吴与宋齐是否有州一级的建制，若有，今福州是属何州之地？而南安一郡梁天监间置，已属东扬州，难道晋安一郡是至普通六年才属扬州吗？至若建安一郡又当如何，就更缺乏说明了。

《福建建制沿革》（以下简称《建制沿革》）不谈汉晋南北朝的政区制度和州的产生与性质的变化，导致许多混乱，对唐也因"道"的问题交代不清楚，而产生种种误会。《建制沿革》总序云：景云二年（711），设闽州都督府，析岭南道潮州来属，天宝元年（742）又将福建各州改属江南东道，并改福州都督府为福建经略使。又在福州分序曰，贞观元年（627），那时福建是属岭南道。依此而观，似自贞观元年始至天宝间，福建的政区制度是由道统管都督府或经略使，然后再由都督府或经略使管其州或郡，再由州郡来管县，所行政区制度已由隋代的郡县二级制改为道、都督府（或经略使）和州、县的4级制。

其实，自隋省并州郡县的郡之后至安史之乱前，李唐的政区制度都是沿袭隋的州（郡）、县二级制，而贞观时候的"道"，只按山川形变划分，不属政区建制，福州都督府也仅为一州的刺史，再兼几州刺史的督察工作；至于经略使，则是管辖边防军事的长官，也都不具政区级别的性质。

另是唐贞观所划的"道"，最初只按"山川形变"划分地域，迄至开元二十二年(734)为了使道变成"永为常式"的监察区，且便于运作，才将贞观时候的十道细分为十五道，使江南道变为江南东、西道。由是江南东道方具监察地方的职能。到了至德二年(757)，恢复唐初的州、县制，并废诸道采访处置使，而增节度使，让其统管地方军、民、财政，节度使才成管州的政区单位，不设节度使的地方置观察处置使兼理民事，至是，才使原先的州县二级制再次变成三级的地方政区制度。

此后，王绪率军入闽，后由王审知的后裔建立闽国，都福州，升福州为长乐府，仍置建州、泉州、漳州和汀州；辖府一、州四、县二十九；到了延政据建州称帝，另立殷国，那时闽国有府一、州三、县二十五，殷置建、镛、镡三州、县五；迄至延政降南唐，闽国国灭，南唐入占建、剑、汀各州地，在建州设置永安节度使，吴越入占福州地，在福州设置彰武节度使，留从效入占泉州、南州地，也在泉州设置清源节度使。而当赵匡胤称帝，深知藩镇割据之害，为消除隐患，乃将节度使的军、民、财政三大权收归于朝廷，委交转运使等官吏分司负责，设路管府州军，府州军管县、监，终至宋末，有府一、州五、军二、属县四十八，还有一个丰国监。其中二军是为兴化军与邵武军，建宁府则由建州升置，都同为二级政区单位。

可见，在这期间，福建的地方行政区划制度又曾经历三次大的变动，即闽国时候仍行唐初的州县二级政区制；及至闽、殷国灭，又行唐代后期的节度使和州、县的三级政区制；而至于宋，则行路、府州军和县监的二级半或虚三级的政区制度。宋时，路分三司治理，转运和提举常平司设在建州(建宁府)，提点刑狱与帅司设在福州，三司权力分离，互相牵制，虽属地方一级的政区单位，但府州的长官可以直达中央，转运使的权力虽比汉初的刺史大，却仍属监司的性质，所以只能说，宋的地方行政区划是属二级半或虚三级的政区制度。

对此,《建制沿革》的作者不但不能清楚地指明这一时段政区制度的演变,且还常将州、军和节度使不加区分而混说一道。如泉州分序云:唐天宝元年(742),泉州改称清源郡,乾元元年(758)复为泉州,五代后汉乾祐二年(949),升泉州为清源军,宋乾德元年(963),改为平海军,太平兴国三年(978),复曰泉州。依此说法,是自后汉乾祐间已无泉州,至宋乾德时改清源军为平海军,仍无泉州,直到太平兴国三年再将平海军改为泉州,才再有泉州的建制。其实,泉州除在天宝元年至乾元元年前曾被改为清源郡外,直到宋代都以泉州为其政区的正名。而在乾祐二年升置清源军节度使,并未废除泉州,泉州依然存在。至于宋初改清源军为平海军,直到太平兴国三年始改泉州,也是错误的。因为平海军是由清源军所改,后废,与泉州并无关系。

我们说,《建制沿革》的写作体例不一,对隶属关系的表述不够清晰和完整,又嫌重复较多,这在许多县的条目中也都能够找到许多相同的例子。

依我之见,写县的建置沿革应该着重县的置废、隶属关系的改变和治所变迁的时间问题,还应交代初始命名的含义和改称的原因;当然辖区范围的变动也很重要,只可惜资料太少,很难确切理清,虽然重要就不能苛求了。兹观《建制沿革》,对县的叙述常缺数项(特别是县的治所和移迁),几乎未有一条能讲完整。而对隶属关系的表述,体例也不一致,有些是从先秦时代说起,内容多与上级政区的交代一样。其实对县的说明,只需述说是在何时由某某县地分置,隶属于某上级政区和治所的变迁就可以。这样既可节省篇幅,还可节省读者的阅读时间。

## 二、对若干府州郡县建置的不同看法

1.闽中郡。《建制沿革》总序云:"秦始皇二十六年设置闽中郡,治冶(今福州市)。"但就我所知,有关闽中郡设置的年代和郡的性质,自清以来一直存在着争议,有前置说和后置说,还有"内郡"、"虚郡"

的不同看法。若为虚郡,则当无治所可言①。郡治冶,也因仅属后人推测,并无直接的证据,所以不提郡治之事,似较为宜。

2.冶、东冶与东侯官县。《建制沿革》总序云:"西汉昭帝始元二年(前85年)立为冶县(后复名东冶),东汉改为东侯官。"兹查史书,绝无始元二年曾立冶县之记载。而冶"后复名东冶",这种说法也难成立,因为直到三国,冶与东冶仍然共存并用,二者并无严格的、特定的时间界限。至于东汉改东冶为东侯官县,则见史书直到东汉仍有东冶县,何况经王国维的考证,东侯官乃为东部候官的省称,也作候官,不是县。谈到这必须指出,盖自汉武灭闽越,未弃闽越地,曾在今天的福州市设立东部候官,由东部都尉派兵入闽镇守,实行长期军事管制,迨至逃入山谷间的闽越人渐出,才由候官兼理民政,兼管那些来归的逃民,使候官具有县官的职能,又因候官机构设置在冶(或称东冶),所以时人也就别称东部候官为冶县或东冶县,直到建安时击败山越的叛乱,社会已得安定才由当时的东部候官(或称候官)所管的地方正式分置建安、汉兴、建平、南平和候官五县,统归南部都尉管理,后又由都尉改制建安郡,以辖上面的五县。可见《汉书》《后汉书》的冶县或东冶县并非是真正的县,而仅属东部候官的俗称而已②。

3.汉建安年所设的县。《建制沿革》总序云:"汉建安八年(203),析东侯官置建安县,此时福建有侯官、建安、南平、汉兴和东冶5县";南平分序复云:"汉建安初境内始置汉兴(浦城)、南平、建安(建瓯)、建平(建阳)4县。"二者说法不一。兹查史志,正确的建置应为:建安、南平、汉兴和建平、候官(东冶)5县。

4.三国吴建安郡的辖县。《建制沿革》总序云:"三国吴永安三年(260),设置建安郡,治建安(今建瓯),辖建安、南平、将乐、建平、东平、昭武、吴兴7县。"此说不对,应作建安、吴兴、将乐、昭武、建平、

---

① 见林汀水《秦汉闽中地名考析二则》,《冶城历史与福州城市考古》论文集,海风出版社1999年。
② 详见林汀水《秦汉闽中地名考析二则》及《再谈冶都、冶县、东部侯国与东部候官的沿革、治所问题》,《历史地理》第十五辑。

南平、候官和东安才是。此外,尚有属于临海郡的罗江县①。

5. 南朝陈的闽州和丰州。《建制沿革》总序云:"陈永定年间(557—559),析晋安郡置闽州,改晋安郡为丰州。"此说也与《隋书·地理志》不合。志载:"陈置闽州,仍废,后又置丰州。平陈,改曰泉州。大业初改曰闽州。"而见《陈书·陈宝应传》,仍有晋安郡。依此,是闽州、丰州都属增置,以管当时的晋安、建安和南安三郡,晋安一郡应是至隋改其州、郡、县三级为州、县二级制时与建安、南安二郡同被省并的,而总序称"析晋安郡置闽州,改晋安郡为丰州",其用词也是错误的。

6. 唐武德元年(618)改建安郡为建州也当误。《建制沿革》总序云:"唐武德元年改建安郡为建州,治闽县(今福州);武德四年移州治于建安(今建瓯);武德五年设置丰州,治南安;武德六年分置泉州,治闽县。"按照这一说法,是武德元年改建安郡为建州,治闽县,而自四年移州治于建安,直到六年分置泉州于闽县,闽县才得再次成为州一级的治所。然见新旧唐志,皆称建州是至武德四年置,《元和志》卷二九也载,武德四年平定闽北动乱后,始增建州于建安县。据此,是"移州治于建安"的"移"当为"置"之误。因为到了南朝陈福州已成福建的政治中心地,绝无移其州治于建安,反使福州成为不设州治的空缺之地。故我认为,此中盖是到了武德元年改郡为州,那时建安郡当仍沿用炀帝改州为郡前的闽州之名,迄至六年才将闽州再次改成开皇时候旧州的名称。就是说,武德元年改郡为州,先改建安郡为闽州,至四年增立建州于建安,五年再设丰州于南安,六年才将闽州复名为泉州。因为只有这样理解,才能从中化解诸说中的矛盾。

7. 景云二年(711)泉州治晋江一说不当。《建制沿革》总序云:"景云二年武荣州更名为泉州,治晋江。"按晋江迟至开元八年(720)置,时无晋江,而开元所置的晋江,治所在今泉州市,也不在今青阳。

8. 福建不属岭南道。《建制沿革》福州分序云:贞观元年(627)泉州(治今福州)"属岭南道";总序复曰:天宝元年(742)福建"改属江

---

① 《宋书·州郡志》。

南东道"。此说盖据《元和志》卷二九与《旧唐书·地理志》。然查新唐志并无此等说法。《新唐书·方镇表》尚曰:开元二十一年(733)"置福建经略使,领福、泉、建、漳、潮五州,治福州";开元二十二年"福建经略使增领汀州,漳、潮二州隶岭南道经略使";天宝元年"福建经略使复领漳、潮二州",十年,"漳、潮二州隶岭南经略使"。而观《旧唐书·地理志》福建各州所载,也是仅称漳、潮二州"旧属岭南道",不及他州。对此,《读史方舆纪要》卷九五曾加断言道:"刘昫曰初属岭南道,误,今以六典为据。"可见"旧属岭南道,天宝割属江南东道",应仅漳、潮二州,不是福建全境。

9.有关元代福建行中书省的设置问题。《建制沿革》总序云:"元至元十四年(1277)在泉州设立行宣慰司,第二年改为行中书省,后行省迁回福州。"有关元代福建行省的建置十分复杂,总序所选的年代并不典型,也不具代表性。兹就《元史》世祖纪、成宗纪、顺帝纪、百官志、高兴传、阔里吉思传和《新元史·地理志》、《续资治通鉴》一八三至一八九卷、《三山续志》及《八闽通志》卷八七引吴源《至正近记》补叙于下:元初,福建隶属江西行省;至元十五年(1278),独自建省,名为福建省,治福州;十六年(1279),又在泉州增置泉州行省;十七年(1280),合并二省,复称福建行省,治于泉州;十八年(1281)移治福州;十九年(1282),又回泉州;复于是年五月,先并江西、福建二省为一,继而分置福建、泉州二省;二十年(1283),又并泉州行省,先是移治漳州,后迁福州;二十一年(1284),中书省言:"福建行省军饷绝少,必于扬州转输,事多迟误,若并两省为一,分命省臣治泉州为便",于是诏以中书右丞行省事忙兀台为江淮等处行中书省平章政事,而以左丞忽剌出、蒲寿庚、参政管如德分省泉州;二十二年(1285)正月,又废,立宣慰使司,隶江西行省;二十三年(1286),复置福建行省,旋即并入江浙行省;二十五年(1288),漳州盗起,曾命江浙行省调兵讨之,是年已有福建行省见于记载,盖又复置;二十八年(1291)废;二十九年(1292),又置。大德元年(1297),改称福建平海等处行中书省,移治泉州;大德三年(1299),又罢,而置福建宣慰使司都元帅府,隶属江浙行省;至正十六年(1356),

又以宣慰使司都元帅府改置为福建行中书省。至是,福建再次建省。后因军事需要,至正十八年(1258),复置建宁、泉州分省;十九年(1359),又置兴化分省;二十四年(1364),再添延平分省。

10.元福州路应领二州十一县。《建制沿革》福州分序云:元福州路"领闽、侯官、怀安、古田、闽清、长乐、连江、罗源、永福九县及福清、福宁二州",误,应领闽、侯官、怀安、古田、闽清、长乐、连江、罗源、永福九县与福清、福宁二州及属福宁州的宁德、福安二县。

11.闽侯县沿革所叙有误。《建制沿革》闽侯县条云:"南朝梁天监间侯官与原丰合并改名东侯官。"此说盖据《隋书·地理志》"闽,旧曰东侯官,置晋安郡。平陈,郡废,县改曰原丰。十二年改曰闽,大业初置建安郡"之所云。然查《梁书·王僧儒传》,梁时晋安郡尚存候官、原丰二县,却不见有东侯官。复查《陈书·陈宝应传》,也同。可见隋志所载"旧曰东侯官"应是追述两汉的往事,并非指梁曾并候官、原丰改名东侯官。另是《建制沿革》不提候官曾经迁治,也嫌疏漏。

12.连江县。《建制沿革》连江县条云:"唐武德六年(623),析闽县地复置温麻县,同年以城域大江前横,盈盈如束改名连江。"此说与《元和志》记载不合。该志卷二九载:"连江县,本汉冶县地,晋分立温麻县。武德六年,移于连江之北,改为连江县。"即武德六年复立温麻县于温麻故县,至移连江之北,方改连江县。

13.同安县设县年代。《建制沿革》同安区条云:"五代后唐长兴四年(933)升大同场为同安县。"此说与《太平寰宇记》卷一〇二、《嘉庆重修一统志》泉州府古迹、《读史方舆纪要》卷九九、吴锡璜《同安县志》卷三大事记的记载皆不符。以上记载分别为:后晋天福四年(939)、后唐天成四年(929)、长兴三年(932)。不知《建制沿革》所说何据?另是《建制沿革》云,同安五代属清源,宋属平海军,也当改"泉州"为妥。

14.南朝陈未设莆田县。《建制沿革》莆田市分序云:"南朝陈光大二年(568)、隋开皇九年(589),两度置废莆田县。"兹查史书,谓陈已设莆田县,当误①。

15. 仙游县。《建制沿革》仙游县条云:"唐圣历二年(699),析莆田县西部置清源县,天宝元年(742)因与清源郡同名,改曰仙游。"文中不提天宝元年治所尚曾移徙,实有疏漏之病。

16. 宁化县。《建制沿革》宁化县条云:"至唐乾封二年(667)始置黄连峒为黄连镇,隶江南道建州;开元二十二年(734)黄连镇升为黄连县,仍属建州;开元二十六年(738)改属汀州;天宝元年(742)更名为宁化县,属江南东道临汀郡(汀州)。"按《福州市建制沿革》云,贞观元年(627)福建隶属岭南道,至天宝元年(742)改属江南东道,于此却曰乾封二年(667)黄连镇隶属江南道,二者说法不同。另据诸志记载,升黄连镇为县是在开元十三年(725),也非开元二十二年(734)。此外,黄连县治最初是在宁化县东五里,至后唐同光三年(925)才移今理,宁化建制沿革不提此事,也嫌疏漏。

17. 沙县。《建制沿革》沙县条云:"南朝宋元嘉年间(424—453)始置沙村县。"然查诸志,应在东晋义熙中(405—418)。初治县东古县,至中和四年(884)始移今理。《建制沿革》对此不作交代,也属疏漏。

18. 将乐县。《建制沿革》将乐县条云:唐武德五年(622)复置将乐县,改隶建州;五代十国闽天德三年(945)升为镛州。而查诸志,则曰:武德五年仍属抚州;升为镛州却在后晋天福八年(943)。

19. 泰宁县。《建制沿革》泰宁县条云:"唐乾元二年(759)将原绥城县地(即金城场地)分为归化(今泰宁)和黄连(今建宁)2镇,归化镇属于建州。南唐保大三年(945)归化镇升为归化场,属永安军、忠义军;中兴元年(958)升归化场为归化县,隶于建州。"兹查志书,置镇当在乾符二年(875),而升场则在保大元年(943)。

20. 建宁县。《建制沿革》建宁县条云:"唐乾元二年(759)析绥城县置归化、黄连2镇,黄连镇即今建宁。北宋建隆二年(961)升黄连镇为建宁县,属建州,迁治于今濉城镇。"兹查志书,绥城废于贞观三

---

① 详见林汀水《福建政区地名考六则》《莆田与蒲口考》,《厦门大学学报》1995年第2期。

年(629),乾元二年早无绥城县,故"析绥城县置",应作"旧绥城县地"为宜。另是乾元二年(759)置黄连镇,也当改作乾符二年(875)。

21.南安、安溪二县县名之由来。《建制沿革》泉州分序云:"隋开皇九年(589)改南安郡为南安县。"此说误,应作隋罢天下诸郡,复改晋安县为南安县。另是安溪原名清溪,直到宋宣和三年(1121)睦州清溪洞盗起,恶其同名,才改安溪。《建制沿革》称,宋太平兴国三年(978)泉州已辖安溪等7县,也误。

22.惠安县。《太平寰宇记》卷一〇二载,太平兴国六年(981)析晋江县地置,"去州四十五里"。《舆地纪胜》卷一三〇则曰:"在州北七十里",并引《图经》:"淳化五年(994)析晋江县地置。"兹查《嘉庆重修一统志》也曰:"旧县治在县东北六都龙窟岭下,故址尚存,后徙于螺山之阳,即今治。"而经张家瑜实地考察,这里应该确实做过县治①。今疑太平兴国间本拟在今泉州市北四十五里设治,旋改县东北七十里的古县,盖至元至元十三年(1276)"县治之屋宇俱燬于寇",至元贞时候(1295—1297)县学建成期间才移螺山之阳,始为今治②。《建制沿革》惠安县条不提惠安县治的变迁,也是不当的。

23.永春县。《建制沿革》永春县条云:"五代后唐长兴四年(933)升南安县桃林场为桃林县,归属泉州;后晋天福七年(942)改名永春县。"兹查志书,有谓:改名永春,是在天福三年(938);且称"宋开宝二年(969)移今治"。《建制沿革》末及迁治事,同样欠妥。

24.漳州。《建制沿革》漳州分序不提唐开元二十二年(734)漳州改隶岭南道经略使,天宝元年(742)还属福建,十年(751)又隶岭南,至上元初(760—761)再归福建③,应加补充说明。

25.龙溪县。《建制沿革》芗城区条不言龙溪县治先在龙海市西颜厝(亦称古县),直到贞元元年(785)始移今漳州市,而迳谓贞元二年

---

① 见《一个被遗忘的惠安古县城址》,《福建地方通讯》,1986年3期。
② 详见《古今图书集成》泉州府公署考,《嘉庆重修一统志》泉州府县学。
③ 见林汀水《福建未属岭南道》,《福建省志·地理志》,方志出版社2001年。

(786)移漳州治所于龙溪县,应加补叙。

26.南靖县。《建制沿革》南靖县条云:"元至治二年(1322),析龙溪、漳浦、龙岩3县部分地置南胜县,隶漳州路……县治设于九围矾山东麓(今平和县南胜镇人民政府所在地);至正十六年(1356)县治迁至双溪口之北兰陵(今靖城镇),改名为南靖县。"兹查史志,另有一说置于至治元年(1321),顺帝至元三年(1337)尚有徙移,迁于小溪琯山之阳,即今平和县东北旧县。

27.海澄县。《建制沿革》龙海市条云:"明嘉靖四十五年(1566)析龙溪县设置海澄县。"兹查史志,乃曰:明嘉靖四十四年(1565)议割龙溪、漳浦二县地置,事闻,赐名海澄,隆庆元年(1567)始设县治,治所在今龙海市东南海澄镇。

28.南平县。《建制沿革》延平区条云:"汉建安元年(196)分侯官北乡置南平县。………晋太元四年(379)改南平县为延平县。南朝宋泰始年间(465—471)废延平县,复名南平县,属建安郡。唐武德三年(620)置延平军,辖南平等县。五代闽开平至同光年间(907—926)改延平军为延平镇。闽同光三年至天成元年(925—926)改延平镇为永平镇;后晋天福八年(943)易永平镇为龙津县;开运二年(945)又将龙津县改为剑浦县,隶属剑州。………元大德六年(1302)改剑浦县为南平县。"今查《晋书·地理志》,太康初年(280—289)已改南平县为延平县。刘宋废。直至王延政建立殷国,始升永平镇为龙津县,兼置镡州;迄至南唐取镡州,改剑州,方改龙津为剑浦县,复增延平县(寻废);至元大德六年(1302)再改剑浦为南平县。按《建制沿革》云,刘宋废延平县,又复南平县名,至唐仍有南平县,此说未见诸史志记载,疑误;而谓唐武德三年置延平军,辖南平等县,也误。

29.浦城县。《建制沿革》浦城县条云:"浦城置县为东汉建安初,分东侯官地立……晋太康三年(282)属晋安郡。"此说误,应作"分东部候官地立","晋太康三年仍属建安郡"才是。另是浦城初治今县东北后阳,是至天宝元年(742)移今理,也应加交代。

30.光泽县。《建制沿革》光泽县条云:"宋太平兴国四年(979)升财演镇为光泽县。"应作六年升置为是。

31.松溪县。《建制沿革》松溪县条云:元至元十五年(1278)县属江浙行中书省建宁路。按大德三年(1299)置福建宣慰使司都元帅府,福建始属江浙行省。

32.政和县。《建制沿革》政和县条云:"宋咸平三年(1000)升关隶镇为关隶县,隶属建宁军;政和五年(1115)改名政和县。"应写"宋咸平三年升关隶镇为关隶县,隶属建州;政和五年改名政和县,移今治"为宜。

33.邵武市。《建制沿革》邵武市条云:"隋开皇九年(589)全国郡、县俱废",此语欠当。因为隋罢"天下诸郡",未及县,仍行州县制。

34.建瓯市。《建制沿革》建瓯市条云:"东汉建安八年(203)划分侯官北乡土地,设置建安县",文中未及县治所在地,应加"治今建瓯市东北黄华山下"。"隋开皇九年(589)废郡为县",用语也欠妥当,因为建安县并非废郡之后始有,隋只废郡而已。另是,建安县"宋端拱元年(988)属建宁军节度"云云,也应改作"建州",因为时之行政区划的正式名称是建州,建宁军乃州之军号,节度则是表示州地位的高低而已。

35.建阳县。《建制沿革》建阳县条云:"汉建安十年(205)析建安桐乡地置建平县,晋太康三年(282)更名建阳县。"按查诸志,乃曰:"太元四年(379)改曰建阳。"另是建平县初治建阳市东南三桂里,改名建阳后移治市东北的建忠里,至唐垂拱四年(688)徙大潭城,始为今理。《建制沿革》不作县治屡迁的交代,也嫌疏漏。

36.东周为越国地与晋置苦草镇问题。《建制沿革》龙岩分序云:"东周为越国地";新罗区条又曰:"晋太康三年(282)置苦草镇。"以上说法不知何据? 今疑苦草镇当是设置于唐。

37.新罗非什罗辨。《建制沿革》龙岩分序云:"天宝元年(742)汀州改为临汀郡。什罗(新罗)县改名龙岩县";新罗区条又曰:"唐开元二十二年(734)复置新罗县。"这些说法全属错误。因为李唐未置新罗县,史书所指的新罗,乃为晋的新罗故城,故址在今长汀县北五里的东坊口,而唐的什罗县才是今天的龙岩①。

38.长汀县。《建制沿革》长汀县条云:"唐开元二十二年(734)置长汀县……至元十九年(1282)属福建宣慰使司。"兹查史志,长汀县应是置于开元二十四年(736),而元至元十九年尚无福建宣慰使司,故其时长汀县应属福建行省或泉州行省(参见上面有关元代福建行中书省的设置问题条目中所叙)。

39.上杭县。宋淳化五年(994)升上杭场为县,治今永定县东北高陂北山;至道二年(996)迁今上杭县东北白沙;咸平二年(999)又徙语口市,即今上杭县北旧县;天圣五年(1027)再移钟寮场,即今上杭县西北的中寮;迄至乾道三年(1167)迁郭坊,始为今治。上杭县治屡徙,不见《建制沿革》上杭县条提及,实属不该。

40.武平县。《建制沿革》武平县条云:"西周属七闽地,东周称越国地。"不知何据?

41.长溪县。《建制沿革》霞浦县条云:"晋太康三年(282)设立温麻县。唐武德六年(623)始为长溪县。"今考诸志,唐武德六年应该未置长溪县,长溪一名是始于天宝元年(742)②。

42.古田县。《建制沿革》古田县条云:"唐开元二十九年(741)划侯官西部地设置古田县,属福州都督府……乾宁三年(896)改属威武军。五代十国(907—960)分属闽国长乐府、吴越国东都、彰武军。宋(960—1127)分属威武军、福建路福州都督府。按开元二十九年置古田县,乃是开山洞置,既是开山洞置,置前怎属侯官西部地?另是开元、乾宁间古田应属福州,五代十国则是先属长乐府,后属福州,宋也隶属福州,隶属关系应该以此表述为妥。"

43.福安市。《建制沿革》福安市条云:"三国属吴国建安郡东安县地。"按东安治今南安的丰州,其北尚有治今福州市的候官县,若属

---

① 详见林汀水《福建政区地名考六则》《汀州与新罗、杂罗、长汀三县考》,林汀水《历史地理论文选》,香港人民出版社 2005 年。

② 详见林汀水《武德六年未置长溪,长溪始名于天宝》,《厦门大学学报》1998 年第 1 期。

东安县地,岂不成为飞地？另是《宋书·州郡志》有云:吴立罗江县,初隶临海郡(治章安,在今浙江临海市东南),晋武帝分置晋安郡(治候官,即今福州市),"度属"。既是先归临海郡,至晋方得"度属"晋安郡,而时之罗江县治又当设在今福安市南的罗江①,则今福安市地三国吴自当不属建安郡地甚明。

44.清与民国间的道。清有道的设置,是省、府间的监察区；民国也有道,曾行省、道、县三级政区体制,后废。《建制沿革》对此建制的变化也应略加说明。

以上意见不当之处必多(特别是些不合传统说法的问题),提出来与作者共商,不对的地方敬请作者与专家多加指正！

（原载《闽台文化交流》2009年第2期）

---

① 见林汀水《罗江县沿革与治所考》,《福建省志·地理志》,方志出版社2001年。

# 关于福建史的探讨
## ——与《福建通史》作者商榷

由徐晓望先生主编的《福建通史》(以下简称《通史》)[①],上及远古,下至清末民初,前后分五卷,凡184.5万字,是截至目前论述福建最详的一部通史巨著。本月初到书店有幸购得,立即用心拜读第一卷(远古至六朝部分),受益良多。但读完后尚存许多疑问不得其解,想再恳请作者加以指教。主要如下。

### 一、闽越族问题

在谈闽越族时,须对"闽"与"七闽"作些辨析说明。

"闽"见载于《山海经·海内南经》和《周礼》。目前多数学者主张"闽"为族称,是先秦时期住今福建的一个民族。朱维幹更称:"闽和越并不是同一的民族。福建在古代是七闽的分布地区之一。闽是福建的土著,越则是由会稽南来的客族",并加断言说,唐以前是无福建地名的,福建最古的名称叫做"闽",但"闽"是民族称号,"而非地名"。《通

---

① 福建人民出版社 2006 年 3 月。

关于福建史的探讨——与《福建通史》作者商榷

史》作者对此只引袁珂的考证,认为《山海经》中的"闽",即为史书所载的闽越地,而对族称一说置若罔闻,不加评议①。其实,《山海经》中的"闽"是族称或为地区名,这是事关福建古代史中的大事,是回避不得的。兹就个人看法作一简述。

朱维幹说,《山海经》中的"闽"是族称,不是地名。然见《山海经》郭璞注,却是明指地区名。而见许慎《说文解字》,也称:"闽,东南越",指出闽是东南方越族人的聚居地。复查《春秋集览》注闽越地,更称:"越人居闽地,故并称闽越地"。再读《史》《汉》等书,凡谈住今福建的居民,也都概谓"越人",从无"闽族"称呼。所以依上所云,我认为《山海经》中的"闽"应是地区名,不该作为族称解②。此说妥否?期盼作者不吝赐教。

另是"七闽",《通史》作者同样只引学者中一派的见解而简单地说,七闽地域至少应包括今天的福建③。此说也难面对《国语·郑语》的记载和诸多史家的释疑。按《周礼》虽有"七闽"记载,然据《国语·郑语》"叔熊避难于濮而蛮"与贾公彦注疏"叔熊避难于濮,随其俗为蛮人也,故曰蛮","叔熊居濮如蛮,后子从分为七种,故谓七闽也","闽虽与蛮七、八别数,本其是一,俱属南方也",及《国语·郑语》注史伯对郑桓公言"闽,芈蛮矣",指出"七闽"居濮,为芈姓,同属楚蛮的后代,即"七闽"居濮,其地域分布应在今天的两湖境内,并非如上学者所作的地域范围的推测④,则此"七闽"分布地在今福建的说法,也当非是。

谈到这,尚需指出,史书记载的住在我国南方的少数民族,最早都是常用"蛮"的泛称,或称"南蛮"。"蛮者,闽也","蛮"亦通"闽"⑤,有时也作"闽"。可见见于《周礼》的"闽",其含义应与《水经注》的"闽"有区别。盖前者乃为族称,泛指南方的各族,诚如史家之所言:

---

①③ 该书页 58-60。

②④ 参见林汀水《福建无"闽族",也无"闽方国"辨》,《历史地理论文选》,香港人民出版社 2005 年。

⑤ 《史记·吴太伯世家·索隐》。

"蛮者,闽也,南蛮之名,亦称越"①,即也包括后来的越族人。而《山海经》中的"闽",则是地区名,是指今天的福建。

进入春秋战国时代,随着吴、越国的兴起与时人对其南方越人聚居地不断深入的了解,已经知道"扬汉之南,百越之际"②。此后颜师古注《汉书·地理志》也有话说:"臣瓒曰:自交趾至会稽,七八千里,百越杂处,各有种姓。"指出自会稽至交趾的古扬州乃是百越分布地,而这百越"各有种姓",已经分支,已有瓯越、闽越、南越、西瓯和骆越等,其中瓯越聚居瓯江流域,也称东瓯,闽越则处闽地,是在今天的福建。

而见《通史》,却有以下言论:"战国时期生活在闽地的闽越贵族相传为春秋时代越王勾践的子孙,战国中期,长江中下游流域的越族领地相继被楚国占领,越人南下闽中,与当地的土著结合,后人称之为'闽越'"、"福建和浙南地区的闽越族"、"在秦末大起义中,无诸与摇共为闽越人的领袖"、"闽越(亦称东越、东瓯)"、"闽越人居住活动的地域不小,大致为今福建全境及赣东、浙南部分地区"、"东瓯王摇'请举国徙中国,乃悉与众处江淮间'。这是闽越人第一次北迁"③。这些提法显与《史》《汉》瓯越、闽越有别的记载相违,也与百越"各有种姓"和"越人居闽地,故并称闽越地"的特定地域概念不相符合,不知作者对此又当作何解释?

## 二、闽越国问题

《通史》作者言及闽越国的成立,有曰:"根据古代文献的记载,秦汉之际福建存在一个被称为闽越的民族,它的领袖相传是来自浙江的越王勾践后裔,战国中期,楚国将越国击败,越国的贵族向南方

---

① 《史记·吴太伯世家·索隐》。
② 《吕氏春秋·恃君览篇》。
③ 该书页113—118、119、173、263。

播迁,流散于海岛之间。其中,嫡系一支来到闽中开疆辟土,形成闽越国。这是《史记·东越传》的记载。"①又说:"从其中记载可知,秦平闽越之前无诸已是闽越王,后被秦废为君长。"②

兹查《史记·东越列传》与《越王勾践世家》,仅云,楚威王兴兵伐越,大败越,杀王无疆,尽取故吴地至浙江,越以此散,"诸族子争立,或为王,或为君,滨于江南海上,服朝于楚",并无战国时候已有"闽越国"和无诸已为闽越王的明确记载。

至于《东越列传》云,"闽越王无诸及越东海王摇者,其先皆越王勾践之后也,姓驺氏。秦已并天下,皆废为君长,以其地为闽中郡。及诸侯畔秦,无诸、摇率越归鄱阳令吴芮,所谓鄱君者也,从诸侯灭秦。当是之时,项羽主命弗王,以故不附楚。汉击项籍,无诸、摇率越人佐汉。汉五年(前202),复立无诸为闽越王,王闽中故地,都东冶",则须指出,其中"秦已并天下,皆废为君长"一语,是需与上列记载楚威王兴兵伐越,越国亡,越人以此散,"诸族子争立,或为王,或为君,滨于江南海上,服朝于楚"并连解释的。即是说,盖自楚威王灭越后,越国人以此散,诸族子争立,先是或为王,或为君,但到后来"服朝于楚",实际上都已"皆废为君长",至秦仍不分封越王子孙为王,直到刘邦建立汉朝,才让他们复国。这段话无非是想借此以彰刘邦自己的恩德而已。故当无诸未被汉廷封王时,无诸是否即如《通史》作者之所言已先做过"闽越王",也就值得人们置疑。

《通史》作者谈到闽越国的族属,复曰:"秦平闽越之前无诸已是闽越王,后被秦废为君长","在秦末大起义中,无诸与摇共为闽越人的领袖",福建、浙南地区都是"闽越族"③,"东海王国亦称东瓯王国,也是闽越族建立的地方政权"④。这样的说法是与史书记载相悖的。

---

① 该书页4。
② 该书页119。
③ 该书页118–119。
④ 该书页132。

因为如上所述,早在春秋战国时候已有百越,百越已都"各有种姓",且已有了各自特定的地域范围,如当时的瓯越主要聚居瓯江流域,故曰瓯越,闽越则处闽地,故曰闽越,而在秦末起义中,无诸与摇也是各率一支部队参加,互不统属,所以不能将摇视为闽越人,更不能将东瓯视为闽越地。至于闽越人主体,当然是住闽地的原住民,但这些原住民也非有人所云是为"闽族",而应属于住在东南方的百越一支,此即许慎《说文解字》所说的"闽,东南越"是也。

至若闽越国的疆域,《通史》作者虽然谈论很多,但基本上都采朱维幹《福建史稿》的说法。我认为,《史记·东越列传》虽有"汉五年(前202),复立无诸为闽越王,王闽中故地"一语,却不应该忽略《史记·越王勾践世家》之言,即当无诸受封闽越王之际,刘邦以佐诸侯平秦有功,早已暗中"复以摇为越王,以奉越后",而摇与无诸参加反秦,又是各自参加,互不统属,对汉一样功不可没,所以无诸实际上自始至终是管不到摇所占据的东瓯地盘,即秦闽中郡的北部地。而后东瓯被徙,很快被汉设立东部都尉驻兵看守①,东瓯故地也非《通史》作者之所云,"东瓯举国迁内地后,其故地遂空虚。汉朝未在其地设郡县,肯定是弃之不管了。汉朝廷当时也不可能在无人区设行政管理机构,因此,闽越国必然进占其国"②。

《通史》作者谈到闽越国的疆域,进而还说:"闽越人居住活动的地域不小,大致为今福建全境及赣东、浙南部分地区"③;复称:汉封无诸为闽越王,王闽中故地,"秦的闽中郡,基本包括今福建省境、浙江南部及江西东北部一带"④,意思是说,闽越国的疆域还应包括以上诸多地域。此说同样也当有误,实际上只能辖到今天的福建漳浦县西的盘陀岭以东、以北的闽地,其他省外之地更非闽越王国之所有⑤。

---

① 《三国志·虞翻传》注引《会稽典录》。
② 该书页134。
③ 该书页173。
④ 该书页114。
⑤ 详见林汀水《闽越王国疆域考》,《历史地理》第十八辑。

而对闽越国城的看法,我与《通史》作者的见解也不一样。现在,学术界对闽越国城应在今之何地,尚存争议,一派主张在今福州,一派认为应是今武夷山市南的城村汉城。对此,《通史》作者是较倾向杨琮城村汉城说,并加赞扬"该说颇有新意,不仅接受了学术界大都赞同福州为冶的说法,而且又能解决历史上章安等地也被称为'冶'的矛盾"①。

然见杨琮的推论,还是无法说明《汉书》改写《史记》的"东冶"为"冶"、东冶乃是东汉始置的依据,更无任何依据可资证明西汉的冶是在今天的城村汉城。何况杨琮还忽略了这样的一个基本史实:根据考古发掘,不但城村汉城有宫殿遗址,福州冶山脚下也有宫殿遗址的发现和"万岁"瓦当的出土,而至汉武又封馀善为东越王,已使原先的闽越国一分为二,变为闽越、东越两个王国。因此,城村汉城是否为闽越王城,就值得重新研究,与其说是闽越王城,我认为还不如按照史书传统的记载将闽越王城定于福州,而将城村汉城作为东越王城为妥②。不知《通史》作者意见如何?也盼多加指正。

## 三、人口与迁徙问题

《通史》作者论述六朝期间福建人口的增减与迁徙,也较紊乱,前后说法互有矛盾,确切的论据也嫌不足。今举数例再与商榷。

朱维幹曰:"当贺齐入闽,闽中人口,当有十万户左右,才会有建安的立郡。"对此,《通史》作者说,"实际上这是不可能的。因为,在西晋灭吴时,吴国经几十年的经营才有户口52万余,人口230万余,闽中若有10万户,即达吴国人口的五分之一,而在孙权统江南之初,闽中人稀地僻,为东吴流放犯人之地,无论如何不可能占吴国五分之 人口"③。但当谈到贺齐率兵平定闽地的沿海各地后,再遇山

---

① 该书页8。
② 详见林汀水《城村古城不是闽越国城》,《冶城历史与福州城市考古》论文集,海风出版社1999年。
③ 该书页212。

越人反抗,"贼洪明、洪进、苑御、吴免、华当等五人,率各万户,连屯汉兴,吴五六千户别屯大潭,邹临六千户别屯盖竹",却又指出"以此而计,当时仅闽北的山越即有 6.2 万户"①。既然单是闽北的山越(还不包括闽北的非山越之人和其他地区的闽越人)就有 6.2 万户,那么朱维幹指出时之建安立郡当有 10 万户左右,就难说这样的推论"不可能"。其实,我是赞同作者的观点,认为朱维幹的估算有误,但问题是在作者将其当时的所谓"万户"、"千户"当真,作为真实的户数看待。这样一来,就造成前后说法有矛盾,且导致估算上有不实之误。

基于上述观点,即贺齐南下闽地,单是闽北的山越已有数万户,而至晋初,整个闽地仅存 8600 户,作者遂又作出如是推论:贺齐击败建安、南平、汉兴各地的山越后,"料出兵万人",将闽越人"迁移至江淮一带",造成"闽越人的第二次北迁,闽地人口因而减少",就"损失了十分之九"②。

兹查《三国志·贺齐传》之所云,乃是贺齐出兵闽越,"料出兵万人",指的应是贺齐出兵攻打闽越,估计出兵万人入闽的意思。这与《三国志》记载的其他吴将出兵攻打其他山越皆用"料得"或"得"精兵多少很不一样,作者将其"出兵"同作"料得"或"得"精兵解,并依此作为闽越人口再被大徙的依据,我认为这样的解读和判断是有曲解《贺齐传》原文之意的。

何况《通史》作者作此推论,还与自己的另一述说互有冲突。作者说,截至东汉,闽地长期只有东冶一县,到了建安年,始增至 5 县;而至三国吴,已有建安一郡,并辖 9 至 10 县(应作 8 县,另有属于临海郡的罗江县),还有典船校尉和温麻船屯的设立;至晋太康年代,复增晋安一郡,二郡凡领 15 县,"因此,从西晋到陈朝,闽中以发展为其主线"③。言及此,我们不禁要问:闽地人口既稀,贺齐攻闽,要是真的又把大量的闽越人迁走,使其人口"损失了十分之九",余剩下

---

①② 该书页 265。
③ 该书页 13。

来的人口已经不多,鉴此状况,三国吴时代闽地反能增设一郡五县、至晋太康年又能再添一郡七县,凡达二郡十五县吗?

这样讲,作者或许会加辩说,两晋期间曾有特多的"北方等内地人相继入闽避乱"①。但这乃往后事,即使属实,也与吴与西晋初能在闽地增设大批的郡县无关,当然更难以此作为所谓在闽人口已经大减,郡县反能急增的缘由。

其实,综观《通史》作者对此期间有关福建人口与迁徙的论述,失实之处和偏颇的见解是有很多的。正因如是,所以才会导致以上一些说法的出错。

首先,作者说:自西汉中、后期汉政府"废弃"闽中地,便使闽中"成为一片荒凉之地"②。这种说法就与史实不符。因见史书记载,当汉武平闽越,徙其人于江淮,很快就在闽越地设立东部候官,派兵入闽镇守。东部候官设治于冶,初为军事机构,与县同级,归会稽郡东部都尉统领,待至闽地平静后,未被迁走而遁入山谷的闽越人渐出,东部候官便兼县官职能,代理民政,于是也就有了后来"其逃亡者,自立为冶县"的所谓"冶县"的俗称记载③。可见自汉平闽越,徙其民,并未将其所有闽越之人全都迁走,且还派了许多官兵连其家属入闽镇守,既未"废弃闽中地",闽中仍有一定的人口,更非一如作者所说已经"成为一片荒凉之地"。

东部候官始设于汉武,直到东汉建安年平定了山越,随着人口的增多,又将东部候官地改设为建安、汉兴、建平、南平和候官县,并立南部都尉于建安自行管理④。

《通史》作者说,到了东汉后,特别是两晋期间,福建社会生产和经济能得复苏和开发,是因"北方等内地人相继入闽避乱",使人口

---

①② 该书页211。

③④ 林汀水《再谈冶都、冶县、东部侯国与东部候官的沿革、治所问题》,《历史地理》第十五辑。

增加的缘故[1],即把福建的开发归因于北方人口的大量入闽。此说也与史实不合。因据史书记载,当时的入闽之人几乎全是来自江浙,即由东部都尉屡次派遣官兵或是流放罪犯、官吏连同家属入闽,还有不堪"公私苛乱"等原因,由今江浙逃亡邵武的人[2]。而当侯景之乱,"东境饥馑,会稽尤甚,死者十七八,平民男女并皆自卖,而晋安独丰沃。宝应自海道寇临安(应作临海)、永嘉及会稽余姚、诸暨,又载米粟与之贸易,多致玉帛子女,其有能致舟乘者,亦并奔归之,由是大置赀产,士众彊盛"[3],更有大批浙东、浙南各地之人移居福建。正因如是,泉州境内所发现的这期间许多墓葬方式与器物风格,才都"与江南地区六朝墓完全相同"[4];也因如是,所以在这期间福建社会生产和经济才能得到不断的复苏和发展,至隋,尽管闽西北的邵武已为江西临川郡地,闽西的新罗和闽东北的罗江、温麻也都先后废弃,但建安郡的在籍户口还能达到12420户[5],相较以前仍有较大的增幅。

至于宋人路振《九国志》云,永嘉之乱林、黄、陈、郑、詹、丘、何、胡八姓入闽,早在唐人著作《开元录》中已经指出,其中林、黄五姓为"蛇种",实乃闽越人后裔。而唐代林蕴的《林氏族谱序》虽也有"今诸姓入闽,自永嘉始也"一语,然就《通史》摘引唐人欧阳詹《杨公墓志铭》及《有唐君子郑公墓志铭》分析,也都只能说明这些北方入闽人士,他们的祖先应是代代先住江南,而后才"更徙于闽"的。再是,乐史《太平寰宇记》"福州""泉州"条有云,"东晋南渡,衣冠士族多萃其

---

[1] 林汀水《再谈冶都、冶县、东部侯国与东部候官的沿革、治所问题》,《历史地理》第十五辑。

[2] 乐史《太平寰宇记》卷一〇一。

[3] 《陈书·陈宝应传》。

[4] 黄展岳《泉州以前的历史考古问题》,福建博物馆《福建历史文化与博物馆学研究》,福建教育出版社1993年。

[5] 《隋书·地理志》。

地,以求安堵"。后人更有以此记载作为晋的晋安郡和晋安县的得名,乃是源自于此的证明。然晋的晋安郡与由东安改名的晋安县,皆乃始于西晋太康初年,也非晚于东晋南渡才有这些郡县的名称。故由这些偏见可知,此类附会无非是为印证东晋南渡,确有大批中原之人已经入闽,企图以此提高自家祖宗的身价罢了。

永嘉之乱,北方之人未曾大批入闽,朱维幹在这问题上所作的一些分析,基本上并无大误,是颇有独到见解的,《通史》作者自也认为"是有一定道理的"。但又声称,"要说两晋北人入闽完全是虚构的,看来也不成立",甚至说,自东汉后,"特别是两晋时期",福建地区经济能够得到开发,还是应该归因为有"北方等内地人相继入闽避乱"的结果①。这样,实际上又对自己已经说过"是有一定道理的"话加以否定,而使前后之言不无矛盾②。

## 四、政区设置与治所问题

自汉武灭闽越,徙其民于江淮后,汉廷并未放弃闽越地,而是在闽设立东部候官于冶(今福州市),由东部都尉派兵入闽镇守。东部候官初为军事机构,与县同级,待至遁入山谷的闽越人走出了山谷,东部候官就兼理县官的职能,代管这些未被迁走人的民事。那时,盖因东部候官设治于冶(或称东冶),所以时人又称东部候官为冶或东冶县③。这是福建历史上曾发生的政区建置大事,《通史》作者对这未加阐述,且有许多不当言论,这不能不说是件极大的憾事④。

汉武平闽越,即设东部候官于冶,此由《续汉书·郡国志》会稽郡有章安而无冶或东冶县,却有东部侯国及《郑弘传》注引《谢承书》有

---

① 详见《通史》页 211-216 所引所云。
② 参见林汀水《福建人口迁徙论考》,《中国社会经济史研究》2003 年第 2 期。
③ 详见林汀水《秦汉闽中地名考析二则》,《冶城历史与福州城市考古》论文集,海风出版社 1999 年。
④ 该书页 183-212。

东部侯的记载即可看出。据王国维等人的考证,这些所谓"东部侯"、"东部侯国"实乃"东部候官"之伪,而东部候官后又简称"东候官",是至东汉末才被改置为建安、汉兴、建平、南平和候官县的[1]。盖因作者未加细察汉武帝时已有东部候官之设,所谓冶与东冶县仅属俗称,又使作者作出了冶与东冶有别的错误判断[2]。

《通史》作者谈到东部都尉,赞同朱维幹的说法,认为都尉治所曾在福州[3]。此说系据王国维的考证。王氏说,《三国志·虞翻传》注引《会稽典录》记有濮阳兴与朱育的对话,其中朱育所言"因以其地为治","治"当作"冶",并加补充说,郡国志中会稽郡下所载的东部侯国,乃东部候官之伪,"此实《汉书·地理志》之冶县也","余谓因此一名,得确知冶县为前汉会稽东部都尉治所。何则?候官者,都尉之属也。其候官或与都尉同治,或分治……窃意武帝初置会稽东部都尉,本治冶县,如朱育之说,后徙回浦,尚留一候官于此,以其地为东部都尉下候官所治,故后汉时谓之东部候官"[4]。

然查《三国志·虞翻传》注引《会稽典录》濮阳兴与朱育的对话,濮阳兴问:"吾闻秦始皇二十五年(前221)以吴越地为会稽郡,治吴。汉封诸侯王,以何年复为郡,而分治于此?"朱育乃是这样回答的:"刘贾为荆王,贾为英布所杀,又以刘濞为吴王。景帝四年(前153),濞反诛,乃复为郡,治于吴。元鼎元年(前112),除东越,因以其地为治,并属于此,而立东部都尉,后徙章安。阳朔元年(前24年),又徙治鄞,或有寇害,复徙句章。到永建四年(129),刘府君上书,浙江之北以为吴郡,会稽还治山阴。"其中朱育所云"因以其地为治",分明

---

① 王国维《后汉会稽郡东部候官考》,《观堂集林》卷一二,中华书局1961年,并见林汀水《再谈冶都、冶县、东部侯国与东部候官的沿革、治所问题》,《历史地理》第十五辑。
② 该书页8、181-186所作的大篇论述。
③ 该书页187-188。
④ 王国维《后汉会稽郡东部候官考》《汉会稽东部都尉治所考》,《观堂集林》卷12,中华书局1961年。

是指会稽复郡与分治山阴的时间问题,这与东部都尉有否治冶毫无关系,王氏的解释实有曲解朱育对话的原意。因此,此说有误也是毋庸置疑的①。

至若罗江、新罗、绥安、兰水各县的治所和东安的废置等,《通史》作者的说法也都有误。

《通史》作者说,晋代晋安郡所辖的罗江县,为今宁德县②。此说非是。因据《宋书·州郡志》云,该县立于吴,初属临海郡,至晋度属晋安郡,其地应在二郡交界间。而见唐人沙门道世《法苑珠林》卷七一《祈雨篇》引《冥祥记》,"晋安罗江县有霍山,其高蔽日",《三山志》载,宁德县北七十里有霍山乡,乡以霍童山得名。兹查地图,今福安市南赛岐镇西、甘棠以北尚有"罗江"的地名,正处二郡之间,且离霍童山、霍童溪不远,故其治所当在于此。倘若远在宁德,就不可能位处二郡间,且吴所设的温麻船屯也难归属建安郡之所管。

另是新罗县,《通史》作者说,故治在今龙岩市③。此说也当有误,正确的说法应在今天的长汀县北五里的东坊口④。

《通史》作者又曰:晋置绥安县,属义安郡,梁置兰水县,属梁安郡,"漳州学人认为(绥安)该县即是漳浦县,兰水县在何处不明,有人以为是诏安县"⑤。兹查陈汝咸《漳浦县志》卷一九引《湖阳志》:"绥安,晋属义安郡,即今云霄也"。兰水一县,据《读史方舆纪要》卷九九记载和1981年《南靖县地名录》说,则当是在南靖县东北靖城。可见《通史》作者的说法也有偏差之误。

至于东安县,《通史》作者说,刘宋时已被裁撤⑥。此说应为同安之误。此乃因为东安系吴所置,晋改晋安,隋改南安,治今南安丰州,

---

① 参见林汀水《会稽东、南二部都尉的设置》,《厦门大学学报》1995年第2期。
②③ 该书页198。
④ 详见林汀水《福建政区地名考六则·汀州与新罗、杂罗、长汀三县考》,《厦门大学学报》1995年第2期。
⑤ 该书页207。
⑥ 该书页202。

始终未被废弃,同安则是始立于晋,至《宋书·州郡志》无,自当是为刘宋所废。

## 五、其他问题

秦设闽中郡,是虚郡还是实郡,有无治所?要是有,当在今之何处?汉有南海王国,是虚封或实封,应在那里?这都是福建地方史的大事,《通史》作者对这些问题一概回避,不作任何论述,应该说是这部《通史》巨著的一大憾事。

福建方言中的闽方言,是今全国七大方言重要的一支,《通史》作者对它的形成和发展变化,更是一字不提,也是另一极大的遗憾。

当然,这部《通史》用功很深,是部佳作,读后对我的启发良多,首先应该衷心感谢作者对我的帮助。至于我所提出的几点不同看法,则都全属浅见,不当之处肯定不少,尚望作者再予多多赐教!

(原载《闽台文化交流》2007 年第 2 期)

# 对徐晓望先生有关《福建通史》(第一卷)几个问题的处理与思考的答疑

看了徐晓望先生的回应文章(详见《闽台文化交流》2007年第3期《关于〈福建通史〉(第一卷)相关问题的处理与思考》一文),我首先表示衷心的感谢。但文中几次使用"指责",并用"啼笑皆非"的字句来对待我的商榷意见,让我很不理解。因此,我认为有必要再做几点申述,以期消除误会。

徐晓望先生认为撰修通史"应当尊重传统史书的观点,福建方志对'七闽'等问题都有一套相延已久的说法,这些观点经过上千年历史的考验,应当予以尊重。因而,在福建上古史问题出现众说纷纭的时候,我们主要采用传统史书的观点,除非提出新观点的学者掌握了新史料,原则上对各种新奇的观点不予采纳。因为,新观点总是层出不穷的,若跟着层出不穷的新观点改变自己的立场,不但是疲于奔命,而且会动摇史著的权威性。因此,在出现争议的时候,我们往往是跟着传统走。总方针是宁可被人指为保守,不可以异说误人子弟"。

我不反对修撰通史自成体例、自成一家之言,但是学术讨论上我却认为还是应该百家争鸣、百花齐放为好。说到这,再谈如何对待史实和学术公证的问题。徐晓望先生说,他主张"七闽"在福建,说法比较稳妥,既能尊重传统史书(《八闽通志》和《福建通志》),也可能得到大多数人的赞同。那么我要问,我推论"七闽"应在今天的两湖境内,系据《国语·郑语》贾公彦注及《史记·楚世家》等的记载,难道这些史籍不是"传统史书"?另是二说同属推论,但在科学问题上,我的"自圆其说还是不够的,要折服众人,还需要让人无可置喙的铁证。比如,在两湖境内发现有西周时代铸有'七闽'字样的鼎器"。而《福建通史》(一卷)"七闽"之说仅依《八闽通志》和《福建通志》的记载就可定论,这样的学术评判公正、公平和"中道"吗?

再说闽越族和闽越国。徐晓望先生仅据《汉书·惠帝纪》载有"闽越君摇"一词,即断东瓯人是为闽越族人,东瓯地是为闽越国地。但未知徐晓望先生曾否想过,史书称摇为"闽君"的更多,"闽君"与"闽越君"是否同义?史书有载:"蛮者,闽也,南蛮之名,亦称越"。倘若联系到史书尚曰:"后十世至闽君摇,佐诸侯平秦,汉高帝复以摇为越王,以奉越后",此中所谓的"闽君摇"是否带有"越君摇"之意?而"闽越君摇"的来由,是否系因汉廷先封无诸为闽越王,"王闽中故地",东瓯乃在闽中故地内,故摇只好屈称"闽越君"?倘若如是,则单凭"闽越君摇"一词就断东瓯人定属闽越族人,就未免过于武断。那么,东瓯是否系为闽越国地?倘若单凭"王闽中故地"一语,当然无疑。然此中情况复杂,也难以一语定论。因为摇与无诸的反秦是各率一支部队参加,互不统属,后助刘反项,大家都一样功不可没。盖因这一缘故,故当刘邦公开封立无诸为闽越王的时候,遂又暗中"复以摇为越王",加上东瓯本为摇之势力范围,鉴此状况,试问闽越王国果真能够占有东瓯地吗?何况至惠帝时,摇已正式被封东瓯王,至是还能再说东瓯是属闽越国地吗?

至于无诸与摇早在秦代以前已经各自为王,各自立国,徐晓望先生认为《史记·东越列传》有载,秦并天下,"皆废(无诸与摇)为君长",及汉五年"复立无诸为闽越王"。对此记载我无意否定它的真实性,只因未见秦以前无诸被封或自立为"闽越王"、"闽越国",而时之闽越地是服属于楚,楚是推行郡县制较早、也较彻底的国家,不经反

对徐晓望先生有关《福建通史》(第一卷)几个问题的处理与思考的答疑

抗，就能让他自立为王、自建国家吗？何况诚如徐晓望先生所引资料，越为楚国灭亡后，尚有许多的越人散布各地自立为王、自建国家的具体记载，要是无诸与摇同样，为何不见史书提及？另是《汉书·高帝纪》有载："故粤王亡诸世奉粤祀，秦侵夺其地，使其社稷不得血食，诸侯伐秦，亡诸身帅闽中兵以佐灭秦，项羽废而弗立"。按照这一记载分析，是无诸于秦以前已先为王，至秦被废，后又再封为王，到了项羽时候再次被废。刘邦这些言论政治性很强，对他所说的话提出质疑，难道毫无道理吗？还有，就如徐晓望先生所判断，既然摇与无诸于秦被废为君长，则在秦代以前二人必都称王，他们既为闽越族领袖，因此，无诸称王，必是"闽越王"，所立国家必称"闽越国"，那么，以此类推，摇也当称"闽越王"，所立国家必称"闽越国"，或如徐晓望先生所推，他们是闽越人的共同领袖，是由两个"闽越王"共治一个"闽越国"的。这种推理是属铁证，还是仅属"哥德巴赫猜想"？倘属猜想，就请不要仅把我的一些质疑过早当成笑话。

徐晓望先生称，他主编的《通史》只纳多数人的意见，只取"中道"。而《后汉书·郡国志》载有"章安，故冶，闽越地"，又有"东部侯国"，其中只有少数之人赞同叶国庆先生的"章安，故冶"说，多数人概都认为这是错简，但《通史》偏就采纳叶说，而弃多数人的意见。可见《通史》自定的原则，作者并未完全遵守，"中道"也是按需取舍的。

我因《通史》说过，到了东汉后，特别是两晋期间，福建社会生产与经济能得复苏和开发，是因"北方等内地人相继入闽避难"，使人口增加的缘故；又因《通史》所作的一些人口和迁徙的论述前后有些矛盾，于是提出了几点不同意见。指出，依据史料入迁闽地之人，主要应是来自江浙……整段文章是围绕此议题而写的。徐晓望先生不对这些议题多加评判，却紧抓住我的文章中多加"大量入闽"一词而动肝火，申斥说"强加给我(大量入闽)，然后展开批驳，实在让我有啼笑皆非的感觉。"其实，批评应先看准商榷者全文的意思和主旨，然后心平气和地深入讨论，对事才有助益，而尚欠考虑就曲解商榷者的原意进行嘲讽，只能令人心寒并无济于事。故我认为，这种讨论方式和风气欠妥。

　　徐晓望先生又举罗江县的归属问题一例,称他未曾说过罗江县归属建安郡,我也硬说是他讲的,而使他甚感"这一批评从何而来?实不可解"。我真的有此用意吗?还有徐晓望先生曰:"如林教授所说,将洪明等人'率各万户'改为'各千户'是一种办法";"他认为汉朝很快在闽越地设置东部候官及冶县"。我说过这样的话吗?请大家也看我的原文好了。

写于 2007 年 10 月 17 日<br>(原载《闽台文化交流》2008 年第 2 期)

# 再与《福建通史》作者商榷几个问题

读完徐晓望主编的《福建通史》一书第一卷《远古至六朝》，对一些问题略有不同意见，曾写一篇论文与之商榷，已刊在《闽台文化交流》2007年第2期，并很快得到徐晓望先生的回应（详见该刊2007年第3期《关于〈福建通史〉（第一卷）相关问题的处理与思考》一文）。我对此篇回应首先表示衷心的感谢，但徐先生将我的商榷文章认为是多有"指责"，这让我很不理解，因此又在文末以附文形式再做几点答复①，以消解误解。

在拜读完第一卷后，接着拜读第二卷《隋唐五代》，也有许多问题与作者的看法存在着分歧。主要有三大问题。

## 一、对若干基本史实看法不同

作者在其"前言"中说："历史学应当建立在坚实的科学基础上，对史

---

① 详见本论考《对徐晓望先生有关〈福建通史〉（第一卷）几个问题的处理与思考的答疑》一文。

料的校对使我们自信心大大加强了。"① 我认为,单靠史料的校对是难建立坚实的科学基础的,还需查证相关的资料作些综合分析才行,否则,会使史据单薄,而无说服力,甚至导致立论的错误。兹举数例略加说明。

1. 莆田县。作者称,六朝间已有莆田县②。此说盖据《陈书·虞荔传》记章昭达追击陈宝应,宝应"夜至蒲田"一语。然查《资治通鉴》卷一六九"天嘉五年条,"蒲田"则作"蒲口";而见新旧《唐书·地理志》与《隋书·地理志》,概都明确载道,莆田是在隋代立县的,且旋设旋废,直到唐初才复而不弃。兹就当时的蒲田"惟蒲生焉"③,尚是一片蒲草丛生的盐沼地推测,是《虞荔传》所指的"蒲田",应是那片蒲草丛生的沼泽地,并非莆田县。正因如是,所以晚至于隋设县,因农耕条件尚不具备,才会旋设旋废。可见陈代已设县一说,自当非是④。

2. 温麻县。作者说,隋代,福建温麻县境内修筑了东塘湖⑤。然查《隋书·地理志》等志书,隋无该县,此说也误。

3. 怀恩县与漳州。作者说,唐置怀恩县,不久撤销;又置漳州,州治不断向北迁移,"可见,陈元光经营漳州,只是取得部分成功,蛮僚在漳州境内还有很大的实力,在陈元光取得一时的胜利之后,汉人又被迫向北撤退"⑥。此说也与史实相违。因据志书记载,漳州迁治"缘李澳川有瘴",怀恩废县,则与瘟疫流行,人口逃散有关⑦,并非一如作者之所言。且怀恩废县,仍置军镇驻兵看守,也非撤退。

4. 新罗县。作者说,唐有新罗县,治今龙岩⑧。非是。因为晋置新

---

① 《福建通史》"前言"页 8。
② 《福建通史》页 21。
③ 乾隆《莆田县志》卷二引《邑人太仆卿林源记》。
④ 参见林汀水《福建政区地名考六则》,林汀水《历史地理论文选》,香港人民出版社 2005 年。
⑤ 《福建通史》页 23。
⑥ 《福建通史》页 30。
⑦ 《元和志》卷二九、1982 年《诏安县地名录》。
⑧ 《福建通史》页 37。

罗县,治今长汀县北的东坊口,刘宋已废,《新唐书·地理志》所指的"新罗",乃是晋的新罗故城,唐未复置①。

5.长泰县。作者称,五代福州新增长泰县②。按长泰置于五代,初属泉州,至宋改隶漳州,未被福州所领。这里所说的"长泰",应为"永泰",是唐永泰二年(766)设立的,宋改名永福,也非五代所新立。

6.晋安。作者说,"晋安即福建异称,盖缘福州古称晋安郡"③。此说不妥。因为福建最早的名称曰"闽",秦立闽中郡,又有"闽中"的地区名。吴立建安郡,晋增晋安郡,已有二郡之建置。到了唐代又有福、建、泉、漳、汀五州,五代增剑州,合计为六。至宋再增邵武、兴化二军,建制始得长期稳定,所以福建复有"八闽"之谓。而观晋安,只属福建部分,最多只能代表某一时期内福、泉、漳地区的总称。所以史书凡谈福建,都仅以"闽"或"闽中"和"八闽"作为别名,从无"晋安"是福建的代称。

7.长溪县。作者说,长溪是"隋代被废之县"④。此说也误。因据志书记载,晋置温麻县,隋废,唐武德复,仍名温麻,迨后移治连江之北,改名连江,直到长安二年(702)复置温麻县于温麻故治,至唐天宝元年(742)迁今理,改名长溪,才有长溪之名⑤。

8.晋江县。作者说,隋废晋江县,唐复置⑥。按晋江始设于唐,何来隋废?

9.梅溪(今闽清县)。作者说,唐立梅溪县⑦。正确的说法应是设于梁乾化元年(911)⑧。

---

① 参见林汀水《福建政区地名考六则》。
② 《福建通史》页60。
③ 《福建通史》页288。
④ 《福建通史》页35。
⑤ 详见林汀水《武德六年未置长溪,长溪始名于天宝》,《厦门大学学报》1998年1期。
⑥ 《福建通史》页35。
⑦ 《福建通史》页35。
⑧ 参见林汀水《福建政区地名考六则》。

10. 汀州。作者表述汀州沿革，系采《太平寰宇记》与《临汀志》等汀州设于开元二十四年(736)，初治新罗(即龙岩)，后迁长汀村(在今上杭县境内)，又迁东坊口(在今长汀县境内)，大历四年(769)迁于白石(即今长汀县城)的说法①。此说也误。汀州始设于开元二十一年(733)或二十二年(734)，初治新罗(今长汀县北东坊口)，大历四年移徙白石，才在今天的长汀县城内②。

11. 琉球移民福清。隋出兵琉球，作者即用《闽书》叶向高《纪游诗序》云："又三十里，为化南、化北二里，隋时掠琉球五千户居此"，而断早在隋代已有5000户琉球之人被徙福清的化南、化北二里，并称这是"福建历史上的一件大事"③。兹查《读史方舆纪要》卷九六福清县海口镇条，乃曰："相传隋时掠琉球五千户居此，因名。"指出事属"相传"，乃是后人为解化南、化北二里得名来由的传说。其实，隋之福建户数才有12420户，化南、化北绝无可能独占5000琉球户，这是至明之理，作者将此作为信史看待，实属不该。

12. "永嘉之乱，八姓入闽"。作者说，"西晋时期已经有一些汉人渡江南下，其中一部分人来到福建定居。这一事实已被晋江一带的考古证实"④。但考古如何证实，书中未作片言交代。而见该书第一卷《远古至六朝》分册所引资料，却谓在这期间泉州境内发现的许多墓葬方式与器物风格，是与中原有异，而"与江南地区六朝墓完全相同"。

按"永嘉之乱，八姓入闽"，出自宋人路振的说法。此说早在唐人著作《开元录》中已经指出，其中林、黄五姓为"蛇种"，实属闽越人后裔。而从永嘉之乱至东晋的移民，时住黄河下游及今山东、河北与河南东南部的难民大多移入长江下游及淮河流域避难，以今江苏接受移民最多，曾设置了大批的侨州郡县，福建则一个侨州郡县未设来看，也都说明路振的说法应不可信。

---

① 《福建通史》页37、39。
② 参见林汀水《福建政区地名考六则》。
③ 《福建通史》页62—63、2。
④ 《福建通史》页12。

作者说,"两晋以来,北方士族南下闽疆,其中虽有长材秀士,但因畏惧北方战乱频仍,很少有出仕的"①。此说也未见于正史的记载,估计盖出自某些方志或族谱之言。因为福建的族谱常将自己的祖先追为北方人,后加联宗和联谱,更将一姓之人都说同是出于某时的某一大官要人。这显然是受中国古代门阀制度和望郡、望族思想的影响,不足为信显而易见。诚如颜师古注《汉书·睦弘传》和黄宗羲《南雷文定·淮安戴氏家谱序》云:"私谱之文出于闾巷,家自为说,事非经典","氏族之谱……大抵子孙粗读书者为之,掇拾讹传,不知考究,抵牾正史,徒诒嗤笑"。所以在用方志或族谱资料时,应该格外慎重。

举例说,作者在用方志和族谱资料时,就据这些资料称,唐五代的莆田县曾有林氏家族九人"官至州牧"②,以此作为福建当时的政治人才已经崛起的明证,又将唐末五代有东昌刺史蔡炉其人,"同妹夫刘翱暨西河节度使翁郜,率领五十三姓入闽"③,作为北方人大举入闽的重要史实。然查资料,唐天宝、至德间虽有将山西的汾州改为西河郡,西河郡却未置过节度使,且时也无东昌州之设。而林氏兄弟九人要是果真都当州牧,那是史无前例的,应该轰动当时,引起时人的高度重视而载之于正史或当时人的文集,却也未见。可见方志和族谱当有很多造假,在无其他文献相互印证下,是不能轻信运用的。

13.陆路交通。作者称,唐以前福建是个人少地多的地方,"不具备建立陆上驿站的条件。六朝时期,闽中屡屡发生反抗朝廷的事件,表明朝廷对闽中土著的控制颇有问题,更不要说开辟陆路通道了。因此,那一时期的入闽之路,不得不以水路为主","唐以前,从江南入闽主要通过两座雄关——分水关、柘岭"④。书中未及杉关道路,是件憾事。因为杉关道路乃是福建最早开辟的一条晋京之路,也是最为重要的一条官路。《史记集解》谈到汉军出兵武林、白沙攻打闽越,

---

① 《福建通史》页240。
② 《福建通史》页262。
③ 《福建通史》页54。
④ 《福建通史》页40、227。

曾曰："此白沙、武林，今当闽越入京道。"王琛《邵武府志》也说："杉关……为闽豫往来通道。"盖早期的京城置立长安，由此处晋京最便。甚至晚于宋代，《宋会要辑稿》仍云："凡陆运……福建自洪州渡江，由舒州而至京"①，还走杉关道路通往北宋的开封京城。可见作者不提这一路线，显然也有疏漏之误。

## 二、移民与汉化问题

有关唐五代北方（或中原）人大规模移民入闽之事，作者谈论很多。我认为失实之处同样不少。先将作者的一些相关言论摘录如下，再作几点评论。作者说：

"安史之乱发生后，中原民众大举南迁入闽，使福建人口大幅度增长，汉民族与土著民族实现了文化与血缘上的彻底交融，从而形成了新的福建人。"②

"盛唐时期，福建已经有了10万多户，宋代初年，福建人口上升到46万多户，如此大规模的人口增长，主要是在唐末五代实现的。而其原因，则与晚唐五代时期北方民众大举移民福建有关。大致说来……安史之乱发生后，北方形势大变，连绵不断的战乱，从中唐时期一直延续到晚唐，而后唐末又出现了黄巢之乱，进一步衍变成藩镇之间的混战……由于这一原因，在中唐以后，有许多北方家族南迁，其中，进入福建的家族不少。……迄至晚唐，则有不少家族整族南迁入闽；迨至唐末，更有光州、寿州二州之民在刺史的率领下南迁入闽，移民的浪潮一浪高过一浪，使福建人口骤增，逐步接近发达区域的水平。"③

又曰：唐开元间福建有户109311，天宝时有户91186，口410587，

---

① 详见林汀水《福建古代陆路交通干线的开辟与变化》，《历史地理》第二十一辑。
② 《福建通史》"前言"页4。
③ 《福建通史》页7。

比隋增长了6.34倍,而到建中年,户又增至93535,口536581,时为安史之乱后的二三十年,唯独福建地处南方,未受北方战乱的影响,所以人口反而上升,但"迄至唐末,北方移民大多居住在江南东西道","对中唐移民南下闽中的浪潮不能估计过高"①。

又称:"唐末移民规模最大的一次是光州刺史王绪'悉举光寿兵五千人,驱吏民渡江'……入闽时'有众数万'……晚唐时期福建人口稀少,元和年间闽中仅七万多户,而王绪率众入闽,即达数万人,若以一户五口为计,唐末光寿移民约占福建人口的五分之一,何况此时还有其他移民"②,"以宋初福建户数比之唐元和时福建户数,这一时期福建净增393348户,为原数的五倍多!增长幅度之大,为福建历史上仅见","北方移民进入闽中,是福建人口大增的主要原因"③。

复谓:"今阅闽人族谱,多谓本家族是河南固始人,于唐末跟随王审知入闽。其实,王审知所在的固始县仅是光州的一个县,而光寿移民队伍中,也许以固始县人最多,但还有其他各县人,也都在这一时期入闽,他们并不都是固始人。其二,光州与寿州在唐末属于淮南道,其中光州至元代才划归河南省……在宋代,人们一直把固始等县的移民当作淮南人……这说明唐末入闽的北方移民以淮人最多,他们生活于淮河以南的地区,今隶属河南、安徽、江苏三省交界处。"④

综上所云,是作者认为唐五代时期的福建曾经三次大规模的移民,一在唐高宗时候陈政、陈元光的率军入闽,军伍及其家属来自何方,尚存争议,但为北方地区人无疑;一为安史乱后北方(或中原)之人的大举入闽;再是王绪率军入驻闽地,规模更大,是为淮南民。因此,北方移民"是福建人口大增的主要原因","汉民族与土著民族实

---

① 《福建通史》页42–43、53–54。
② 《福建通史》页54。
③ 《福建通史》页57–58。
④ 《福建通史》页58。

现了文化与血缘上的彻底交融",也早在安史之乱中原民众大举南迁入闽时候已经形成,"从而形成了新的福建人"。

兹就上引说法,驳之如下。

作者说,安史之乱,中原民众大举南迁入闽,使福建人口急增。证据何在?作者未加证明。而依人们研究,安史乱后虽有少数士人逃入闽中,移民浪潮却仅止于江西的中、北部,并未波及福建地区①;诚如作者自己所云:"迄至唐末,北方移民大都居住在江南东西道","对中唐移民南下闽中的浪潮不能估计过高"。既然如是,福建的土著又焉能在安史乱后即与北方汉族"实现了文化与血缘上的彻底交融,从而形成了新的福建人"?要是已成新的福建人,安史之乱数十年后,时人何故尚称:"岭外(指今福建)峭峻,风俗剽悍,岁比饥馑,民方札瘥,非威非怀,莫可绥也"②,照旧还把福建视为原始落后的蛮僚地和蛮僚之人呢?

另是安史乱后至建中年间,福建人口上升十余万,其实也非来自中原之人的大举入闽,而是因为上元元年(760)刘展作乱,分兵略取江南与淮南地,唐派平卢兵马使田神功率兵南下,在长江南北击败刘展军,"安史之乱,乱兵不及江淮,至是,其民始罹荼毒矣"③,才使部分江淮之人南迁江西和福建。迨及乾符间,王仙芝与黄巢起义,接着军阀混战二三十年,战火燃遍黄淮流域,也波及长江地区,使江淮各地成了移民的输出地,福建远离战场,才又使得更多的江淮之人再次避难福建④。

以上两次江淮移民,规模也都较大,作者谈论福建的移民来源未及于此,都把这些移民归为安史乱后北方(或中原)的移民,应属偏见。

---

① 详见周振鹤《现代汉语方言地理的历史背景》(《历史地理》第九辑)及葛剑雄《中国移民史》第三卷九章四节所引资料。
② 《全唐文》卷三八七独孤及《送王判官赴福州序》。
③ 《资治通鉴》卷二二二肃宗上元二年条。
④ 详见林汀水《福建人口迁徙论考》,林汀水《历史地理论文选》,香港人民出版社2005年。

而为强调王绪率军入闽是福建移民史上规模之最大,福建的祖先大都是为光、寿人,作者又称,"迄至唐末,北方移民大都居住在江南东、西道","对中唐移民南下闽中的浪潮不能估计过高",因为"元和年间闽中仅七万多户,而王绪率众入闽,即达数万人,若以一户五口为计,唐末光寿移民(就)约占福建人口的五分之一"。

这样论述,也有诸多不是。首先是作者将王绪"悉举光寿兵五千人","有众数万"的口数当作户数,然后再与元和户数相比不科学,有犯户、口概念不同的错误。其次是元和后仍有很多新的移民进入闽中,元和后福建的户口已超元和时代,再以元和时代的户口作为基数,比较宋初户口的净增说明王绪率众入闽之多,也不妥当。总之,作者为了强调王绪率军入闽是福建移民史上规模之最大和福建的祖先大都是为光寿人,而不惜扭曲史实强作以上的推断,我认为这种论述方式也不可取。

福建是个移民社会,作者将福建的移民说成北方或中原人,这是不合史实的。因为见之史书,早在战国时代已经先有越国人入闽,三国吴至梁陈间又有大批江浙之人移民入闽,直至唐五代才有两次规模较大的淮南之民移徙福建,而在此时,也还仍有大批的江浙之人继续迁居福建①,所以移迁福建的人应以江淮两浙为多,福建人的主体应是闽越土著和江淮两浙人,而非一如作者所说的,多为光、寿人,更非北方或中原人。

作者在谈移民入闽来源时,都用"北方"或"中原"两个词汇,有时"北方""中原"混用,视二为一。这样的提法也有问题。因为史书所指的"中原",是有特定地域概念的。盖在先秦时代已有雒邑和陶为天下之中的说法,其后华夏族活动的范围扩大,古豫州乃被视为九州之中,故称中原。广义的中原是指黄河中下游地区,或指整个黄河流域,以别于边疆各地。而江淮地处豫州之南,古属扬州,春秋战国时候地属吴、楚,住民多为吴、楚人,唐为淮南道,直到元代才将光、

---

① 详见林汀水《福建人口迁徙论考》。

寿州的光州划归河南省,所以"北方"的地域概念应该大于"中原",而江淮位居"中原"以南,则应归为南方之地。因此,《福建通史》谈到福建的移民,都把江淮两浙赣人视为"北方人",我认为是不恰当的。

作者在谈移民时,还谈到闽人的汉化。作者说,"对一个民族来说,它的辨认,最为重要的不是血缘的真实关系,而是文化的认同","而从闽越人到汉族的文化认同的变化,最重要的转折点是在唐五代",因为"这一时代的闽人都认为自己是北方移民的后裔,那就表明他们完全混同于汉族"①,民族的认同最为重要的还是血缘关系。

为证明这一点,作者不但以其移民"史实"说明福建是个移民社会,移民全都来自北方(或中原)的汉人,还加论断说:"在唐朝以前,福建的居民以闽越人后裔为主,他们的文化,尚为土著文化"②,直到"安史之乱发生后,中原民众大举南迁入闽,使福建人口大幅度增长,汉民族与土著民族实现了文化与血缘上的彻底交融,从而形成了新的福建人",福建人的汉化才开始③。而至王氏入闽执政,由于闽越之人女多男少,男的身体较弱,早夭为多,女人都与南下的光寿之人结为夫妻(不知何据?)二者结合,产生了"新一代的闽人",使他们自认自己的祖先都是北方人,汉化加深,也就使当时的闽人更进一步定型为汉人了④。

其实,北方也有许多少数民族,并非全为汉人,而闽人的汉化,早在北人入闽以前,也已开始逐渐汉化。我认为,汉化主要表现在语言文字及对儒、道、释的认知。

兹据专家研究,早期的闽越人是属越族的一支系,各地越族人应有很多的共同语言。而在战国末又有一支越国人入居闽地,是早期的闽越人语言当与吴越更加相近,他们的语言应该同属吴越方言。到了无诸率众北上参加反秦反项,与楚、汉人交往频繁,又使他

---

① 《福建通史》页 8。
② 《福建通史》页 12。
③ 《福建通史》"前言"页 4。
④ 《福建通史》页 12、17–18。

们的方言融合着许多古楚语与中原古汉语的底层语言。而当无诸受封闽越王,见之遗存下来的当时文物刻有许多汉字,则更表明当时的汉化已经开始了。

进入魏晋南北朝期间,先后又有江浙之人多次移民福建,他们的汉化和文化水平高于土著,闽地也已有了一些士人,儒、道、释开始得到了传播,是时之闽人的汉化又在加深。可见闽人的逐渐汉化,是早在北人入闽以前,闽人并非定要待至与北方汉人血缘交融后,才能得到汉化。

当然,我也并不否定血缘与文化的认同无关,只是说未必有必然性。但须指出,更加重要的还是要靠文化的沟通与发展,并使该种文化得到人们的普遍认同。比方说,古代的闽越人要是不学用汉字,不懂儒、道、释,民风完全另是别样,怎能融合于汉人之中?方言若不适时融合各代的汉语,且能主动学习各代统一的标准汉语语音和语法,始终坚持原始的古吴越方言,而不能与汉人沟通,闽人又怎能汉化而与汉人融为一体?这都是至明之理。正因如是,到了唐代,特别是五代,随着闽地人口的增多,经济的发展,文化的日益普及与提高,交往的密切,闽人汉化的程度才又得到一次大的飞跃。

作者说,"闽文化的基本特点是移民文化,她是唐宋时期中原文化的延伸"[1]。这种观点我也不能赞同。因为福建自唐以来所形成的两套文、白读音的闽方言,其中白读音乃是源于闽越时代的古吴越方言,这套体系无论是语音、语词和语法结构的基本特点,至今都还被绝大多数的福建人所使用[2],而文读音是为唐代推广汉语的标准音,则只能在文人中得以流行,这一语言特点是中原文化所不具备的,所以闽文化的延伸除了继承中原文化外,还应具有自己的许多古闽越文化的突出特点。不仅此,越人信巫,巫觋文化的残遗至今也

---

[1] 《福建通史》页12。

[2] 参见韦庆稳《试论白越民族的语言》,《百越民族史论集》,中国社会科学出版社1982年、李如龙《福建方言》,福建人民出版社1997年。

在闽地保留较多。因此,应将闽文化是"唐宋时期中原文化的延伸"的说法,改为"闽文化是中原文化和闽越文化的延伸"才较全面。

## 三、应该如何评估唐代福建经济文化的发展

唐代福建经济、文化的发展如何?作者前后有二说:一为"唐代福建处于初步开发阶段"[①];一为"到了唐代,福建的人口、经济、文化都进入了较高速度的发展时期。经过唐朝近300年的发展,福建的物质生产已接近国内较发达区域的水平","经济进入了大开发时代","也是闽人文化大发展的时代"[②]。

我赞成前说,而对后一说法持异议。

作者说,唐代的福建经济进入了大开发,是"由于唐代福建人口的增长及北方移民南下,农田的开垦成为这一时代的特征"[③]。我认为,相较前代福建农田的开垦确实有了增多,且在个别地方已经有了若干配套的水利设施,诚如作者书中之所言[④],但用词不能夸大。因见于史志记载,那时各地的海田围垦仅及于海岸周边的一些沙洲沼泽地,规模不大。即如福州平原,唐代福州州城的南边尚是极目"沙墟","只堪图画不堪行",海湾还很宽广,沙洲沼泽地浮现不多,只在闽县以东筑了海堤,才使局部地区免遭卤潮之害而化良田[⑤],具有数十万亩灌溉的耕地,乃是晚于五代宋才得实现。莆田平原也仅围到那片蒲草丛生的沼泽地的边沿,平原的南北洋都变良田,也要待至宋代[⑥]。而晋江筑烟浦埭,并未成功,更无水稻田数量大增可言[⑦]。

---

① 《福建通史》页41。
② 《福建通史》页19、8-9。
③ 《福建通史》页8。
④ 《福建通史》页8-9、172-179。
⑤ 详见林汀水《福州市区水陆变迁初探》,林汀水《历史地理论文选》。
⑥ 详见林汀水《从地学观点看莆田平原的围垦》,林汀水《历史地理论文选》。
⑦ 详见林汀水《晋东平原水利考》,林汀水《历史地理论文选》。

至于山区的农田开发,作者说:"闽北的水利工程以拦溪筑陂为其特点……引水灌溉,从而将闽北建成福建的粮仓。因此,虽说唐代闽北有记载的水利工程不多,但闽北农田的开发并不亚于闽东南沿海。"①这样评估显然也有不实之处。因为山区倘若已得普遍的开发,农田很多,水利好,已成富足的粮仓,为何会在每一平方公里只有一人的土地上②,一遇天灾,就会饥荒,导致大批减口?平时还要大量贩卖人口为阉?何况见于《太平广记》卷四三二《食虎》有言,唐代"建安人山中种粟者,皆构棚于高树以防虎",《三山志》卷三三《寺观类·僧寺》也载,福州户口衰少,"耘锄所至,遹迩城邑,穷林巨涧,茂木深翳,少离人迹,皆虎豹猿猱之墟",就连人口密度最高的泉州晋江县,直到唐末其境内的象陷山还有大象在活动③。要是山区真的已得大规模的开发,何故还会存在以上诸多奇特景象?

因此,我认为唐代的福建自当处于初步开发的阶段,不能说已经进入了经济大开发的时期。

再是文化问题。作者说,"唐代也是闽人文化大发展的时代"。这种论断也有偏颇之嫌。盖因那时福建的文化尚不普及,只在个别地方得到了一些发展,较为有名的文人都还是外来人。而见时人的评论,也是"闽人未知学"④,"其民悍而俗鬼"⑤,"闽粤旧风,机巧剽轻"⑥,故对福建的统治,朝廷仍要作出这样的规定:"其黔中、岭南、闽中州县官不由吏部,委都督选择土人补授"⑦,即将福建视为少数

---

① 《福建通史》页9。
② 《福建通史》页114引梁方仲《中国历代户口、田地、田赋统计》。
③ 乾隆《泉州府志》卷六《山川》。
④ 《新唐书·常衮传》。
⑤ 《全唐文》卷六〇九刘禹锡《唐故福州等州都团练观察处置福州刺史兼御史中丞赠左散骑常侍薛公神道碑》。
⑥ 《全唐文》卷三九〇李琦《福州都督府新学碑记》。
⑦ 《资治通鉴》卷二〇一总章二年条。《全唐文》卷五六七韩愈《欧阳生哀辞》也载:"欧阳詹世居闽越,自詹以上,皆为闽越官。至州佐县令者,累累有焉。"

民族聚居地,另作特殊处理。可见福建的文化至唐虽有起色,但也仅属初始阶段。

(原载《闽台文化交流》2008 年第 2 期)

# 忆恩师谭其骧二三事

自谭先生接下《中国历史地图集》的编绘任务后,由于图的工作量大,一时又难找到所需的专家协助,鉴此情况,谭先生只好接受复旦大学校党委的建议,从历史系抽出十一名学生由他负责指导,采用边干边学的办法完成这一任务。编图是项繁琐的工作,专业性又较强,学生能否胜任,谭先生最初是抱怀疑态度的,但别无他法,也就姑且试试再说。

谭先生凡事认真,责任心很强。当学生来到他的身边,他从不流露内心的疑虑,而是立即以高度的热情,鼓励同学奋进,且每星期都抽时间为我们上课,还认真批改我们的作业,细心指出每篇作业的优缺点和应注意的事项。他这种诲人不倦的精神,极大地鼓起我们的学习兴趣和信心。于是,同学互相鼓励,又在自学的基础上,规定每星期拿出自己的习作进行讨论,谭先生也常参加,加以指点,表扬好的,帮助差的,从而使我们能够较快地入门,在不到半年时间内就可投入工作。谭先生用他的心血滋润我们成长,我们是永远铭记在心的!

谭先生不但在业务上帮助我们成长,还教导我们如何做人。记得我们参加工作一段时间后,因为天天搞考证,日复一日,便使大家慢慢感到单调乏味而失去兴趣,甚至对这项工作有何意义产生了怀疑。谭先生发现我们的心思,便对我们进行及时的教育,语重心长地说:"这是学科的基础工作,没有这个基础,学科发展将会受到极大限制,我们虽做'垫脚石'的工作,可为人铺路是好事,只要是好事,就应全心全意尽力地去把它做好;何况做好这件事,功德还是无量的。"听先生这番教诲后,大家恍然大悟,又看到他始终以身作则,才都安心下来,且以更大的热情每天坚持十多个小时的工作。

谭先生名利观念是较淡薄的。为了这部图集,花费了他大半辈子的精力,可以说,没有他,图集是很难编好的。可是出版后,他说这是大家共同努力的成果。甚至当有个别学生利用先生课堂上的讲稿略加整理出书,占为己有,他也若无其事,笑着说:"我没有时间写,让人家整理出版,也是好事。"

谭先生教导学生很有耐心,知无不言。我是个较笨的学生,但有幸上班时与他对桌而坐多年,受到教育和启发良多。我较笨,脸皮也较厚,只要有不懂,什么问题都敢问。

每当问时,他总把工作停下来,不厌其烦地解答,直到问题搞清楚。凡有作答不了的,也会实事求是说:"未研究,说不清楚。"同时会尽其所知提供一些线索给我,鼓励我自己去研究。

谭先生常说,做学问要勤奋,要认真,还要敢于超越前人。编图时,我发现辽河水系、辽东湾和珠江三角洲可能会有较大的变化,就将问题提出请教他。他问我有何根据?我将疑点告诉了他。他听后说是有道理,但证据尚不足够,应该再作深入的探讨和研究。又为我提供一些资料和线索,并启发我的思路。于是,在他的鼓励下,我就硬着头皮搞下去。而当有了初步成果,他比我高兴,曾多次表扬过我。

谭先生是国内外知名的学者,更是历史地理学界公认的大权威。但他为人谦虚谨慎,平易近人。他在研究室内有说有笑,与大家的关系十分融洽。他习惯开夜车,通宵达旦是常事。偶尔白天上班迟到了,总要说声抱歉。由于睡眠不足,经常要靠茶、烟来支撑。因为急着上班,香烟常忘随身带,只好向我要烟。我给他的是每包七分钱的经济牌香烟,他记得带来了,就送我牡丹牌一类的好烟抽,还常开玩笑说:"不好意思,三天两头揩你的油。"更可贵的事,是他从不耍弄权威架势,在学术上非常民主,要是学生的看法正确,他都会虚怀若谷地接受,还敢当众承认自己的不足。

谭先生为人严谨而平和,毕生全心全意为了做好工作,这种敬业精神,永远是我们后生学习的榜样。每当想到谭先生的往事,真是感慨万分!

我的一生颇受恩师谭其骧教导的影响。恩师常说,人生短暂,精力有限,应把精力用在国家最有用最急需的地方,过多考虑个人得失没意思,也会活得不痛快。他举例说,有些大型科研项目单靠个人去做,是几辈子也无法完成的,必须依靠群体的力量才行,只要是重要的急需的,就应服从需要投入进去,哪怕是当配角,也是值得的。我乐意参加一些集体科研项目,甘当配角,而认认真真地去工作,不与人争名夺利,就是得到恩师的这一教诲。恩师待人和善,热心教人。每当我有不懂的问题求教于他,他都会放下手头工作不厌其烦地教导我;若是一时回答不了,也会实事求是地告诉我,待至查到资料,经过分析研究后,再来帮我解难。恩师热心教人,治学严谨,使我深受感动,知道应该如何做人。自是之后,我更加勤学好问,写论文也就多了一份责任心,比较注重质量,不敢乱来。恩师还常教导我们,要尊重学术权威,认真阅读他们的名著,好好继承他们的成果;但阅读时候定要仔细,不要迷信他们。他又常鼓励我们,要敢于破除迷信,敢于突破权威的束缚,敢于去做前人未做或不敢碰的疑难问题,但务必脚踏实地,刻苦学习,认真研究,做出的事都要有较足的依据且有新的创意。我敢突破前人的一些说法,敢写几篇前人未曾问津的文章,就是在他的鼓励下写出来的。但愿今后能有更多的恩师继续指引我们进步!

(原载《历史地理》第二十一辑)